Matthias Wehr · Examens-Repetitorium Polizeirecht

UNIREP JURA

Herausgegeben von Prof. Dr. Mathias Habersack

Examens-Repetitorium Polizeirecht

Allgemeines Gefahrenabwehrrecht

von

Dr. Matthias Wehr

Professor an der Hochschule für Öffentliche Verwaltung Bremen
Institut für Polizei- und Sicherheitsforschung (IPoS)

5., neu bearbeitete Auflage

CFM C.F. Müller

Matthias Wehr, Jahrgang 1964, Studium der Rechtswissenschaften in Erlangen und Würzburg, 1998 Promotion, 2004 Habilitation, jeweils in Würzburg. Vertretungen an den Universitäten Regensburg, Würzburg und Heidelberg. Seit 2009 Professor an der Hochschule für Öffentliche Verwaltung Bremen, dort seit 2012 Sprecher des Fachbereichs und Leiter des Studiengangs Polizeivollzugsdienst.

Ausgewählte Veröffentlichungen: Inzidente Normverwerfung durch die Exekutive, 1998; Rechtspflichten im Verfassungsstaat, 2005; Fälle und Lösungen zum Bayerischen Verwaltungsrecht, 2008; Kommentierungen des BPolG (3. Aufl. 2021), des BPolBG (3. Aufl. 2018) und des UZwG (2. Aufl. 2015).

Bibliografische Information der Deutschen Nationalbibliothek

Die Deutsche Nationalbibliothek verzeichnet diese Publikation in der Deutschen Nationalbibliografie; detaillierte bibliografische Daten sind im Internet über <https://portal.dnb.de> abrufbar.

Print: ISBN 978-3-8114-6148-2
ePub: ISBN 978-3-8114-8916-5

E-Mail: kundenservice@cfmueller.de
Telefon: +49 6221 1859 599
Telefax: +49 6221 1859 598

www.cfmueller.de

Satz: preXtension, Grafrath
Druck: Stückle Druck und Verlag, Ettenheim

Vorwort

Das Examens-Repetitorium zum Polizeirecht dient primär der Wiederholung und Vertiefung des allgemeinen Gefahrenabwehrrechts. Es knüpft an Grundkenntnisse im gesamten Pflichtfachstoff des Öffentlichen Rechts an. Dennoch ist es zugleich zur ersten Einarbeitung in die gefahrenabwehrrechtlichen Grundbegriffe geeignet und hat sich erfreulicherweise auch im Studiengang Polizeivollzugsdienst bewährt.

Die Darstellung ist in doppelter Weise exemplarisch: Zum einen wird mehr Wert auf Argumentations- und Lösungsstrukturen als auf vollständige Erörterung jedes Detailproblems gelegt. Eine gute Klausurbearbeitung zeichnet sich insbesondere durch die eigenständige argumentative Beantwortung der jeweiligen Fallfrage aus. Deshalb ist es wichtiger, auf der Basis solider Grundkenntnisse Problembewusstsein zu entwickeln, als einem nie erreichbaren und nur vermeintlichen Ideal vollständiger Kenntnis von „Ergebnissen“ hinterher zu laufen.

Zum anderen werden die Rechtsfragen anhand von Beispielsfällen erörtert, wodurch ein plastischeres Verständnis der jeweiligen Problemlage erreicht werden soll. Die Auswahl der Fälle (nicht unbedingt der Lösungen) orientiert sich so weit wie möglich an der (neueren) Rechtsprechung. So wurde mancher tradierte Lehrbuchfall zugunsten aktuellerer Fallgestaltungen ausgemustert.

Das allgemeine Gefahrenabwehrrecht ist Landesrecht. Ein landesübergreifendes Repetitorium wird jedenfalls nicht vorwiegend auf rechtsvergleichend interessierte Leserinnen und Leser treffen. Deshalb geht die Darstellung nicht von einem bestimmten Landesrecht, sondern von sachlichen Problemen aus. Die jeweiligen Vorschriften (Stand: 1.1.2023) sind aus diesem Grunde nicht im Text, sondern in den Fußnoten zu finden. Bei aller Sorgfalt können Ungenauigkeiten und (Schreib-)Fehler nicht vollkommen ausgeschlossen werden. Für Hinweise darauf sowie für Verbesserungsvorschläge bin ich nach wie vor sehr dankbar (matthias.wehr@hfoev.bremen.de).

Das Polizeirecht befindet sich im Umbruch. Europäische Datenschutzgesetzgebung und bundesverfassungsgerichtliche Rechtsprechung haben in den Polizeigesetzen ihren Niederschlag gefunden, zahlreiche Gesetzesänderungen die Unterschiedlichkeit der Landesrechte weiter vergrößert. Darüber hinaus zeichnen sich dogmatische Verschiebungen ab, die auch und gerade in einem auf Struktur und Systematik angelegten Buch wie dem vorliegenden abgebildet werden sollten. Seit der vierten Auflage ist deshalb u.a. ein Abschnitt über das Gefahrenvorfeld eingearbeitet, der anhand neuer Fallgestaltungen diese theoretisch anspruchsvolle und praktisch zunehmend wichtigere Kategorie des Gefahrenabwehrrechts zu veranschaulichen versucht.

Bremen, im Januar 2023 *Matthias Wehr*

Inhaltsverzeichnis

Abkürzungsverzeichnis

Abs.	Absatz
AGGerStrG	Gesetz zur Ausführung des Gerichtsstrukturgesetzes (MV)
AGVwGO	Ausführungsgesetz zur Verwaltungsgerichtsordnung (BW, Bay, Brem, Hess, RP, Saar)
AG VwGO LSA	Gesetz zur Ausführung der Verwaltungsgerichtsordnung und des Bundesdisziplinargesetzes (LSA)
AllGO	Allgemeine Gebührenordnung (Nds, LSA)
AllKostV	Allgemeine Kostenverordnung (Brem)
Art.	Artikel
ASOG	Allgemeines Sicherheits- und Ordnungsgesetz (Berl)
AufenthG	Aufenthaltsgesetz
Aufl.	Auflage
AVerwGebO	Allgemeine Verwaltungsgebührenordnung (NW)
BauO	Bauordnung (Berl, LSA)
BauO	NRW 2018 Landesbauordnung 2018 (NW)
Bay	Bayern, bayerisch
BayBO	Bayerische Bauordnung
BayGO	Bayerische Gemeindeordnung
BayObLG	Bayerisches Oberstes Landesgericht
BayPrG	Bayerisches Pressegesetz
BayVBl.	Bayerische Verwaltungsblätter (Z)
BayVersG	Bayerisches Versammlungsgesetz
Bbg	Brandenburg
BbgPG	Brandenburgisches Landespressegesetz
BBodSchG	Bundes-Bodenschutzgesetz
BeckOK	Beck'scher Online-Kommentar
BeckRS	Beck-Rechtsprechung
Berl	Berlin
BerlVwVfG	Gesetz über das Verfahren der Berliner Verwaltung
Bes.GebVerz	Besonderes Gebührenverzeichnis (allgemeine und innere Verwaltung) (RP)
BGB	Bürgerliches Gesetzbuch
BGH(Z)	(Entscheidungen des) Bundesgerichtshof(s in Zivilsachen)
BImSchG	Bundesimmissionsschutzgesetz
BKA(G)	Bundeskriminalamt(gesetz)
BO	Bauordnung (Bbg)
BPolG	Bundespolizeigesetz
Brem	Bremen
BremBIüKDG	Gesetz zur Behandlungseinleitung bei Infektionen mit übertragbaren Krankheiten durch Dritte (Brem)
BremVwVG	Bremisches Verwaltungsvollstreckungsgesetz
BV	Bayerische Verfassung
BVerfG(E)	(Entscheidungen des) Bundesverfassungsgericht(s)
BVerwG(E)	(Entscheidungen des) Bundesverwaltungsgericht(s)
BW	Baden-Württemberg

DÖV	Die öffentliche Verwaltung (Z)
Drs.	Drucksache
DV	Die Verwaltung (Z)
DVBl.	Deutsches Verwaltungsblatt (Z)
DVO	PolG Verordnung des Innenministeriums zur Durchführung des Polizeigesetzes (BW)
EGGVG	Einführungsgesetz zum Gerichtsverfassungsgesetz
EGStGB	Einführungsgesetz zum Strafgesetzbuch
EGStPO	Einführungsgesetz zur Strafprozessordnung
Fn.	Fußnote
FStrG	Bundesfernstraßengesetz
FwG	Feuerwehrgesetz (BW)
FZV	Fahrzeug-Zulassungsverordnung
GebBeitrG	Gebühren- (und) Beitragsgesetz (Berl, Brem)
GebG	Gebührengesetz (Bbg, Hbg, NW, Saar)
GebOMIK	Gebührenordnung des Ministers des Innern und für Kommunales (Bbg)
GebVerz	IM Gebührenverzeichnis Innenministerium (BW)
GebVO	IM Gebührenverordnung Innenministerium (BW)
GemRechtsG	Gesetz über die Rechtssetzungsbefugnisse der Gemeinden (Brem)
GewO	Gewerbeordnung
GG	Grundgesetz
GSZ	Zeitschrift für das Gesamte Sicherheitsrecht (Z)
GVG	Gerichtsverfassungsgesetz
HBauO	Hamburgische Bauordnung
HBO	Hessische Bauordnung
Hess	Hessen
HmbVwVG	Hamburgisches Verwaltungsvollstreckungsgesetz
HPresseG	Hessisches Pressegesetz
HSOG	Hessisches Gesetz über die öffentliche Sicherheit und Ordnung
HSOG-DVO	Durchführungsverordnung zum HSOG
HStrG	Hessisches Straßengesetz
HVwKostG	Hessisches Verwaltungskostengesetz
HWG	Hamburgisches Wegegesetz
IfSG	Infektionsschutzgesetz
IMKostVO	Kostenverordnung Innenministerium (MV)
InKostV	Kostenverordnung für die innere Verwaltung (Brem)
JA	Juristische Arbeitsblätter (Z)
Jura	Juristische Ausbildung (Z)
JuS	Juristische Schulung (Z)
JustG	Justizgesetz (NW)
Kfz	Kraftfahrzeug
KG	Kostengesetz (Bay)
KK-StPO	Karlsruher Kommentar zur StPO
KKW	Kernkraftwerk
KommJur	Kommunaljurist (Z)
KostO	Kostenordnung zum Verwaltungsvollstreckungsgesetz (Bbg)

KUG	Kunsturhebergesetz
KVz.	Kostenverzeichnis (Bay)
LBauO	Landesbauordnung (MV, RP)
LBO	Landesbauordnung (BW, Brem, Saar, SH)
LGebG	Landesgebührengesetz (BW, RP)
LJG	Landesjustizgesetz (SH)
LMG	Landesmediengesetz (RP)
LOG	Landesorganisationsgesetz (Bbg, MV, NW)
LPresseG	Landespressegesetz (BW, NW, SH)
LPrG	Landespressegesetz (MV)
LSA	Sachsen-Anhalt
LStrG	Landesstraßengesetz (Brem, RP)
LStVG	Landesstraf- und Verordnungsgesetz (Bay)
LVG	Landesverwaltungsgesetz (BW)
LVwG	Landesverwaltungsgesetz (SH)
LVwVfG	Landesverwaltungsverfahrensgesetz
LVwVG	Landesverwaltungsvollstreckungsgesetz (BW, RP)
LVwVGKO	Vollstreckungskostenordnung (BW)
LVwVGKostO	Kostenordnung zum Landesverwaltungsvollstreckungsgesetz (RP)
MV	Mecklenburg-Vorpommern
NBauO	Niedersächsische Bauordnung
Nds	Niedersachsen
NJG	Niedersächsisches Justizgesetz
NJW	Neue Juristische Wochenschrift (Z)
NordÖR	Zeitschrift für Öffentliches Recht in Norddeutschland (Z)
NPOG	Niedersächsisches Polizei- und Ordnungsbehördengesetz
NStrG	Niedersächsisches Straßengesetz
NStZ	Neue Zeitschrift für Strafrecht (Z)
NVersG	Niedersächsisches Versammlungsgesetz
NVwKostG	Niedersächsisches Verwaltungskostengesetz
NVwZ	Neue Zeitschrift für Verwaltungsrecht (Z)
NVwZ-RR	Neue Zeitschrift für Verwaltungsrecht – Rechtsprechungs-Report (Z)
NW	Nordrhein-Westfalen
Nw	Nachweis(e)
NZV	Neue Zeitschrift für Verkehrsrecht (Z)
OBG	Ordnungsbehördengesetz (Bbg, NW, Thür)
OLG	Oberlandesgericht
OMaßnGebO	Gebührenordnung für Maßnahmen auf dem Gebiet der öffentlichen Sicherheit und Ordnung (Hbg)
OrdBehZV	Landesverordnung über die Zuständigkeit der allgemeinen Ordnungsbehörden (RP)
OVG	Oberverwaltungsgericht
OWiG	Ordnungswidrigkeitengesetz
PAG	Polizeiaufgabengesetz (Bay, Thür)
PBG	Polizeibehördengesetz (Sachs)
POG	Polizei- und Ordnungsbehördengesetz (RP); Polizeiorganisationsgesetz (Bay, MV, NW, SH, Thür)
PolBenGebO	Polizeibenutzungsgebührenordnung (Berl)

PolDVG	Gesetz über die Datenverarbeitung der Polizei (Hbg)
PolG	Polizeigesetz (BW, Bbg, Brem, NW)
PolKV	Polizeikostenverordnung (Bay, Saar)
PolOVwV	Polizeiorganisations-Verwaltungsvorschrift (Saar)
PresseG	Pressegesetz (Berl, Brem, Hbg, LSA)
PVDG	Polizeivollzugsdienstgesetz (Sachs)
Rn.	Randnummer
RP	Rheinland-Pfalz
Saar	Saarland
Sachs,	Sächs Sachsen, sächsisch
SächsBO	Sächsische Bauordnung
SächsJG	Sächsisches Justizgesetz
SächsKVZ	Sächsisches Kostenverzeichnis
SächsPresseG	Sächsisches Pressegesetz
SächsStrVRG	Sächsisches Straßenverkehrsrechtsgesetz
SächsVerfGH	Sächsischer Verfassungsgerichtshof
SächsVersG	Sächsisches Versammlungsgesetz
SächsVwKG	Sächsisches Verwaltungskostengesetz
SächsVwOrgG	Sächsisches Verwaltungsorganisationsgesetz
SächsVwVG	Sächsisches Verwaltungsvollstreckungsgesetz
SchlHA	Schleswig-Holsteinische Anzeigen (Z)
SH	Schleswig-Holstein
SMG	Saarländisches Mediengesetz
SOG	Sicherheits- und Ordnungsgesetz (Hbg, MV, LSA)
SPolDVG	Saarländisches Gesetz über die Verarbeitung personenbezogener Daten durch die Polizei
SPolG	Saarländisches Polizeigesetz
StGB	Strafgesetzbuch
StGÜZV	Straßenverkehrsrechts- und Güterkraftverkehrs-Zuständigkeits-Verordnung (Bbg)
StPO	Strafprozessordnung
StrG	Straßengesetz (BW, Berl, Bbg, Saar, Sachs, LSA, Thür)
StrVGüBefZustVO	Verordnung über Zuständigkeiten im Bereich Straßenverkehr und Güterbeförderung (NW)
StrVRZustVO	Straßenverkehrsrechts-Zuständigkeitsverordnung (SH)
StrWG	Straßen- und Wegegesetz (Bay, MV, NW, SH)
StVO	Straßenverkehrsordnung
StVOZuG	Straßenverkehrsordnung-Zuständigkeitsgesetz (BW)
StVZO	Straßenverkehrszulassungsordnung
StVZustG	Straßenverkehrszuständigkeitsgesetz (Saar)
StVZustLVO	Straßenverkehr-Zuständigkeitslandesverordnung (MV)
StVZuVO	Straßenverkehrsrechtszuständigkeitsverordnung (RP)
StVZVO	Straßenverkehrsordnung-Zuständigkeitsverordnung (Brem) Straßenverkehrsrechts-Zuständigkeitsverordnung (Thür)
SVwVG	Saarländisches Verwaltungsvollstreckungsgesetz
TarSt.	Tarifstelle
Thür	Thüringen
ThürAGVwGO	Thüringer Gesetz zur Ausführung der Verwaltungsgerichtsordnung
ThürBO	Thüringer Bauordnung
ThürOBKostV	Thüringer Ordnungsbehördenkostenverordnung

ThürPolVwKostO	Thüringer Polizeiverwaltungskostenordnung
ThürVwKostG	Thüringer Verwaltungskostengesetz
ThürVwZVGKostO	Verwaltungskostenordnung zum Thüringer Verwaltungszustellungs- und Vollstreckungsgesetz
TierGesG	Tiergesundheitsgesetz
TPG	Thüringer Pressegesetz
UmwG	Umwandlungsgesetz
u.U.	unter Umständen
UZwG	Gesetz über die Anwendung unmittelbaren Zwangs (Berl)
VersFG	Versammlungsfreiheitsgesetz (Berl, SH)
VersG	Versammlungsgesetz
VerwArch	Verwaltungsarchiv (Z)
VerwBehG	Verwaltungsbehördengesetz (Hbg)
VerwGebVO	Verwaltungsgebührenverordnung (SH)
VKO	Vollstreckungskostenordnung (Hbg)
VKostO	Vollstreckungskostenordnung (LSA)
VO	Verordnung
VO	VwVG Verordnung zur Ausführung des Verwaltungsvollstreckungsgesetzes (NW)
VVKVO	Vollzugs- und Vollstreckungskostenverordnung (SH)
VwGG	Verwaltungsgerichtsgesetz (Bbg)
VwGO	Verwaltungsgerichtsordnung
VwKostG	Verwaltungskostengesetz (MV, LSA, SH)
VwKostO-MdIS	Verwaltungskostenordnung für den Geschäftsbereich des Ministeriums des Innern und für Sport (Hess)
VwORG	Verwaltungsorganisationsreformgesetz (RP)
VwVfG	Verwaltungsverfahrensgesetz
VwVG	Verwaltungsvollstreckungsgesetz (Berl/Bund, NW)
VwVGBbg	Verwaltungsvollstreckungsgesetz (Bbg)
VwVKVO	Verwaltungsvollzugskostenverordnung (MV)
VwZVG	Verwaltungszustellungs- und -vollstreckungsgesetz (Bay, Thür)
z.T.	zum Teil
ZustGVerk	Verkehrswesen-Zuständigkeitsgesetz (Bay)
ZustKat	Ord Zuständigkeitskatalog Ordnungsaufgaben (Berl)
ZustVO-NPOG	Verordnung über Zuständigkeiten auf verschiedenen Gebieten der Gefahrenabwehr (Nds)

Verzeichnis der abgekürzt zitierten Literatur

Erbguth, Wilfried/Mann, Thomas, Schubert, Mathias, Besonderes Verwaltungsrecht, 13. Aufl. 2020

Gusy, Christoph, Polizeirecht, 10. Aufl. 2017

Kingreen, Thorsten/Poscher, Ralf, Grundrechte. Staatsrecht II, 38. Aufl. 2022

Kingreen, Thorsten/Poscher, Ralf, Polizei- und Ordnungsrecht mit Versammlungsrecht, 12. Aufl. 2022 (zit.: *Kingreen/Poscher,* POR)

Knemeyer, Franz-Ludwig, Polizei- und Ordnungsrecht, 11. Aufl. 2007

Kugelmann, Dieter, Polizei- und Ordnungsrecht, 2. Aufl. 2012

Lisken, Hans/Denninger, Eberhard (Begr.), Handbuch des Polizeirechts, 7. Aufl. 2021 (zit.: *Bearb*., L/D)

Schenke, Wolf-Rüdiger, Polizei- und Ordnungsrecht, 11. Aufl. 2021

Schenke, Wolf-Rüdiger/Schenke, Ralf Peter, Polizei- und Ordnungsrecht, in: Udo Steiner/ Ralf Brinktrine (Hrsg.), Besonderes Verwaltungsrecht, 9. Aufl. 2018

Schoch, Friedrich, Polizei- und Ordnungsrecht, in: Eberhard Schmidt-Aßmann/ Friedrich Schoch (Hrsg.), Besonderes Verwaltungsrecht, 15. Aufl. 2013

Uerpmann-Wittzack, Robert, Examensrepetitorium Allgemeines Verwaltungsrecht mit Verwaltungsprozessrecht, 5. Aufl. 2018

Wehr, Matthias, Rechtspflichten im Verfassungsstaat, 2005

Würtenberger, Thomas/Heckmann, Dirk/Tanneberger, Steffen, Polizeirecht in Baden-Württemberg, 7. Aufl. 2017

Einführung

Polizei- und Ordnungsrecht als allgemeines Gefahrenabwehrrecht ist nach den Prüfungsordnungen der Länder Pflichtfach in den Juristischen Staatsprüfungen. Es steht paradigmatisch für das Recht der Eingriffsverwaltung, das in besonderer Weise Bezüge zum Verfassungsrecht aufweist. Es ist zugleich besonderes Verwaltungsrecht; es greift einerseits auf die Grundlagen des Allgemeinen Verwaltungsrechts zurück und wird andererseits u.a. im Verwaltungsprozess durchgesetzt. Schließlich ist es, jedenfalls soweit das Recht der Ordnungsbehörden („Schreibtischpolizei") in Rede steht, in das allgemeine Verwaltungsorganisationsrecht und das Kommunalrecht eingebunden. Die Eigenart des allgemeinen Gefahrenabwehrrechts mit seinen Bezügen zu anderen Rechtsmaterien zu erläutern, ist das Ziel der folgenden Darstellung. 1

Im ersten Teil werden Grundbegriffe und Grundlagen behandelt, die nahezu in jedem Polizeirechtsfall eine Rolle spielen. Um sie sicher zu beherrschen, sollte ein gewissermaßen plastisches Verständnis von ihrem Inhalt, ihrer Funktion und den jeweiligen Implikationen, Problemen und Folgerungen entwickelt werden. Dies wird durch eine Reihe von Fallgestaltungen zu vermitteln versucht, welche die unterschiedlichen Aspekte dieser gefahrenabwehrrechtlichen Systemelemente beleuchten. Der zweite Teil ist an der Fallbearbeitung ausgerichtet, die typischerweise die Rechtmäßigkeit vollzugspolizeilicher und ordnungsbehördlicher Maßnahmen zum Gegenstand hat. Hier werden Rechtsfragen des Polizeirechts nicht primär nach der Sachgliederung dieses Rechtsgebiets, sondern exemplarisch nach der Systematik der Rechtmäßigkeitskontrolle angesprochen. Das bietet Gelegenheit, einerseits auf die Methodik der Fallbearbeitung einzugehen, andererseits Bezüge zu anderen Materien des öffentlichen Rechts herzustellen. Teil 3 behandelt mit dem Kosten- und dem Entschädigungsrecht die zweite Ebene des Gefahrenabwehrrechts. 2

1. Teil

Grundbegriffe und Grundlagen

§ 1 Der Begriff der Polizei

Der Begriff der Polizei wird in einem materiellen, einem institutionellen und einem formellen Sinne verwendet. 3

Fall 1: Gastwirt G hat zum wiederholten Male ohne die erforderliche Sondernutzungserlaubnis auf dem Bürgersteig vor seinem Lokal Tische und Stühle aufgestellt und dort seine Gäste bewirtet. Die zuständige Behörde erlässt deshalb einen Bußgeldbescheid. G legt vier Wochen nach dessen Zustellung bei der Behörde Widerspruch ein. **(Rn. 8 f.)**

Fall 2: A, gegen den ein staatsanwaltschaftliches Ermittlungsverfahren wegen Diebstahls anhängig ist, wird in Begleitung eines Kindes (K), dessen Identität vor Ort nicht geklärt werden kann, in einem gestohlenen PKW angetroffen. Beide werden auf der Dienststelle fotografiert, von A werden zusätzlich die Fingerabdrücke aufgenommen. **(Rn. 11, 20 f., 147)**

Fall 3: Die Polizei überwacht den als Kriminalitätsbrennpunkt bekannten X-Platz durch mehrere schwenkbare und mit Zoomfunktion ausgestattete Videokameras, die von der Einsatzzentrale der Polizei gesteuert werden. Die Aufnahmen erscheinen auf einer Videowand und werden aufgezeichnet. Soweit sich Fenster und Hauseingänge von Privatwohnungen in der Reichweite der Kameras befinden, werden entsprechende Aufnahmen „schwarzgeschaltet", um die Privatsphäre der Bewohner nicht zu verletzen. W, die in einer Wohnung am X-Platz wohnt, hält die Überwachung für rechtswidrig und will erreichen, dass eine Überwachung ihrer Wohnung durch mechanische Sperren tatsächlich unmöglich gemacht wird. Zur Begründung führt sie insbesondere aus, die landesrechtliche Rechtsgrundlage sei verfassungswidrig, da die Videoüberwachung der vorsorgenden Bereitstellung von Hilfsmitteln für die Strafverfolgung diene, die bundesrechtlich abschließend geregelt sei.[1] **(Rn. 16)**

A. Der materielle Polizeibegriff

I. Begriff und Bedeutung

Der materielle Polizeibegriff bezeichnet den **Inhalt** einer bestimmten staatlichen Tätigkeit, nämlich der **Gefahrenabwehr.** Polizeirecht ist im materiellen Sinn **Gefahrenabwehrrecht**, unabhängig davon, welche staatlichen Stellen es vollziehen. Die allgemeinen Gefahrenabwehrgesetze der Länder weisen die Aufgabe, Gefahren abzuwehren, der Vollzugspolizei und anderen Behörden der allgemeinen inneren Verwaltung zu.[2] Daneben gibt es vielfältige spezielle Gesetze, die Einzelaspekte der Gefahrenabwehr den Fachbehörden, etwa Bau-, Gewerbe-, Umwelt-, Ausländerbehörden übertragen. 4

1 BVerwGE 141, 329.

2 **BW:** § 1 I PolG; **Bay:** Art. 2 I PAG; Art. 6 LStVG; **Berl:** § 1 I ASOG; **Bbg:** § 1 I PolG; § 1 OBG; **Brem:** § 1 I PolG; **Hbg:** § 3 I SOG; **Hess:** § 1 I HSOG; **MV:** §§ 1 I, 2 I SOG; **Nds:** § 1 I NPOG; **NW:** § 1 I PolG; § 1 I OBG; **RP:** § 1 I POG; **Saar:** § 1 II SPolG; **Sachs:** § 2 I PVDG; § 2 I PBG; **LSA:** § 1 I SOG; **SH:** §§ 162 I, 163 I LVwG; **Thür:** § 2 I PAG; § 2 I OBG.

5 Der materielle Polizeibegriff ist abzugrenzen von anderen Aufgaben, welche der Staat, insbesondere die Verwaltung zu erledigen hat. Diese Abgrenzung dient nicht nur der dogmatischen Systematisierung. Vielmehr haben die Gefahrenabwehrorgane regelmäßig neben der materiell-polizeilichen noch **andere Aufgaben** wahrzunehmen,[3] für die **besondere gesetzliche Regelungen** gelten. Die Abgrenzung der unterschiedlichen Aufgabenbereiche voneinander ist von Bedeutung für das **jeweils anzuwendende Recht** und teilweise auch für den Rechtsschutz des Bürgers.

II. Unterscheidung und Abgrenzung von Prävention und Repression

6 Elementar ist unter diesem Aspekt die Unterscheidung zwischen der **präventiven Gefahrenabwehr** und der **repressiven Verfolgung** und Ahndung **von Straftaten und Ordnungswidrigkeiten**. Der Vollzugspolizei ist durch § 163 I 1 StPO die Aufgabe übertragen, Straftaten zu erforschen, die nach dem gesetzlichen Leitbild unter der Federführung der Staatsanwaltschaft (§§ 152 II, 160, 161 StPO) erfüllt wird. Eine vergleichbare Regelung trifft § 53 I OWiG für die Erforschung von Ordnungswidrigkeiten. In beiden Fällen besitzt die Vollzugspolizei das „Recht des ersten Zugriffs" für unaufschiebbare Anordnungen.

7 Im Übrigen ist die Verfolgung von Ordnungswidrigkeiten nach § 35 OWiG den Verwaltungsbehörden übertragen, die zugleich Gefahrenabwehrbehörden sein können. Ihre Befugnisse sind insoweit dem OWiG zu entnehmen.

8 So kann in **Fall 1** der Bußgeldbescheid nicht auf eine polizei- oder ordnungsrechtliche Rechtsgrundlage gestützt werden, weil die Verhängung eines Bußgelds **primär Sanktionscharakter** besitzt, also eine **repressive Maßnahme** ist, die einer speziellen gesetzlichen Ermächtigung bedarf (Art. 103 II GG, §§ 1, 3 OWiG). Eine solche findet sich in § 23 FStrG sowie den Straßengesetzen der Länder,[4] wonach die unerlaubte Sondernutzung öffentlicher Straßen eine Ordnungswidrigkeit darstellt, die mit Bußgeld geahndet werden kann.

9 Zudem ist auch das Rechtsschutzverfahren gegen derartige Sanktionen gesondert im OWiG geregelt. Auch wenn der Bußgeldbescheid alle gesetzlichen Merkmale des Verwaltungsakts aufweist,[5] ist weder der Widerspruch nach § 68 I VwGO noch die Anfechtungsklage gemäß § 42 I 1. Fall VwGO statthaft, weil schon der Verwaltungsrechtsweg nicht eröffnet ist: §§ 62, 68 OWiG enthalten eine **besondere Rechtswegzuweisung** an die ordentliche Gerichtsbarkeit (Amtsgericht). Der statthafte Rechtsbehelf ist zunächst der **Einspruch nach § 67 OWiG**. Er ist, wie der Widerspruch (§ 70 I VwGO), bei der Ausgangsbehörde einzulegen. Zwar schadet in **Fall 1** die falsche Bezeichnung nicht, doch ist der Einspruch des G verfristet, weil er – anders als der Widerspruch – binnen zwei Wochen nach Zustellung einzulegen ist.

---

3 Verweis hierauf in **BW:** § 1 II PolG; **Bay:** Art. 2 IV PAG; **Berl:** § 1 II ASOG; **Bbg:** § 1 IV PolG; **Brem:** § 1 IV PolG; **Hess:** § 1 II HSOG; **MV:** § 2 II SOG; **Nds:** § 1 V NPOG; **NW:** § 1 IV PolG; **RP:** § 1 II POG; **Saar:** § 85 I SPolG; **Sachs:** § 2 V PVDG; § 2 III PBG; **LSA:** § 1 III SOG; **SH:** § 163 II LVwG; **Thür:** § 2 IV PAG.

4 **BW:** § 54 StrG; **Bay:** Art. 66 StrWG; **Berl:** § 28 StrG; **Bbg:** § 47 StrG; **Brem:** § 48 LStrG; **Hbg:** § 72 HWG; **Hess:** § 51 HStrG; **MV:** § 61 StrWG; **Nds:** § 61 NStrG; **NW:** § 59 StrWG; **RP:** § 53 LStrG; **Saar:** § 61 StrG; **Sachs:** § 52 StrG; **LSA:** § 48 StrG; **SH:** § 56 StrWG; **Thür:** § 50 StrG.

5 Art./§ 35 (L)VwVfG; **SH:** § 106 LVwG.

III. Insbesondere: Gefahrenvorsorge und Strafverfolgungsvorsorge

Gefahrenabwehr umfasst nicht nur die Abwehr konkreter Gefahren im Einzelfall, sondern setzt bereits in deren **Vorfeld** an. Die **Gefahrenvorsorge** dient dazu, bereits die Entstehung konkreter Gefahren zu verhindern bzw. die Abwehr künftiger Gefahren vorzubereiten. Hierzu gehört auch die **vorbeugende Bekämpfung von Straftaten**, bei der allerdings umstritten ist, ob sie nur die Verhütung künftiger Straftaten oder auch die Vorbereitung auf die zukünftige Strafverfolgung (Strafverfolgungsvorsorge[6]) umfasst: 10

In **Fall 2** ist A einer erkennungsdienstlichen Behandlung unterzogen worden, die unterschiedlichen Zwecken dienen kann: Ist sie für die Gewinnung von Beweismitteln im laufenden Ermittlungsverfahren gegen A durchgeführt worden, handelt es sich um eine Maßnahme der Strafverfolgung, deren Zulässigkeit sich nach § 81b I, 1. Alt. StPO richtet. Die Polizei wird hier repressiv nach § 163 I 1 StPO tätig. Eine gerichtliche Überprüfung der Maßnahmen erfolgt analog § 98 II 2 StPO durch das Amtsgericht, so dass in diesem Fall der Verwaltungsrechtsweg nicht eröffnet ist. 11

Es ist aber ebenso möglich, dass die gesammelten personenbezogenen Daten zu dem Zweck erhoben worden sind, die weitere Begehung von Straftaten zu verhindern. Die **Verhütung künftiger Straftaten** als Unterfall der Gefahrenvorsorge ist Aufgabe der Gefahrenabwehr, was in den Aufgabenzuweisungsnormen mancher Länder klarstellend geregelt ist,[7] aber auch unabhängig davon gilt. 12

Schließlich können die Lichtbilder und Fingerabdrücke zwar **aus Anlass** des konkreten Ermittlungsverfahrens aufgenommen worden, aber zur Aufnahme in kriminalpolizeiliche Sammlungen bestimmt sein, um sie **vorsorglich** als sächliche Hilfsmittel für die **Erforschung und Aufklärung künftiger Straftaten** bereitzustellen. Bei dieser **Strafverfolgungsvorsorge** ist umstritten, ob sie der Gefahrenabwehr oder der Strafverfolgung zuzurechnen ist. In manchen Gesetzen wird sie (noch) als Fall der vorbeugenden Bekämpfung von Straftaten genannt und z.T. in den Rahmen der (vollzugspolizeilichen) Gefahrenabwehr gestellt.[8] Das ist u.a. deswegen von Bedeutung, weil einerseits § 81b I, 2. Alt. StPO zu erkennungsdienstlichen Maßnahmen gegen Beschuldigte „für Zwecke des Erkennungsdienstes", also nicht nur zur Verwendung im „aktuellen" Strafverfahren ermächtigt, andererseits die meisten[9] Landesgesetze besondere Bestimmungen enthalten, die solche Maßnahmen auch zur vorbeugenden Bekämpfung bzw. zur Aufklärung von Straftaten ermöglichen.[10] 13

Das wirft Fragen nach der **Gesetzgebungskompetenz** des Bundes bzw. der Länder sowie nach dem Verhältnis der Befugnisnormen zueinander auf. Das Recht der Strafverfolgung unterfällt der konkurrierenden Gesetzgebung nach Art. 74 I Nr. 1 GG („gerichtliches Verfahren"), das Gefahrenabwehrrecht einschließlich der Gefahrenvorsorge ist hingegen 14

---

6 Dazu im Einzelnen *Graulich*, NVwZ 2014, 685 ff.

7 **Berl:** § 1 III ASOG; **Bbg:** § 1 I 2 PolG; **Brem:** § 1 I 2 PolG; **Hbg:** § 1 I 2 PolDVG; **MV:** § 7 I Nr. 4 SOG; **Nds:** § 1 I 2 NPOG; **NW:** 1 I 2 PolG; **RP:** § 1 I 3 POG; **Sachs:** § 2 I 3 PVDG; **LSA:** § 2 I SOG; **Thür:** § 2 I 2 PAG.

8 **Berl:** § 1 III ASOG; **Hess:** § 1 IV HSOG; **MV:** § 7 I Nr. 4 SOG; **LSA:** § 2 I 1 SOG.

9 Nur die Verhütung von Straftaten nennen **Brem:** § 29 I Nr. 2 PolG; **Nds:** § 15 I Nr. 2 NPOG; **LSA:** § 21 II Nr. 2 SOG.

10 **BW:** § 41 I Nr. 2 PolG; **Bay:** Art. 14 I Nr. 3 PAG; **Berl:** § 23 I Nr. 2 ASOG; **Bbg:** § 13 II Nr. 2 PolG; **Hbg:** § 16 I Nr. 2 PolDVG; **Hess:** § 19 II Nr. 2 HSOG; **MV:** § 31 I 2 SOG; **NW:** § 14 I Nr. 2 PolG; **RP:** § 11 I Nr. 2 POG; **Saar:** § 10 I Nr. 2 SPolG; **Sachs:** § 16 II Nr. 2 PVDG; **SH:** § 183 I 3 LVwG; **Thür:** § 16 I Nr. 2 PAG.

grundsätzlich Ländersache, sofern nicht spezielle Gesetzgebungstitel für den Bund existieren, wie etwa Art. 73 I Nrn. 5 und 9a GG (für Bundespolizei und BKA). Die Vorsorge für die Verfolgung künftiger Straftaten wird vereinzelt noch als Teilaspekt der Gefahrenabwehr betrachtet, wofür dem Bund die Gesetzgebungskompetenz fehle.[11] Die frühere Rechtsprechung teilte zwar diese Qualifikation, nahm aber wegen des engen sachlichen Zusammenhangs mit den polizeilichen Aufgaben nach § 163 I StPO für § 81b I, 2. Alt. StPO eine **Annex-Kompetenz** aus Art. 74 I Nr. 1 GG an.[12]

15 Das BVerfG hat hingegen die **Vorsorge für die künftige Strafverfolgung** unmittelbar in den Regelungsumfang des Art. 74 I Nr. 1 GG eingeordnet und somit von der Gefahrenabwehr abgegrenzt:[13] Die Verfolgungsvorsorge erfolge zwar in zeitlicher Hinsicht präventiv, betreffe aber sachlich das repressiv ausgerichtete Strafverfahren. Im Rahmen der konkurrierenden Gesetzgebung des Art. 74 I Nr. 1 GG fehlt den Ländern die Gesetzgebungskompetenz, **soweit** der Bund abschließende Regelungen getroffen hat.[14] Das ist aber nur hinsichtlich der Verfolgung von Straftaten der Fall, d.h. für Maßnahmen, die an das Bestehen eines **Anfangsverdachts** i.S.d. § 152 II StPO anknüpfen (§ 6 EGStPO – sog. Kodifikationsprinzip[15]). So sind z.B. landesrechtliche Befugnisse zur Fahndung nach Straftätern formell verfassungswidrig.[16] Hingegen hat der Bund die Strafverfolgungsvorsorge nicht abschließend geregelt, so dass insoweit Raum für den Landesgesetzgeber verbleiben kann. Dies muss aber in jedem Einzelfall ermittelt werden.

16 Ein Beispiel hierfür ist die offene **Videoüberwachung öffentlicher Räume (Fall 3)**,[17] die an Orten mit erhöhter Kriminalitätsbelastung zulässig ist. Sie ist zum einen als Instrument indirekter Verhaltenssteuerung darauf gerichtet, potentielle Straftäter von der Begehung von Straftaten in den überwachten Bereichen abzuhalten (Verhütung von Straftaten). Sie kann ferner die Polizei in die Lage versetzen, mögliche Gefahren frühzeitig zu erkennen und zu ihrer Abwehr rechtzeitig einzuschreiten (Vorbereitung auf die künftige Gefahrenabwehr). Für Filmaufzeichnungen sehen die Polizeigesetze verlängerte Speicherungsfristen u.a. für den Fall vor, dass die Aufnahmen zur Verfolgung von Straftaten erforderlich sind.[18] Durch diese Regelungen dient die Videoüberwachung schließlich auch der Strafverfolgungsvorsorge. Insoweit weist sie eine gewisse Nähe zu erkennungsdienstlichen Maßnahmen i.S.d. § 81b I, 2. Alt. StPO auf, die zum selben Zweck auch die Anfertigung von Lichtbildern beinhalten.

17 Das *BVerwG* hat demgegenüber auch wegen der funktionalen Verknüpfung mit der Verhütung von Straftaten der Videoüberwachung eine von § 81b I, 2. Alt. StPO „substanziell

11 *Schoch*, Rn. 17 f.

12 Z.B. BVerwGE 66, 192 (197); *OVG Koblenz*, NVwZ-RR 2001, 238; *OVG Bautzen*, NVwZ-RR 2001, 238 (239).

13 BVerfGE 103, 21 (30 f.); BVerfGE 113, 348 (370 f.); BVerwG, NJW 2006, 1225 (1226); vgl. ferner *Schenke*, Rn. 30, 139.

14 Art. 72 I GG.

15 *Schenke*, Rn. 29 f.; BVerwGE 141, 329 (338 f., Rn. 36).

16 BVerfGE 150, 309 (331 f., Rn. 57 ff.).

17 **BW:** § 44 III PolG; **Bay:** Art. 33 II Nr. 2 PAG; **Bbg:** § 31 II Nr. 1 PolG; **Brem:** § 32 III 1 PolG; **Hbg:** § 18 III 1 PolDVG; **Hess:** § 14 III 1 HSOG; **MV:** § 32 III SOG; **Nds:** § 32 III 1 Nr. 1 NPOG; **NW:** § 15a I Nr. 1 PolG; **RP:** § 30 III POG; **Saar:** § 32 II Nr. 1 SPolDVG; **Sachs:** § 57 III PVDG; **LSA:** § 16 II 2 SOG; **SH:** § 184 II 2 LVwG; **Thür:** § 33 II Nr. 1 PAG.

18 **BW:** § 44 X 2 PolG; **Bay:** Art. 33 VIII PAG; **Bbg:** § 31 II 4 PolG; **Brem:** § 32 IV PolG; **Hbg:** § 18 III 2 i.V.m I 5 PolDVG; **Hess:** § 14 III 4 i.V.m. I 2 HSOG; **MV:** § 32 VII 3 i.V.m. § 36 II SOG; **Nds:** § 32 III 5 NPOG; **NW:** § 15a II PolG; **RP:** 30 V 2 Nr. 1 POG; **Saar:** § 32 VI SPolDVG; **Sachs:** § 57 X PDVG; **LSA:** § 16 V 3 SOG; **SH:** § 184 IV 3 LVwG; **Thür:** § 33 III 2 PAG.

abweichende polizeitaktische Zweckbestimmung“ zuerkannt, die durch die strafprozessuale Befugnisnorm nicht ausgeschlossen werden solle. Auch einen Konflikt mit den strafprozessualen Regelungen über die Observation (§§ 100h, 163f StPO) verneinte es, da deren Fokussierung auf eine bestimmte Zielperson bedeutsame Unterschiede zur Überwachung von Kriminalitätsschwerpunkten aufweise.[19]

Die begriffliche Unterscheidung von Gefahrenvorsorge und Strafverfolgungsvorsorge **18** kann aber nicht darüber hinwegtäuschen, dass beide sachlich eng beieinander liegen. Befugnisse, die dem einen Aufgabenbereich dienen, kommen regelmäßig auch dem anderen zugute. Denn grundsätzlich sind im Vorfeld von Gefahren und Straftaten nur informationelle Eingriffe zulässig. Die erhobenen Daten unterliegen zwar im Prinzip dem datenschutzrechtlichen **Grundsatz der Zweckbindung**. Doch lassen Polizeigesetze wie auch die StPO eine Zweckänderung nach dem **Grundsatz der hypothetischen Datenneuerhebung**[20] bzw. dem **Grundsatz des hypothetischen Ersatzeingriffs**[21] in weitem Umfang zu. In Inhalt und Wirkungen können deshalb präventive und repressive Befugnisse zum Teil austauschbar sein. Daraus resultiert für die Gesetzesanwendung die Problematik der **doppelfunktionellen Maßnahmen** (Rn. 286 ff.). Für die Frage der Gesetzgebungskompetenz gilt das nicht. Hier sind die Verfassungsräume von Bund und Ländern gemäß Art. 30 und 72 I GG strikt getrennt. Das maßgebliche Abgrenzungskriterium ist hierbei die (repressive oder präventive) Zweckrichtung der jeweiligen Norm.[22]

Das hat Auswirkungen auch auf die Normanwendung: Befugnisse dürfen nicht zu Zwe- **19** cken in Anspruch genommen werden, für die der jeweilige Gesetzgeber keine Kompetenz besitzt. So ist etwa § 81b I, 2. Alt. StPO als abschließende Regelung erkennungsdienstlicher Maßnahmen zur Strafverfolgungsvorsorge zu verstehen, die gleichgerichtete landesrechtliche Befugnisse nicht zulässt. Ausgeschlossen ist es deshalb, erkennungsdienstliche Maßnahmen zur Vorbereitung künftiger Strafverfolgung gegen andere als „Beschuldigte“ auf landesrechtliche Befugnisnormen zu stützen.[23] Umgekehrt kann der Bundesgesetzgeber nur im Rahmen seiner Kompetenz den Regelungsspielraum der Länder begrenzen. Deshalb sind erkennungsdienstliche Maßnahmen zum Zweck der Straftatenverhütung auf landesrechtlicher Grundlage auch dann zulässig, wenn sie sich gegen einen Beschuldigten richten.[24]

Soweit in **Fall 2** die erkennungsdienstliche Behandlung des A nicht für Zwecke des lau- **20** fenden Ermittlungsverfahrens erfolgte, richtet sich ihre Rechtmäßigkeit also **nur dann** nach § 81b I, 2. Alt. StPO, wenn sie der Strafverfolgungsvorsorge dienen soll, anderenfalls nach Landesrecht. Jenseits der (Vorsorge zur) Verfolgung von Straftaten stellt sich die Frage der Abgrenzung nicht. So kann in **Fall 2** die erkennungsdienstliche Maßnahme, die der Feststellung der Identität des Kindes dient, nur der Gefahrenabwehr zugeordnet und vom Verwaltungsgericht nach landesrechtlichem Gefahrenabwehrrecht[25] beurteilt werden.

19 BVerwGE 141, 329 (339 ff., Rn. 37).
20 BVerfGE 141, 220 (327 ff., Rn. 287 ff.); beispielhaft § 12 II BKAG.
21 Z.B. § 161 III StPO.
22 BVerfGE 150, 244 (276, Rn. 74).
23 So aber *OVG Münster*, NJW 1999, 2689 (2690).
24 Wie hier *OVG Lüneburg*, NVwZ 2010, 69.
25 **BW:** § 41 I Nr. 1 PolG; **Bay:** Art. 14 I Nr. 1 PAG; **Berl:** § 23 I Nr. 1 ASOG; **Bbg:** § 13 II Nr. 1 PolG; **Brem:** § 29 I Nr. 1 PolG; **Hbg:** § 16 I Nr. 1 PolDVG; **Hess:** § 19 II Nr. 1 HSOG; **MV:** § 31 I 1 SOG; **Nds:** § 15 I Nr. 1 NPOG; **NW:** § 14 I Nr. 1 PolG; **RP:** 11 I Nr. 1 POG; **Saar:** 10 I Nr. 1 SPolG; **Sachs:** § 16 II Nr. 2 PVDG; **LSA:** § 21 II Nr. 1 SOG; **SH:** § 183 I 1 LVwG; **Thür:** § 16 I Nr. 1 PAG.

B. Der institutionelle und der formelle Polizeibegriff

I. Der institutionelle Polizeibegriff

21 „Polizei" ist die Bezeichnung für bestimmte Behörden innerhalb der Landesverwaltung (z.T. einschließlich der Kommunen) sowie des Bundes, die jedenfalls auch Aufgaben der Gefahrenabwehr wahrzunehmen haben. Hier bestehen terminologische wie organisatorische Unterschiede zwischen den Bundesländern. Eine grundlegende Unterscheidung wird mit den Begriffen **„Einheitssystem"** und **„Trennsystem"** bezeichnet.

22

Gefahrenabwehr im Trennsystem und im Einheitssystem	
Trennsystem Bay, Berl, Bbg, Hbg, Hess, MV, Nds, NW, RP, LSA, SH, Sachs[26], Thür	Einheitssystem BW, Brem, Saar
Vollzugspolizei/Polizeivollzugsdienst und Ordnungs-/Polizei-/Sicherheits-/ Verwaltungsbehörden	Polizei gegliedert in: Polizeivollzugsdienst/Vollzugspolizei und Polizei(verwaltungs)behörden

1. Das Trennsystem

23 Im Trennsystem wird terminologisch und institutionell zwischen der **Polizei** („Vollzugspolizei") und den **Behörden der (allgemeinen) inneren Verwaltung**, die ebenfalls gefahrenabwehrend tätig werden („Verwaltungspolizei"), unterschieden. Die Institution „Polizei" deckt in allen diesen Ländern nur einen mehr oder minder kleinen Teil der Gefahrenabwehr (Polizei im materiellen Sinne) ab. In Bay, Bbg, NW, Sachs und Thür wird dies dadurch noch verdeutlicht, dass unterschiedliche gesetzliche Grundlagen für die Tätigkeit der Polizei (Polizeibehörden) und der Ordnungs- bzw. Sicherheitsbehörden existieren.[27] Andere Länder unterscheiden innerhalb ihres Gefahrenabwehrgesetzes zwischen Polizei einerseits, Ordnungsbehörden (Verwaltungsbehörden, Gefahrenabwehrbehörden) andererseits.[28]

2. Das Einheitssystem

24 Dem Einheitssystem folgen die Gefahrenabwehrgesetze in BW, Brem und Saar.[29] Darin wird die **Gesamtheit der Behörden**, welche die Aufgabe der Gefahrenabwehr wahrnehmen, einheitlich als **Polizei** bezeichnet. Hier stimmen institutioneller und materieller Polizeibegriff im Wesentlichen[30] überein. Gleichwohl findet eine **interne Ausdifferenzie-**

26 Mit der Ersetzung des SächsPolG durch das SächsPVDG und das SächsPBG ist das zuvor geltende Einheitssystem abgelöst worden.

27 **Bay:** Art. 1 I PAG; Art. 6 LStVG; **Bbg:** §§ 1 I PolG; § 1 I OBG; **NRW:** § 1 I PolG; § 1 I OBG; **Sachs:** § 1 PVDG; § 1 PBG; **Thür:** § 2 I PAG; § 2 I OBG. – In **Hbg** (§ 1 I PolDVG) und **Saar** (§ 1 I SPolDVG) liegt eine solche gesetzliche Trennung nur hinsichtlich der Datenverarbeitung vor.

28 **Berl:** § 1 I ASOG; **Hbg:** § 3 I, II lit. a) SOG; **Hess:** § 1 I HSOG; **MV:** § 2 I SOG; **Nds:** § 1 I NPOG; **RP:** § 1 I POG; **LSA:** § 1 I SOG; **SH:** § 163 I LVwG.

29 **BW:** § 104 PolG; **Brem:** §§ 1 I, 2 Nr. 1 PolG; **Saar:** § 1 I SPolG.

30 Es ist auch im Einheitssystem nicht ausgeschlossen, dass einzelne Landesbehörden, die nicht der Polizeiorganisation angehören, spezielle Gefahrenabwehraufgaben zu erfüllen haben wie etwa in **BW** die „anderen Stellen" i.S.d. § 2 I PolG (z.B. die Feuerwehr, vgl. § 1 I 2 FwG).

rung der Polizei statt, in der zwischen der Vollzugspolizei (Polizeivollzugsdienst) und den Polizei(verwaltungs)behörden getrennt wird.[31]

3. Institutioneller Polizeibegriff und Verwaltungsorganisationsrecht

Fall 4: Die untere Ordnungsbehörde erlässt gegen den Kioskbetreiber K einen sofort vollziehbaren Bescheid mit dem „mit Sicherheitsgründen" begründeten Verbot, während des mehrstündigen Besuchs eines ausländischen Staatspräsidenten in der Stadt S in zwei Wochen seinen Kiosk auf dem Rathausplatz zu betreiben. Gegen wen ist ein gerichtlicher Antrag auf Wiederherstellung der aufschiebenden Wirkung zu richten? Gegen wen kann K ggf. Anspruch auf Ersatz entgangenen Gewinns geltend machen? **(Rn. 30, 300)** 25

Die Kenntnis des jeweils geltenden Systems ist für die Rechtsanwendung unverzichtbar, 26 schon weil die Gefahrenabwehrgesetze ihrer eigenen Terminologie folgen und deshalb diese Kenntnis voraussetzen.

Freilich sollten diese „systematischen" Unterschiede die Gemeinsamkeiten – auch die 27 gemeinsamen Probleme – nicht überdecken. Das allgemeine Gefahrenabwehrrecht liegt in allen Ländern in der Zuständigkeit **zweier** zu unterscheidender **Behördengruppen**, ob sie nun einem einheitlichen Begriff der Polizei unterfallen oder nicht. Als **gemeinsamer Oberbegriff** wird der Terminus **Gefahrenabwehrbehörde** verwendet. Soweit es auf die Unterscheidung zwischen diesen Behörden ankommt, werden sie als **Vollzugspolizei** (mit Polizeibeamten) und als **Ordnungsbehörden** bezeichnet.

Mit diesen Begriffen werden Organisationseinheiten (Behörden) benannt, die eine **be-** 28 **stimmte Aufgabe** (Gefahrenabwehr) in einer **bestimmten Funktion** (Vollzugspolizei bzw. Ordnungsbehörde) besitzen, die aber z.T. daneben auch andere Aufgaben oder Funktionen wahrnehmen. So ist es durchaus möglich, dass trotz funktionaler Trennung in Vollzugspolizei und Ordnungsbehörde ein und dieselbe Behörde beide Funktionen wahrnimmt[32] und es dann von der jeweils wahrgenommenen Funktion abhängen kann, welche Befugnisse ihr zustehen.

Die Aufgabenzuweisung lässt jedoch die **verwaltungsorganisationsrechtliche Stellung** 29 **der Behörde** im Übrigen unberührt, wozu auch die Zugehörigkeit zu einem bestimmten Verwaltungsträger zu zählen ist.

Das wird in **Fall 4** deutlich. Untere (örtliche) Ordnungsbehörden sind (außer Berl und 30 Hbg) die Gemeinden.[33] Sie nehmen die Aufgabe der Gefahrenabwehr grundsätzlich[34] im übertragenen Wirkungskreis bzw. im Auftrag des Landes oder als Pflichtaufgabe zur Erfüllung nach Weisung[35] wahr und unterliegen insoweit der staatlichen Fachaufsicht und

31 **BW:** §§ 106, 115 PolG; **Brem:** §§ 126 I, 132 I PolG; **Saar:** §§ 75 I, 82 I SPolG.

32 Z.B. **Brem:** Ortspolizeibehörde Bremerhaven, §§ 128 II Nr. 2, 136 I PolG.

33 **BW:** § 107 IV PolG; **Bay:** Art. 6 LStVG; **Bbg:** § 3 I OBG; **Brem:** § 126 I Nr. 2 PolG; **Hess:** § 85 I Nr. 4 HSOG; **MV:** § 3 I Nr. 3 SOG; **Nds:** § 97 I NPOG; **NW:** § 3 I OBG; **RP:** § 104 I POG; **Saar:** § 76 III SPolG; **Sachs:** § 1 I Nr. 4 PBG; **LSA:** § 84 I Nr. 1 SOG; **SH:** § 164 I Nr. 3 LVwG; **Thür:** § 1 OBG.

34 Ausnahme **Bay:** Hier ist danach zu differenzieren, ob im Einzelfall der örtliche oder der überörtliche Charakter der Angelegenheit überwiegt, weil nach Art. 83 I BV die „örtliche Polizei" zum eigenen Wirkungskreis gehört; vgl. ferner für **Thür:** § 1 S. 2 OBG.

35 **BW:** § 107 IV 2 PolG; **Bbg:** § 3 OBG; **Brem:** § 124 II PolG; **Hess:** § 85 I 2 HSOG; **MV:** § 1 IV SOG; **Nds:** § 97 VI NPOG; **NW:** § 3 I OBG; **RP:** § 94 II POG; **Saar:** arg. § 77 II SPolG; **Sachs:** § 1 II PBG; **LSA:** § 84 III SOG; **SH:** § 162 III LVwG; **Thür:** § 1 S. 1 OBG.

deren Weisungen. Doch ändert dies – und im Einheitssystem auch die Bezeichnung als Polizeibehörden – nichts an der **Rechtspersönlichkeit der Gemeinden**, die durch ihre eigenen Behörden und mit eigenem Personal in eigenem Namen tätig werden. K muss deshalb den Antrag auf Wiederherstellung der aufschiebenden Wirkung[36] entsprechend § 78 I Nr. 1 VwGO an die Stadt S als Träger der unteren Ordnungsbehörde richten, sofern nicht die Behörde selbst nach § 78 I Nr. 2 VwGO verklagt werden kann.[37] Und einen evtl. Ersatzanspruch muss K gegenüber der Anstellungskörperschaft, also im Regelfall ebenfalls gegenüber der Stadt S geltend machen.[38]

31 Entsprechendes gilt **stets, wenn Kommunen Gefahrenabwehrbehörden sind**, etwa die Kreise (Landkreise) und an ihrer Stelle[39] oder funktional als untere staatliche Verwaltungsbehörden die kreisfreien Städte (Stadtkreise).[40] Die organisatorische Zugehörigkeit von Behörden zu Verwaltungsträgern liegt somit auf einer anderen Ebene als die Zuweisung von Funktionen der Gefahrenabwehr. Das Organisationsrecht im Bereich der Gefahrenabwehr knüpft an das allgemeine Verwaltungsorganisationsrecht bzw. das Kommunalrecht an und setzt es voraus.

II. Der formelle Polizeibegriff

32 Nur zur Vervollständigung soll noch der formelle Polizeibegriff erwähnt werden. Er knüpft an die **Polizei im institutionellen Sinne** an und bezeichnet die **Summe der Aufgaben**, die dieser übertragen ist. Er umfasst nicht nur die Gefahrenabwehr, sondern auch z.B. die Strafverfolgung nach § 163 I StPO. Der Umfang der polizeilichen Aufgaben in diesem Sinne ist demzufolge im Einheitssystem (Rn. 24) größer als im Trennsystem (Rn. 23). So gehört die Erforschung von Ordnungswidrigkeiten (§ 53 I OWiG) in jedem Fall zu den polizeilichen Aufgaben, die Verfolgung und Ahndung (§ 35 OWiG) hingegen generell nur im Einheitssystem, im Trennsystem nur in dem Umfang, in dem die Vollzugspolizei nach § 36 I OWiG zuständig ist.

§ 2 Öffentliche Sicherheit und öffentliche Ordnung

33 Zu den Grundbegriffen des Polizeirechts im materiellen Sinne gehören „öffentliche Sicherheit" und „öffentliche Ordnung" als dessen Schutzgüter, also diejenigen Rechtsgüter, von denen Gefahren abzuwehren, die vor Schäden zu bewahren sind. „Öffentliche Sicherheit" ist in allen, „öffentliche Ordnung" in den meisten Aufgabenzuweisungsnor-

---

36 Zum vorläufigen Rechtsschutz nach § 80 V VwGO s. *Uerpmann-Wittzack*, Rn. 294 ff.

37 Vgl. **Bbg:** § 8 II VwGG; **MV:** § 14 II AGGerStrG; **Nds:** § 79 II NJG; **Saar:** § 19 II AGVwGO; **LSA:** § 8 S. 2 AG VwGO LSA; **SH:** § 69 II LJG.

38 Vgl. **BW:** § 101 S. 1 PolG; **Bay:** Art. 11 I 2 LStVG; **Berl:** § 63 I ASOG; **Bbg:** §§ 41 I, 44 II OBG; **Brem:** § 121 I PolG; **Hess:** § 68 I HSOG; **MV:** § 75 I SOG; **Nds:** § 84 I NPOG; **NW:** §§ 42 I 1, 45 I 2 OBG; **RP:** § 91 I POG; **Saar:** § 72 I SPolG; **Sachs:** § 44 PBG; **LSA:** § 73 I SOG; **SH:** § 224 I LVwG; **Thür:** § 52 OBG i.V.m. § 72 I PAG.

39 **Bbg:** § 3 I OBG; **Hess:** § 85 I Nr. 3 HSOG; **MV:** § 3 I 1 Nr. 2, S. 2 SOG; **Nds:** § 97 III NPOG i.V.m. § 2 ZustVO-NPOG; **NW:** § 3 I OBG; **Sachs:** § 1 I Nr. 3 PBG; **LSA:** § 84 I Nr. 2 SOG; **SH:** § 164 I Nr. 2 LVwG; **Thür:** § 1 I OBG.

40 **BW:** § 107 III PolG i.V.m § 15 I Nr. 2 LVG; **Bay:** Art. 6 LStVG i.V.m. Art. 9 I 1 BayGO; **RP:** § 104 II POG; **Saar:** § 76 II SPolG.

men der Gefahrenabwehrgesetze[1] genannt und eine Reihe von Befugnisnormen, insbesondere auch die Generalklausel,[2] setzen (konkrete) Gefahren für diese Schutzgüter tatbestandlich voraus.

A. Öffentliche Sicherheit

Fall 5: B ist Kfz-Techniker und begeisterter Bastler, der sich in seiner Werkstatt selbst ein Kraftfahrzeug gebaut hat. Das Fahrzeug entspricht allen gesetzlichen Anforderungen, doch hat B weder die nach § 21 StVZO erforderliche Betriebserlaubnis eingeholt noch ist das Fahrzeug nach § 3 FZV zugelassen. Die Polizei untersagt ihm deshalb bei einer Probefahrt die Weiterfahrt. **(Rn. 43)** 34

Fall 6: In **Fall 5** hat sich B die Betriebserlaubnis und die Zulassung „unter der Hand" von einem bei der Zulassungsbehörde beschäftigten Bekannten besorgt. Die Polizei untersagt die Weiterfahrt mit der zutreffenden Begründung, das Fahrzeug entspreche nicht den straßenverkehrsrechtlichen Vorschriften. **(Rn. 44)**

Fall 7: Die Polizei wird zu einer Gaststätte gerufen, in der zwei angetrunkene Gäste einander lautstark beschimpfen und beleidigen. Weil die Situation zu Handgreiflichkeiten zu eskalieren droht, spricht die Polizei gegen einen der Beteiligten einen Platzverweis aus. **(Rn. 47, 59, 88)**

Fall 8: M nimmt an einer angemeldeten, friedlich verlaufenden Versammlung teil, die von der Polizei gefilmt wird. Als Mitglied eines Bürgerforums, das sich kritisch mit der Polizeiarbeit auseinandersetzt, will sie die ihres Erachtens rechtswidrige Maßnahme dokumentieren und macht ihrerseits Bildaufnahmen von den filmenden Polizeibeamten. Diese fordern trotz einer entsprechenden Erläuterung der M diese auf, sich auszuweisen.[3] **(Rn. 48, 50, 59)**

Fall 9: Ein inhaftierter Angehöriger der russischen Mafia wird von einer SEK-Einheit zur Behandlung in eine Augenarztpraxis verbracht. Während zwei Beamte den Häftling in die Praxis begleiten, sichern mehrere SEK-Beamte in Zivil den unmittelbaren Nahbereich vor dem Praxiseingang ab. J, ein Journalist der örtlichen Tageszeitung, der sich als Pressevertreter ausweist, und auf Nachfrage vom Einsatzleiter den Grund für die polizeiliche Aktion erfährt, setzt dazu an, Bilder von den Einsatzfahrzeugen und den SEK-Beamten zu fertigen. Daraufhin spricht der Einsatzleiter ein Fotografierverbot aus. Begründet wird dies damit, dass die eingesetzten Beamten aus Gründen des Identitätsschutzes und zur Verhinderung möglicher Sanktionen der Gegenseite nicht abgelichtet werden sollten.[4] **(Rn. 48, 51, 65, 302, 514)**

Fall 10: F stellt auf einem öffentlichen Parkplatz sein Fahrrad so unachtsam ab, dass es auf den PKW der A stürzt und die Fahrertüre beschädigt. Von A zur Rede gestellt, weigert sich F, den Schaden zu begleichen und ist im Begriff, sich „aus dem Staub" zu machen. Die herbeigerufene Polizei hält F an und stellt seine Personalien fest. **(Rn. 56, 59, 88)**

Fall 11: Beim Eröffnungsspiel zur Fußball-Weltmeisterschaft nimmt die Polizei dem Schiedsrichter Ball und Pfeife weg und untersagt die Begegnung mit der Begründung, dieser Sport sei

1 Öffentliche Sicherheit und/oder Ordnung: **BW:** § 1 I PolG; **Bay:** Art. 2 I PAG, Art. 6 LStVG; **Berl:** § 1 I ASOG; **Bbg:** § 1 I PolG, § 1 I OBG; **Hbg:** § 3 I SOG; **Hess:** § 1 HSOG; **MV:** § 1 I SOG; **Nds:** §§ 1 I, 2 Nr. 1 NPOG; **NW:** § 1 I PolG; § 1 I OBG; **RP:** § 1 I POG; **Saar:** § 1 I SPolG; **Sachs:** § 2 I PVDG; § 2 I PBG; **LSA:** §§ 1 I, 3 Nr. 3, 5 SOG; **Thür:** § 2 I PAG, § 2 I OBG; nur öffentliche Sicherheit **Brem:** § 1 I PolG; **SH:** § 162 I LVwG.

2 **BW:** § 3 i.V.m. § 1 PolG; **Bay:** Art. 11 I, II PAG; einschränkend Art. 7 II LStVG; **Berl:** § 17 I ASOG; **Bbg:** §§ 10 I PolG, 13 I OBG; **Brem:** § 10 I PolG; **Hbg:** § 3 I, II 1 lit.a) SOG; **Hess:** § 11 HSOG; **MV:** § 13 SOG; **Nds:** § 11 NPOG; **NW:** §§ 8 I PolG, 14 I OBG; **RP:** § 9 I POG; **Saar:** § 8 I SPolG; **Sachs:** § 12 I PVDG; § 12 I PBG; **LSA:** § 13 SOG; **SH:** § 174 LVwG; **Thür:** §§ 12 I, II PAG, 5 I OBG.

3 Nach *OVG Lüneburg*, NVwZ 2013, 1498; BVerfG, NVwZ 2016, 53.

4 BVerwGE 143, 47; *VGH Mannheim*, DVBl. 2010, 1569.

wegen der allseits bekannten Verletzungsgefahren für die Spieler viel zu riskant. Ein verzweifelter Fan, der darauf hin vom Stadiondach zu springen droht, wird zu seinem Schutz in Gewahrsam genommen. **(Rn. 63 f.)**

Fall 12: A warnt durch ein Hinweisschild vorbeikommende Autofahrer vor einer nahen mobilen Radarfalle der Polizei. Die Beamten beschlagnahmen das Hinweisschild.[5] **(Rn. 66)**

I. Begriff

35 Der an sich überaus unbestimmte Begriff der öffentlichen Sicherheit ist „in jahrzehntelanger Entwicklung durch Rechtsprechung und Lehre [...] hinreichend präzisiert, in [seiner] Bedeutung geklärt und im juristischen Sprachgebrauch verfestigt" worden.[6] Die übereinstimmend gebräuchliche Definition hat auch in einige Polizeigesetze Eingang gefunden:[7]

➔ **Öffentliche Sicherheit** bezeichnet die **Unverletzlichkeit** der **Rechtsordnung**, der **subjektiven Rechte** und **Rechtsgüter des Einzelnen** sowie des **Bestandes**, der **Einrichtungen** und **Veranstaltungen des Staates** und sonstiger Träger öffentlicher Gewalt.

36 Gefahrenabwehrrecht ist auf einen umfänglichen **Rechtsordnungs- und Rechtsgüterschutz** ausgerichtet. Diese Zweckrichtung ist ein wesentliches ermessensleitendes Moment. Die Definition nennt drei Teilrechtsgüter, wobei stets herausgearbeitet werden muss, welches jeweils – und unter welchem Aspekt – in Gefahr ist. Denn hierauf ist z.B. bei der Erörterung der Verantwortlichkeit Bezug zu nehmen und hieran ist im Rahmen der Verhältnismäßigkeit etwa die Eignung einer getroffenen Maßnahme zu messen.

II. Rechtsordnung

37 Angesichts der vorhandenen Normierungsdichte stellt die Unversehrtheit der Rechtsordnung das **wichtigste** (im Sinne von: meistens einschlägige) **polizeiliche Schutzgut** dar, das die Gesamtheit der hoheitlich gesetzten Verhaltensnormen umfasst. Es enthält partiell die weiteren Teilrechtsgüter, die dem Begriff der öffentlichen Sicherheit unterfallen und ist deshalb **zweckmäßigerweise an erster Stelle** zu prüfen. Terminologisch ist darauf zu achten, dass die **Rechtsordnung nicht mit der „öffentlichen Ordnung"** als zweitem polizeilichen Schutzgut verwechselt wird.

1. Verfassungsrecht, insbesondere Grundrechte

38 Zur Rechtsordnung gehören Normen jeden Ranges, also auch die Regelungen des GG und der Landesverfassungen. Trotz ihrer grundlegenden Bedeutung für das Staatswesen stehen sie aber im Rahmen der Gefahrenabwehr **als Schutzgüter nicht im Mittelpunkt**. Das gilt generell für das Staatsorganisationsrecht unter Einschluss der Aufgaben und Befugnisse der obersten Staatsorgane, weil die Verfassungen hier spezielle Kontrollmechanismen und – letztlich verfassungsgerichtliche – Prüfungsmöglichkeiten vorsehen, für deren Wahrnehmung die Polizei- und Ordnungsbehörden nicht zuständig sind.

---

5 *OVG Münster*, NJW 1997, 1596.

6 So BVerfGE 54, 143 (144 f.) zur polizeilichen Generalklausel insgesamt.

7 **Brem:** § 2 Nr. 2 PolG; **Sachs:** § 4 Nr. 1 PVDG; **LSA:** § 3 Nr. 1 SOG; **Thür:** § 54 Nr. 1 OBG.

Etwas anders verhält es sich mit den **Grundrechten**. Ihr Schutz ist der gesamten Staatsgewalt aufgegeben und somit im Rahmen des Polizeirechts auch den Gefahrenabwehrbehörden. Dennoch ist der **begrenzte Regelungsgehalt der Grundrechtsnormen** zu beachten. Sie verpflichten unmittelbar nur Träger öffentlicher Gewalt (Art. 1 III GG) und können demnach nur von diesen gefährdet oder verletzt werden. Doch auch insoweit ist Zurückhaltung geboten: Denn eine **Gefahr für ein Grundrecht** liegt nur vor, wenn ein rechtswidriger Eingriff droht, während das einfache Gesetzesrecht den jeweiligen Hoheitsträger aber gerade zu bestimmten Eingriffen ermächtigen kann. Damit aber verlagert sich der Schwerpunkt der Betrachtung auf das einschlägige, den Umfang des Grundrechtsschutzes konkretisierende Verwaltungsrecht. Ergänzend dazu kann die Frage aufgeworfen werden, ob die allgemeinen Gefahrabwehrbehörden gegen andere Behörden überhaupt einschreiten dürfen. Dies wird unter dem Stichwort der **„Polizeipflicht von Hoheitsträgern"** diskutiert und ist eine Frage der sachlichen Zuständigkeit (Rn. 406 ff.). 39

Private hingegen sind zwar **grundrechtsberechtigt**, aber **nicht grundrechtsverpflichtet**. Auch gibt es auf verfassungsrechtlicher Ebene keine den Grundrechten entsprechenden **unmittelbar wirkenden Grundpflichten** der Bürger. Die Abgrenzung der Rechtssphären Privater untereinander wird durch das einfache Gesetzesrecht vollzogen. Deshalb kann von einem Privaten grundsätzlich **keine Gefahr für Grundrechte Dritter** ausgehen. Vielmehr kann einerseits eine Gefahr für ein **grundrechtlich geschütztes Rechtsgut** vorliegen (z.B. Leben, Gesundheit, Freiheit, Eigentum), das als solches **neben der Rechtsordnung** ein eigenständiges Schutzgut darstellt (Rn. 60 ff.). Häufig und in aller Regel sind aber andererseits die grundrechtlich geschützten Güter durch entsprechende einfach-gesetzliche Normen auch im Verhältnis Privater untereinander geschützt, so z.B. durch **Normen des Strafrechts oder Zivilrechts**, so dass unter diesem Aspekt wiederum die Rechtsordnung als polizeiliches Schutzgut einschlägig ist (Rn. 41 ff.). 40

2. Gesetzesrecht

Jeder Gesetzesverstoß stellt eine Störung der öffentlichen Sicherheit dar.[8] Das gilt im Grundsatz für jedes Gesetz im materiellen Sinne. 41

a) Verwaltungsrecht

Das Gefahrenabwehrrecht, speziell die polizei- bzw. ordnungsbehördliche Generalklausel, bietet insbesondere eine Handhabe, generelle, in formellen Gesetzen oder untergesetzlichem Recht (Verordnungen, Satzungen) niedergelegte verwaltungsrechtliche Geoder Verbote zu konkretisieren,[9] sofern nicht besondere, diesem Zweck dienende Vorschriften eingreifen.[10] Weil die Unversehrtheit der Rechtsordnung Bestandteil der öffentlichen Sicherheit ist, bedarf es bei drohenden Gesetzesübertretungen **nicht des weiteren Nachweises**, dass darüber hinaus die von der verletzten Rechtsnorm geschützten **Rechtsgüter** gefährdet oder beeinträchtigt sind. 42

8 Enger *Würtenberger/Heckmann/Tanneberger*, § 5 Rn. 257: Nur Verstöße gegen (öffentlich-rechtliche) Normen, die zum Schutz individueller Rechte oder von Staatsfunktionen Verhaltenspflichten begründen.

9 Ausnahme **Bay:** Art. 7 II Nr. 1 und 3 LStVG ermöglicht die Durchsetzung allgemeiner gesetzlicher Pflichten durch die Sicherheitsbehörden **nur**, wenn sie zugleich straf- oder bußgeldbewehrt sind oder bestimmte Rechtsgüter gefährdet oder verletzt sind. Die Sicherheitsbehörden können aber die Polizei nach Art. 10 S. 2 LStVG, Art. 9 II POG anweisen, die betreffende Anordnung (z.B. auf der Grundlage des Art. 11 I PAG) zu erlassen.

10 Zur „Verwaltungsakts-Befugnis" noch unten Rn. 266.

43 So liegt in **Fall 5** eine Störung der öffentlichen Sicherheit alleine deshalb vor, weil B nicht im Besitz der erforderlichen Betriebserlaubnis und Zulassung ist. Die Genehmigungsfähigkeit vermag die Genehmigung nicht zu ersetzen.

44 Umgekehrt können sich aber Besonderheiten ergeben, wenn ein Verhalten von einer wirksamen Genehmigung umfasst ist. So entspricht in **Fall 6** das Fahrzeug des B nicht den straßenverkehrsrechtlichen Vorschriften, weshalb die Einzelgenehmigung als Voraussetzung für die Zulassung nach § 3 I 2 FZV nicht hätte erteilt werden dürfen. Sie ist aber gleichwohl **als Verwaltungsakt wirksam.**[11] Auch die Tatsache, dass B die Erlaubnis in kollusivem Zusammenwirken mit seinem Bekannten erlangt hat, führt nicht zur Nichtigkeit der Betriebserlaubnis, sondern lediglich dazu, dass sein Vertrauen in den Bestand des Verwaltungsakts nicht schutzwürdig ist[12] und einer Rücknahme nicht entgegensteht. Die Polizei ist an die Erlaubnis der ausstellenden Behörde gebunden, bis sie aufgehoben wird bzw. nach § 19 II StVZO erlischt. Eine Gefahr für oder eine Störung der öffentlichen Sicherheit kann folglich nicht mit einem Verstoß gegen die StVZO oder die FZV begründet werden.

45 Ein polizeiliches Einschreiten kommt deshalb nur in Betracht, wenn der Betrieb des Kfz noch andere polizeiliche Schutzgüter gefährdet, etwa wenn mangels ausreichender Verkehrssicherheit Leben oder Gesundheit anderer Verkehrsteilnehmer konkret in Gefahr sind.

b) Strafgesetze und Ordnungswidrigkeitenrecht

46 Jeder Strafrechts- oder Ordnungswidrigkeitennorm liegt explizit oder implizit eine **Verhaltensnorm zugrunde**, deren Verletzung mit Strafe oder Bußgeld geahndet werden kann. So liegt z.B. § 212 StGB das Verbot zugrunde, einen anderen Menschen zu töten. Die Verletzung dieser Verhaltensnorm wird grundsätzlich durch die Erfüllung des Straf- (bzw. OWi-) Tatbestandes indiziert, kann aber im Einzelfall durch Rechtfertigungsgründe widerlegt sein.[13] Auf Vorsatz oder Fahrlässigkeit kommt es dabei grundsätzlich nicht an, da dies **Kategorien der Sanktionierung des Fehlverhaltens** sind, die zwar für die Strafbarkeit des verbotenen Verhaltens, nicht aber für das Verbot als solches relevant sind.

47 In **Fall 7** drohen wegen der Fortdauer der Streitigkeit weitere Beleidigungen und Körperverletzungen. Damit liegt eine konkrete Gefahr für die Begehung von Straftaten nach §§ 185, 223 StGB und damit für die öffentliche Sicherheit vor, die für einen Platzverweis[14] gegen jeden Beteiligten ausreichend ist. Dass es sich dabei um Antragsdelikte (§§ 194 I, 230 I StGB) handelt und dass das Gericht bei wechselseitigen Beleidigungen von einer Bestrafung absehen kann (§ 199 StGB), ist nur für die Strafverfolgung erheblich.

48 In **Fall 8 und Fall 9** ist die Betroffenheit der Rechtsordnung schwerer zu begründen. Das bloße Anfertigen einer Bildaufnahme ist nur in den Fällen des § 201a StGB, also bei einer Verletzung des höchstpersönlichen Lebensbereichs, strafbar. In den beiden Fällen ging es aber um Abbildungen von Polizeibeamten bei Ausübung ihres Amtes, also nicht

11 Vgl. Art./§ 43 II (L)VwVfG, **SH:** § 112 II LVwG.

12 Art./§ 48 III 2 i.V.m. II 3 Nr. 1 (L)VwVfG, **SH:** § 116 III 2 i.V.m. II 3 Nr. 1 LVwG.

13 In diesem Fall ist nicht die Rechtsordnung betroffen, ggf. aber ein Individualrechtsgut!

14 **BW:** § 30 I PolG; **Bay:** Art. 16 I Nr. 1 PAG; **Berl:** § 29 I 1 ASOG; **Bbg:** § 16 I 1 PolG; **Brem:** § 11 I 1 PolG; **Hbg:** § 12a SOG; **Hess:** § 31 I 1 HSOG; **MV:** § 52 I 1 SOG; **Nds:** § 17 I 1 NPOG; **NW:** § 34 I 1 PolG; **RP:** § 13 I 1 POG; **Saar:** § 12 I 1 PolG; **Sachs:** § 18 S. 1 PVDG; **LSA:** § 36 I 1 SOG; **SH:** § 201 I LVwG; **Thür:** § 18 I 1 PAG.

genuin als Privatpersonen. Unter Strafe gestellt ist allerdings durch § 33 KUG das **Verbreiten oder öffentliche Zurschaustellen** von Bildnissen entgegen §§ 22, 23 KUG. Die Verbreitung oder Veröffentlichung von Bildern eines Polizeieinsatzes kann indes auch ohne Einwilligung der Abgebildeten (§ 22 S. 1 KUG) nach § 23 I Nr. 1 KUG gerechtfertigt sein.[15] Der dort verwendete Begriff der „Zeitgeschichte" ist nicht eng im Sinne von zeithistorisch bedeutsamen Ereignissen zu verstehen, sondern umfasst alle Fragen von – auch nur lokalem – allgemeinem gesellschaftlichen Interesse.[16] Dazu wird man im Grundsatz die Ausübung von Staatsgewalt im öffentlichen Raum stets rechnen müssen.[17] Soweit Polizeibeamte in ihrer dienstlichen Funktion als Akteure eines polizeilichen Einsatzes abgebildet werden, ist demzufolge deren (privates) Recht am eigenen Bild abgeschwächt. Umgekehrt besteht in der Regel kein gesellschaftliches Informationsinteresse an Abbildungen, die nur die Person eines oder mehrerer Beamter ohne den Kontext des Einsatzes zeigen. Portraitierende Aufnahmen können im Einzelfall aber wiederum nach § 23 I Nr. 1 KUG gerechtfertigt sein, wenn gerade am dienstlichen Verhalten des jeweiligen Beamten ein öffentliches Interesse besteht, insbesondere wenn er seine polizeilichen Befugnisse überschreitet. Die nach § 23 I KUG bestehende Befugnis findet nach § 23 II KUG aber wiederum ihre Grenze, wenn durch die Verbreitung oder Schaustellung ein berechtigtes Interesse des Abgebildeten verletzt wird. Das liegt etwa vor, wenn der Abgebildete herabgewürdigt oder einer Gefährdung von Leben oder Gesundheit ausgesetzt wird.

KUG = Kunsturheberg

Es liegt auf der Hand, dass die nach diesen Maßstäben erforderliche Abwägung zwischen 49
dem Informationsinteresse der Öffentlichkeit und dem Persönlichkeitsrecht von Polizeibeamten in der jeweiligen Situation ungleich schwerer zu bewältigen ist als ex post etwa im Rahmen eines Strafverfahrens nach erfolgter Veröffentlichung oder Verbreitung von Bildaufnahmen. Zugleich bietet die Verwendung von Smartphones und die verbreitete Nutzung sozialer Netzwerke nahezu jedem jederzeit die Möglichkeit, Bilder oder Filme von polizeilichen Einsätzen zu veröffentlichen oder zu verbreiten. Zudem trägt die Polizei die Beweislast für die Rechtmäßigkeit ihrer Maßnahmen. Die im Rahmen der Gefahrenbeurteilung anzustellende Prognose muss sich auf Tatsachen stützen, die den Schluss zulassen, dass (a) angefertigte Bildnisse überhaupt verbreitet oder veröffentlicht werden und dabei (b) das Persönlichkeitsrecht der Abgebildeten verletzt wird.

In **Fall 8** setzt die Aufforderung an M, sich auszuweisen, das Vorliegen einer konkreten 50
Gefahr für die öffentliche Sicherheit voraus.[18] Im Hinblick auf die Rechtsordnung als Schutzgut derselben muss demzufolge hinreichend wahrscheinlich sein, dass M die Aufnahmen unter Verstoß gegen §§ 22, 23 KUG verbreiten oder öffentlich zur Schau stellen werde. Sofern es keine Anhaltspunkte dafür gibt, dass mit den Aufnahmen entgegen den Erläuterungen der M etwas anderes als die Dokumentation eines – möglichen[19] – polizei-

15 Mit dieser (fallentscheidenden) Frage setzte sich das OVG Lüneburg, NVwZ 2013, 1498, nicht auseinander. Berechtigte Kritik (u.a.) hieran von *Payandeh*, NVwZ 2013, 1458 (1459).

16 BGH, NJW-RR 2014, 1193 (1194) – Mieterfest einer Wohnungsbaugesellschaft als zeitgeschichtliches Ereignis.

17 Zum SEK-Einsatz (Fall 9) ebenso *VGH Mannheim*, DVBl. 2010, 1569 (1571).

18 **BW:** § 27 I Nr. 1, II 2 PolG; **Bay:** Art. 13 I Nr. 1 lit. a), II 2 PAG; **Berl:** § 21 I, III 2 ASOG; **Bbg:** § 12 I Nr. 1, II 2 PolG; **Brem:** § 27 I Nr. 1, II 2 Nr. 4 PolG; **Hbg:** § 13 I Nr. 1, IV 2 Nr. 3 PolDVG; **Hess:** § 18 I, III 2 HSOG; **MV:** § 29 I 1, II 2 SOG; **Nds:** § 13 I Nr. 1, II 1 NPOG; **NW:** § 12 I Nr.1, II 2 PolG; **RP:** § 10 I 1, II 2 POG; **Saar:** § 9 I Nr. 1, II Nr. 3 SPolG; **Sachs:** § 16 I Nr. 1, II Nr. 3 PVDG; **LSA:** § 20 I, III 2 SOG; **SH:** § 181 I 1, III 2 LVwG; **Thür:** § 14 I Nr. 1, II 2 PAG.

19 Bildaufzeichnungen von Versammlungsteilnehmern sind grundsätzlich nur bei (dem Verdacht) einer erheblichen Gefahr für die öffentliche Sicherheit (oder Ordnung) zulässig, vgl. §§ 19a, 12a I VersG, **Bay:** Art. 9 I BayVersG; **Berl:** § 18 I VersFG; **Nds:** § 12 I NVersG; **Sachs:** § 20 I SächsVersG; **LSA:** § 18 I VersG; **SH:** § 16 I VersFG.

lichen Fehlverhaltens durch die fotografierten Polizeibeamten bezweckt wird, wäre eine evtl. Verbreitung oder Veröffentlichung der Aufnahmen nach § 23 Nr. 1 KUG im Grunde gerechtfertigt. Anders gewendet: Die Polizei kann ohne weitere Informationen nicht nachweisen, dass M mit hinreichender Wahrscheinlichkeit gegen §§ 22, 23 KUG verstoßen und sich nach § 33 KUG strafbar machen werde.[20]

51 In **Fall 9** hat der *VGH Mannheim* darauf erkannt, dass eine Veröffentlichung oder Verbreitung von Fotos, auf welchen die SEK-Beamten erkennbar sind, wegen der Möglichkeit von Racheakten der russischen Mafia zu einer Gefährdung von Leben und Gesundheit der Beamten führen könnte und deshalb deren berechtigte Interessen i.S.d. § 23 II KUG verletzen würde. Er verneinte mangels entsprechender Anhaltspunkte aber die hinreichende Wahrscheinlichkeit dafür, dass J nach dem Hinweis auf die Gefahr der Enttarnung der Beamten unter Verletzung seiner journalistischen Pflichten die Bilder ohne ausreichende Anonymisierung veröffentlichen würde.[21] Demzufolge ist das Fotografierverbot rechtswidrig, weil schon der Tatbestand der Befugnisnorm (Generalklausel) nicht erfüllt ist. Das *BVerwG* hat sich diese „Vermutung der Rechtstreue" zugunsten von Pressevertretern nicht zu eigen gemacht. Statt des einseitigen polizeilichen Hinweises auf die Gefährdungslage setzt es zum Schutz der Pressefreiheit (Art. 5 I 2 GG) auf eine in erster Linie anzustrebende Verständigung mit J über den weiteren Umgang mit den Fotografien. Der Gefahr einer rechtsverletzenden Verwendung soll danach nicht vorrangig auf der „ersten Stufe" der Anfertigung, ihr kann auch auf der „zweiten Stufe" des Gebrauchs der Bilder begegnet werden. Das Fotografierverbot war deshalb unverhältnismäßig.[22]

c) Privatrecht

52 Normen des Privatrechts sind ebenfalls Teil der Rechtsordnung, so dass auch ihre Unversehrtheit zur öffentlichen Sicherheit gehört. Der Begriff des „Öffentlichen" bezieht sich auf die Interessen, die dem Schutz des Staates unterliegen, nicht auf die Qualifikation der Normen, mit denen dieser seiner Schutzaufgabe nachkommt. Alles staatliche, öffentliches wie privates Recht, wird aber auch **im öffentlichen Interesse** erlassen, weshalb sein Schutz insgesamt im öffentlichen Interesse liegt. Das ist auch der maßgebliche Grund dafür, dass sich eine trennscharfe Unterscheidung zwischen öffentlichem und privatem Recht nicht nach dem materialen Kriterium des Interesses treffen lässt (Interessentheorie), sondern vielmehr nach dem primär formalen Kriterium der Zuordnungssubjekte von Rechtsnormen (Zuordnungs-/Sonderrechtstheorie) abzugrenzen ist.

53 Die Privatrechtsordnung ist aber dennoch ein Sonderfall, wenngleich nicht unter dem (begrifflichen) Aspekt der öffentlichen Sicherheit (Rn. 55 ff.), sondern einerseits wegen der auch **grundrechtlich verbürgten Privatautonomie**, andererseits im Hinblick auf die **Zuständigkeitsordnung**: Ob ein Privater einen Anspruch (§ 194 BGB), der ihm gegen einen anderen Privaten zusteht, durchsetzen will oder nicht, ist seiner Entscheidung überlassen. Deshalb kann es nicht die Aufgabe der Polizei sein, eine privatrechtliche Pflicht von Amts wegen auch gegen den Willen des Berechtigten durchzusetzen. Zudem ist für die Durchsetzung rein privater Rechte grundsätzlich die (ordentliche) Gerichtsbarkeit zuständig, nicht die Exekutive.

20 Im Ergebnis ebenso *BVerfG*, NVwZ 2016, 53 (54).
21 *VGH Mannheim*, DVBl. 2010, 1569 (1571).
22 BVerwGE 143, 47 (84).

Deshalb besteht lediglich eine subsidiäre oder **Eilzuständigkeit der Gefahrenabwehrbehörden zum Schutz privater Rechte**, die das Einverständnis des Berechtigten[23] voraussetzt und nur besteht, wenn gerichtlicher Schutz nicht rechtzeitig zu erlangen ist und wenn ohne polizeiliche Hilfe die Verwirklichung des Rechts vereitelt oder wesentlich erschwert zu werden droht.[24] **54**

Nach dieser Überlegung stellt die Subsidiaritätsklausel eine **Einschränkung des Aufgabenbereichs** der Gefahrenabwehrbehörden dar. Demgegenüber ist es denkbar, die Schlichtung privater Streitigkeiten grundsätzlich nicht unter den Begriff der öffentlichen Sicherheit zu subsumieren, weil hieran **kein öffentliches Interesse** bestehe. Die Subsidiaritätsklausel ist dann eine **konstitutive Erweiterung des Aufgabenkreises**, weil sie unter den genannten Voraussetzungen das fehlende öffentliche Interesse überwindet.[25] Dann wären nicht alle Gefahrenabwehrbehörden für den Schutz privater Rechte zuständig.[26] Dafür spricht auf den ersten Blick, dass manche Standardmaßnahmen sowohl zur Abwehr von Gefahren für die öffentliche Sicherheit als auch zum Schutz privater Rechte ergriffen werden können.[27] Umgekehrt wären die Gefahrenabwehrbehörden aber gehindert, Eingriffsmaßnahmen zum Schutz privater Rechte auf Befugnisnormen zu stützen, die tatbestandlich eine Gefahr für die öffentliche Sicherheit (oder Ordnung) voraussetzen. **55**

Das wird in **Fall 10** relevant: A kann einen Schadensersatzanspruch aus § 823 I BGB gegen F besitzen, der notfalls gerichtlich durchzusetzen ist. Dazu ist es aber unerlässlich, die Identität des F zu klären. Weil A gegen den Willen des F hierzu nicht in der Lage ist, ist die subsidiäre polizeiliche Zuständigkeit durchaus gegeben. Die beiden von der Polizei getroffenen Maßnahmen – das Anhalten des F und die Feststellung seiner Personalien – sind Standardmaßnahmen nach den Gefahrenabwehrgesetzen. Da aber lediglich ein privatrechtlicher Anspruch der A in Gefahr ist, sind diese Maßnahmen nur in **den** Bundesländern unzweifelhaft rechtmäßig, die sie speziell **auch zum Schutz privater Rechte** zulassen[28] oder generell den Schutz privater Rechte ausdrücklich der Abwehr von Gefahren für die öffentliche Sicherheit zurechnen.[29] In den übrigen Ländern hängt die Rechtmäßigkeit davon ab, ob auch rein privatrechtliche Ansprüche unter den Begriff der öffentlichen Sicherheit fallen oder nicht.[30] **56**

Das Beispiel macht darauf aufmerksam, dass eine restriktive Interpretation des Begriffs der öffentlichen Sicherheit dazu tendiert, den Gefahrenabwehrbehörden diejenigen (Eingriffs-)Mittel vorzuenthalten, die für einen wirksamen Schutz privater Rechte und damit **57**

23 Eines (formlosen) Antrags bedarf es nach **BW:** § 2 II PolG; **Sachs:** § 2 II PVDG; § 2 II PBG.

24 Vgl. Fn. 23 sowie **Bay:** Art. 2 II PAG; **Berl:** § 1 IV ASOG; **Bbg:** § 1 II PolG; **Brem:** § 1 II PolG; **Hbg:** § 3 III SOG; **Hess:** § 1 III HSOG; **MV:** § 1 III SOG; **Nds:** § 1 III NPOG; **NW:** § 1 II PolG; **RP:** § 1 III POG; **Saar:** § 1 III SPolG; **LSA:** § 1 II SOG; **SH:** § 162 II LVwG; **Thür:** § 2 II PAG; § 2 II OBG.

25 Vgl. *Knemeyer*, Rn. 135; *Würtenberger/Heckmann/Tanneberger*, § 4 Rn. 57; wie hier *Kugelmann*, 5. Kap., Rn. 37, 67; so auch **Bay:** Art. 2 II PAG („im Rahmen ihrer Aufgabe…").

26 Wenn nämlich die Subsidiaritätsklausel **fehlt**, wie in **Bay** für Sicherheitsbehörden (LStVG); **Berl** für Ordnungsbehörden (§ 1 IV ASOG); **Bbg** für Ordnungsbehörden (OBG); **Hbg** für die Vollzugspolizei (§ 3 III SOG: arg. e § 3 II 1 lit.a), III SOG); **NW:** für Ordnungsbehörden (OBG).

27 Z.B. **Bay:** Art. 13 I Nr. 1 lit. a) und 6, 32 I Nr. 1 und 2 PAG; **Berl:** § 18 I 2 und 3 Nr. 3 ASOG; **Bbg:** § 12 I Nr. 1 und 7 PolG; **Hess:** §§ 13 I Nr. 3, 18 I HSOG; **MV:** § 55 I Nr. 3 und 4 SOG; **RP:** § 10 I 1 POG; **Sachs:** § 15 I Nr. 7 PVDG; § 18 I Nr. 2 PBG; **LSA:** § 15 I Nr. 3 SOG; **Thür:** §§ 14 I Nr. 1 und 7, 32 I Nr. 1 und 2 PAG; § 15 I Nr. 1 und 3 OBG.

28 **Bay:** Art. 13 I Nr. 6, II 2 PAG; **Berl:** § 21 II Nr. 2 ASOG; **Bbg:** § 12 I Nr. 7, II 2 PolG; **Hess:** § 18 I, III 2 HSOG; **RP:** § 10 I 1 POG; **LSA:** § 20 I SOG; **Thür:** § 14 I Nr. 7, II 2 PAG.

29 **MV:** § 1 III i.V.m. § 29 I 1, II 3 SOG; **SH:** § 162 II i.V.m. § 181 I 1, III 1 LVwG.

30 **BW:** § 27 I Nr. 1, II 2 PolG; **Brem:** § 27 I Nr. 1, II Nr. 1 PolG; **Hbg:** § 12 I i.V.m. § 3 II 1 lit. a) SOG; **Nds:** § 13 I Nr. 1, II 1 NPOG; **NW:** § 12 I Nr. 1, II 2 PolG; **Saar:** § 9 I Nr. 1, II Nr. 1 SPolG.

für eine effektive Erfüllung ihrer Aufgabe erforderlich sind. Das kann aber kaum der ratio der Subsidiaritätsklausel entsprechen.

58 Die Subsidiarität gegenüber der ordentlichen Gerichtsbarkeit greift nur, soweit überhaupt gerichtlich durchsetzbare Rechte in Gefahr sind, also vertragliche oder gesetzliche **Ansprüche** gegenüber anderen Bürgern. Die in diesem Rahmen zu treffenden Maßnahmen sollen **die Gefahr der Vereitelung der Rechtsdurchsetzung** abwehren. In diesem Sinne ist es richtig, wenn darauf hingewiesen wird, dass in aller Regel nur vorläufige Maßnahmen in Betracht kommen.

59 Außerhalb der Subsidiaritätsklausel und also nicht deren Restriktionen unterworfen liegen Fallgestaltungen, in denen **neben privaten Rechten** noch **andere polizeiliche Schutzgüter** betroffen sind, wie in **Fall 7** die öffentlich-rechtlichen Verhaltensnormen. Nimmt man entgegen der hier (Rn. 48) vertretenen Ansicht an, dass in **Fall 8** eine Verbreitung oder Veröffentlichung der Aufnahmen der Polizeibeamten rechtswidrig wäre, läge darin wegen der Strafbarkeit nach § 33 KUG neben der Verletzung des Rechts am eigenen Bild zugleich ein Verstoß gegen öffentliches Recht. Gegen das vom KUG nicht erfasste bloße Anfertigen von Fotografien schützt das Recht am eigenen Bild hingegen nicht, weil die Vorschriften der §§ 22 f. KUG im Verhältnis zum allgemeinen Persönlichkeitsrecht leges speciales sind, die einen Rückgriff auf dieses grundsätzlich ausschließen.[31] – Die Subsidiaritätsklausel ist in derartigen Fällen natürlich nur dann unanwendbar, wenn (noch) eine Gefahr vorliegt: Wandelt man **Fall 10** dergestalt ab, dass F sein Fahrrad vorsätzlich auf den Pkw der A gestoßen hat, liegt zwar zugleich eine strafbare Sachbeschädigung (§ 303 I StGB) vor, doch ist sie bereits beendet, der Schaden bereits eingetreten und nicht mehr durch polizeiliche Maßnahmen zu verhindern. Ein präventives Tätigwerden der Polizei kommt dann nur in Betracht, wenn die Gefahr weiterer Sachbeschädigungen besteht.[32] Für deren Abwendung könnten aber u.U. Maßnahmen ergriffen werden, etwa die Sicherstellung (Beschlagnahme) des Fahrrads, die alleine für den Schutz der Ansprüche der F nicht in Betracht kämen.

III. Subjektive Rechte und Individualrechtsgüter

60 Die **subjektiven Rechte des Einzelnen** basieren auf Rechtsnormen und stellen nur einen **Ausschnitt der Rechtsordnung** dar. Für den Begriff der öffentlichen Sicherheit haben sie deshalb keine eigenständige Bedeutung. Doch kann die Tatsache, dass eine Vorschrift, deren Verletzung droht, zugleich ein subjektives Recht gewährt, in anderem Zusammenhang Bedeutung erlangen, nämlich bei der Frage, ob der Einzelne einen **Anspruch auf polizeiliches oder ordnungsbehördliches Einschreiten** besitzt (Rn. 524 ff.).

61 **Individualrechtsgüter** sind rechtlich geschützte Interessen Einzelner. Sie werden also ebenfalls erst durch die Rechtsordnung begründet. Vorrangig ist hier an diejenigen Interessen zu denken, die durch Grundrechte geschützt sind, insbesondere Leben, Gesundheit, Freiheit und Eigentum. Wenn auch **Grundrechte** nur gegenüber dem Staat bestehen, sind die **grundrechtlich geschützten Güter** an sich, d.h. unabhängig davon schüt-

31 *VG Meiningen*, NVwZ 2012, 551 (553).
32 Im Übrigen müssten die Beamten auf einen Strafantrag der A (§ 303c StGB) gegen F repressiv vorgehen (§ 163 I StPO).

zenswert, woher ihnen Gefahr droht.[33] Sie werden in weitem Umfang bereits durch zivil- und strafrechtliche Normen abgedeckt.

Eine darüber hinaus gehende selbstständige Bedeutung hat dieses Schutzgut aber dann, wenn **Gefahren für Individualrechtsgüter** Folgen nicht mehr zu verhindernder Normverstöße sind oder gar **nicht aus rechtswidrigem Verhalten resultieren**. Hierfür gibt es zwei Fallgruppen, die freilich nicht abschließend sind:[34] **62**

– **Naturereignisse** und **Naturkatastrophen** wie Überschwemmungen, Erdbeben, Felsrutsche und Orkane sowie
– Fälle der **Selbstgefährdung**.

Problematisch ist unter dem Aspekt der öffentlichen Sicherheit die zuletzt genannte Fallgruppe, wie **Fall 11** zeigt. Das Verbot, ein Fußballspiel durchzuführen, kann mangels spezieller Rechtsgrundlage nur auf die polizeiliche Generalklausel gestützt werden. Voraussetzung wäre allerdings eine **konkrete Gefahr** für die öffentliche Sicherheit, insbesondere für die Gesundheit der Sportler. Zunächst sind zwar körperliche Verletzungen der Spieler hinreichend wahrscheinlich, um eine Gefahr für deren Gesundheit annehmen zu können. Andererseits handelt es sich dabei um ein Risiko, welches jeder Spieler freiwillig eingeht. Jedenfalls soweit es sich um sporttypische, nach den maßgeblichen Wettkampfregeln zulässige Verletzungen handelt, liegt darin auch eine Einwilligung (§ 228 StGB) in die Verletzungen, die durch jeweils andere Spieler zugefügt wird.[35] Exzesse, die von der Einwilligung nicht umfasst sind, können zwar niemals ausgeschlossen werden, sind aber zu selten, um eine konkrete Gefahr für die Rechtsordnung (§ 223 StGB) annehmen zu können. Soweit nicht besondere (Selbst-)Schutzbestimmungen etwa im Arbeitsschutzrecht oder Straßenverkehrsrecht[36] bestehen, ist es grundsätzlich jedem selbst überlassen, welchen Umgang er mit seinen Rechtsgütern pflegt. Diese **Selbstbestimmung** ist grundrechtlich (Art. 2 I, II 1 GG) geschützt, sie fällt in die **Privatsphäre**, so dass grundsätzlich kein öffentliches Interesse am Schutz von Rechtsgütern **vor ihrem Inhaber** besteht. Deshalb liegt insoweit in **Fall 11** auch **keine Gefahr für die öffentliche Sicherheit** vor; das Spielverbot ist rechtswidrig. **63**

Ist auch der schadensträchtige Umgang mit den eigenen Rechtsgütern als Akt der Selbstbestimmung grundsätzlich zu respektieren, so stößt dies an Grenzen, wenn von einer **selbstbestimmten Selbstgefährdung nicht mehr die Rede sein** kann, weil der Betroffene sich in einem psychischen Ausnahmezustand befindet, der eine autonome Entscheidung ausschließt. So spricht in **Fall 11** alles dafür, dass der Fan sich in einer Art Kurzschlussreaktion vom Dach des Stadions stürzen will. Die Ingewahrsamnahme zum Schutz einer Person vor Leib- und Lebensgefahren (Schutzgewahrsam) ist nach den Polizeigesetzen[37] u.a. auch dann zulässig, wenn sich die Person erkennbar in einem die freie Willensbestimmung ausschließenden Zustand befindet. Fraglich ist, ob alleine die Tatsa- **64**

33 Zu Grundrechten als objektiven Wertentscheidungen vgl. BVerfGE 7, 198 ff. („Lüth"), Überblick bei *Kingreen/Poscher*, Grundrechte, Rn. 129 ff.

34 Zur Obdachlosigkeit vgl. unten Rn. 180.

35 Zur Sittenwidrigkeit von einvernehmlichen Körperletzungshandlungen vgl. *BGH*, NJW 2013, 1379 (1380 f.).

36 Z.B. Gurt- und Helmpflicht, § 21a StVO.

37 **BW:** § 33 I Nr. 2 lit. b) PolG; **Bay:** Art. 17 I Nr. 1 PAG; **Berl:** § 30 I Nr. 1 ASOG; **Bbg:** § 17 I Nr. 1 PolG; **Brem:** § 13 I Nr. 1 PolG; **Hbg:** § 13 I Nr. 1 SOG; **Hess:** § 32 I Nr. 1 HSOG; **MV:** § 55 I Nr. 1 SOG; **Nds:** § 18 I Nr. 1 NPOG; **NW:** § 35 I Nr. 1 PolG; **RP:** § 14 I Nr. 1 POG; **Saar:** § 13 I Nr. 1 SPolG; **Sachs:** § 22 I Nr. 1 PVDG; **LSA:** § 37 I Nr. 1 SOG; **SH:** § 204 I Nr. 1 LVwG; **Thür:** § 19 I Nr. 1 PAG.

che, dass jemand im Begriff ist, Suizid zu begehen, den Schluss auf eine derartige psychische Zwangslage zulässt. Die Polizei ist allerdings in aller Regel nicht in der Lage, den Gründen eines solchen finalen Schrittes nachzugehen. Ergibt sich allerdings aus den Umständen, dass es sich um eine aus ernsthafter, reiflicher Überlegung geborene Entscheidung handelt, so ist ein polizeiliches Einschreiten ausgeschlossen.[38] Soweit Eingriffsbefugnisse allgemein auf die drohende Selbsttötung abstellen,[39] ist diesem Umstand im Rahmen der Ermessensausübung Rechnung zu tragen.

IV. Bestand, Einrichtungen und Veranstaltungen des Staates

65 Als weiteres Teilrechtsgut sind **Bestand, Einrichtungen und Veranstaltungen des Staates** vom Begriff der öffentlichen Sicherheit umfasst. So wurde in **Fall 9** angenommen, dass eine Enttarnung von Mitgliedern der SEK-Einheit, die durch längere und kostenintensive Spezialausbildung auf besonders schwierige Fahndungen und Observationen vorbereitet wurden und nicht kurzfristig zu ersetzen sind, die Funktionsfähigkeit des SEK als staatlicher Einrichtung beschädigt hätte.[40] Im Übrigen sind die genannten Schutzgüter weithin bereits durch die Rechtsordnung, etwa die Staatsschutzbestimmungen der §§ 81 ff. StGB geschützt. Sofern durch nicht verbotenes Verhalten von Bürgern die Funktionsfähigkeit staatlicher Einrichtungen beeinträchtigt ist (z.B. durch Demonstrationen), kann dies als **vorrangige Grundrechtsausübung** hinzunehmen sein. Für die Aufrechterhaltung des Dienstbetriebs in Behörden und Gerichten existieren z.T. besondere Regelungen über die Ordnungsgewalt,[41] im Übrigen kann ggf. auf das Hausrecht zurückgegriffen werden. Eine polizeiliche Zuständigkeit kann sich dann auf Ersuchen der hierfür zuständigen Stelle für die Durchsetzung von Ordnungsmaßnahmen (Vollzugshilfe) ergeben.

66 Umstritten ist, ob in **Fall 12** die Sicherstellung/Beschlagnahme[42] des Warnschildes rechtmäßig ist. Voraussetzung hierfür wäre eine gegenwärtige Gefahr für die öffentliche Sicherheit bzw. eine unmittelbar bevorstehende oder bereits eingetretene Störung.[43] Das *OVG Münster*[44] hat dies mit dem Argument bejaht, die Warnhinweise beeinträchtigten die ordnungsgemäße Durchführung polizeilicher Aufgaben auf dem Gebiet der Verkehrsüberwachung. Verdeckte Geschwindigkeitsmessungen dienten nicht nur der Einhaltung der Verkehrsvorschriften im örtlich und zeitlich begrenzten Bereich der Kontrolle, sondern sollten darüber hinaus die generelle Beachtung der Geschwindigkeitsbeschränkungen fördern. Warum jedoch derartige Warnungen die generalpräventive Wirkung von

38 Wie hier *Kingreen/Poscher*, POR, § 7 Rn. 27.

39 **BW:** § 33 I Nr. 2 lit. c) PolG; **Brem:** § 13 I Nr. 1 PolG; **Saar:** § 13 I Nr. 1 SPolG; **Sachs:** § 22 I Nr. 1 PVDG.

40 *VGH Mannheim*, DVBl. 2010, 1569.

41 Z.B. §§ 169 ff. GVG („Sitzungspolizei") oder die kommunalrechtlichen Regelungen über das Hausrecht und die Aufrechterhaltung der Ordnung in den Sitzungen der Gemeindevertretung.

42 Die Unterscheidung wird nur in **BW:** §§ 37, 38 PolG getroffen. Die Sicherstellung einer Sache dient dem Schutz des Eigentümers vor Verlust oder Beschädigung, die Beschlagnahme dient der Abwehr von Gefahren, die durch die Sache oder ihren Gebrauch hervorgerufen werden. Beide Zwecke werden in anderen Ländern unter den Begriff der Sicherstellung gefasst.

43 **BW:** § 38 I Nr. 1 PolG; **Bay:** Art. 25 I Nr. 1 PAG; **Berl:** § 38 Nr. 1 ASOG; **Bbg:** § 25 I Nr. 1 PolG; **Brem:** § 21 Nr. 2 PolG; **Hbg:** § 14 I 1 lit. a) SOG; **Hess:** § 40 I Nr. 1 HSOG; **MV:** § 61 I 1 Nr. 1 SOG; **Nds:** § 26 Nr. 1 NPOG; **NW:** § 43 Nr. 1 PolG; **RP:** § 22 Nr. 1 POG; **Saar:** § 21 Nr. 1 SPolG; **Sachs:** § 31 I Nr. 1 PVDG; **LSA:** § 45 Nr. 1 SOG; **SH:** § 210 I Nr. 1 LVwG; **Thür:** § 27 Nr. 1 PAG.

44 *OVG Münster*, NJW 1997, 1596.

Kontrollen sollen unterlaufen können, wird nicht näher begründet. So liegt es näher, eine Gefahr für die öffentliche Sicherheit zu verneinen, weil der Warnhinweis ebenso wie die polizeiliche Maßnahme dazu beiträgt, Rechtsverstöße zu vermeiden.[45]

B. Öffentliche Ordnung

Fall 13: N ist begeisterte Anhängerin der Freikörperkultur, die in ihrer Freizeit, soweit es die Witterung erlaubt, hüllenlos umher geht. Auch wenn sie es nicht darauf anlegt, lassen sich – zumal innerorts – Begegnungen mit anderen Passanten nicht vermeiden. Die Ordnungsbehörde untersagt ihr nach mehreren Beschwerden, sich außerhalb ausgewiesener oder zugelassener FKK-Anlagen unbekleidet in der Öffentlichkeit zu zeigen.[46] **(Rn. 74)** 67

Fall 14: Die Gemeinde G erlässt eine Verordnung zur Aufrechterhaltung der öffentlichen Sicherheit und Ordnung. Darin wird unter Bußgeldandrohung „das Betteln auf öffentlichen Straßen und in öffentlichen Anlagen" ebenso untersagt wie das „Niederlassen zum Alkoholgenuss außerhalb genehmigter Außenschankflächen". „Tippelbruder" T, der schon des öfteren wegen derartiger Verhaltensweisen Probleme mit der Polizei hatte, will deshalb die Verordnung gerichtlich überprüfen lassen.[47] **(Rn. 75 ff., 552)**

Fall 15: L betreibt ein sog. „Laserdrome", eine Spielhalle, in der u.a. das Laserspiel „Quasar" veranstaltet wird. Dabei sind die in zwei Mannschaften formierten Spieler mit Laserpistolen und Empfangsgeräten ausgestattet. Ziel des Spiels ist, die jeweils gegnerische Mannschaft durch möglichst viele Treffer aktionsunfähig zu machen. Die zuständige Behörde untersagt die Veranstaltung mit der Begründung, die Simulation von Tötungshandlungen und die damit einhergehende Verharmlosung von Gewalt verstießen gegen die grundlegenden Wertvorstellungen der Allgemeinheit.[48] **(Rn. 80 f., 301, 385 f.)**

Fall 16: Die neonazistische P-Partei meldet in Nürnberg einen Aufzug unter dem Motto „Freiheit für Deutschland" an, der vom ehemaligen Reichsparteitagsgelände zum Hauptmarkt führen und dort in eine Abschlusskundgebung münden soll. Die zuständige Behörde spricht ein Versammlungsverbot aus. Es wird damit begründet, dass die Verbreitung nationalsozialistischen Gedankenguts generell den durch Menschenwürde, Demokratie und Rechtsstaatlichkeit geprägten Wertvorstellungen des Grundgesetzes widerspreche. Schließlich werde durch den geplanten Aufzug nach Zeitpunkt und vorgesehener Wegstrecke an die Aufmärsche und Fackelzüge zur Zeit der Reichsparteitage erinnert. Das sei ein Verstoß gegen die öffentliche Ordnung.[49] **(Rn. 82 f.)**

Die **öffentliche Ordnung** ist in den meisten Polizeigesetzen als **selbstständiges Schutzgut** neben der öffentlichen Sicherheit aufgeführt.[50] Gefahren für ihre Unversehrtheit können insoweit grundsätzlich[51] auch mit eingreifenden Maßnahmen (etwa auf Grundlage der Generalklausel) abgewehrt werden. Das gilt natürlich auch, wenn **spezielle Befugnisnormen** zum Schutz der öffentlichen Ordnung existieren (Rn. 82). Ferner kann die öffentliche Ordnung **als Teil der öffentlichen Sicherheit** relevant werden (Rn. 72). 68

45 *Schenke*, Rn. 65; *Kingreen/Poscher*, POR, § 7 Rn. 38.
46 Vgl. *OVG Münster*, NJW 1997, 1180; *VGH Mannheim*, NJW 2003, 234.
47 Vgl. *VGH Mannheim*, DÖV 1998, 1015, NVwZ-RR 2010, 55; *OVG Schleswig*, NordÖR 1999, 381; *OLG Saarbrücken*, NJW 1998, 251.
48 BVerwGE 115, 189.
49 *BVerfG*, DVBl. 2004, 235.
50 Nachweise oben Fn. 1.
51 Ausnahme für Sicherheitsbehörden in **Bay:** Art. 7 II LStVG ermächtigt nicht zu Eingriffsmaßnahmen wegen Gefahren für die öffentliche Ordnung.

I. Begriff und grundsätzliche Problematik

69 **„Öffentliche Ordnung“** bezeichnet die Gesamtheit der **im Rahmen der verfassungsmäßigen Ordnung** liegenden **ungeschriebenen Regeln** für das **Verhalten des Einzelnen in der Öffentlichkeit**, deren Beachtung nach den jeweils **herrschenden Anschauungen** als **unerlässliche Voraussetzung** eines **geordneten staatsbürgerlichen Zusammenlebens gilt**.[52]

70 Die öffentliche Ordnung umfasst im Gegensatz zur öffentlichen Sicherheit nicht Rechtsnormen, sondern aus **Sitte und Moral** einer Gemeinschaft abgeleitete **Sozialnormen**, soweit sie mit den Wertentscheidungen des Grundgesetzes vereinbar sind. Diese Sozialnormen betreffen das **Verhalten des Einzelnen in der Öffentlichkeit**. Rechtlich beachtlich sind sie aber nur, soweit sie **für das Zusammenleben** innerhalb des Staates **unentbehrlich** sind. Insofern hat die öffentliche Ordnung lediglich eine Art **Reservefunktion** und darf nicht gegen jedes unbequeme, geschmacklose oder befremdlich wirkende Verhalten oder vom Regelfall bürgerlicher Wohlanständigkeit abweichende Lebensformen ins Feld geführt werden.

71 Der Rekurs auf die „herrschenden Anschauungen“ offenbart ein wesentliches Problem der „öffentlichen Ordnung“ als Tatbestandsmerkmal: Die Formulierung rechtlich verbindlicher Verhaltensregeln ist im demokratischen Rechtsstaat **primär Sache des Gesetzgebers**. Die empirische Ermittlung mehrheitlich geteilter Sitten- und Moralvorstellungen stößt angesichts des raschen gesellschaftlichen Wandels in einer zunehmend heterogenen Gesellschaft auf Schwierigkeiten, so dass der **Vorwurf mangelnder Bestimmtheit** erhoben wird. Dies birgt die Gefahr, dass der Rechtsanwender stattdessen seine persönlichen Wertmaßstäbe als allgemein verbindlich annimmt.

72 Doch ist der gesetzliche Verweis auf Sitte, Moral und gesellschaftliche Anschauungen kein Spezifikum des allgemeinen Gefahrenabwehrrechts. So stellt nach § 118 I OWiG eine grob ungehörige Handlung, die geeignet ist, die Allgemeinheit zu belästigen oder zu gefährden und die **öffentliche Ordnung zu beeinträchtigen**, eine Ordnungswidrigkeit dar. Über derartige Vorschriften wird die öffentliche Ordnung als **Teil der öffentlichen Sicherheit** (Rn. 46 ff.) und damit auch in den Ländern gefahrenabwehrrechtlich relevant, die auf die **öffentliche Ordnung als selbstständiges Schutzgut** verzichtet haben. Wenn es dem Gesetzgeber möglich ist, in pönalisierten Verhaltensnormen auf vorherrschende Wertmaßstäbe zu rekurrieren, so bestehen auch **keine prinzipiellen Bedenken** dagegen, sie als Schutzgüter zu benennen und ihnen drohende Beeinträchtigungen mit Eingriffsmaßnahmen zu verhindern.

II. Anwendungsfelder

73 Als Anwendungsfelder, die eine Auseinandersetzung mit der öffentlichen Ordnung erfordern, kommen u.a. in Betracht:

- Verhaltensweisen mit Bezug zur **Sexualmoral**
- Unerwünschte **soziale Randerscheinungen**
- Verherrlichung oder Verharmlosung von **Gewalt gegen Menschen**
- Darstellung und Verbreitung **rassistischen oder nationalsozialistischen Gedankenguts**.

52 Vgl. die Legaldefinitionen in **Sachs:** § 4 Nr. 2 PVDG; **LSA:** § 3 Nr. 2 SOG; **Thür:** § 54 Nr. 2 OBG.

Insbesondere im Bereich der Sexualmoral sind indes mittlerweile die Toleranzgrenzen eher weit gezogen, so dass ein behördliches Einschreiten wegen Gefährdung der öffentlichen Ordnung nur in Ausnahmefällen in Betracht kommt. Im weiteren Zusammenhang hiermit ist aber **Fall 13** zu diskutieren. Das nackte Umherlaufen im öffentlichen Raum, auch ohne sexuellen Bezug, widerspricht zunächst üblichen Gepflogenheiten und allgemein konsentierten Verhaltensweisen, so dass ein Verstoß gegen Sozialnormen zu bejahen ist. Fraglich ist aber, ob diese Sozialnormen nach herrschender Anschauung **von so großer Bedeutung** sind, dass ihre Einhaltung für ein geordnetes staatsbürgerliches Zusammenleben **unerlässlich** ist. Das *OVG Münster*[53] hat dies in einem ähnlich gelagerten Fall, bei dem allerdings die Nacktauftritte als „Interaktionskunst" deklariert und somit auf Wahrnehmbarkeit angelegt waren, bejaht: Passanten würden unvermutet mit dem Anblick des nackten Körpers konfrontiert und könnten nicht frei entscheiden, ob sie dies wollten oder nicht. Deshalb werde dadurch das natürliche, nicht übersteigerte Schamgefühl der Betroffenen verletzt. – Dies ließe sich freilich mit Abstrichen auch von weitaus häufiger vorkommenden großformatigen Werbeplakaten sagen, die mit nackter Haut Aufmerksamkeit heischen. 74

In **Fall 14** kommt ein Normenkontrollantrag vor dem OVG bzw. VGH nach § 47 I Nr. 2 VwGO in Betracht. Soweit dies landesrechtlich vorgesehen ist, ist die gemeindliche Verordnung als landesrechtliche untergesetzliche Rechtsvorschrift tauglicher Gegenstand dieses Rechtsbehelfs.[54] Anderenfalls kann T eine allgemeine Feststellungsklage nach § 43 I VwGO erheben mit dem Ziel, festzustellen, dass ihm weder das Betteln noch das Niederlassen zum Alkoholgenuss i.S.d. Verordnung verboten ist.[55] 75

Der Normenkontrollantrag ist begründet, wenn die Verordnung ungültig ist; die Feststellungsklage ist begründet, wenn für T kein Verbot der fraglichen Handlungen besteht. Beides setzt voraus, dass die Verordnung rechtswidrig und damit nichtig ist. Rechtmäßigkeitsvoraussetzung ist zunächst eine nach Inhalt, Zweck und Ausmaß hinreichend bestimmte gesetzliche Ermächtigung zum Verordnungserlass (Art. 80 I 1, 2 GG). Eine solche könnte, sofern keine spezielle Rechtsgrundlage[56] einschlägig ist, in der allgemeinen Ermächtigung zum Erlass von Gefahrenabwehrverordnungen liegen.[57] 76

Da Hinweise auf formelle Fehler nicht vorliegen, kommt es materiellrechtlich darauf an, ob eine abstrakte **Gefahr für die öffentliche Sicherheit** oder ergänzend für **die öffentliche Ordnung** vorliegt. Das wäre z.B. der Fall, wenn das verbotene Verhalten schon straßenrechtlich unzulässig wäre, weil es sich um eine erlaubnispflichtige Sondernutzung 77

---

53 *OVG Münster*, NJW 1997, 1180; zur Verhängung eines Zwangsgeldes wegen Verstoßes gegen ein entsprechendes Verbot vgl. *VGH Mannheim*, NJW 2003, 234 f.

54 **BW:** § 4 AGVwGO; **Bay:** Art. 4 S. 1 AGVwGO; **Bbg:** § 4 I VwGG; **Brem:** Art. 7 I AGVwGO; **Hess:** § 15 I AGVwGO; **MV:** § 13 AGGerStrG; **Nds:** § 75 NJG; **NW:** § 109a JustG, **RP:** § 4 S. 1 AGVwGO; **Saar:** § 18 AGVwGO; **Sachs:** § 24 I SächsJG; **LSA:** § 10 AG VwGO LSA; **SH:** § 67 LJG; **Thür:** § 4 ThürAGVwGO.

55 *Schenke*, Verwaltungsprozessrecht, 13. Aufl. 2012, Rn. 1076; *BVerfG*, NVwZ 2004, 977 (979).

56 Derzeit für Alkoholkonsumverbote in **BW:** § 18 PolG; **Bay:** Art. 30 I LStVG; **Sachs:** § 33 PBG; **Thür:** § 27a I, II OBG – Die Ermächtigung in **LSA:** § 94a II SOG wurde vom *Landesverfassungsgericht Sachsen-Anhalt* (BeckRS 2014, 58392) für verfassungswidrig erklärt. In **Brem** können die Gemeinden gem. § 3a Nr. 8 GemRechtsG das „dauerhafte Lagern auf öffentlichen Flächen zum Zwecke des Alkoholkonsums" durch Ortsgesetz, d.h. durch gemeindliche Satzung, verbieten. Eine spezielle *Verordnungs*ermächtigung gibt es hingegen nicht.

57 **BW:** § 17 I PolG; **Berl:** § 55 ASOG; **Bbg:** § 26 I OBG; **Brem:** § 110 PolG; **Hbg:** § 1 I SOG; **Hess:** § 74 HSOG; **MV:** § 17 I SOG; **Nds:** § 55 I Nr. 1 NPOG; **NW:** § 27 I OBG; **RP:** § 69 I POG; **Saar:** § 59 I SPolG; **Sachs:** § 32 I PBG; **LSA:** § 94 I Nr. 1 SOG; **SH:** § 175 I LVwG; **Thür:** § 27 I OBG.

handelt, die zudem eine Ordnungswidrigkeit darstellt (Rn. 8). Das wird allerdings zu Recht ganz überwiegend abgelehnt, da es sich nur um Formen des Aufenthalts auf öffentlichen Straßen handelt, der vom abstrakten Gemeingebrauch umfasst ist.[58]

78 In Betracht kommt jedoch eine Gefährdung der **öffentlichen Sicherheit**, wenn die untersagten Handlungen den **Tatbestand des § 118 OWiG** erfüllten. Hierzu müssten sie u.a. geeignet sein, die **öffentliche Ordnung zu beeinträchtigen**. Beides ist im Ergebnis zu verneinen: Das Betteln auf öffentlichen Straßen vermag zwar manchem Passanten Unbehagen bereiten. Die Konfrontation mit Armut als Teil der sozialen Realität und der Appell an die Hilfsbereitschaft der Mitmenschen beeinträchtigen das geordnete Zusammenleben für sich genommen nicht. Ob dies bei aggressiven Formen des Bettelns anders zu beurteilen ist, kann offenbleiben, da die Verordnung keine derartige Einschränkung enthält.

79 Das gilt auch für das Verbot, sich zum Alkoholgenuss niederzulassen. Damit wird zum einen darauf abgezielt, soziale Randgruppen aus dem Straßenbild zu verbannen. Da dies aber nicht diskriminierungsfrei möglich ist, wird an typischen Begleiterscheinungen solcher „Szenetreffs" angesetzt. Das Konsumieren von Alkohol in der Öffentlichkeit ist jedoch durchaus sozialadäquat. Gaststätten, Bierzelte, Weinfeste sind Beispiele für allgemein zugängliche Örtlichkeiten, an denen dem Alkohol zugesprochen wird. **Nicht mehr sozialadäquat** können freilich manche Begleit- und Ausfallerscheinungen sein, die aus dem übermäßigen Genuss dieses legalen Rauschmittels resultieren. Ein weiteres Ziel entsprechender Verordnungsregelungen ist die Bekämpfung alkoholbedingter Straftaten und Ordnungswidrigkeiten. Doch sind diese nicht, wie in der Verordnung in **Fall 14**, auf den öffentlichen Straßenraum beschränkt. Ferner fehlt insoweit eine tatbestandliche Beschränkung auf beeinträchtigende Verhaltensweisen. Und schließlich mangelt es am Nachweis der hinreichenden Wahrscheinlichkeit dafür, dass Beeinträchtigungen der Allgemeinheit typische Folge gerade des verbotenen Verhaltens sind: Der Genuss von Alkohol führt nicht in der Regel zur Begehung von Straftaten.[59] Der Normenkontrollantrag bzw. die Feststellungsklage des T sind deshalb begründet.

III. Wandel des Begriffs der öffentlichen Ordnung?

80 In der Rechtsprechung ist z.T. die Tendenz erkennbar, den Begriff der öffentlichen Ordnung durch **verfassungsrechtliche Wertentscheidungen** aufzufüllen. So hat das *BVerwG*[60] in der **Fall 15** zugrunde liegenden Entscheidung auf die Tötungsspielen innewohnende Banalisierung und Trivialisierung derjenigen Rechtsgüter abgestellt, an deren Schutz dem Grundgesetz besonders gelegen sei, nämlich der Menschenwürde und des menschlichen Lebens. Die mit dem Spiel verbundene Bagatellisierung der Gewalt und deren mögliche Auswirkungen auf die allgemeinen Wertvorstellungen und das Verhalten in der Gesellschaft seien mit der Garantie der Menschenwürde unvereinbar.

58 Zum Betteln vgl. *VGH Mannheim*, DÖV 1998, 1015; *Höfling*, Die Verwaltung, 33 (2000), 207 ff.; zum Alkoholgenuss *OVG Schleswig*, NordÖR 1999, 381, *OLG Saarbrücken*, NJW 1998, 251, *OLG Hamm*, NVwZ 2010, 1319 f.; *Bindzus/Lange*, JuS 1998, 696 ff.

59 Zum Fehlen einer abstrakten Gefahr grundlegend *VGH Mannheim*, NVwZ-RR 2010, 55 ff.; zum Fehlen einer konkreten Gefahr im Falle eines durch Allgemeinverfügung ausgesprochenen Alkoholverbots *OVG Schleswig*, NordÖR 2013, 37; vgl. auch *Kugelmann*, Kap. 9, Rn. 27 ff.

60 BVerwGE 115, 189 ff.

Damit erfährt freilich der Begriff der öffentlichen Ordnung einen **Bedeutungswandel**, weil die „herrschenden Anschauungen“ nicht mehr **empirisch** aus den tatsächlich vorhandenen Grundüberzeugungen der Bevölkerung, sondern **normativ** aus verfassungsrechtlichen Wertentscheidungen ermittelt werden. Damit wird das herkömmliche **prinzipielle Unterscheidungsmerkmal** zur öffentlichen Sicherheit, die Differenz zwischen Rechts- und Sozialnormen, in Frage gestellt. Zudem wird in **Fall 15** der Öffentlichkeitsbezug aufgegeben, weil die negative Bewertung sich auch auf Verhaltensweisen bezieht, die nach außen nicht in Erscheinung treten.[61] Das ist zumindest dann fragwürdig, wenn **gesetzliche Definitionen** der öffentlichen Ordnung gerade auf das Verhalten in der Öffentlichkeit abstellen.[62] **81**

Die Problematik der verfassungsrechtlichen Anknüpfung wird auch in **Fall 16** deutlich. **82** Nach **§ 15 I VersG**[63] kann ein Aufzug u.a. verboten werden, wenn bei seiner Durchführung die öffentliche Ordnung unmittelbar gefährdet ist. Der Begriff stimmt mit dem der Gefahrenabwehrgesetze überein.[64] Wenn die herrschenden Anschauungen durch grundgesetzliche Wertmaßstäbe geprägt werden, liegt es in der Tat nahe, die Verbreitung und Propagierung nationalistischen und rassistischen Gedankenguts auch unterhalb der Strafbarkeitsschwelle als Verstoß gegen die öffentliche Ordnung anzusehen.[65] Das hätte zur Folge, dass potentiell jede Versammlung rechtsextremer Vereinigungen verboten werden könnte und zwar auch solcher, die, wie die P-Partei in **Fall 16**, sich auf das Parteienprivileg des Art. 21 II 2 GG berufen können.

Das *BVerfG* ist einer derartigen Argumentation mehrfach entgegengetreten:[66] Eine Be- **83** schränkung der Meinungsfreiheit sei auch im Rahmen von Versammlungen an den Schranken des Art. 5 II GG und damit v.a. den „allgemeinen Gesetzen“ zu messen. Es sei auch ein Schutzrecht zugunsten von Minderheiten, dessen Ausübung nicht allgemein unter den Vorbehalt gestellt werden dürfe, dass die Meinungsinhalte herrschenden sozialen oder ethischen Anschauungen nicht widersprächen. Das ist plausibel: Meinungsäußerungen, die der Staat außerhalb von Versammlungen nicht verbieten darf, muss er auch innerhalb von Versammlungen hinnehmen. Damit kann ein Versammlungsverbot **wegen Verstoßes gegen die öffentliche Ordnung** nicht mehr auf den Inhalt der zu erwartenden Äußerungen, sondern nur auf die **Art und Weise der Durchführung**, etwa wegen des gewählten Zeitpunktes oder der Örtlichkeiten, gestützt werden. In dem **Fall 16** zugrunde liegenden Beschluss des *BVerfG*[67] wurde ein Verstoß gegen die öffentliche Ordnung bejaht, weil der Aufzug die zur Zeit des NS-Staates in Nürnberg vollzogenen Aufmärsche nachvollziehe. Er identifiziere sich durch sein Gesamtgepräge mit den Riten und Symbolen der nationalsozialistischen Gewaltherrschaft und schüchtere durch Wachrufen der Schrecken des vergangenen totalitären und unmenschlichen Regimes andere Bürger ein. Ein vollständiges Verbot des Aufzugs kommt dann zwar nur in Betracht, wenn mildere

---

61 Kritik u.a. bei *Schoch*, Rn. 131; umfassend zu „Tötungsspielen“ *Gröpl/Brandt*, VerwArch 95 (2004), 223 ff.

62 Nachweise oben Fn. 52.

63 **Bay:** Art. 15 I BayVersG; tatbestandlich enger **Nds:** § 8 IV Nr. 2 NVersG; **Sachs:** § 15 I SächsVersG; **LSA:** § 13 II Nr. 2, III Nr. 1 VersG; in **Berl**, **NW** und **SH** zählt die öffentliche Ordnung nicht zu den Schutzgütern des jeweiligen VersG bzw. VersFG.

64 BVerfGE 69, 315 (352); st. Rspr.

65 So insbesondere das *OVG Münster*, NJW 2001, 2111 f.; 2113 f.; 2114 f.; 2986 f.

66 BVerfGE 111, 147 ff.; zur vorangegangenen Kontroverse zwischen *OVG Münster* und *BVerfG* vgl. *Laubinger/Repkewitz*, VerwArch 93 (2002), 149 (152).

67 *BVerfG*, DVBl. 2004, 235 f.

Mittel, insbesondere Auflagen nach § 15 I VersG, nicht ausreichen; zwischenzeitlich ist aber geklärt, dass auch die unmittelbare Gefährdung der öffentlichen Ordnung ein **Versammlungsverbot als ultima ratio** rechtfertigen kann.[68]

§ 3 Gefahr und Gefahrenvorfeld

84 **Fall 17:** Ein Wahrsager meldet der Polizei, er habe in seiner Kristallkugel gesehen, dass N große Mengen hochexplosiver Stoffe in seiner Wohnung unsachgemäß lagere, was jederzeit zu einem großen Unglück führen könne. Auf Befragen weist N den Vorwurf entschieden zurück. Wenige Tage später kommt es zu einer Explosion in der Wohnung des N. Die Ermittlungen ergeben, dass der Wahrsager Recht hatte. **(Rn. 93, 96)**

Fall 18: In **Fall 17** entschließen sich die Polizisten, trotz Leugnung des N dessen Wohnung zu durchsuchen. Sie finden die Explosivstoffe und beschlagnahmen sie. **(Rn. 110, 120 ff., Fall 49 [Rn. 332])**

Fall 19: Die Durchsuchung der Wohnung in **Fall 18** bleibt ohne Erfolg. **(Rn. 119 f.)**

Fall 20: Die Ordnungsbehörde spricht gegenüber dem Organisator O des Stadtmarathons von F das Verbot aus, die für den kommenden Tag geplante Veranstaltung durchzuführen, zu dem 100 000 Besucher erwartet werden. Zur Begründung wird angeführt, meteorologische Institute hätten für den fraglichen Tag eine Orkanwarnung für den Raum F ausgegeben. Die Gefahr umstürzender Bäume, abgedeckter Dächer und herumfliegender Gegenstände setze Leben und Gesundheit der Teilnehmer wie der Zuschauer aufs Spiel. Anderntags schwächt sich der Orkan jedoch unerwartet ab. Lediglich kleinere Regenschauer gehen über der Stadt F nieder. Die Behörde hebt das Verbot deshalb zwar auf, der Stadtmarathon ist aber bereits abgesagt worden. O hält das Veranstaltungsverbot für rechtswidrig. **(Rn. 95)**

Fall 21: T hat eine langjährige Haftstrafe wegen schwerer Sexualverbrechen verbüßt. Psychiatrische Gutachten attestieren T eine Persönlichkeitsstörung und stellen ein hohes Rückfallrisiko fest. Da die Voraussetzungen für eine Unterbringung in einem psychiatrischen Krankenhaus ebenso wenig vorliegen wie diejenigen für eine nachträgliche Sicherungsverwahrung (§ 66b StGB) wird T aus der Haft entlassen. Die Polizei ordnet daraufhin eine dauernde offene Observation des T an, um ihn an der Begehung weiterer Straftaten zu hindern.[1] **(Rn. 101, 146, 153, 387)**

Fall 22: Nach den New Yorker Terroranschlägen vom 11.9.2001 führten die Landespolizeibehörden unter Mitwirkung des Bundeskriminalamtes eine bundesweit koordinierte Rasterfahndung nach islamistischen Terroristen durch, nachdem bekannt geworden war, dass einige der Attentäter zuvor in Deutschland gelebt hatten. Ziel war insbesondere die Erfassung so genannter „Schläfer", also solcher Personen, die zu terroristischen Handlungen bereit sind, sich jedoch sorgfältig um ein unauffälliges Verhalten bemühen, um ihr kriminelles Vorhaben dann überraschend und damit besonders wirkungsvoll verwirklichen zu können. Zwischenzeitlich waren Daten von 200 000 bis 300 000 Personen gespeichert, am Ende blieben bundesweit über 30 000 Datensätze übrig. Die Rasterfahndung blieb letztlich ohne Ergebnis. M, der als marokkanischer Student islamischen Glaubens in das Raster geraten war, hält seine Erfassung für rechtswidrig.[2] **(Rn. 102, 106, 142, 145)**

---

68 BVerfGE 111, 147 (157).

1 Vgl. *OVG Saarlouis*, BeckRS 2013, 56891; *BVerfG*, KommJur 2013, 73; *Beaucamp*, JA 2017, 728 (731).
2 BVerfGE 115, 320.

Die **Gefahr** stellt naturgemäß ein zentrales Systemelement im Recht der Gefahrenabwehr dar. Sie **limitiert** als Tatbestandsmerkmal polizei- und ordnungsbehördliche **Eingriffsbefugnisse** und bildet so eine **Ausprägung des Verhältnismäßigkeitsgrundsatzes** auf der Ebene des Gesetzes, die freilich durch die Berücksichtigung der Umstände des Einzelfalles auf der Ebene der Rechtsanwendung ergänzt werden muss. Ferner stellt sie das **Bindeglied zwischen** den polizeilichen **Schutzgütern** (Rn. 33 ff.) und der **Verantwortlichkeit** (Rn. 158 ff.) dar: Im Falle einer (konkreten) Gefahr für die öffentliche Sicherheit oder Ordnung sind polizeiliche Maßnahmen zu ihrer Abwehr primär gegen diejenigen Personen zu richten, die für die Gefahr verantwortlich sind. Das ist das Konzept des „klassischen“ liberalen Polizeirechts, das idealtypisch in der polizeilichen Generalklausel und den Adressatenvorschriften zum Ausdruck kommt. Dieses Konzept ist nach wie vor der Nukleus des geltenden Gefahrenabwehrrechts, das sich indes dynamisch weiterentwickelt. Die Gewährleistung der öffentlichen Sicherheit und Ordnung bleibt als Zielsetzung bestehen, doch nicht nur die zur Zielerreichung verfügbaren Instrumente werden durch die Ausdifferenzierung von Standardmaßnahmen vielfältiger und komplexer. Auch ist die Gefahr nicht mehr alleine maßgebliche Eingriffsschwelle, fungiert aber immer noch als Bezugspunkt, wie etwa die Bezeichnung „Gefahrenvorfeld“ für Tatbestände zeigt, welche abweichend vom klassischen Konzept geringere Anforderungen an Eingriffsmaßnahmen stellen als die polizeiliche Generalklausel. 85

A. Gefahrenbegriff und Gefahrenarten

➔ Der allgemeine **Begriff der Gefahr** bezeichnet eine **Sachlage bzw. ein Verhalten**, bei deren oder dessen **ungehindertem Ablauf** mit hinreichender **Wahrscheinlichkeit** ein **Schaden** eintreten wird. 86

Gefahrenabwehrrechtlich von Interesse sind dabei nur **Schäden**, die den **polizeilichen Schutzgütern** öffentliche Sicherheit und (zumeist, Rn. 33) öffentliche Ordnung drohen. Deshalb muss **vor** der Prüfung, ob eine relevante Gefahr vorliegt, das betroffene Schutzgut definiert und spezifiziert werden; die Feststellung einer Gefahr ohne die Bestimmung, welchem Schutzgut sie droht, ist nicht als sinnvoll denkbar. 87

I. Gefahr und Störung

Ist bereits ein Schaden eingetreten, hat sich also die Gefahr verwirklicht, liegt eine **Störung** der öffentlichen Sicherheit oder Ordnung vor. In manchen Landesgesetzen wird die Unterbindung oder Beseitigung von Störungen neben der Abwehr von Gefahren gesondert genannt.[3] Damit ist aber keine Erweiterung der Aufgaben oder der Befugnisse verbunden, insbesondere haben die Gefahrenabwehrbehörden nicht generell die Aufgabe, Schäden zu beseitigen. So ist in **Fall 10** (Rn. 34) zwar das Eigentum der A beschädigt, die Reparatur ist aber natürlich nicht Sache der Polizei. Die Unterbindung oder Beseitigung von Störungen betrifft nicht abgeschlossene Sachverhalte, sondern nur weiterhin gefährdend wirkende, **fortdauernde Geschehensabläufe** und dient der **Verhinderung künftiger Schäden**.[4] In **Fall 7** (Rn. 34) liegt eine Störung der öffentlichen Sicherheit vor, bei der wegen des Fortgangs des Streits weitere Verletzungen der Rechtsordnung drohen, 88

3 **BW:** § 1 I 1 PolG; **Bay:** Art. 6 LStVG; **Hbg:** § 3 SOG; vgl. auch § 2 III PolDVG; **Thür:** § 2 I OBG.
4 Ausdrücklich **Sachs:** § 4 Nr. 3 lit. i) PVDG.

die verhindert werden können. So handelt es sich bei der Unterbindung von Störungen nur um einen **Unterfall der Gefahrenabwehr**, der typischerweise die Besonderheit aufweist, dass die Schadensprognose keine Schwierigkeiten bereitet.

II. Die hinreichende Wahrscheinlichkeit des Schadenseintritts

1. Diagnose und Prognose

89 → Die Feststellung einer Gefahr setzt sich aus zwei Elementen zusammen: der Feststellung von Tatsachen („Was ist der Fall?" – Diagnose) und der Abschätzung der künftigen Entwicklung („Was wird der Fall sein?" – Prognose).

90 Der Begriff der Gefahr beinhaltet ein **prognostisches Element**, das mit dem Verweis auf die **Wahrscheinlichkeit** ausgedrückt wird. Er bezieht sich damit auf ein bestimmtes Erfahrungs- oder auch Expertenwissen über den voraussichtlichen Geschehensablauf. Das setzt zunächst eine **Diagnose** der Situation voraus, deren Weiterentwicklung prognostiziert werden soll. Ohne zureichende Tatsachenbasis kann eine zuverlässige Aussage über den Fortgang eines Geschehens nicht getroffen werden. Deshalb sind u.U. vorrangig Maßnahmen zur Sachverhaltsfeststellung zu treffen, die der **Gefahrerforschung** dienen. Auf bloße Vermutungen „ins Blaue hinein" kann die Annahme, es drohe ein Schaden für ein polizeiliches Schutzgut, nicht gestützt werden.

91 Für die Annahme einer Gefahr bedarf es einer **hinreichenden** Wahrscheinlichkeit des Schadenseintritts, wofür die bloße Möglichkeit nicht ausreicht, eine absolute Gewissheit aber nicht gefordert wird. Aus diesem prognostischen Element ergibt sich, dass es **für die Annahme einer Gefahr nicht** darauf ankommt, ob der hinreichend wahrscheinliche Schaden **tatsächlich eintritt** und **für die Verneinung einer Gefahr nicht** darauf, dass der nicht hinreichend wahrscheinliche Schaden **tatsächlich ausbleibt**.

92 Die Frage, ob ein Schaden hinreichend wahrscheinlich ist, lässt sich letztlich nur anhand der Umstände des Einzelfalls unter Berücksichtigung des betroffenen Rechtsguts beantworten. **Generell gilt**, dass an das Maß der Wahrscheinlichkeit **desto geringere Anforderungen** gestellt werden, **je größer der drohende Schaden** ist.[5]

93 In **Fall 17** ist die Aussage eines Wahrsagers keine ausreichende tatsächliche Grundlage (Diagnose) für die Annahme, es befänden sich Explosivmittel in der Wohnung, und damit erst recht nicht für die Prognose, diese könnten explodieren. Ein eventuell dennoch geweckter **Gefahrverdacht** wurde durch die Befragung des N ausgeräumt. Damit war der Eintritt eines Schadens **aus Sicht der Polizei** nicht hinreichend wahrscheinlich, es lag aus ihrer Perspektive **keine Gefahr** vor, die Grundvoraussetzung für das Betreten und Durchsuchen der Wohnung des N gewesen wäre.[6] Dass sich nachträglich mit der Explosion die unwahrscheinlichste der subjektiv erkennbaren Möglichkeiten realisiert hat, spielt nur eine Rolle, wenn es nicht auf die Sicht der handelnden Polizeibeamten, sondern auf die tatsächliche Sachlage ankommen sollte.

---

5 *Erbguth/Mann/Schubert*, Rn. 464; *Kugelmann*, 5. Kap., Rn. 115.

6 Mit unterschiedlichen Gefahrqualifikationen in **BW:** § 36 I PolG; **Bay:** Art. 23 I Nr. 3 PAG; **Berl:** § 36 I Nr. 3 ASOG; **Bbg:** § 23 I Nr. 4 PolG; **Brem:** § 19 I Nr. 3 PolG; **Hbg:** § 16 II Nr. 4 SOG; **Hess:** § 38 II Nr. 2 HSOG; **MV:** § 59 III Nr. 3 SOG; **Nds:** § 24 II Nr. 3 NPOG; **NW:** § 41 I Nr. 4 PolG; **RP:** § 20 I Nr. 3 POG; **Saar:** § 19 I Nr. 3 SPolG; **Sachs:** § 29 I Nr. 2 PVDG; **LSA:** § 43 II Nr. 2 SOG; **SH:** § 208 II Nr. 3 LVwG; **Thür:** § 25 I Nr. 3 PAG.

2. Ex-ante- und ex-post-Betrachtung

Die Problematik von Prognoseentscheidungen, wie sie auch zur Beurteilung von Gefahrenlagen erforderlich sind, liegt, kurz gesagt, darin, dass man einerseits nur über begrenzte Möglichkeiten verfügt, die Zukunft vorherzusagen, andererseits aber hinterher immer klüger ist. Für die rechtliche Beurteilung auf Prognosen gestützter Entscheidungen kommt es deshalb **scheinbar entscheidend** darauf an, welcher Zeitpunkt der Rechtsanwendung zugrunde zu legen ist: der Zeitpunkt der Entscheidung (**„ex ante"**) oder der Zeitpunkt der nachträglichen, z.B. gerichtlichen Überprüfung (**„ex post"**). Diese Unterscheidung ist gerade im Gefahrenabwehrrecht durchaus geläufig und wird insbesondere mit der **Unterscheidung von Gefahr und Anscheinsgefahr** in Verbindung gebracht (dazu unten Rn. 116 ff.), ist allerdings **nicht ganz präzise**. Denn der Zeitpunkt der Rechtsanwendung nimmt keinen Einfluss auf den gesetzlichen Tatbestand. Wenn die Befugnisnorm für eine Maßnahme (nur) die hinreichende Wahrscheinlichkeit eines Schadens voraussetzt, so stellt sie auf einen **Zeitpunkt vor Eintritt des Schadens** ab. Auch die nachträgliche Überprüfung muss deshalb fragen, ob die Einschätzung der Behörde ex ante richtig war, nicht ob sich die Prognose bewahrheitet hat. Eine rechtlich relevante Fehleinschätzung kann es deshalb nur im Hinblick auf Tatsachen und Erfahrungen geben, die **zum Entscheidungszeitpunkt bereits vorhanden** waren. Das Verdikt, eine Prognose sei falsch gewesen, kann also **nicht** darauf gestützt werden, dass **man hinterher immer klüger** ist, sondern nur darauf, dass **man es vorher schon hätte sein können** und müssen. 94

In **Fall 20** setzt die Rechtmäßigkeit des auf die Generalklausel gestützten Veranstaltungsverbots eine (konkrete) Gefahr für die öffentliche Sicherheit voraus. **Ex ante** betrachtet war dies in Anbetracht der Wettervorhersage unbedingt zu bejahen. Bei der nachträglichen Überprüfung des Veranstaltungsverbots steht aber nunmehr fest, dass der vorhergesagte Orkan ausgeblieben ist. Fraglich ist, ob deshalb **ex post** anders zu entscheiden ist. Das ist jedoch **zu verneinen**. Denn die nachträgliche Kenntnis vom tatsächlichen Kausalverlauf ändert nichts daran, dass die hinreichende Wahrscheinlichkeit eines Schadenseintritts für die Annahme einer Gefahr ausreicht. Die von der Behörde angestellte Prognose war deshalb nicht zu beanstanden. Es lag also eine Gefahr, keine Anscheinsgefahr vor. Allerdings bezog sich das Verbot der Veranstaltung auf einen nach Erlass des Bescheids liegenden Zeitpunkt. Noch nicht vollzogene Verwaltungsakte können rechtswidrig werden, wenn ihre Erlassvoraussetzungen nachträglich entfallen.[7] Durch die unerwartete Abschwächung des Orkans lag am Tag der Veranstaltung keine Gefahr mehr vor. Da die Behörde aber darauf reagiert und das Verbot aufgehoben hat,[8] ist es auch nicht nachträglich rechtswidrig geworden. 95

In **Fall 17** hingegen war objektiv ex ante wegen der unsachgemäßen Lagerung von explosiven Stoffen in der Wohnung des N eine Explosion hinreichend wahrscheinlich, das war aber für die Polizei subjektiv nicht erkennbar. Es lag also nur **anscheinend keine Gefahr** vor. 96

In diesen Fällen stellt sich, ebenso wie bei der Anscheinsgefahr die Frage, auf **wessen Wissenshorizont** abzustellen ist. Dass dies nicht präzise mit der Unterscheidung zwischen ex-ante- und ex-post-Perspektive zu erfassen ist, zeigt sich daran, dass N zur glei- 97

7 Zur Frage des „maßgeblichen Zeitpunkts" vgl. *Uerpmann-Wittzack*, Rn. 178 ff.

8 Eine Aufhebungsverpflichtung auf Antrag normieren **Bbg:** § 21 OBG; **Hbg:** § 5 SOG; **NW:** § 22 OBG; zur Frage, ob im Übrigen Art./§ 48 (L)VwVfG, § 116 SH LVwG oder Art./§ 49 (L)VwVfG, § 117 SH LVwG anzuwenden sind vgl. *Wehr*, BayVBl. 2007, 385 ff.

chen Zeit, als die Polizei subjektiv von einer ungefährlichen Situation ausging, über Kenntnisse verfügte, die ihre Gefährlichkeit belegten. Es ist allenfalls typischerweise so, dass nachträglich, also ex post, die umfassende Ermittlung der ex ante herrschenden Umstände leichter gelingt, weil sie von den situativen, häufig durch Zeitknappheit bestimmten, Beschränkungen der Erkenntnismöglichkeiten der handelnden Personen befreit sind.

III. Arten der Gefahr

1. Konkrete Gefahr

98 Der Begriff der **konkreten Gefahr** präzisiert den allgemeinen Gefahrenbegriff (Rn. 86) hinsichtlich der **Sachlage** und **des Schadens**.

➔ Eine **konkrete Gefahr** liegt vor bei einer Sachlage, bei der **im einzelnen Falle** die hinreichende Wahrscheinlichkeit besteht, dass in absehbarer Zeit **ein Schaden für ein polizeiliches Schutzgut** eintreten wird.[9]

Konkrete Gefahr für die öffentliche Sicherheit oder Ordnung
1. Definition: Öffentliche Sicherheit, Öffentliche Ordnung
2. Spezifizierung des konkret betroffenen (Teil-)Rechtsguts
3. Definition: konkrete Gefahr
4. Subsumtion: Diagnose und Prognose im konkreten Fall

99 Soweit der Begriff „Gefahr" in Ermächtigungen zu Einzelmaßnahmen ohne weitere Präzisierung verwendet wird, ist damit die konkrete Gefahr gemeint.[10] Sie bildet ein wichtiges Element der Limitierung staatlicher Eingriffsbefugnisse, weil sie diese an konkret vorliegende tatsächliche Umstände und hinreichend zuverlässig prognostizierbare Schutzgutbeeinträchtigungen knüpft. Die mit ihr gewährleistete **tatbestandliche Bestimmtheit** macht die Rechtsanwendung kontrollierbar. Insbesondere wird durch sie der **Verhältnismäßigkeitsgrundsatz** operationabel, weil die von der Eingriffsmaßnahme betroffene (Grund-)Rechtsposition mit dem konkret gefährdeten Rechtsgut und dem Grad seiner Gefährdung abgewogen werden kann. Schließlich wird eine Zurechnung der Gefahr zu einzelnen Personen und somit die Unterscheidung von Verantwortlichem und Nicht-Verantwortlichem ermöglicht.

a) Das Konkrete der konkreten Gefahr

100 Das „Konkrete" der konkreten Gefahr bezieht sich auf Diagnose und Prognose gleichermaßen. Für die Diagnose sind grundsätzlich alle in einer – nach Zeit, Ort, Art und Beteiligten bestimmten – Situation verfügbaren prognoserelevanten Tatsachen zu ermitteln. Bloße Vermutungen oder auch Erfahrungssätze reichen nicht aus. Die diagnostizierte Sachlage muss sodann prognostisch den Schluss auf die künftige Schädigung eines polizeilichen Schutzguts zulassen. Damit ein Gefahrurteil gerechtfertigt ist, muss sich auf der

9 Vergleichbare Legaldefinitionen in **Bay:** Art. 11 I 2 PAG; **Brem:** § 2 Nr. 3 lit. a) PolG; **MV:** § 3 III Nr. 1 SOG; **Nds:** § 2 Nr. 1 NPOG; **Sachs:** § 4 Nr. 3 lit.a) PVDG; **LSA:** § 3 Nr. 3 lit. a) SOG; **Thür:** § 54 Nr. 3 lit. a) OBG.

10 „Reduzierte" Legaldefinitionen finden sich in **Berl:** § 17 I ASOG; **Bbg:** § 10 I PolG; § 13 I OBG; **Hbg:** § 3 I SOG (Maßnahmen zur Gefahrenabwehr); **Hess:** § 11 HSOG; **NW:** § 8 I PolG; § 14 I OBG; **Saar:** § 8 I SPolG; **Thür:** § 12 I PAG.

Grundlage der ermittelten Tatsachen ein Geschehensablauf abzeichnen, der in ein Schadensereignis mündet, das wiederum in gewissem Maße (etwa nach Zeit, Ort, Art und Beteiligten) konkretisierbar ist.

Gemessen daran stellt sich die Frage, ob die dauernde polizeiliche Beobachtung des T in **Fall 21** rechtmäßig sein kann. Da sie nicht den Zweck der Datenerhebung verfolgt, sind die Vorschriften über die Observation[11] nicht einschlägig. Wenn keine sonstigen speziellen Befugnisnormen existieren,[12] verbleibt allenfalls der Rückgriff auf die polizeiliche Generalklausel. Soweit sie überhaupt derartige schwere Eingriffe zu legitimieren vermag (u. Rn. 387), setzt sie doch eine konkrete Gefahr für die öffentliche Sicherheit voraus. Gerade aber dies ist fraglich. Die psychiatrische Begutachtung kann zwar belegen, dass T eine persönlichkeitsbedingte Disposition zur Begehung von Sexualstraftaten aufweist. Insoweit lässt sich das Schadensereignis hinsichtlich des T als möglichem Verursacher und hinsichtlich seiner Art (als Sexual-, Körperverletzungs-, ggf. Tötungsdelikt) konkretisieren. Zeitlich ist es allenfalls dadurch bestimmt, dass es jederzeit zu einer Tat kommen kann. Der Kausalverlauf aber, das eigentliche Tatgeschehen nebst Ort und möglichem Opfer, ist alleine anhand des diagnostizierten Rückfallrisikos des T nicht prognostizierbar. Die Befürchtung, T werde irgendwann, irgendwo, auf irgendeine Weise eine Gewalttat begehen, genügt für die Annahme einer Gefahr nicht.[13] Deshalb ist der Tatbestand der Generalklausel nicht erfüllt. 101

b) Konkrete Gefahr und Verhältnismäßigkeit der Befugnisnorm

Unter Umständen kann das Vorliegen einer konkreten Gefahr für bestimmte Maßnahmen schon **von Verfassungs wegen** erforderlich sein und so nicht nur die Gefahrenabwehrbehörden, sondern auch den Gesetzgeber in die Pflicht nehmen. Dies hat das *BVerfG* in **Fall 22** für die **präventiv-polizeiliche Rasterfahndung**[14] angenommen.[15] Dabei geht es um die Übermittlung personenbezogener Daten aus Dateien öffentlicher und nichtöffentlicher Stellen. Diese werden nach bestimmten Kriterien durchforstet („gerastert") und die so gewonnene Schnittmenge mit anderen Dateien abgeglichen. Hieran schließen sich u.U. weitere polizeiliche Maßnahmen wie Befragung oder Beobachtung derjenigen Personen an, deren Datensätze nach Rasterung und Abgleich übrig geblieben sind. 102

Das *BVerfG* erkannte in der Übermittlung, der Speicherung und dem Abgleich der Daten einen **schwerwiegenden Eingriff in das Grundrecht auf informationelle Selbstbestimmung** (Art. 2 I i.V.m. Art. 1 I GG). Zu dieser Einschätzung gelangte es unter anderem deshalb, weil nahezu alle in öffentlichen oder nichtöffentlichen Dateien gespeicherten Daten herangezogen werden können, deren Verknüpfung der Erstellung eines Persönlichkeitsprofils nahekommen könne. Als bedeutsam erachtet es auch die **„Streubreite" des verdachtslosen Eingriffs**: Die Rasterfahndung, soll sie ihren Zweck erfüllen, richtet 103

11 **BW:** § 49 I, II Nr. 1 PolG; **Bay:** Art. 36 I Nr. 1, II PAG; **Berl:** § 25 I Nr. 1 ASOG; **Bbg:** § 32 I PolG; **Brem:** § 40 I PolG; **Hbg:** § 20 I PolDVG; **Hess:** § 15 I Nr. 1, II HSOG; **MV:** § 33 I Nr. 1, II SOG; **Nds:** § 34 I NPOG; **NW:** § 16a I PolG; **RP:** § 34 I, II Nr. 1 POG; **Saar:** § 31 I, II Nr. 1 SPolDVG; **Sachs:** § 63 I Nr. 1 PVDG; **LSA:** § 17 I Nr. 1, II, III SOG; **SH:** § 185 I Nr. 1, II LVwG; **Thür:** § 34 I, II Nr. 1 PAG.

12 Wie in **Hbg:** § 12c SOG.

13 Vgl. *Bäcker*, Kriminalpräventionsrecht, 2015, S. 116 ff.; *Ogorek*, JZ 2019, 63 (65).

14 **BW:** § 48 PolG; **Bay:** Art. 46 PAG; **Berl:** § 47 ASOG; **Bbg:** § 46 PolG; **Brem:** § 49 PolG; **Hbg:** § 50 PolDVG; **Hess:** § 26 HSOG; **MV:** § 44 SOG; **Nds:** § 37a NPOG; **NW:** § 31 PolG; **RP:** § 44 POG; **Saar:** § 29 SPolDVG; **Sachs:** § 62 PolG; **LSA:** § 31 SOG; **SH:** § 195a LVwG; **Thür:** § 44 PAG. Zur Rasterfahndung zum Zwecke der Strafverfolgung s. § 98a StPO.

15 BVerfGE 115, 320 ff. mit abw. M. *Haas*, S. 371 ff.; instruktive Analyse von *Volkmann*, Jura 2007, 132 ff.

sich gegen eine Vielzahl von Personen, die selbst durch ihr Verhalten keinerlei Anlass für polizeiliche Maßnahmen gegeben haben und keinerlei Nähebeziehung zu künftigen Rechtsgutbeeinträchtigungen aufweisen.

104 Dieser, dem **Instrument Rasterfahndung an sich eigene** schwere Grundrechtseingriff kann nach Ansicht des *BVerfG* verfassungsrechtlich nur gerechtfertigt werden, wenn er einerseits dem Schutz hochrangiger Rechtsgüter dient, andererseits aber bereits tatbestandlich durch konkrete Tatsachen begrenzt wird, welche die Beeinträchtigung dieser Rechtsgüter hinreichend wahrscheinlich machen. Kurz: Die Ermächtigung zur präventiv-polizeilichen Rasterfahndung muss dem *BVerfG* zufolge auf die **Abwehr konkreter Gefahren** beschränkt bleiben.[16] Im Unterschied dazu (und bei vergleichender Betrachtung nicht unmittelbar einsichtig) lässt das Gericht die sog. „Online-Durchsuchung" – die für den Betroffenen ungleich schwerer wiegt als die Rasterfahndung – bereits bei einer im einzelnen Fall erst **drohenden Gefahr** (u. Rn. 150 ff.) zu.[17]

c) Kollision zwischen Schutzpflicht und Grundrechtsbindung

105 Der Zusammenhang des Gefahrenbegriffs mit dem Verhältnismäßigkeitsgrundsatz erklärt auch die oben (Rn. 92) getroffene Aussage, der Grad der geforderten Schadenswahrscheinlichkeit hänge von Art und Ausmaß des drohenden Schadens ab. Deshalb sind bereits **bei der Auslegung des Gefahrenbegriffs** und damit auf der Tatbestandsseite **Güterabwägungen** vorzunehmen. Dabei gibt es gewissermaßen zwei gegenläufige Anforderungen, die angemessen auszugleichen sind: Mit zunehmender Schwere der drohenden Rechtsgutbeeinträchtigung sinkt das Maß der geforderten Wahrscheinlichkeit, mit zunehmender Schwere des durch eine Maßnahme bewirkten Grundrechtseingriffs steigt sie. Bei besonders intensiv eingreifenden Maßnahmen zur Verhinderung besonders schwerer Schäden können diese divergenten Postulate der Sicherheit einerseits, der Freiheit andererseits in Konflikt geraten. In diesen (Extrem-)Fällen findet die staatliche **Pflicht zum Rechtsgüterschutz ihre Grenzen an den Grundrechten** und dem Verbot unangemessener Grundrechtseingriffe.[18] Für die Auslegung des Gefahrenbegriffs bedeutet dies, dass die Anforderungen an die Tatsachenbasis, an die Vorhersehbarkeit des Kausalverlaufs und an die Konkretisierung des zu prognostizierenden Schadens nicht beliebig abgesenkt werden dürfen. Nur dadurch wird verhindert, dass sich der Gefahrbegriff bei der Befürchtung schwerster Schäden für überragend wichtige Schutzgüter vollends auflöst.

106 In **Fall 22** lag nach Ansicht des *BVerfG* unter Zugrundelegung dieser Maßstäbe keine konkrete Gefahr vor, welche die Rasterfahndung und damit auch die in ihrem Rahmen erfolgte Erfassung der Daten des M ermöglicht hätte (Rn. 104). Die allgemeine, etwa durch außenpolitische Bedrohungslagen begründete Gefahr terroristischer Anschläge stellt für sich genommen keine hinreichende Tatsachenbasis für die Annahme dar, es würden Anschläge gerade in Deutschland verübt oder vorbereitet. Es handelte sich lediglich um eine nicht näher konkretisierte Möglichkeit, welche die hinreichende Wahrscheinlichkeit eines Schadens nicht zu begründen vermochte.[19]

16 BVerfGE 115, 320 (364); bestätigt in BVerfGE 141, 220 (303).
17 BVerfGE 141, 220 (305); krit. bereits *Möstl*, DVBl. 2010, 808 (809).
18 Vgl. BVerfGE 115, 118 (159 f.).
19 BVerfGE 115, 320 (364 f.).

d) Qualifikationen der konkreten Gefahr

107 Gesetzgeberische Erwägungen zur Verhältnismäßigkeit stehen auch hinter weiteren tatbestandlichen Eingrenzungen für bestimmte Standardmaßnahmen. Sie lassen teilweise eine konkrete Gefahr für die öffentliche Sicherheit oder Ordnung nicht genügen, sondern fordern eine **qualifizierte konkrete Gefahr**. Das wird entweder dadurch erreicht, dass einzelne Maßnahmen nur zum Schutz **bestimmter, abschließend benannter Rechtsgüter** zulässig sind[20] oder die Gefahr eine **bestimmte Qualität** in zeitlicher oder sachlicher Hinsicht aufweisen muss. Im Einzelnen sind zu nennen:

- **Gegenwärtige Gefahr,**[21] **unmittelbare Gefährdung, unmittelbar bevorstehende Störung** bezeichnen die besondere **zeitliche Nähe** bzw. die **gesteigerte Wahrscheinlichkeit** eines Schadens. Das schädigende Ereignis muss bereits begonnen haben oder mit an Sicherheit grenzender Wahrscheinlichkeit bevorstehen. Der Begriff der **drohenden Gefahr** wurde bislang regelmäßig in gleichem Sinne oder (wie in Art. 91 I GG) als Synonym zur konkreten Gefahr verwandt (und wäre als „drohender Schaden“ besser umschrieben). Inzwischen dient er auch als Bezeichnung einer Eingriffsschwelle im Gefahrenvorfeld, findet sich als Gesetzesbegriff in diesem Sinne allerdings nur im BayPAG (Rn. 150 ff.).

- **Erhebliche Gefahr**[22] bezeichnet eine Gefahr für ein bedeutsames Rechtsgut, insbesondere also Leben, Gesundheit, Freiheit und bedeutende Vermögenswerte; die z.B. in Art. 13 IV, VII GG genannte **gemeine Gefahr** liegt vor, wenn eine unbestimmte Vielzahl von Rechtsgütern gefährdet ist.

- Der Begriff der **dringenden Gefahr** wird teilweise in Annäherung an die erhebliche Gefahr auf die Bedeutung des Rechtsguts, teilweise auf die zeitliche Nähe bzw. die erhöhte Wahrscheinlichkeit des Schadens bezogen. Das BVerfG versteht den Begriff „im Sinne des qualifizierten Rechtsgüterschutzes“ als eine Kombination beider Elemente.[23]

108 Nicht zu den Gefahrqualifikationen gehört der Begriff der **latenten Gefahr**. Damit sollen zunächst ungefährliche Situationen umschrieben werden, die durch Hinzutreten äußerer Umstände gefährlich werden. Solange sie latent ist, liegt keine Gefahr vor, sobald die Gefahr vorliegt, ist sie nicht mehr latent. **Der Begriff ist irreführend und deshalb verzichtbar.**[24]

109 **Gefahr im Verzug** wird in unterschiedlichen Kontexten zur Begründung von Eilkompetenzen bzw. zur Suspendierung von Verfahrensanforderungen[25] verwendet. Der Begriff beinhaltet insofern keine Qualifikation einer konkreten Gefahr für die öffentliche Sicherheit, sondern kennzeichnet vielmehr allgemein eine Sachlage, in der bei Einhaltung von Regelzuständigkeit oder -verfahren der **Zweck einer Maßnahme vereitelt oder gefährdet** würde. In diesem allgemeinen Sinn wird er auch im Grundgesetz (insbesondere in Art. 13 II – V GG[26]) sowie z.B. bei strafverfahrensrechtlichen Ausnahmen von Richtervorbehalten verwendet. Manche Gefahrenabwehrgesetze enthalten enger gefasste Legaldefinitionen.[27]

---

20 Z.B. ist der Schutzgewahrsam nur bei Gefahr für Leib und Leben zulässig (Normen o. Rn. 64 Fn. 37).

21 Legaldefinitionen in **Brem:** § 2 Nr. 3 lit. b) PolG; **MV:** § 3 III Nr. 2 SOG; **Nds:** § 2 Nr. 2 NPOG; **Sachs:** § 4 Nr. 3 lit. b) PVDG; **LSA:** § 3 Nr. 3 lit. b) SOG; **Thür:** § 54 Nr. 3 lit. b) OBG.

22 Legaldefinitionen in **Brem:** § 2 Nr. 3 lit. c) PolG; **MV:** § 3 III Nr. 3 SOG; **Nds:** § 2 Nr. 3 NPOG; **Sachs:** § 4 Nr. 3 lit. c) PVDG; **LSA:** § 3 Nr. 3 lit. c) SOG; **Thür:** § 54 Nr. 3 lit. c) OBG.

23 BVerfGE 141, 220, 271; entsprechende Legaldefinition in: **Brem:** § 2 Nr. 3 lit. e) PolG; **Sachs:** § 4 Nr. 3 d) PVDG.

24 Vgl. auch *Erbguth/Mann/Schubert*, Rn. 473.

25 Z.B. Art./§ 28 II Nr. 1 (L)VwVfG; **SH:** § 87 II Nr. 1 LVwG.

26 Vgl. BVerfGE 51, 97 (111); 103, 142 (154).

27 **Nds:** § 2 Nr. 8 NPOG; **LSA:** § 3 Nr. 7 SOG; **Thür:** § 54 Nr. 5 OBG.

110 In **Fall 18** hätte die Durchsuchung der Wohnung des N wegen Art. 13 II GG grundsätzlich durch den Richter angeordnet werden müssen. Die richterliche Entscheidung wäre aber wegen der jederzeitigen Explosionsgefahr u.U. zu spät gekommen, um den Eintritt von Schäden zu verhindern. Es lag **objektiv betrachtet** Gefahr im Verzug vor, welche die polizeiliche Durchsuchung der Wohnung auch ohne Einschaltung des Amtsgerichts ermöglichte.[28]

2. Abstrakte Gefahr

111 ➔ Eine **abstrakte Gefahr** liegt vor, wenn bei bestimmten Verhaltensweisen oder Zuständen **erfahrungsgemäß** mit hinreichender Wahrscheinlichkeit ein Schaden für ein polizeiliches Schutzgut **einzutreten pflegt**.[29]

112 Die abstrakte Gefahr unterscheidet sich von der konkreten Gefahr zunächst durch den tatsächlichen Anknüpfungspunkt für die Schadensprognose. Sie geht nicht von einer realiter vorhandenen Situation, sondern von einer hypothetischen, typischerweise gefährlichen Sachlage aus. Gemeinsam hat sie mit der konkreten Gefahr die Notwendigkeit hinreichender Schadenswahrscheinlichkeit. Der zu befürchtende Schaden besteht nicht in der tatsächlichen Einbuße an Rechtsgütern, sondern ist lediglich typische Folge der zugrundeliegenden Sachlage.

113 Die abstrakte Gefahr ist jedenfalls (s. Rn. 114) **Voraussetzung für abstrakt-generelle Gefahrenabwehrmaßnahmen**, also **Gefahrenabwehrverordnungen**, auf der Grundlage der **allgemeinen Verordnungsermächtigung**,[30] auch wenn dies nur in wenigen Vorschriften hinreichend zum Ausdruck kommt.[31] Der Verordnungsgeber darf und muss hierbei typisieren, so dass die Annahme einer abstrakten Gefahr nicht dadurch widerlegt wird, dass bei tatsächlichem Eintritt der vorausgesetzten Sachlage im Einzelfall doch kein Schaden einzutreten droht; es genügt, dass dies typischerweise der Fall ist.

3. Abstrakte Gefahr und Gefahrenvorfeld

114 Der Begriff der abstrakten Gefahr wird z.T. noch weiter gefasst und auf die **Gefahrenvorsorge** im Vorfeld konkreter Gefahren insgesamt (Rn. 10) erstreckt.[32] Bei dieser geht es, wie beim Verordnungserlass, um die **Abwehr zukünftiger konkreter** Gefahren, doch unterscheiden sie sich in Präzisierung und Prognostizierbarkeit des Schadenseintritts erheblich. Bei der für Gefahrenabwehrverordnungen notwendigen abstrakten Gefahr muss **im Zeitpunkt des Verordnungserlasses** auf der Grundlage von Tatsachen feststehen, dass bei Sachverhalten oder Verhaltensweisen, die Gegenstand der Regelung

28 **BW:** § 36 V 1 PolG; **Bay:** Art. 24 I PAG; **Berl:** § 37 I ASOG; **Bbg:** § 24 I PolG; **Brem:** § 20 I PolG; **Hbg:** § 16a I SOG; **Hess:** § 39 I HSOG; **MV:** § 59 V SOG; **Nds:** § 25 I NPOG; **NW:** § 42 I PolG; **RP:** § 21 I POG; **Saar:** § 20 I SPolG; **Sachs:** § 30 I PVDG; **LSA:** § 44 I SOG; **SH:** § 208 IV LVwG; **Thür:** § 26 I PAG. – Zur restriktiven Handhabung des Merkmals i.R.d. Art. 13 II GG vgl. BVerfGE 103, 142 ff.

29 Ähnlich BVerwGE 116, 347 (351 f.); *Würtenberger/Heckmann/Tanneberger*, § 7 Rn. 22; die Umschreibungen variieren stark, vgl. auch **Brem:** § 10 I 2 PolG sowie die Legaldefinitionen in **Nds:** § 2 Nr. 6 NPOG; **Sachs:** § 4 Nr. 3 lit. h) PVDG; **LSA:** § 3 Nr. 3 lit. f) SOG; **Thür:** § 54 Nr. 3 lit. e) OBG.

30 Normen o. Rn. 76 Fn. 57.

31 Nämlich nur in Gesetzen, die auch den Begriff der abstrakten Gefahr definieren, vgl. **Nds:** § 55 I NPOG; **LSA:** § 94 I SOG; im **Thür**OBG erscheint der Begriff der abstrakten Gefahr merkwürdigerweise nur in der Vorschrift, die ihn definiert (§ 54 Nr. 3 lit. e) OBG); in den übrigen Gesetzen wird zumeist auf die Aufgabe der Gefahrenabwehr rekurriert.

32 *Schmidbauer/Steiner*, BayPAG, 6. Aufl. 2023, Art. 2 Rn. 10 unter Gleichsetzung von abstrakter und allgemein bestehender Gefahr i.S.d. Art. 2 I BayPAG; krit. *Schenke*, Rn. 11, Fn. 8.

sind, Beeinträchtigungen eines (bestimmten) polizeilichen Schutzgutes hinreichend wahrscheinlich sind. Die Gefahrenvorsorge hingegen setzt eine derartige Bestimmbarkeit gerade nicht voraus, sondern soll ganz allgemein auch Rechtsgutbeeinträchtigungen vorbeugen, die hinsichtlich **Art, Ausmaß, Entstehung und Zeitpunkt noch ganz unbestimmt** sein können. Für die begriffliche Erfassung künftiger Gefahren unter Ungewissheitsbedingungen unterschiedlicher Grade könnte stattdessen der weitere Begriff des **Risikos** verwendet werden, wenn man ihn quantitativ im Sinne der bloßen Möglichkeit eines Schadenseintritts versteht.[33] Inzwischen können aber auch innerhalb des Gefahrenvorfelds mehrere Eingriffsschwellen sachlich und sprachlich differenzierter voneinander unterschieden werden (Rn. 142 ff.). Das zwingt nicht dazu, den Begriff der abstrakten Gefahr ausschließlich als situative **Voraussetzung abstrakt-genereller** Maßnahmen zu verstehen. Mancher Gesetzgeber knüpft auch für Einzelmaßnahmen an Umstände an, die (lediglich) abstrakt gefährlich sind,[34] und formuliert damit eine Eingriffsschwelle im Vorfeld der konkreten Gefahr.

B. Die Anscheinsgefahr

Fall 23: Während der Urlaubsabwesenheit des B wird von Nachbarn bemerkt, dass in seiner Wohnung das Licht angeschaltet wird und Geräusche zu hören sind. Kurz nach Eintreffen der Polizeistreife gegen 23.00 Uhr erlischt das Licht, auch Geräusche sind nicht mehr zu hören. Die Polizeibeamten gehen davon aus, dass sich ein Einbrecher in der Wohnung befindet und brechen die verschlossene Wohnungstüre auf. In der Wohnung wird niemand angetroffen. Es stellt sich heraus, dass Licht und Geräusche durch eine an das Fernsehgerät angeschlossene Zeitschaltuhr verursacht worden waren.[35] **(Rn. 119, 121 f., 197, 585, 597 f., 613, 625)** 115

Bei den Überlegungen zum prognostischen Gehalt des Gefahrenbegriffs ist bereits darauf hingewiesen worden, dass es nur auf die Umstände und Erkenntnisse ankommen kann, die **zum Zeitpunkt der Prognose** (ex ante) bereits vorgelegen haben. Auch die nachträgliche Überprüfung der Prognoseentscheidung hat sich hierauf zu beschränken, weil das gesetzliche Tatbestandsmerkmal „Gefahr" auf einen **Zeitpunkt vor der drohenden Rechtsgutbeeinträchtigung** verweist. Damit bleibt aber die Frage, **wessen Kenntnis der Umstände** zugrunde zu legen ist. Die Antwort auf diese Frage hat etwa Auswirkungen auf die gerichtliche Kontrolldichte, die gefahrenabwehrrechtliche Verantwortlichkeit und das Kosten- bzw. Entschädigungsrecht. Sie ist also von einiger Bedeutung und insgesamt in Vielem umstritten. 116

I. „Objektiver" oder „subjektiver" Gefahrbegriff

Der Streit lässt sich grob auf die Alternativen „objektiver" oder „subjektiver Gefahrbegriff" verkürzen, wobei auch diese Begriffe in unterschiedlichen Bedeutungsgehalten verwendet werden. Das mag auch daran liegen, dass ein **streng subjektiver** Begriff der Gefahr, soweit ersichtlich, von niemandem vertreten wird und somit alle vertretenen Ansichten einen mehr oder minder „objektiven" Gefahrenbegriff verwenden. 117

---

33 So noch bis zur 3. Aufl. 2015, Rn. 98.
34 Explizit in **Sachs:** § 57 I 1 PVDG; § 30 I Nr. 1 PBG.
35 *OLG Köln*, DÖV 1996, 86; *VG Berlin*, NJW 1991, 2854.

1. Der „subjektive" Gefahrbegriff

118 Wohl überwiegend wird darauf abgestellt, ob ein **gewissenhafter, besonnener und sachkundiger Amtswalter** bei verständiger Würdigung des Sachverhalts anhand der **vorhandenen und verfügbaren Informationen** von einer Gefahrenlage ausgehen musste. Es wird insofern eine „verobjektivierte" Perspektive eingenommen, als es nicht auf die tatsächlich handelnden Personen und ihre realiter vorhandenen Erkenntnisse oder Erkenntnismöglichkeiten ankommt. Damit werden **vermeidbare Irrtümer** ausgesondert. Man kann insofern von der Perspektive eines „objektiven Beobachters" sprechen, der freilich ebenfalls den situationsbedingten Einschränkungen und damit ex ante und **ex situatione unvermeidbaren Irrtümern** unterliegt.[36] Ist nach diesen Maßstäben die Schadensprognose nicht zu beanstanden, obwohl sie auf irrtümlichen Annahmen beruht, so liegt eine **Anscheinsgefahr** vor, die von der h.M. jedenfalls für die polizeiliche Primärmaßnahme als Gefahr im Rechtssinne anerkannt wird.

119 In **Fall 23** durfte die Polizei den vor Ort erkennbaren Umständen nach von einem Einbrecher und damit von einer Gefahr für das Eigentum des B ausgehen. Die Information, dass B eine Zeitschaltuhr eingebaut hatte, war **zwar generell vorhanden, aber** den Polizisten **nicht verfügbar**, ohne dass diese ihren Irrtum hätten vermeiden können. Deshalb lag nach der h.M. eine Gefahr vor.[37] In **Fall 19** (Rn. 84) gab es hingegen keine hinreichenden ernst zu nehmenden Anhaltspunkte für eine Gefahr, was ein sachkundiger Beamter unschwer hätte erkennen können. Dies wird als **Scheingefahr**, besser: **Putativgefahr** (= vermeintliche Gefahr) bezeichnet, die in keinem Fall als **Gefahr im Rechtssinne** gelten kann.

120 Problematisch ist hingegen **Fall 18** (Rn. 84): Stellt man auf die **in der Situation vorhandenen** und verfügbaren Informationen ab, kann die Lösung eigentlich nicht anders lauten als bei **Fall 19**. Das aber mutete merkwürdig an, weil tatsächlich eben doch eine Gefahr bestand, die durch das Eingreifen der Polizei beseitigt werden konnte. Es lag also nicht eine vermeidbare Unkenntnis der Ungefährlichkeit, sondern gewissermaßen eine **„vermeidbare Kenntnis der Gefährlichkeit"** der Situation vor. Die Polizisten nahmen zwar im Ergebnis zu Recht eine Gefahr an, aber aufgrund der „falschen" Überlegungen.

2. Der „objektive" Gefahrbegriff

121 Nach allgemeiner Methodik kommt es jedoch für die Beurteilung der Rechtmäßigkeit staatlichen Handelns grundsätzlich nur auf die im Ergebnis **zutreffende Subsumtion** unter Zugrundelegung des **tatsächlichen Sachverhalts** an. Ausnahmen, bei denen gerade maßgeblich ist, aufgrund welcher Erwägungen ein bestimmtes Resultat erzielt wurde, gibt es nur, wenn die Entscheidung nicht vertretbar oder rechtlich nicht abschließend determiniert ist. Das gilt in der Regel für **Planungsentscheidungen**, **Ermessensentscheidungen** und für die Ausfüllung **unbestimmter Rechtsbegriffe**, sofern ausnahmsweise ein **Beurteilungsspielraum** besteht.[38] Das aber ist nach allgemeiner Ansicht beim Begriff der Gefahr nicht der Fall, vielmehr handelt es sich bei ihm um einen Rechtsbegriff, dessen Anwendung vollständig überprüft werden kann. Deshalb war das Betreten und Durchsuchen der Wohnung in **Fall 18** rechtmäßig, obwohl die Beamten angesichts der

36 Vgl. etwa *Schoch*, Rn. 141 ff.; *Schenke*, Rn. 88.
37 Zum Fall vgl. *OLG Köln*, DÖV 1996, 86 f.
38 Zu diesen Fallgruppen vgl. *Uerpmann-Wittzack*, Rn. 172 ff.

ihnen verfügbaren Informationen nicht vom Vorliegen einer Gefahr hätten ausgehen dürfen. Legt man aber dieselben Maßstäbe an **Fall 23** an, so muss man konstatieren, dass bei Berücksichtigung aller Umstände in Wirklichkeit kein Schaden einzutreten drohte.

Dies beruht auf einer **objektiven Bestimmung der Gefahr**, die sich auf alle, auch die erst nachträglich erkannten Umstände stützt, die bei der polizeilichen oder ordnungsbehördlichen Entscheidung **bereits vorgelegen haben**. Nach diesem **objektiven Gefahrbegriff**[39] sind Fälle der Anscheinsgefahr nicht als Gefahrenlagen anzuerkennen. Soweit deshalb Befugnisnormen das Vorliegen einer konkreten Gefahr erfordern, sind darauf gestützte Maßnahmen in diesen Fällen rechtswidrig. Damit wird das Risiko der Fehleinschätzung nicht einseitig auf den Bürger verlagert, vielmehr kann ihm die objektive Situation ebenso günstig **(Fall 23)** wie ungünstig **(Fall 18)** sein. Ebenso wenig wie die Existenz einer Gefahr davon abhängt, dass sie wahrgenommen wird, wird eine ungefährliche Situation durch irrtümliche Annahmen gefährlich. Anders formuliert: Auch der nicht vermeidbare Irrtum ist ein Irrtum. 122

II. Gründe und Folgen des „subjektiven" Gefahrbegriffs

Wenn die h.M. dennoch am „subjektiven“ Gefahrbegriff festhält, dann mag dies aus der Sorge um die Effektivität der Gefahrenabwehr resultieren:[40] Die Gefahrenabwehrbehörden stehen regelmäßig unter Zeitknappheit und Handlungszwang, weshalb von ihnen nicht mehr verlangt werden kann als die verständige Würdigung des Sachverhalts. Ferner wird ins Feld geführt, der einzelne Beamte, der von einer Gefahrensituation ausgehen dürfe, könne nicht („ex ante“) mit der Dienstpflicht zum („ex post“) rechtswidrigen Handeln belastet werden.[41] Diese Subjektivierung muss dann auch bei weiteren Prüfungsschritten mitbedacht werden. 123

Das betrifft zunächst die Verantwortlichkeit: Wenn tatsächlich eine ungefährliche Situation vorliegt, ist objektiv weder eine Gefahr „verursacht“ worden noch geht eine solche von einer Sache aus. Doch wird der Begriff der Gefahr in den allgemeinen Adressatenbestimmungen ebenso „subjektiv“ verstanden wie in den Befugnisnormen, so dass auch hier auf die scheinbare Gefahr (nicht den Anschein derselben!) abzustellen ist (Rn. 196 f.). 124

Problematischer ist die Prüfung der Verhältnismäßigkeit einer Eingriffsmaßnahme, die bei objektiver Betrachtung schon nicht über die abstrakte Eignung verfügt, eine nicht existente Gefahr zu beseitigen. Im Rahmen der Angemessenheit ist die Abwägung zwischen der erlittenen Freiheits- oder Rechtsgütereinbuße des Betroffenen und dem Ausmaß des (vermeintlich) drohenden Schadens prekär. Auch dies gelingt nur, wenn man hier nicht reale Lage, sondern die irrtümlich angenommene Situation zugrunde legt (Rn. 508). 125

Folgerungen sind u.U. auch für das Kostenrecht bzw. für die Zuerkennung von Erstattungsansprüchen zu ziehen. Die Frage, wer endgültig die Lasten der Gefahrenabwehrmaßnahme zu tragen hat, ist ohne den Zeitdruck des polizeilichen Einsatzes zu treffen. 126

39 Ausführliche Diskussion bei *Kingreen/Poscher*, POR, § 8 Rn. 33 ff.; *Wehr*, Rechtspflichten, S. 310 ff.
40 Vgl. nur *Schenke*, Rn. 86; *Gusy*, Rn. 115.
41 Gegen dieses Argument *Wehr*, Rechtspflichten, S. 315.

Deshalb wird teilweise dafür plädiert, diese Entscheidung auf der Basis aller verfügbaren Informationen („ex post“) über die Lage zur Zeit der Maßnahme zu treffen und etwa denjenigen, der auf der Primärebene als Verantwortlicher herangezogen wurde, kosten- und entschädigungsrechtlich wie einen Nichtverantwortlichen zu behandeln (Rn. 595 ff., 614).

C. Der Gefahrverdacht

127 **Fall 24:** Auf einem Bahnsteig des Hauptbahnhofs von H wird zur Hauptverkehrszeit ein offenbar herrenloser Koffer entdeckt. Es lässt sich nicht ermitteln, ob er von einem Reisenden vergessen wurde oder ob es sich um eine Bombe handelt. Die Polizei lässt den Bahnsteig räumen und den Koffer kontrolliert sprengen. Eigentümer E, der sich noch schnell eine Platzkarte besorgen wollte, hatte sein schweres Reisegepäck auf dem Bahnsteig zurückgelassen und kam auch wegen der polizeilichen Absperrung nicht rechtzeitig zurück. Er beklagt den Verlust seiner Garderobe. **(Rn. 130, 133, 599)**

Fall 25: E ist Eigentümer eines Grundstücks, auf dem früher ein Autohof betrieben worden war. Da auf dem Gelände für sich genommen unbedenkliche Rückstände von Mineralöl gefunden worden waren, besteht aufgrund früherer Erfahrungen mit vergleichbaren Fällen der Verdacht, dass es zu Absickerungen gekommen ist, die zu einer Verseuchung des Bodens und einer Gefährdung des Grundwassers führen können. Die zuständige Behörde ordnet an, dass E auf eigene Kosten ein Gutachten über die Kontamination des Bodens beizubringen hat. **(Rn. 137)**

Fall 26: In und vor dem Hauptbahnhof von B werden in erheblichem Umfang Eigentums- und Drogendelikte verübt. Zwei Beamten, die den Bahnhofsvorplatz bestreifen, fällt ein Mann (M) dunkler Hautfarbe auf, der sich, ihrer Wahrnehmung nach, eine Kapuze ins Gesicht zieht, als er in ihr Blickfeld gerät, und sich anschließend hinter einem Aufzugschacht ihren Blicken entzieht. Die Beamten folgen ihm und fordern ihn auf sich auszuweisen. Während der Kontrolle kommt die Lebensgefährtin des M hinzu. M wollte sie lediglich vom Zug abholen und am verabredeten Treffpunkt auf sie warten.[42] **(Rn. 139, 541)**

128 Gefahrenabwehr steht typischerweise unter Ungewissheitsbedingungen. Dem wird im Interesse der Effektivität etwa dadurch Rechnung getragen, dass Befugnisnormen nicht die Gewissheit eines künftigen Schadenseintritts verlangen, sondern dessen hinreichende Wahrscheinlichkeit (Gefahr) genügen lassen. Eine weitere Absenkung der Eingriffsschwelle wird durch den „subjektiven“ Gefahrenbegriff erreicht, bei dem für die Prognose die verständige Würdigung der in der Handlungssituation verfügbaren Informationen maßgeblich ist. Doch sind vielfach auch aus dieser Sicht keine hinreichenden Erkenntnisse vorhanden, wenngleich Indizien darauf hindeuten, dass eine Gefahr vorliegen könnte. Dann kann es angezeigt sein, den Sachverhalt weiter zu ermitteln, um die notwendige Gewissheit über das Vorliegen einer Gefahrenlage und die zu ihrer Beseitigung einzuleitenden Maßnahmen zu erhalten. Unter Umständen sind aber die Ermittlungsmöglichkeiten begrenzt, so dass nur die Wahl besteht, entweder untätig zu bleiben oder Maßnahmen zur Beseitigung der möglichen Gefahrenlage zu treffen.

42 Nach *OVG Münster*, NVwZ 2018, 1497 – der Originalsachverhalt spielte sich im Bahnhofsgebäude ab und fiel in die Zuständigkeit der Bundespolizei (§§ 3, 23 BPolG). – Zur räumlichen Abgrenzung der Zuständigkeiten von Landes- und Bundespolizei auf Bahnhofsvorplätzen vgl. *BVerwG*, NVwZ 2015, 91 f.

I. Begriff

Situationen dieser Art werden unter dem Stichwort **„Gefahrverdacht“** diskutiert. Der Begriff ist vor allem beschreibender Natur, was zur Folge hat, dass er in durchaus unterschiedlichen Facetten verwendet wird. Einerseits fällt es zuweilen schwer, ihn von der Gefahr oder der Anscheinsgefahr abzugrenzen. Er hat aber nur eine eigenständige Bedeutung in den Fällen, die nicht bereits durch den Gefahrenbegriff abgedeckt sind. Andererseits ist vorgeschlagen worden, den Begriff „Gefahrverdacht“ als Oberbegiff für Vorfeldbefugnisse insgesamt zu verwenden und in unterschiedliche Verdachtsstufen auszudifferenzieren.[43] Und in der Tat liegt ein Problem dieses schillernden Begriffs darin, dass er so vielseitig einsetzbar und nahezu auf alle gefahrenabwehrrechtlich relevanten Konstellationen – von der nur möglicherweise künftig entstehenden bis hin zur aktuell vorliegenden konkreten Gefahr – anwendbar ist. Entscheidend ist deshalb, welcher Inhalt und welche rechtlichen Konsequenzen mit diesem Begriff verbunden werden. 129

1. Gefahrverdacht und objektiver Gefahrbegriff

Bei Tatbeständen, die eine konkrete Gefahr fordern, ist der Gefahrverdacht nur relevant, wenn man mit der h.M. die „subjektive“ Gefahrendefinition auf der Grundlage der „ex ante“ und ex situatione verfügbaren Kenntnisse vertritt. Denn „objektiv“ betrachtet ist eine Situation **entweder gefährlich oder ungefährlich**. Im Verdacht einer Gefahr drückt sich nur aus, dass Situationen möglich sind, in denen eben nicht bekannt ist, was objektiv der Fall ist. Die (Un-)Kenntnis von Umständen ändert an deren (Un-)Gefährlichkeit nichts. Deshalb ist der Gefahrverdacht auch keine „Gefahr mit verringerter Schadenswahrscheinlichkeit“, was sich daraus ergeben soll, dass die Gefahr ihrerseits nur wahrscheinlich ist. Wenn sich in **Fall 24** tatsächlich eine Bombe im Koffer befindet, mindert sich die Wahrscheinlichkeit für Schäden an Leib und Leben von Reisenden nicht dadurch, dass die Polizei lediglich den Verdacht hegt, es könne sich um einen Sprengkörper handeln. 130

Soweit für die Rechtmäßigkeit einer Gefahrerforschungsmaßnahme eine konkrete Gefahr erforderlich ist, steht also u.U. erst nach ihrer Durchführung fest, ob diese Voraussetzung erfüllt ist oder nicht, weil der Verdacht bestätigt oder widerlegt wurde. Das **Risiko der Rechtswidrigkeit der Maßnahme** trägt also die Behörde. Auch bei der gerichtlichen Überprüfung solcher Maßnahmen kann noch Ungewissheit über die tatsächliche Sachlage herrschen: Wird **vorläufiger Rechtsschutz** in Anspruch genommen, verfügt auch das Gericht nicht über die Erkenntnisse, die erst durch die streitige Maßnahme erlangt werden sollen. Die prozessualen Regelungen (§§ 80 ff., 123 VwGO) geben allerdings dem Gericht ein **flexibleres Instrumentarium** an die Hand, um unter Ungewissheitsbedingungen rechtmäßige Entscheidungen zu treffen: Sind die verfügbaren Tatsachen trotz Lückenhaftigkeit ausreichend für eine Schadensprognose, so ist bei der gebotenen **summarischen Überprüfung** die Maßnahme als rechtmäßig anzusehen und der Eilantrag abzuweisen. Anderenfalls hat das Gericht zu berücksichtigen, dass es selbst ebenso wie die Behörde das Vorliegen einer Gefahr nicht abschließend beurteilen kann. Wenn offen ist, ob sich die Maßnahme als rechtmäßig oder rechtswidrig erweisen wird, hat es zwischen den betroffenen öffentlichen und privaten Interessen abzuwägen, insbesondere auch eine Folgenabschätzung anzustellen. Ist hingegen ein **Endurteil** zu fällen, wird die gerichtliche Entscheidung durch die **Beweislastverteilung** determiniert: Kann nicht nachgewie- 131

43 Grundlegend *Möstl*, DVBl. 2007, 581 (587 f.).

sen werden, dass tatsächlich eine Gefahr droht, geht dies zu Lasten der Behörde, die hieraus für sich eine Eingriffsbefugnis ableiten möchte. Der Gefahrverdacht kann aus objektiver Sicht den Nachweis der Gefahr nicht ersetzen.

2. Gefahrverdacht und Anscheinsgefahr

132 Überschneidungen und „Grauzonen" gibt es hingegen zwischen dem Gefahrverdacht und dem „subjektiven" Gefahrbegriff. Beiden ist gemein, dass sie sich auf den **Wissenshorizont einer Behörde** bzw. eines Amtsträgers in einer bestimmten Situation beziehen. Der Begriff Anscheinsgefahr bezeichnet die irrtümliche Annahme einer Gefahr, während beim Gefahrverdacht das Vorliegen einer Gefahr ebenso für möglich gehalten wird wie ihr Nichtvorliegen. So gehört der (unvermeidbare) Irrtum begriffsnotwendig zur Anscheinsgefahr, während der Gefahrverdacht sich durchaus bewahrheiten kann. Ist dies aber nicht der Fall, so scheint der Unterschied zur Anscheinsgefahr darin zu bestehen, dass die handelnde Behörde auch die Möglichkeit einer ungefährlichen Situation ins Kalkül zieht, also nicht mit letzter, wenn auch trügerischer Sicherheit von einer Gefahrenlage überzeugt ist. Dann aber sind Fälle der Anscheinsgefahr häufig zugleich solche des Gefahrverdachts, wenn nämlich trotz bestehender Unsicherheiten der Eintritt eines Schadens hinreichend wahrscheinlich ist.

133 Illustrieren lässt sich dies an **Fall 24**: Ein auf einem Bahnhof zurück gelassenes Gepäckstück ist in politisch ruhigeren Zeiten lediglich ein Fall fürs Fundbüro, der Maßnahmen der Polizei allenfalls zum Schutz des Eigentümers vor Verlust rechtfertigt. Die Perfidie des real existierenden Terrorismus lässt aber nach bitteren Erfahrungen mit verheerenden Attentaten und Attentatsversuchen den Verdacht aufkommen, es handle sich um einen erneuten Anschlag. Aus Sicht der handelnden Polizisten ist zwar ungewiss, ob sich tatsächlich eine Bombe im Koffer befindet. Insofern besteht der Verdacht einer Gefahr. Angesichts der verheerenden Schäden, die bei einer Explosion an solchem Ort entstehen können, sind aber die Anforderungen an die hinreichende Wahrscheinlichkeit von Rechtsgutbeeinträchtigungen nicht allzu hoch anzusetzen, so dass trotz der Ungewissheit die Annahme einer konkreten Gefahr aus der Perspektive ex situatione nicht fehlerhaft ist. Weil sich diese letztlich doch als falsch herausstellt, liegt zwar eine Anscheinsgefahr vor. Da diese von der h.M. als Gefahr im Rechtssinne betrachtet wird, ist die zusätzliche Qualifizierung als Gefahrverdacht wenn auch unschädlich so doch überflüssig.

134 Konturen und Funktion gewinnt der Gefahrverdacht deshalb besser, wenn mit ihm nur Situationen bezeichnet werden, in denen aus behördlicher oder polizeilicher Sicht zwar Anhaltspunkte dafür existieren, dass eine Gefahr vorliegt, aber wegen bestehender **Unsicherheiten über die tatsächlichen Umstände** ein Schadenseintritt **nicht mit hinreichender Wahrscheinlichkeit prognostiziert** werden kann.[44] Zugleich wird damit der relevante Verdacht auf das **Bestehen** einer konkreten Gefahr beschränkt und nicht auch auf Verdachtslagen erstreckt, die sich auf die erst künftige Entstehung einer Gefahr beziehen, sich also nicht durch Diagnose-, sondern durch Prognoseunsicherheiten auszeichnen. Das korrespondiert mit der Rechtsprechung des *BVerfG*, nach welchem aus verfassungsrechtlicher Perspektive der Gefahrverdacht vom Begriff der Gefahr umfasst ist,[45] sofern er sich auf eine bestehende, nicht auf eine erst drohende Gefahr bezieht.[46]

44 So auch *Schenke*, Rn. 89, 102; vgl. ferner BVerwGE 116, 347 (351).
45 BVerfGE 125, 260 (330); 130, 151 (205 f.).
46 BVerfGE 141, 220 (304 f.); vgl. *Wehr*, Jura 2019, 940 (945 f.).

1° S. √

II. Der Gefahrerforschungseingriff

135 Mit dieser Abgrenzung wird die eigentliche rechtliche Problematik des Gefahrverdachts plausibler. Sie liegt darin begründet, dass die Gefahrenabwehrbehörde wegen vorhandener Diagnoseunsicherheiten den weiteren Verlauf nicht absehen, aus diesem Grund eine Entscheidung über Notwendigkeit, Art oder Ausmaß gefahrenabwehrender Maßnahmen nicht treffen kann und deshalb in erster Linie Aufklärung darüber benötigt, ob überhaupt und in welchem Umfang eine Gefahr vorliegt. Soweit die erforderlichen Ermittlungsmaßnahmen mit Eingriffen in Rechte Dritter verbunden sind, stellt sich die Frage nach der Zulässigkeit dieser Maßnahmen gerade deshalb, weil nach dem Kenntnisstand der Behörde die Beeinträchtigung von Schutzgütern noch nicht hinreichend wahrscheinlich ist. Wenn die Eingriffsnorm das Bestehen einer konkreten Gefahr fordert, so vermag die Behörde also nicht zu entscheiden, ob diese Voraussetzung erfüllt ist oder nicht. Auf welche Grundlage soll dann ein **Gefahrerforschungseingriff** gestützt werden?

136 Die Gefahrenabwehrgesetze nehmen die Problematik teilweise auf, indem sie bei bestimmten, **insbesondere der Informationsgewinnung** dienenden Standardmaßnahmen vom Erfordernis einer konkreten Gefahr Abstand nehmen und es z.B. ausreichen lassen, dass „Tatsachen die Annahme einer (näher umschriebenen) Gefahr rechtfertigen". In diesen Fällen wird auf eine behördliche Lageerkenntnis abgestellt, die ihrerseits aber nachprüfbar auf Tatsachen gestützt sein muss. Wie bei der Anscheinsgefahr muss hier die Lagebeurteilung pflichtgemäß, also ohne vermeidbare Fehleinschätzungen erfolgen, doch bedarf es weder ex situatione der hinreichenden Schadenswahrscheinlichkeit noch schadet die spätere Erkenntnis, dass tatsächlich keine Gefahr vorlag.

137 In **Fall 25** gibt es durchaus tatsächliche Indizien dafür, dass es zu Mineralölabsickerungen gekommen sein kann. Ob dies aber tatsächlich der Fall ist und – wenn ja – ob sie ein Ausmaß angenommen haben, das ein relevantes Schadenspotential birgt, ist der Behörde nicht bekannt, weshalb aus ihrer Sicht nur der Verdacht einer Gefahr besteht. Selbst wenn sie die Untersuchung des Bodens (zunächst) auf eigene Kosten durchführen lassen wollte, müsste das Grundstück betreten und E zur Duldung von Grabungsarbeiten verpflichtet werden. Für diese Maßnahmen setzen aber die Polizei- und Ordnungsgesetze eine konkrete Gefahr voraus, deren Existenz aber erst eruiert werden soll. Diese besonders bedeutsame Fallgestaltung des Gefahrverdachts hat im Bundes-Bodenschutzgesetz eine spezielle gesetzliche Regelung gefunden. Nach §§ 9 II, 13 I (i.V.m. § 4 III) BBodSchG kann u.a. der Grundstückseigentümer bei hinreichendem, auf konkrete Anhaltspunkte gestütztem Verdacht einer Altlast (§ 2 V BBodSchG) zur Durchführung notwendiger Untersuchungen zur Gefährdungsabschätzung **auch auf eigene Kosten** verpflichtet werden, wobei die Kosten u.U. zu erstatten sind, wenn sich der Verdacht nicht bestätigt (vgl. § 24 I BBodSchG).

138 Ohne solche speziellen Rechtsgrundlagen ist die Rechtmäßigkeit von Gefahrerforschungseingriffen bei bloßem Gefahrverdacht (i.S.v. oben Rn. 134), also unterhalb der Schwelle der („subjektiven") konkreten Gefahr als Eingriffsvoraussetzung, **fraglich**. Zwar wird die Generalklausel vielfach als **Rechtsgrundlage für vorläufige Maßnahmen** betrachtet,[47] der Gefahrerforschungseingriff also als rechtmäßig angesehen. M.E. ist es aber **nicht widerspruchsfrei** möglich, eine **Gefahr als Eingriffsvoraussetzung** zu fordern und zugleich die **Ungewissheit über das Vorliegen einer Gefahr** ausreichen zu

47 *Schoch*, Rn. 147 m.w.N.; für die Verordnungsgeneralklausel z.B. *OVG Greifswald*, DÖV 2005, 121 (123).

lassen.[48] Mit dem Versuch, das tatbestandliche Defizit mit einer auf bloße Erforschungsmaßnahmen reduzierten Rechtsfolge zu kompensieren, wird letztlich der Verstoß gegen den Vorbehalt des Gesetzes eher aufgedeckt als kaschiert.

139 Werden jenseits der Generalklausel Gefahrentatbestände bereits bei Verdachtslagen aktiviert, droht zudem ein Verstoß gegen den Vorrang des Gesetzes. Das lässt sich an **Fall 26** illustrieren. Das *OVG Münster* nahm an, dass die Feststellung der Identität des M der Abwehr einer Gefahr „in Form eines Gefahrenverdachts" diente. Angesichts der erheblichen Anzahl von Straftaten, die im und vor dem Hauptbahnhof zu registrieren waren, durften die Beamten nach Ansicht des Gerichts aus dem beobachteten auffälligen Verhalten des M den Schluss ziehen, dass M „jedenfalls möglicherweise versuchte, seiner Identifizierung durch die Polizeibeamten zu entgehen". Dies wiederum sollte ausreichend sein, um den Eindruck zu erwecken, dass M möglicherweise eine Straftat begehen oder verdecken wollte.[49] Man darf skeptisch sein, ob der Schluss von einem lediglich vermuteten Motiv für ein allenfalls „auffälliges", aber weder illegales noch sonst störendes Verhalten auf eine mögliche deliktische Absicht wirklich valide ist (zumal der „Verdacht" rechtswidrigerweise auch durch die Hautfarbe des M motiviert war, vgl. Rn. 541). Jedenfalls ließen sich den Umständen nach weder Art, Zeit, Ort noch Begehungsweise einer Straftat wenigstens in Umrissen prognostizieren. Gegenstand des Verdachts war keine bestehende konkrete (zu den Anforderungen vgl. Rn. 100), sondern allenfalls eine möglicherweise künftig entstehende Gefahr. Die Befugnisnormen für Identitätsfeststellungen enthalten aber besondere Regelungen für Personenkontrollen im Vorfeld konkreter Gefahren,[50] deren tatbestandliche Begrenzungen nicht durch einen undifferenzierten Verdachtsbegriff unterlaufen werden dürfen. Das *OVG Münster* ließ demgegenüber offen, ob die Voraussetzungen für eine Kontrolle an einem gefährdeten Ort vorlagen, wies aber darauf hin, dass hierfür nicht die allgemeine „Gefährlichkeit" der Örtlichkeit ausreiche, sondern im Einzelfall Tatsachen vorliegen müssten, die auf eine Gefährdung des Ortes oder der sich dort aufhaltenden Personen schließen lassen.[51] Dies ließ sich offenbar auch anhand des „auffälligen" Verhaltens des M nicht feststellen.

140 Angesichts dieser Folgeprobleme ist es überzeugender, aber wohl nicht mehrheitlich konsensfähig, Eingriffsbefugnisse bei Gefahrverdacht auf diejenigen Fälle zu beschränken, in denen der Gesetzgeber sie fraglos zugelassen hat (Rn. 136). Damit bleibt es im Übrigen beim (Prozess-)Risiko der Behörde (Rn. 131), solange der Nachweis der Gefahr nicht möglich ist.

---

48 *Schenke/Schenke*, Rn. 99; *Kugelmann*, 5. Kap., Rn. 131.

49 *OVG Münster*, NVwZ 2018, 1497 (1499).

50 Insbesondere für „gefährliche" und gefährdete Orte **BW:** § 27 I Nrn. 2 – 4 PolG; **Bay:** Art. 13 I Nr. 2 lit a), Nr. 3 PAG; **Berl:** § 21 II Nrn. 1 lit. a), 3, 4 ASOG; **Bbg:** § 12 I Nrn. 2, 3 PolG (i.V.m § 23 Nr. 1 lit. b) OBG); **Brem:** § 27 I Nrn. 2, 4 PolG; **Hbg:** § 13 I Nrn. 2–4, II PolDVG; **Hess:** § 18 II Nrn. 1 lit. a), 3, 4, 6 HSOG; **MV:** § 29 I Nrn. 1 lit. a), 2, 4 SOG; **Nds:** § 13 I Nrn. 2, 3 NPOG; **NW:** § 12 I Nrn. 2, 3 PolG (i.V.m. § 24 Nr. 4 OBG); **RP:** § 10 I Nrn. 1 lit. a), 2 POG; **Saar:** § 9 I Nrn. 2, 3 SPolG; **Sachs:** § 15 I Nrn. 2, 3 PVDG; **LSA:** § 20 II Nrn. 1, 3, 4 SOG; **SH:** § 181 I 2 Nrn. 1 – 3 LVwG; **Thür:** § 14 I Nrn. 2 lit.a), 3 PAG.

51 *OVG Münster*, NVwZ 2018, 1497 (1501). Mit Regelungen über gefährliche Orte setzte sich das Gericht nicht auseinander, weil die Bundespolizei nach § 23 II BPolG nur im Notstandsfall über eine entsprechende Befugnis verfügt.

D. Das Gefahrenvorfeld

Fall 27: Im Rahmen einer allgemeinen Verkehrskontrolle an einer Autobahnausfahrt wird A angehalten. Die Polizei kontrolliert Führerschein und Fahrzeugschein und durchsucht anschließend das Fahrzeug des A. Dabei werden, versteckt in einem eigens dafür präparierten Hohlraum hinter dem Armaturenbrett, mehrere Päckchen Kokain aufgefunden. **(Rn. 145; Fall 42 [Rn. 280])** 141

Fall 28: Im Rahmen von Ermittlungen gegen eine mittlerweile verbotene militant-islamistische Organisation fiel den Sicherheitsbehörden der 27-jährige M auf. Er unterhält enge Kontakte zu ehemals führenden Mitgliedern dieser Organisation, von denen einer wegen der Planung eines terroristischen Anschlags aus Deutschland abgeschoben wurde. M nimmt an Treffen und Schulungen eines salafistischen Vereins teil, hört islamistische Kampflieder und nutzt Symbole des sogenannten „Islamischen Staats". In sozialen Netzwerken verherrlicht er terroristische Attentäter als „Märtyrer" und droht mehrfach an, eine Gewalttat mit Hilfe von Waffen zu begehen. M wird aufgrund dieser Erkenntnisse von der Polizei als „Gefährder" eingestuft, wenngleich ein konkreter Anschlagsplan nicht erkennbar ist. Zur weiteren Aufklärung wird der verdeckte Einsatz technischer Abhörmaßnahmen gegen M außerhalb seiner Wohnung erwogen.[52] **(Rn. 149, 151, 153, 155 f.)**

Gefahrenabwehrrechtliche Befugnisnormen weichen zunehmend von dem System des „klassischen" Polizeirechts (Rn. 85) ab und ermöglichen Eingriffsmaßnahmen unterhalb der Schwelle der konkreten Gefahr. Das (besondere) Ordnungrecht verfügt beispielsweise mit Anmelde- und Genehmigungspflichten oder Überwachungsbefugnissen, die lediglich an bestimmte risikobehaftete Tätigkeiten oder Umstände anknüpfen, über gefahrunabhängige Instrumentarien der Sicherheitsgewährleistung. Im Polizeirecht sind insbesondere Regelungen über die Informationserhebung weithin unabhängig von der Eingriffsschwelle der Gefahr, sofern diese nicht durch das Grundgesetz (etwa Art. 13 IV GG) oder seine Auslegung (wie in **Fall 22**) vorausgesetzt wird. 142

Das lässt sich zum einen dadurch erklären, dass insbesondere die Entwicklung des Grundrechts auf informationelle Selbstbestimmung den Vorbehalt des Gesetzes (Rn. 267 ff.) auch für polizeiliche Aufklärungstätigkeiten aktiviert hat, die in früheren Zeiten nicht als regelungsbedürftig angesehen worden sind. Deshalb sind zum anderen die „klassischen" polizeilichen Befugnisse, insbesondere die polizeiliche Generalklausel primär auf Maßnahmen (etwa Ge- oder Verbote) zugeschnitten, die zum Zweck der Gefahrenabwehr einen absehbar schadensträchtigen Kausalverlauf unterbrechen. Doch „Gefahrenabwehr setzt Gefahraufklärung voraus"[53]. Der Bewertung von Umständen als „gefährlich" geht notwendigerweise die Ermittlung dieser Umstände voraus, die deshalb bereits im Vorfeld der Gefahr zulässig sein muss. 143

Dieses Gefahrenvorfeld ist prinzipiell grenzenlos. Eingriffsmaßnahmen hingegen werden durch die jeweils betroffenen Grundrechte und den Grundsatz der Verhältnismäßigkeit begrenzt. Deshalb ist es eine seit langem virulente Frage, welche Eingriffsschwellen im Vorfeld von Gefahren für welche Grundrechtseingriffe noch angemessen sind. Die Entwicklung ist im Fluss, doch gibt es Ansätze für eine Strukturierung unterschiedlicher „Stufen" des Gefahrenvorfelds,[54] deren Gemeinsamkeit nur darin besteht, dass sie einen 144

52 In Anlehnung an BVerwGE 158, 225.
53 *Gusy*, Rn. 186.
54 *Poscher*, DV 2008, 345 (356 ff.); *Ogorek*, JZ 2019, 63 ff.; *Wehr*, in: Gusy/Kugelmann/Würtenberger, Rechtshandbuch Zivile Sicherheit, 2017, Kap. 21 Rn. 11 ff.; *ders.*, Jura 2019, 940, 943 ff.

mehr oder weniger bestimmten prognostischen Bezug zu Gefahren für die öffentliche Sicherheit und Ordnung haben. Systematisch ist dabei zu beachten, dass die allgemeinen Adressatennormen (dazu Rn. 158 ff.), weil sie jeweils (mindestens) eine konkrete Gefahr voraussetzen, auf Vorfeldtatbestände nicht anwendbar sind.

I. Allgemeine Verdachts- oder Bedrohungslagen

145 Die gewissermaßen unterste Stufe der Eingriffsschwellen kann als allgemeine Verdachts- oder Bedrohungslage umschrieben werden. Sie zeichnet sich dadurch aus, dass nur relativ vage Anhaltspunkte dafür bestehen, dass eine Gefahr für polizeiliche Schutzgüter be- oder entstehen kann, die sich aber weder auf bestimmte Orte noch auf bestimmte Personen fokussieren lässt. Polizeiliche Maßnahmen können sich deshalb potentiell überall gegen jeden richten. Sie sind in dem Sinne „anlasslos", als der von ihr Betroffene keine Veranlassung für ein polizeiliches Einschreiten gegeben haben muss. Dementsprechend sind grundsätzlich nur wenig eingriffsintensive Maßnahmen möglich. Ein Beispiel für eine solche Lage ist in **Fall 22** beschrieben. Da nicht die gesetzlich vorausgesetzte konkrete Gefahr vorlag, war die Rasterfahndung rechtswidrig (Rn. 102 ff.). Verkehrskontrollen wie in **Fall 27** liegen ebenfalls solche allgemeinen Verdachtslagen zugrunde. § 36 V 1 StVO scheint allerdings nur die Zwecke zu bezeichnen, denen das Anhalten dient, nicht auch die tatsächlichen Voraussetzungen, unter denen die Kontrolle durchgeführt werden darf. Das ist – da unter der Geltung des Vorbehalts des Gesetzes nicht schon der Zweck die Mittel heiligt – grundsätzlich keine verfassungsmäßig tragfähige Grundlage für Eingriffe, weil dadurch polizeiliches Handeln weder vorhersehbar noch kontrollierbar ist. Tatsächlich aber knüpft die Norm zur vorbeugenden Gewährleistung der Sicherheit des Straßenverkehrs an die Verkehrsteilnahme und damit an ein generell risikobehaftetes Verhalten an, was derartige Verkehrskontrollen rechtfertigt.[55] So betrachtet liegt ein Kontrollanlass durchaus vor. Gerechtfertigt – und von § 36 V StVO gedeckt – sind aber nur polizeiliche Maßnahmen, die auf den Zweck der Verkehrssicherheit ausgerichtet sind. Deshalb können in **Fall 27** lediglich die Führerschein- und Fahrzeugscheinkontrolle auf § 36 V StVO gestützt werden. Für die Durchsuchung des Fahrzeugs bedarf es anderer Rechtsgrundlagen (Rn. 291).

II. Gefahrdisposition

146 Mit „Gefahrdisposition" wird der Umstand beschrieben, dass ein Ort, eine Sache oder eine Person aufgrund ihrer immanenten Eigenschaften die Neigung erkennen lässt, unter bestimmten Umständen eine Gefahr zu ermöglichen, darzustellen oder zu verursachen. Der Begriff umschreibt ein **Gefahrenpotential**, das sich noch nicht zur konkreten Gefahr verdichtet haben muss.[56] Ein Beispiel hierfür ist T in **Fall 21**, der aufgrund seiner Persönlichkeitsstörung rückfallgefährdet ist. Da jedoch nicht prognostizierbar ist, ob, wann, wo und wie sich diese Neigung zu Sexual- und Gewaltdelikten verwirklicht, liegt noch keine konkrete Gefahr vor (Rn. 101).

---

55 Vgl. BVerfGE 150, 244 (281 f, Rn. 93 f.).

56 Zu dieser Eingriffsschwelle insbesondere *Darnstädt*, Gefahrenabwehr und Gefahrenvorsorge, 1983, S. 70 ff.; *Bäcker*, Kriminalpräventionsrecht, 2015, S. 205 ff.; vgl. auch *Ogorek*, JZ 2019, 63 (65, 67).

Dispositionstatbestände werden vielfach für Befugnisse zur Verhütung von Straftaten verwendet und setzen in der Regel **Tatsachen** voraus, **die die Annahme rechtfertigen, dass Straftaten begangen werden**. So basieren die Befugnisse zur Identitätsfeststellung an „gefährlichen" und gefährdeten Orten[57] in der Regel auf der Erkenntnis über eine erhöhte Kriminalitätsbelastung bestimmter Örtlichkeiten. Sofern die Tatbestände nicht nur auf eine entsprechende polizeiliche Erfahrung und damit die **abstrakte Gefährlichkeit** dieser Orte abstellen, sondern darüber hinaus weitere Tatsachen fordern, beschreiben sie die ortsbezogene Disposition, Schauplatz von Straftaten zu werden. Präventive erkennungsdienstliche Maßnahmen,[58] soweit sie der Verhütung von Straftaten dienen, wie in **Fall 2** (Rn. 3) gegenüber A, knüpfen an die Disposition des Betroffenen an, erneut Straftaten zu begehen. 147

Das Problem bei personenbezogenen Dispositionstatbeständen ist stets, **welche Tatsachen** die Annahme rechtfertigen können, eine Person werde irgendwann irgendeine Straftat begehen. Weil im Unterschied zum Gefahrverdacht (Rn. 134) noch kein schädigendes Ereignis absehbar sein muss, kann die potenzielle Bedeutung einzelner Umstände durch eine hohe Ambivalenz geprägt sein. „Die Indizien oder einzelne beobachtete Tätigkeiten können in harmlosen, strafrechtlich unerheblichen Zusammenhängen verbleiben; sie können aber auch der Beginn eines Vorgangs sein, der zur Straftat führt."[59] Das **Risiko einer Fehlprognose** ist umso höher, je weniger Anforderungen das Gesetz stellt. Die soeben (Rn. 147) erwähnten Befugnisse zu erkennungsdienstlichen Maßnahmen enthalten indes weitere Konkretisierungen: Sie setzen einen Tatverdacht voraus und binden die Prognose der Wiederholungsgefahr vielfach an die Art und Ausführung der (Vor-)Tat, zuweilen auch an die Persönlichkeit des Betroffenen. 148

Soweit das nicht der Fall ist, stellt sich die Frage, ob die jeweiligen Ermächtigungen hinreichend bestimmt sind. Das betrifft etwa die Rechtsgrundlagen für die geplante Abhörmaßnahme gegen M in **Fall 28**, die einen schwerwiegenden Grundrechtseingriff darstellt. Da eine konkrete Anschlagsplanung nicht erkennbar ist, lässt sich der zu einem möglichen Schaden führende Kausalverlauf nicht mit der hinreichenden Wahrscheinlichkeit vorhersehen, die für die Annahme einer konkreten Gefahr erforderlich wäre (Rn. 100). Doch der Einsatz **besonderer Mittel der Datenerhebung** außerhalb von Wohnungen, zu denen auch das Abhören und Aufzeichnen des nicht öffentlich gesprochenen Wortes gehört, wird ganz überwiegend auch unterhalb der Gefahrenschwelle zugelassen.[60] Manche Polizeigesetze ermöglichen ihn (noch) unter der Voraussetzung, dass Tatsachen oder tatsächliche Anhaltspunkte die Annahme rechtfertigen, eine Person werde Straftaten (von erheblicher Bedeutung) begehen.[61] Das *BVerfG* hat allerdings eine ebenso formulierte Befugnis in § 20g I 1 Nr. 2 BKAG a.F. als verfassungswidrig verworfen, da die Prognoseanforderungen „nicht hinreichend gehaltvoll ausgestaltet" seien, die Norm „den Behörden und Gerichten keine hinreichend bestimmten Kriterien an die Hand" gebe und Maßnahmen eröffne, „die unverhältnismäßig weit sein können".[62] Einige Gesetzgeber haben daraufhin die Befugnisnormen entsprechend konkretisiert. 149

Ausnahme TH

57 Normen o. Fn. 50.

58 Normen o. Rn. 20 Fn. 25.

59 BVerfGE 113, 348 (377); ähnlich BVerfGE 110, 33 (59).

60 Ausnahme: **Thür:** § 34 I PAG beschränkt die Befugnis auf die Abwehr konkreter Gefahren für bestimmte bedeutende Rechtsgüter.

61 Mit z.T. abweichenden Formulierungen **Berl:** § 25 I 1 ASOG; **Bbg:** § 33 I Nr. 2 PolG; **MV:** § 33 II 1, 2 SOG; **NW:** § 17 I Nr. 2 PolG; **LSA:** § 17 II 1, III Nr. 1 SOG; **SH:** § 185 II LVwG.

62 BVerfGE 141, 220, 291 Rn. 165.

III. Die „drohende Gefahr"

150 In diesem Kontext ist die Eingriffsschwelle der „drohenden Gefahr" zu betrachten.[63] *Cum grano salis* mag man sie als Kompromiss auffassen zwischen einerseits dem Befund, dass Dispositionstatbestände jedenfalls für schwerwiegende Grundrechtseingriffe zu unbestimmt und damit unverhältnismäßig sind, andererseits der Notwendigkeit, einen wirksamen Rechtsgüterschutz durch Aufklärung im Gefahrenvorfeld (Rn. 143) zu ermöglichen. Das *BVerfG* hat das in seiner neueren Rechtsprechung mit der Wendung zum Ausdruck gebracht, dass der Gesetzgeber das Ziel der Straftatenverhütung verfolgen dürfe, „indem er die Anforderungen an die **Vorhersehbarkeit des Kausalverlaufs** reduziert". Gleichwohl müssen danach die Eingriffsgrundlagen „eine **hinreichend konkretisierte Gefahr** in dem Sinne verlangen, dass zumindest tatsächliche Anhaltpunkte für die Entstehung einer konkreten Gefahr für die Schutzgüter bestehen". Lässt sich „der zum Schaden führende Kausalverlauf noch nicht mit hinreichender Wahrscheinlichkeit vorhersehen", müssen die „Tatsachen auf eine im Einzelfall **drohende Gefahr** für ein überragend wichtiges Rechtsgut hinweisen".[64]

151 Hieraus leitet sich die Bezeichnung der Eingriffsschwelle als „drohende Gefahr" ab. Das Merkmal „drohend" bezeichnet nicht eine Qualifikation einer bestehenden konkreten Gefahr (o. Rn. 107), sondern bringt zum Ausdruck, dass eine (noch nicht bestehende) Gefahr erst noch zu entstehen „droht". Als Gesetzesbegriff wird die drohende Gefahr nur in Bayern verwendet und legaldefiniert.[65] Sachlich haben die vom *BVerfG* formulierten Maßstäbe aber auch in die Polizeigesetze einiger anderer Bundesländer und in das BKAG Einzug gehalten. Das gilt z.B. auch für die Befugnis zum Einsatz besonderer Mittel der Datenerhebung **(Fall 28)**.[66]

1. Zwei Varianten der „drohenden Gefahr"

152 Wann eine Gefahr in diesem Sinne „droht" wird vom *BVerfG* in zwei Varianten exemplifiziert. Die **erste Variante** stellt – im Vergleich zu Dispositionstatbeständen – eine deutliche Präzisierung der Prognoseanforderungen dar. Danach muss die drohende Gefahr aufgrund von Tatsachen festgestellt werden, die „zum einen den Schluss auf ein **wenigstens seiner Art nach konkretisiertes** und **zeitlich absehbares Geschehen** zulassen, zum anderen darauf, dass **bestimmte Personen** beteiligt sein werden, über deren Identität zumindest so viel bekannt ist, dass die Überwachungsmaßnahme gezielt gegen sie eingesetzt und weitgehend auf sie beschränkt werden kann".[67] Im Zusammenhang mit der Verhütung von Straftaten müssen die Tatsachen also nicht nur die Annahme rechtfertigen, dass überhaupt und irgendwann Straftaten begangen werden. Das Geschehen muss „seiner Art nach" und zeitlich absehbar sein, was ggf. bedeuten soll, dass mindestens die Art eines geplanten Delikts (z.B. Raub, Körperverletzung, Tötungsdelikt) und Grundzüge des *modus operandi* (z.B. Verwendung von Stich- oder Schusswaffen, Sprengstoff) absehbar sein müssen, wenngleich unklar bleiben kann, an welchem Ort sich die Tat gegen welche Person richten wird. Zudem muss die Beteiligung mindestens einer Person

63 Zur Einordnung vgl. *Ogorek*, JZ 2019, 63 (67 ff.); *Wehr*, Jura 2019, 940 (943 ff.).
64 Alle Zitate nach BVerfGE 141, 220 (272, Rn. 112) (Hervorhebung nur hier).
65 **Bay:** Art. 11a I PAG.
66 **Bay:** Art. 36 II i.V.m. Art. 11a I PAG; **Hess:** § 15 II Nr. 2, 3 HSOG; **Nds:** § 34 I Nr. 2, 3 NPOG; **RP:** § 34 I Nr. 2, 3 POG; **Sachs:** § 63 II PVDG; vgl. auch § 45 I Nr. 2, 3 BKAG.
67 BVerfGE 120, 374 (328 f.); 125, 260 (330 f.); 141, 220 (272, Rn. 212) (Hervorhebungen nur hier).

erkennbar sein, wobei die Art der Beteiligung offen bleibt – der mögliche Täter oder Gehilfe kann es ebenso sein wie eine Kontakt- oder Begleitperson, deren Überwachung Erkenntnisse über das künftige Geschehen zutage fördern kann.

Solcherart umschriebene Tatsachen könnten in **Fall 21** vorliegen. Die Disposition des T ist aufgrund seiner Persönlichkeitsstörung auf Sexualdelikte eingrenzbar, der *modus operandi* kann unter Umständen aus seinen Vortaten abgeleitet werden. Der Zeitpunkt einer möglichen Tat ist zwar nicht absehbar, doch dürfte es genügen, dass sie jederzeit erfolgen kann. – Hingegen liegt nach diesen Maßstäben in **Fall 28** keine drohende Gefahr vor. Auch unter Berücksichtigung seiner Drohungen, eine Gewalttat mit Waffen zu begehen, bleibt im Dunkeln, ob und welche Tat er u.U. mit seinen Drohungen im Sinn hat. **153**

Die **zweite Variante** der drohenden Gefahr war ursprünglich auf ein spezifisches Kriminalitätsfeld bezogen: „In Bezug auf **terroristische Straftaten**, die oft durch lang geplante Taten von bisher nicht straffällig gewordenen Einzelnen an nicht vorhersehbaren Orten und in ganz verschiedener Weise verübt werden, können Überwachungsmaßnahmen auch dann erlaubt werden, wenn zwar noch nicht ein seiner Art nach konkretisiertes und zeitlich absehbares Geschehen erkennbar ist, jedoch das **individuelle Verhalten** einer Person die **konkrete Wahrscheinlichkeit** begründet, dass sie solche Straftaten in **überschaubarer Zukunft** begehen wird.“[68] Inzwischen hat das *BVerfG* den Anwendungsbereich deutlich erweitert und – unabhängig von dem Deliktsfeld, dem *moduls operandi* präsumtiver Täter und der Art polizeilicher Maßnahmen – allgemein auf **Eingriffe zum Schutz herausgehobener Rechtsgüter** erstreckt.[69] Diese zweite Variante ist insofern ein Novum in der Dogmatik des Polizeirechts, als die anzustellende Prognose nicht auf ein bestimmtes Schadensereignis, sondern ganz auf die künftige Täterschaft einer bestimmten Person bezogen ist. „Gesucht ist nicht ein Schaden, sondern ein Störer“.[70] Die zitierte Umschreibung der „drohenden Gefahr“ ist freilich **hochgradig unbestimmt**. Das *BVerfG* nennt als Beispiel eine Person, die „aus einem Ausbildungslager für Terroristen im Ausland in die Bundesrepublik Deutschland einreist“.[71] Das nähert sich der abstrakten Gefahr an, weil der Besuch solcher Ausbildungslager – wie man unterstellen darf – wohl typischerweise mit dem Ziel erfolgt, die erworbenen Kenntnisse in die Tat umzusetzen. Für die „konkrete Wahrscheinlichkeit“ dürfte die aus dem Gefahrenbegriff bekannte „je-desto-Formel“ (Rn. 92) gelten, die aber bei der Befürchtung besonders schwerwiegender Schäden nicht besonders hoch anzusetzen ist. Doch anders als bei der konkreten Gefahr fehlt hier das Korrektiv des zu konkretisierenden Schadensverlaufs und -ereignisses (Rn. 100, 105), wodurch die Prognoseanforderungen gering bleiben werden.[72] **154**

Eine Präzisierung dieser unbestimmten Begrifflichkeiten könnte aus der Rechtsprechung des *BVerwG* zur Abschiebungsanordnung nach § 58a AufenthG abzuleiten sein, die sich auch auf die zitierte Rechtsprechung des *BVerfG* stützt und mit dem **Fall 28** zugrundeliegenden Sachverhalt ihren Anfang genommen hat.[73] Diese Parallelisierung[74] ist nicht fernliegend, weil – trotz unterschiedlicher tatbestandlicher Ausgestaltung – die Abschiebungsanordnung denselben terroristischen Bedrohungslagen begegnen soll, für die auch **155**

68 BVerfGE 141, 220 (272, Rn. 212) (Hervorhebungen nur hier).
69 BVerfGE 155, 119 (188, Rn. 149).
70 *Darnstädt*, DVBl. 2017, 88 (93): „Personenbezogener Gefahrbegriff“.
71 BVerfGE 141, 220 (272 Rn. 212).
72 Dazu *Wehr*, Jura 2019, 940 (947 f.).
73 BVerwGE 158, 225 (237 f., Rn. 21 ff.); ferner z.B. *BVerwG*, NVwZ 2017, 1798
74 Vgl. *Enders*, DÖV 2019, 205 (209); *BGH*, GSZ 2022, 32 (36 f., Rn. 55 ff.).

die zweite Variante der drohenden Gefahr ursprünglich formuliert wurde. Das *BVerwG* setzte den Maßstab der **umfassenden Würdigung der Persönlichkeit** des Betroffenen, seines Verhaltens, der nach außen erkennbaren inneren Einstellung, seiner Verbindung zu anderen Personen oder Gruppierungen sowie sonstiger aussagekräftiger Umstände. Aufgrund der erkennbaren ideologischen Radikalisierung des M, seiner Kontakte zu terroristischen Kreisen, der geäußerten Gewaltverherrlichung und Gewaltbereitschaft erkannte das BVerwG ein **beachtliches Risiko** dafür, dass die von M ausgehende Bedrohungssituation sich jederzeit aktualisieren und in eine konkrete terroristische Gefahr und/oder eine dem gleichzustellende Gefahr für die innere Sicherheit der Bundesrepublik umschlagen kann. – Die Schwierigkeit bei der Übertragung dieser Maßstäbe auf andere Befugnisse als die Abschiebungsanordnung kann freilich darin liegen, dass sich das *BVerwG* bei seiner umfassenden Würdigung auf Erkenntnisse stützte, die u.U. erst aus denjenigen Überwachungsmaßnahmen gewonnen werden konnten, für welche eine „drohende Gefahr" bereits vorausgesetzt wird.

2. Befugnisse bei „drohender Gefahr"

156 Soweit in den Polizeigesetzen (bereits) die Rechtsprechung des *BVerfG* zur „drohenden Gefahr" rezipiert wurde, lehnen sich die tatbestandlichen Fassungen der jeweiligen Befugnisnormen[75] eng an dessen Formulierungen an. Überwiegend werden nach dem Vorbild des neuen BKAG Informationseingriffe wie in **Fall 28**[76], aber auch etwa „Online-Durchsuchung"[77], Telekommunikationsüberwachung[78] und elektronische Aufenthaltsüberwachung („elektronische Fußfessel")[79] geregelt. Teilweise gehen Gesetze aber darüber hinaus und ermöglichen unter denselben Voraussetzungen auch Maßnahmen, die nicht der Aufklärung, sondern bereits der Unterbindung von Kausalverläufen dienen – wie etwa Aufenthalts- und Kontaktverbotsanordnungen[80] und Meldeauflagen[81] – die herkömmlicherweise an die Eingriffsschwelle der konkreten Gefahr gebunden sind (**vgl. Rn. 143**).

157 Deutlich weiter ist der bayerische Gesetzgeber gegangen,[82] der neben speziellen Befugnissen eine **polizeiliche Generalklausel für Vorfeldmaßnahmen** (Art. 11a I BayPAG) unter der Voraussetzung der drohenden Gefahr geschaffen hat. Sie ermächtigt zu allen „notwendigen Maßnahmen", um den Sachverhalt aufzuklären und die Entstehung einer Gefahr für ein bedeutsames Rechtsgut zu verhindern. Damit werden nicht nur **generell verlaufsunterbrechende Maßnahmen** im Gefahrenvorfeld gestattet, sondern zudem die

75 Zu Kritik an und Problemen der tatbestandlichen Ausformungen *Wehr*, Jura 2019, 940 (949 f.) m.w.N.

76 Normen o. Fn. 66.

77 **Hess:** § 15 c II 2 i.V.m. § 15 II 1 Nr. 2 u. 3 HSOG; **MV:** §§ 33c I 2, 67a I SOG; **Nds:** § 33d I 2 NPOG; **RP:** § 39 I 3 POG; vgl. auch § 49 I 2 BKAG.

78 **BW:** § 54 I Nr. 2 u. 3 PolG; **Berl:** § 25a I Nr. 2, 3 ASOG; **Hess:** § 15a I 2 Nr. 4 i.V.m. § 15 II 1 Nr. 2 u. 3 HSOG; **Nds:** § 33 I Nr. 2 u. 3 NPOG; **NW:** § 20c I Nr. 2 PolG; **Sachs:** § 66 I Nr. 2 u. 3 PVDG; **SH:** § 185a I 2 LVwG; vgl. auch § 51 I Nr. 2 u. 3 BKAG.

79 **BW:** § 32 I Nr. 1 u. 2 PolG; **Hess:** § 31a I Nr. 1 u. 2 HSOG; **MV:** § 67a I Nr. 1 u. 2 SOG; **Nds:** § 17c I NPOG; **NW:** 34c I Nr. 1 u. 2 PolG; **Sachs:** § 61 I PVDG; **SH:** § 201b I Nr. 1 u. 2 LVwG; vgl. auch § 56 I BKAG.

80 **BW:** § 31 I PolG; **Bbg:** § 28c PolG; **Hess:** § 31a I Nr. 1 u. 2 HSOG; **MV:** § 67b I Nr. 1 u. 2 SOG; **Nds:** § 17b I 1 NPOG; **NW:** § 34b I Nr. 1 u. 2 PolG; **Sachs:** § 21 I, II PVDG; **LSA:** § 36a I Nr. 1 u. 2 SOG; **SH:** § 201 IV Nr. 1 u. 2 LVwG; vgl. auch § 55 I BKAG.

81 **MV:** § 52b I 2 i.V.m. § 67a I SOG; **Nds:** § 16a I NPOG; **Sachs:** § 20 I 1 PVDG.

82 Zur juristischen Bewertung der ursprünglichen Fassung vgl. nur *Löffelmann*, BayVBl. 2018, 145 ff. einerseits, *Möstl*, BayVBl. 2018, 156 ff. andererseits.

oben (Rn. 154) vorgestellte zweite Variante der drohenden Gefahr aus dem Kontext der Terrorismusbekämpfung gelöst, für die sie ursprünglich konzipiert wurde.

§ 4 Verantwortlichkeit und polizeilicher Notstand (Pflichtigkeit)

A. Grundgedanke und Funktion der Adressatennormen

Die Gewährleistung der öffentlichen Sicherheit und Ordnung ist eine staatliche Aufgabe, die grundsätzlich mit den personellen, sachlichen und finanziellen Mitteln des Staates zu erfüllen ist. Die Bürger werden über die Erhebung von Steuern an der Erfüllung dieser Aufgabe beteiligt. Die Heranziehung Privater für die Gefahrenabwehr im Einzelfall oder die dabei entstandenen Kosten bedarf deshalb einer besonderen Rechtfertigung. Vor dem Hintergrund des allgemeinen Gleichheitssatzes muss begründet werden, warum ein Einzelner einen besonderen Beitrag zur Erfüllung einer staatlichen Aufgabe leisten soll. Bei der Gefahrenabwehr geschieht dies durch die **Zurechnung der Gefahr zu einer Person kraft Verantwortlichkeit**: Wer die Verantwortung für eine Gefahr trägt, hat die tatsächlichen oder finanziellen Lasten ihrer Abwehr zu tragen. Man spricht insoweit auch von **Polizeipflicht**, wobei „Polizei" im materiellen Sinne (Rn. 4) gemeint ist („Gefahrenabwehrpflicht"). 158

I. Selbstverantwortung und Sachverantwortung

Das Gefahrenabwehrrecht kennt zwei allgemeine Arten von Zurechnungsgründen, die nach Gefahrenquellen unterscheiden. Die Verhaltensverantwortlichkeit[1] geht von dem Grundgedanken aus, dass jeder für die Folgen des eigenen gefahrverursachenden Tuns einzustehen hat **(Selbstverantwortung)**. Die Verantwortung für fremdes Verhalten ist auf Fälle beschränkt, in denen eine Aufsichtspflicht oder ein Weisungsrecht gegenüber dem Verhaltensverantwortlichen besteht **(Zusatzverantwortlichkeit)**.[2] Die Zustandsverantwortlichkeit[3] folgt der rechtlichen oder tatsächlichen Sachherrschaft über eine gefahrschaffende Sache **(Sachverantwortung)**. 159

Kein Zurechnungsgrund hingegen ist alleine die Fähigkeit, eine Gefahr abzuwehren. Wer über sie verfügt, ohne dass ein Zurechnungsgrund vorliegt, kann zwar unter strengen Voraussetzungen **als Nichtverantwortlicher** in Anspruch genommen werden (Rn. 237); 160

1 **BW:** § 6 I PolG; **Bay:** Art. 7 I PAG; Art. 9 I 1 LStVG; **Berl:** § 13 I ASOG; **Bbg:** § 5 I PolG, § 16 I OBG; **Brem:** § 5 I PolG; **Hbg:** § 8 I SOG; **Hess:** § 6 I HSOG; **MV:** § 69 I SOG; **Nds:** § 6 I NPOG; **NW:** § 4 I PolG, § 17 I OBG; **RP:** § 4 I POG; **Saar:** § 4 I SPolG; **Sachs:** § 6 I PVDG; § 14 I PBG; **LSA:** § 7 I SOG; **SH:** § 218 I LVwG; **Thür:** § 7 I PAG, § 10 I OBG.

2 **BW:** § 6 II, III PolG; **Bay:** Art. 7 II, III PAG; Art. 9 I 2–4 LStVG; **Berl:** § 13 II, III ASOG; **Bbg:** § 5 II, III PolG, § 16 II, III OBG; **Brem:** § 5 II, III PolG; **Hbg:** § 8 II, III SOG; **Hess:** § 6 II, III HSOG; **MV:** § 69 II, III SOG; **Nds:** § 6 II, III NPOG; **NW:** § 4 II, III PolG, § 17 II, III OBG; **RP:** § 4 II, III POG; **Saar:** § 4 II, III SPolG; **Sachs:** § 6 II, III PVDG; § 14 II, III PBG; **LSA:** § 7 II, III SOG; **SH:** § 218 II, III LVwG; **Thür:** § 7 II, III PAG, § 10 II, III OBG.

3 **BW:** § 7 PolG; **Bay:** Art. 8 I, II 1 PAG; Art. 9 II LStVG; **Berl:** § 14 I, III ASOG; **Bbg:** § 6 I, II PolG, § 17 I, II OBG; **Brem:** § 6 I, II PolG; **Hbg:** § 9 I SOG; **Hess:** § 7 I, II HSOG; **MV:** § 70 I, II SOG; **Nds:** § 7 I, II NPOG; **NW:** § 5 I, II PolG, § 18 I, II OBG; **RP:** § 5 I, II POG; **Saar:** § 5 I, II SPolG; **Sachs:** § 7 I, II PVDG; § 15 I, II PBG; **LSA:** § 8 I, II SOG; **SH:** § 219 I, II LVwG; **Thür:** § 8 I, II PAG, § 11 I, II OBG.

er erbringt aber ein **Sonderopfer**, das u.U. finanziell auszugleichen ist.[4] Umgekehrt entfällt die Verantwortlichkeit nicht durch die subjektive Unmöglichkeit der Gefahrenabwehr. Wer außerstande ist, eine Gefahr abzuwehren, die ihm zugerechnet werden kann, kann zum Ersatz der Kosten der Gefahrenabwehr herangezogen werden. Die Verantwortlichkeit aktualisiert sich somit in der **faktischen und/oder finanziellen Last** der Gefahrenabwehr.

II. Tatbestandliche Ergänzung von Eingriffsbefugnissen

161 Die allgemeinen gefahrenabwehrrechtlichen Regelungen der Verantwortlichkeit und der Inanspruchnahme Nichtverantwortlicher sind **als Adressatenbestimmungen** formuliert: Sie regeln, gegen welche Personen Maßnahmen ergriffen werden können, ermächtigen aber nicht selbst zu diesen Maßnahmen. Vielmehr **ergänzen sie lediglich den Tatbestand** derjenigen Befugnisnormen, die nur die sachlichen Voraussetzungen von Eingriffsmaßnahmen bestimmen, ohne zu präzisieren, **in wessen Rechte** eingegriffen werden darf.[5] Das ist insbesondere bei der gefahrenabwehrrechtlichen Generalklausel der Fall; aber auch manche spezielle Befugnisnorm ist hinsichtlich der Adressierung des Eingriffs unvollständig. Beispielsweise kann ein Platzverweis zur Abwehr einer Gefahr gegen „eine Person"[6] ausgesprochen werden,[7] die erst durch die allgemeinen Adressatennormen präzisiert wird.[8]

162 Diese Ergänzungsfunktion besitzen die Adressatennormen nicht nur für Eingriffsermächtigungen, die in den allgemeinen Polizei- und Ordnungsgesetzen niedergelegt sind. Vielmehr finden sie auf spezialgesetzliche geregelte Befugnisse zur Gefahrenabwehr ebenso Anwendung, sofern darin keine besonderen Bestimmungen der Adressierung von Maßnahmen enthalten sind.

163 Mitunter sind aber die Adressaten der Maßnahmen in den Befugnisnormen selbst abschließend genannt, so dass ein Rückgriff auf die allgemeinen Adressatenbestimmungen ausscheidet.[9] Das gilt zumal für diejenigen Vorschriften, die der **Gefahrerforschung** dienen oder zum Handeln bereits im **Vorfeld der Entstehung konkreter Gefahren** ermächtigen. Sie wären naturgemäß nicht handhabbar, wenn sie die Kenntnis eines Verantwortlichen für eine noch nicht hinreichend bekannte oder noch gar nicht entstandene Gefahr voraussetzen würden. So kann beispielsweise eine Person befragt werden, wenn anzunehmen ist, dass sie sachdienliche Angaben machen kann, die für die Erfüllung einer

4 **BW:** § 100 I PolG; **Bay:** Art. 87 I PAG; Art. 11 LStVG; **Berl:** § 59 I Nr. 1 ASOG; **Bbg:** § 70 PolG (i.V.m.) § 38 I lit.a) OBG; **Brem:** § 117 I 1 PolG; **Hbg:** § 10 III 1 SOG; **Hess:** § 64 I 1 HSOG; **MV:** § 72 I SOG; **Nds:** § 80 I 1 NPOG; **NW:** § 67 PolG (i.V.m.) § 39 I lit. a) OBG; **RP:** § 87 I 1 POG; **Saar:** § 68 I 1 SPolG; **Sachs:** § 47 I Nr. 1 PVDG; § 41 I Nr. 1 PBG; **LSA:** § 69 I 1 SOG; **SH:** § 221 I LVwG; **Thür:** § 68 I 1 PAG (i.V.m.) § 52 OBG.

5 Nach a.A. begrenzen die Adressatennormen das Ermessen, ergänzen damit also die *Rechtsfolge* der Befugnisnormen, *Schoch*, JuS 1994, 849 (850); zur Relativität der Einordnung in Tatbestand oder Rechtsfolge vgl. unten Rn. 450.

6 Weitergehend **Brem:** § 11 I 1 PolG; **Nds:** § 17 I 1 NPOG, die eigene Adressatenregelungen („jede Person") enthalten, welche von den Beschränkungen der allgemeinen Bestimmungen befreien.

7 Normen o. Rn. 47 Fn. 14.

8 A.A. *Kingreen/Poscher*, POR, § 15 Rn. 16.

9 Ausdrücklich **Bay:** Art. 7 IV, 8 IV, 10 III PAG; **Berl:** §§ 13 IV, 14 V, 16 IV ASOG; **Bbg:** §§ 5 IV, 6 IV, 7 III PolG; §§ 16 IV, 17 IV, 18 III OBG; **Brem:** § 8 PolG; **MV:** § 68 SOG; **Nds:** § 9 NPOG; **NW:** §§ 4 IV, 5 IV, 6 III PolG; §§ 17 IV, 18 IV, 19 III OBG; **SH:** § 217 LVwG; **Thür:** §§ 7 IV, 8 IV, 10 III PAG; §§ 10 IV, 11 IV, 13 III OBG.

205.✓

bestimmten Aufgabe erforderlich sind.[10] Der Adressatenkreis des Auskunftsverlangens ist damit abschließend bereits in der Befugnisnorm geregelt, die allgemeinen Regelungen kommen deshalb nicht zur Anwendung.

III. Verantwortlichkeit und „materielle Polizeipflicht"

Fall 29: Während eines Gewitters wird der mit Altmetall beladene, aber ordnungsgemäß gesicherte Lastzug des L auf offener Straße von einem Blitz getroffen, stürzt um und verliert seine Ladung. F, dem Fahrer des nachfolgenden PKW gelingt es wegen überhöhter Geschwindigkeit nicht, rechtzeitig zu bremsen oder auszuweichen. Bei dem Zusammenprall mit dem LKW wird F bewußtlos und schwer verletzt. An seinem Wagen entsteht Totalschaden. Die Polizei lässt das Wrack und die verlorene Ladung von der Fahrbahn räumen und fordert Ersatz der daraus entstandenen Kosten. **(Rn. 167 f., 203, 206)** 164

Sehr umstritten ist, ob die Regelungen über die Verantwortlichkeit sich in der Benennung von Zurechnungsgründen und der Ergänzung „imperfekter" Eingriffsnormen erschöpfen oder ob sie darüber hinaus Ausdruck **„materieller Polizeipflichten"** sind.[11] Damit wird die Vorstellung verbunden, es bestünden auch ohne und bereits vor der behördlichen Inanspruchnahme Rechtspflichten des Verantwortlichen zur Vermeidung bzw. zur Abwendung der Gefahr. In Abgrenzung zur durch Verwaltungsakt konkretisierten Verpflichtung spricht man auch von **„abstrakten"** (= gesetzlichen) **Polizeipflichten.** 165

Der **Vorteil dieser Sichtweise** besteht zum einen darin, dass die Rechtfertigung der Heranziehung des Verantwortlichen keine Schwierigkeiten bereitet: Er wird in Anspruch genommen, weil er seine „materielle Polizeipflicht" nicht erfüllt hat, also pflichtwidrig entweder das Entstehen der Gefahr nicht verhindert oder ihre Abwehr unterlassen hat. Zum anderen lässt sich bei einer Mehrheit von Verantwortlichen eine „interne" Kostenausgleichspflicht zwischen den Verantwortlichen leichter begründen: Weil jeder bereits kraft Gesetzes verpflichtet ist, liegt ein **gesamtschuldähnliches Verhältnis** vor, aus dem analog § 426 BGB demjenigen ein anteiliger Ausgleichsanspruch gegen die übrigen Verantwortlichen erwächst, gegen den die Behörde Maßnahmen ergriffen hat. Und schließlich bildet die Annahme materieller Polizeipflichten eine notwendige (keinesfalls aber hinreichende) Bedingung dafür, dass der **Rechtsnachfolger eines Verantwortlichen** auch dann für die Gefahrenabwehr bzw. ihre Kosten einzustehen hat, wenn gegen den Rechtsvorgänger noch keine Verfügung ergangen war (Rn. 222 ff.).[12] 166

Dennoch bestehen Bedenken gegen dieses Verständnis der Verantwortlichkeit als Rechtspflicht. Bereits die Bestimmung dessen, **wozu die materielle Polizeipflicht verpflichtet**, bereitet Probleme. Nach der herkömmlichen Formulierung soll jeder verpflichtet sein, sein Verhalten und den Zustand seiner Sachen so einzurichten, dass daraus keine Gefahren für die öffentliche Sicherheit oder Ordnung entstehen **(Nichtstörungspflicht)**.[13] Eine so umfängliche, im Grunde alle Lebensbereiche einschließende Verpflichtung ist allerdings einerseits wegen der Vielzahl spezieller Verhaltensnormen verzichtbar, andererseits aber 167

10 **BW:** § 43 I 1 PolG; **Bay:** Art. 12 PAG; **Berl:** § 18 III ASOG; **Bbg:** § 11 I PolG; **Brem:** § 31 I PolG; **Hbg:** § 12 I PolDVG; **Hess:** § 12 I HSOG; **MV:** § 28 I SOG; **Nds:** § 12 I NPOG; **NW:** § 9 I PolG; **RP:** § 9a I POG; **Saar:** § 11 I SPolG; **Sachs:** § 13 I PVDG; **LSA:** § 14 I SOG; **SH:** § 180 I LVwG; **Thür:** § 13 I PAG.

11 Eingehend dazu *Wehr*, Rechtspflichten, S. 275 ff. m.w.N.

12 Vgl. BVerwGE 125, 325 (330 f.).

13 *Schenke*, Rn. 299; *Schoch*, Rn. 171 (anders aber Rn. 218).

zu weitgehend: In **Fall 29** hat F die Gefahr, die von seinem Autowrack für die übrigen Verkehrsteilnehmer ausgeht, durch den Verstoß gegen straßenverkehrsrechtliche Vorschriften (§ 3 StVO) verursacht. Das spezielle Verbot der Überschreitung der zulässigen Geschwindigkeit muss nicht durch eine allgemeine materielle Polizeipflicht „verdoppelt" werden. L hingegen ist es wohl objektiv unmöglich, den Blitzeinschlag und damit die Entstehung der Gefahrenlage zu verhindern. Eine entsprechende Nichtstörungspflicht kann deshalb nach dem Grundsatz **ultra posse nemo obligatur** nicht bestehen. Konsequenterweise müsste deshalb auch die Verantwortlichkeit entfallen, was aber ausweislich der Regelungen zur Zustandsverantwortlichkeit[14] gerade nicht der Fall ist.

168 Alternativ dazu wird die materielle Polizeipflicht auch als **Gefahrenabwehr- und Störungsbeseitigungspflicht** verstanden, die erst mit der Entstehung der Gefahrenlage begründet wird.[15] Diese Version ist eng an die polizeiliche Generalklausel angelehnt, begegnet aber grundsätzlich ähnlichen Bedenken wie die allgemeine Nichtstörungspflicht. So greift in **Fall 29** bezüglich des bewusstlosen F wiederum der Einwand der Unmöglichkeit. Er bleibt aber als Verursacher verantwortlich und kann für die Kosten, die der Polizei bei der Beseitigung seines Kfz entstanden sind, in Regress genommen werden.[16]

169 Der Haupteinwand gegen die Annahme einer kraft Gesetzes bestehenden materiellen Polizeipflicht aber sind die Gefahrenabwehrgesetze selbst, die weder in den Befugnisnormen noch in den Adressatenbestimmungen **als Rechtsfolge** eine unmittelbare **Verpflichtung der Verantwortlichen** vorsehen.[17] Vielmehr ermächtigen sie die Gefahrenabwehrbehörden lediglich, nach pflichtgemäßem Ermessen über „Ob" und „Wie" einer Inanspruchnahme zu entscheiden. Darin unterscheiden sie sich z.T. von besonderen Gefahrenabwehrgesetzen, die generalklauselartig bereichsspezifische Pflichten explizit normieren.[18] Eine Gleichsetzung von gesetzlicher Pflicht und bloßer Verpflichtbarkeit ist rechtlich keinesfalls geboten;[19] anderenfalls müsste auch für den Nichtverantwortlichen, soweit er in Anspruch genommen werden kann, eine materielle Polizeipflicht anzunehmen sein.

B. Die Verhaltensverantwortlichkeit

170 **Fall 30:** A verkauft seinen PKW, unterlässt aber die nach § 13 IV FZV gebotene Meldung der Veräußerung an die Zulassungsbehörde. Der Erwerber stellt den PKW im absoluten Halteverbot ab. Das Fahrzeug wird abgeschleppt, weil es die Sicherheit und Leichtigkeit des Straßenverkehrs gefährdet. Die Behörde verlangt von A Ersatz der Abschleppkosten, da der Erwerber unbekannt und nicht auffindbar ist.[20] **(Rn. 175)**

---

14 Normen o. Fn. 3.

15 Z.B. *Martensen*, DVBl. 1996, 286 (288).

16 Unmittelbare Ausführung: **BW:** § 8 II 1 PolG; **Bay:** Art. 9 II 1 PAG; **Berl:** § 15 II 1 ASOG; **Hbg:** § 7 III 1 SOG; **Hess:** § 8 II 1 HSOG; **MV:** §§ 70a S. 1, 114 III SOG; **RP:** § 6 II 1 POG; **Sachs:** § 8 II PVDG; § 16 II PBG; **LSA:** § 9 II 1 SOG; **Thür:** § 9 II 1 PAG; – Sofortvollzug: **Bbg:** §§ 53 II, 55 I PolG; **Brem:** §§ 100 I PolG, 11 II, 15 I BremVwVG; **Nds:** §§ 64 II Nr. 1, 66 I NPOG; **NW:** §§ 50 II, 52 I PolG; **Saar:** §§ 44 II, 46 I 2 SPolG; **SH:** §§ 230 I 1, 238 I LVwG.

17 *Kingreen/Poscher*, POR, § 9 Rn. 4.

18 Z.B. § 4 III BBodSchG, §§ 5, 22 BImSchG.

19 So aber *OVG Lüneburg*, NJW 1998, 97, 98 mit dem erstaunlichen Satz „Wenn der Störer nicht schon kraft jener Regelung zu deren Beachtung und zur Beseitigung der Störung verpflichtet wäre, wäre auch die Ordnungsbehörde nicht befugt, ihn hierfür in Anspruch zu nehmen".

20 *VGH Mannheim*, NZV 1996, 511; *OVG Bautzen*, NJW 1997, 2253; *VGH Kassel*, NJW 1999, 3650; *OVG Hamburg*, NJW 2000, 2600.

Fall 31: Vermieter V erhebt wegen erheblicher Mietrückstände seines Mieters M erfolgreich Räumungsklage. Um die drohende Obdachlosigkeit abzuwenden, beschlagnahmt die Ordnungsbehörde mangels anderer kurzfristiger Alternativen die bisher gemietete Wohnung und weist M noch vor der Vollstreckung des Räumungsurteils dorthin ein. **(Rn. 180, 242, 245, 250, 534, Fall 65 [Rn. 604], 612)**

Der Zurechnungsgrund, der die Verhaltensverantwortlichkeit begründet, ist die **Verursachung der Gefahr** durch ein Tun oder Unterlassen.[21] Die Bestimmung der Kriterien, welche den Begriff der Verursachung inhaltlich auffüllen, ist wegen der Funktion der Adressatennormen als Regeln gerechter Lastenverteilung nicht unproblematisch, aber in wesentlichen Aspekten geklärt. Unstrittig ist zunächst, dass die **Verursachung** der Gefahr **weder Vorsatz noch Fahrlässigkeit** voraussetzt. Ferner besteht Einigkeit darüber, welche Faktoren **nicht hinreichend oder nicht tauglich** für die Bestimmung der Verhaltensverantwortlichkeit sind: 171

Eine Deutung des Verursachungsbegriffs im Sinne der **Äquivalenztheorie** scheidet aus, weil es zu einer allzu ausgreifenden und damit unverhältnismäßigen Überwälzung der Lasten auf den Einzelnen führen würde, wenn auch die entferntesten Kausalbeiträge für die Entstehung einer Gefahr die Verantwortlichkeit begründen könnten. Allerdings wird angenommen, dass die Kausalität eines Verhaltens im Sinne der **„conditio sine qua non"**-Formel ihrerseits eine notwendige, aber nicht hinreichende Bedingung der Verantwortlichkeit ist. 172

Ebenso wenig kann nach der **Adäquanztheorie** die Verursachung auf die nach der Lebenserfahrung zu erwartenden Folgen begrenzt werden. Das wird herkömmlich mit der Erwägung begründet, dass das Gefahrenabwehrrecht auch auf untypische Geschehensabläufe reagieren können muss. Das ist zwar richtig, hat aber mit der Verantwortlichkeit nichts zu tun. Die Effektivität der Gefahrenabwehr hängt nicht davon ab, dass ein Einzelner für die Gefahr verantwortlich gemacht werden kann. Dennoch ist die Adäquanztheorie ungeeignet, weil sie nicht in der Lage ist, gesetzliche Risikozuweisungen außerhalb der Gefahrenabwehrgesetze zu berücksichtigen. 173

I. Rechtswidrige Verursachung

Nach der Theorie der rechtswidrigen Verursachung knüpft die Verantwortlichkeit an die Rechtswidrigkeit des Verhaltens an, das zur Entstehung der Gefahr geführt hat.[22] Der Vorteil dieser Theorie liegt darin, dass sie auf die Rechtsordnung als objektiv verfügbaren Verhaltensmaßstab verweist und nur unerlaubtes Verhalten als Zurechnungsgrund anerkennt. Das kann natürlich nur solche Gefahren erfassen, deren Verhinderung die verletzte Verhaltensnorm dient **(Schutzzweck der Norm)**. Die Rechtswidrigkeit eines Verhaltens rechtfertigt nicht die Verantwortung für beliebige Folgen, die mit dem Normverstoß nichts zu tun haben. 174

In **Fall 30** hat A unstreitig seiner Meldepflicht nach § 13 IV FZV nicht genügt, die Meldung also rechtswidrig unterlassen. Der *VGH Mannheim* hat daraus die Folgerung gezogen, dass A als Verhaltensstörer für die Kosten der Abschleppmaßnahme in Anspruch 175

21 Normen o. Fn. 1.
22 *Wehr*, Rechtspflichten, S. 286 ff. m.w.N.; vgl. auch *Kingreen/Poscher*, POR, § 9 Rn. 21.

genommen werden durfte.[23] Die Meldepflicht diene der Aktualisierung der Fahrzeug- und Halterdaten zur lückenlosen Kontrolle der zugelassenen Kraftfahrzeuge. A habe durch das Unterlassen der Meldung vereitelt, dass der Erwerber, der das Fahrzeug ordnungswidrig abgestellt hat, ermittelt werden konnte. Deshalb habe sich eben jene Gefahr realisiert, der die Meldepflicht begegnen wolle. – Dabei handelt es sich um einen offensichtlichen Fehlschluss. Denn der PKW war nicht abgeschleppt worden, um den Halter zu ermitteln, sondern um eine Gefahr für Sicherheit und Leichtigkeit des Straßenverkehrs zu beseitigen. Vor dieser Gefahr aber kann und soll auch die Erfüllung der Meldepflicht nicht schützen. Eine rechtswidrige Verursachung durch A scheidet deshalb aus.[24] Hingegen hat der Erwerber durch Verstoß gegen die StVO die Gefahr rechtswidrig verursacht. Solange er aber nicht ermittelt werden kann, trägt die Behörde die Abschleppkosten selbst.

176 Die Theorie der rechtswidrigen Verursachung vermittelt wichtige Einsichten hinsichtlich der Verteilung von Verantwortlichkeiten im Staat-Bürger-Verhältnis. Die Abgrenzung von „Rechtssphären" und Verantwortlichkeitsbereichen im Verhältnis der Bürger untereinander und zur Allgemeinheit ist in der parlamentarischen Demokratie in erster Linie Sache des Gesetzgebers. Dessen Wertungen und Entscheidungen sind deshalb bei der Verhaltensverantwortlichkeit primär zugrunde zu legen. Die h.M. stimmt denn auch mit wesentlichen der durch die Rechtswidrigkeitslehre begründeten Positionen überein,[25] erachtet sie jedoch nicht als ausreichend (Rn. 182).

II. Unmittelbare Verursachung

177 ➔ Nach der vorherrschenden **Theorie der unmittelbaren Verursachung ist verhaltensverantwortlich, wer** durch sein Verhalten **die polizeiliche Gefahrenschwelle überschreitet** und dadurch die hinreichende **Wahrscheinlichkeit des Schadenseintritts** begründet oder erhöht.

178 Der Terminus „Unmittelbarkeit" ist ein **Wertungsbegriff**, der durch Zurechnungskriterien ausgefüllt werden muss.[26] Unmittelbare Verursachung ist anzunehmen, wenn zwischen dem Verhalten einer Person und einer Gefahr ein hinreichend enger Wirkungs- und Verantwortungszusammenhang besteht, der die Pflichtigkeit zu rechtfertigen vermag.

1. Rechtswidrigkeit und Rechtsausübung

179 Dabei ist die **Rechtswidrigkeit eines Verhaltens** in jedem Fall **hinreichend**, um die Verantwortlichkeit für die (im Rahmen des Schutzzwecks der Norm, Rn. 174) dadurch hervorgerufenen Gefahren zu begründen. Umgekehrt scheidet, ebenfalls im Sinne der Rechtswidrigkeitslehre, eine Verantwortlichkeit aus, wenn eine Gefahr als **Folge der Wahrnehmung eines Rechts** entsteht.

180 Ein typisches Beispiel hierfür ist **Fall 31**: V hat mit der Kündigung des Mietvertrags und der Erhebung der Räumungsklage zweifellos eine Ursache für die drohende Obdachlo-

23 *VGH Mannheim*, NZV 1996, 511 (512) (zu § 27 III StVZO a.F.).

24 Zutreffend *OVG Bautzen*, NJW 1997, 2253 (2254); *VGH Kassel*, NJW 1999, 3650 (3651); *OVG Hamburg*, NJW 2000, 2600 (2601) (jeweils zu § 27 III StVZO a.F.).

25 *Schoch*, Rn. 179 ff.; *Schenke*, Rn. 314 f.; vgl. auch *Gusy*, Rn. 338, 339.

26 Darin liegt eine Parallele zu Zurechnungsfragen im Staatshaftungsrecht, vgl. unten Rn. 620 sowie *Uerpmann-Wittzack*, Rn. 408 ff.

sigkeit des M gesetzt. Damit aber sind dessen Rechtsgüter Eigentum, Gesundheit und ggf. Leben konkret gefährdet. Nähme man deshalb an, dass V im gefahrenabwehrrechtlichen Sinne hierfür verantwortlich ist, könnte er zur Abwehr dieser Gefahr **auf eigene Kosten** in Anspruch genommen werden. Das aber stünde in unauflöslichem Konflikt zur Privatrechtsordnung, welche die Rechte zum Schutz des Mieters einerseits, des Eigentümers andererseits sehr viel differenzierter regelt. Zudem setzte sich eine Einweisung des Mieters in seine bisherige Wohnung **auf Kosten des Vermieters** in Widerspruch zum zivilgerichtlichen Räumungsurteil, das die **Zumutbarkeit einer vertragswidrig unentgeltlichen Wohnnutzung** verneint hat. Da V lediglich ein ihm von der Rechtsordnung verliehenes Recht wahrgenommen hat, scheidet eine Vehaltensverantwortlichkeit für die drohende Obdachlosigkeit aus.

Daraus erhellt auch, dass Unmittelbarkeit **nicht rein zeitlich im Sinne der letzten Ursache** innerhalb eines Kausalverlaufs verstanden werden kann, wenngleich vielfach erst diese die Gefahrenschwelle überschreiten mag. Denn damit kann die in der Gesamtrechtsordnung niedergelegte Verteilung von Rechten und Pflichten nicht hinreichend erfasst werden, können anderweitige normative Wertungen nicht in die Bestimmung der Verantwortlichkeit einfließen. **181**

2. Gründe für weitere Zurechnungskriterien

Dass die Theorie der rechtswidrigen Verursachung (Rn. 174) als nicht ausreichend angesehen wird, die Gefahrenzurechnung abschließend zu begründen, lässt sich z.B. erklären, indem man die **Verantwortlichkeit** zu den **Schutzgütern des Gefahrenabwehrrechts** (Rn. 33 ff.) **in Beziehung setzt**: Die Rechtswidrigkeit der Verursachung begründet eine Verhaltensverantwortlichkeit zunächst nur für Störungen der Rechtsordnung (Rn. 37 ff.) bzw. für Gefahren, die denjenigen Rechtsgütern drohen, deren Schutz die verletzten Rechtsnormen dienen. Die Gefährdung von (anderen) Schutzgütern, die **tatsächliche Folge nicht verbotenen Verhaltens** ist,[27] könnte hingegen nicht (als Verursachung) zugerechnet werden. Das betrifft nach herkömmlichem Verständnis Situationen, für die spezielle Verhaltensnormen fehlen, worunter z.B. die Gefährdung (nur[28]) der öffentlichen Ordnung (Rn. 68 ff.), aber auch die sog. Zweckveranlassung (Rn. 185 ff.) fällt. Außerdem wäre die **Zurechnung von Anscheinsgefahren** (Rn. 196 ff.) lediglich in den Fällen möglich, in denen die Irreführung der Gefahrenabwehrbehörden gesetzlich untersagt ist (z.B. nach § 145d I Nr. 2 StGB). **182**

Der Begriff der Unmittelbarkeit ist hinreichend unbestimmt und somit flexibel, um auch derartige Fallgestaltungen zu bewältigen. Bei ihnen geht es indes nicht um Fragen der Effektivität der Gefahrenabwehr, die insbesondere wegen der Möglichkeit, auch Nichtverantwortliche in die Pflicht zu nehmen (Rn. 237 ff.), nicht davon abhängt, dass ein Gefahrenverantwortlicher ermittelt werden kann, sondern um die Lastenverteilung zwischen Staat und Bürger. Die Unmittelbarkeitslehre ist so betrachtet weniger „bürgerfreundlich". Umso wichtiger ist es, die „wertende Zurechnung" einer Gefahr an ergänzende Kriterien zu binden. Das kann insbesondere am Beispiel des Zweckveranlassers erörtert werden. **183**

27 Oder außerhalb des Schutzzwecks einer verletzten Norm liegt.
28 Zum eingeschränkten eigenständigen Anwendungsbereich vgl. oben Rn. 72.

3. Der Zweckveranlasser

184 **Fall 32:** V ist gewerblicher Veranstalter eines Auto- und Trödelmarktes in der Stadt M, der regelmäßig auf einem privaten Grundstück des V stattfindet. Polizeiliche Ermittlungen haben ergeben, dass auf dem Markt auch gestohlene Waren zum Kauf angeboten wurden. Ferner trugen manche der Besucher Waffen bei sich, ohne im Besitz eines Waffenscheins zu sein. Schließlich stieg an den Markttagen in der unmittelbaren Umgebung die Zahl der Ladendiebstähle an, was z.T. auf Besucher des Marktes zurückgeführt werden konnte. Die Ordnungsbehörde untersagt deshalb dem V, den Markt weiterhin zu veranstalten. Zwar seien ihm selbst keinerlei Straftaten anzulasten. Jedoch habe sich der Markt zu einem Schwerpunkt der Kriminalität entwickelt, wofür V die Voraussetzungen schaffe.[29] **(Rn. 191 ff., 246, 301)**

185 Da es für die Verantwortlichkeit nicht auf den zeitlich letzten Kausalbeitrag ankommt (Rn. 181), kann nach verbreiteter Auffassung eine Gefahr auch durch ein Verhalten „unmittelbar" verursacht werden, das für sich genommen neutral ist, aber Dritte veranlasst, die Gefahr herbeizuführen. Keine Einigkeit besteht allerdings darüber, welche Gesichtspunkte aus der gefahrenabwehrrechtlich irrelevanten **bloßen Veranlassung** eine verantwortlichkeitsbegründende **Zweckveranlassung** machen:

186 Die **subjektive Theorie** stellt darauf ab, ob die Entstehung der Gefahr **subjektiv bezweckt oder** zumindest **billigend in Kauf genommen** wurde.[30] Nach der **objektiven Theorie** kommt es darauf an, ob sich die Gefahr aus Sicht eines unbeteiligten Dritten als **typische Folge der Veranlassung** darstellt.[31] Zuweilen werden beide Theorien als gleichwertige Begründungsaspekte angesehen, die alternativ zur Anwendung kommen sollen.[32]

187 Die grundsätzliche Problematik liegt darin, dass der **Zweckveranlasser** für eine Gefahr haftet, die erst **durch eigenverantwortliches Handeln Dritter** zur Entstehung gelangt. Anders als die Zusatzverantwortlichkeit (Rn. 159) knüpft die Zweckveranlassung nicht an fremdes, sondern an eigenes Verhalten des Pflichtigen an, das aber isoliert betrachtet gerade ungefährlich und nicht verboten ist. Dementsprechend wird die Rechtsfigur des Zweckveranlassers teilweise ganz abgelehnt.[33]

188 Jedenfalls sollte die Zweckveranlassung **eher restriktiv gehandhabt** werden, weil anderenfalls die **Rechtsposition des Pflichtigen** vorschnell übergangen zu werden droht. Deshalb sind erhöhte Anforderungen an die Zuweisung der Verantwortlichkeit zu stellen, damit die Unmittelbarkeit der Verursachung sachgerecht eingegrenzt werden kann. Dies kann durch **zwei aufeinander bezogene Kontrollüberlegungen** konkretisiert werden, die mit den Stichworten **Risikoerhöhung** und **Verbietbarkeit** skizziert werden:

189 Zum einen ist die Frage zu stellen, ob überhaupt ein und welches Verhalten eine **relevante Erhöhung des Risikos** beinhaltet, dass Gefahren der in Rede stehenden Art zur Entstehung gelangen. Damit wird die Verantwortlichkeit auf diejenigen Gefahren beschränkt, die gewissermaßen in dem Verhalten bereits angelegt sind, sich aber erst durch das Hinzutreten weiterer Umstände aktualisieren. Umgekehrt können solche Gefahren

29 Nach *OVG Magdeburg*, B. v. 24.4.2006 (2 M 174/06) – juris. Weitere Fallgestaltungen mit ausführlicher Diskussion bei *Schoch*, Jura 2009, 360 ff.

30 *Knemeyer*, Rn. 328.

31 *Schoch*, Rn. 190.

32 *Schenke*, Rn. 317; *Erbguth/Mann/Schubert*, Rn. 497; *VGH Mannheim*, DÖV 1996, 83.

33 Z.B. *Kingreen/Poscher*, POR, § 9 Rn. 29 ff.; *Gusy*, Rn. 336; *Kugelmann*, 8. Kap., Rn. 45.

ausgeschieden werden, die nur anlässlich eines Verhaltens einer Person, aber ohne innere Verbindung zu diesem von Dritten hervorgerufen werden.

Zum anderen kann folgende Überlegung angestellt werden: Dem Verursacher einer Gefahr kann jedenfalls dem Grunde nach das gefahrverursachende Verhalten entschädigungslos untersagt werden. Dieses könnte deshalb auch Gegenstand einer Verbotsnorm sein und dann als rechtswidrige Verursachung eine Gefahrenzurechnung begründen. Das aber setzt die **Vereinbarkeit eines generellen Verbots mit dem Grundrecht** voraus, in dessen Schutzbereich die in Rede stehende Tätigkeit fällt. Es muss im Hinblick auf das geschützte Rechtsgut also jedenfalls verhältnismäßig sein. Umgekehrt formuliert: Ein Verhalten, das **nicht allgemein verboten** werden kann, ist im Einzelfall als Anknüpfungspunkt **für eine Gefahrenzurechnung ungeeignet**. **190**

In **Fall 32** hat die Ordnungsbehörde eine sehr weitreichende Verantwortlichkeit des Marktveranstalters angenommen. Nach den soeben angestellten Überlegungen ist die Zurechnung **für jede der Gefahren gesondert** zu untersuchen. Dass ein Markt mit einem attraktiven Angebot eine Vielzahl von Besuchern anlockt, vermag nicht die Zurechnung jedes Fehlverhaltens an V zu rechtfertigen, das diese Besucher im zeitlichen und räumlichen Zusammenhang mit dem Marktbesuch an den Tag legen. Der Wirkungs- und Verantwortungszusammenhang ist jedenfalls auf diejenigen Gefahren begrenzt, die durch das Marktgeschehen **begünstigt** werden. Damit scheiden zunächst die Ladendiebstähle in der Umgebung als Anknüpfungspunkte aus. Der Anstieg der registrierten Delikte an Markttagen kann dem V nicht zugerechnet werden, weil sie keinen inneren Bezug zu seinem Verhalten aufweisen. **191**

Nicht anders kann im Ergebnis bezüglich der Verstöße gegen das Waffenrecht geurteilt werden. Insoweit dürfte bereits die Kausalität der Veranstaltung für die Rechtsverletzung ausscheiden, solange keine Gründe dafür ersichtlich sind, dass Besucher die Waffen gerade des Marktes wegen mit sich geführt haben. Vielmehr gibt die Tatsache, dass der Markt viele Besucher hat, der Polizei die Möglichkeit, solche Verstöße leichter aufzudecken. **192**

Im Hinblick auf die Hehlereidelikte mag insoweit freilich anders zu entscheiden sein. V bietet Händlern die Möglichkeit, ihre Waren abzusetzen. Da sich der Verkauf von Diebesgut in der Regel nicht erkennbar von dem Verkauf anderer Ware unterscheidet, kann er gewissermaßen im Schutz des legalen Handels erfolgen. Es handelt sich deshalb um eine **„markttypische" Gefahr**. Das Risiko der Hehlerei wird somit, wenn auch ungewollt, durch das Betreiben des Marktes erhöht. Das aber vermag alleine noch nicht die Annahme einer Zweckveranlassung zu begründen, da V sich vorderhand auf das Grundrecht des Art. 12 I GG berufen kann. Hier setzt die **zweite Kontrollfrage** nach der **Verbietbarkeit** desjenigen Verhaltens an, an das die Gefahrenzurechnung anknüpft. Soweit alleine auf das Betreiben des Marktes abgestellt wird, ist zu berücksichtigen, dass ein generelles Verbot solcher Veranstaltungen **jeden derartigen Markt** treffen würde. Das aber stellte auch in Abwägung mit dem Eigentum als geschütztem Rechtsgut eine unverhältnismäßige Beschränkung der Gewerbefreiheit dar, zumal dadurch die Hehlerei auch nicht unterbunden, sondern allenfalls erschwert wird. **193**

Das OVG Magdeburg hat in **Fall 32** im Ergebnis ebenfalls eine Verantwortlichkeit des V verneint, eine andere Bewertung aber für den Fall befürwortet, dass „gegenüber vergleichbaren Märkten eine signifikante Erhöhung von Vergehen dieser Art [zu verzeichnen ist], die den Schluss zuließe, dass Dritte den Markt zu einem beachtlichen Anteil zum **194**

Zweck der (Weiter-)Veräußerung von Hehlerware nutzen".[34] Mit dieser Erwägung aber wird die Zweckveranlassung nicht mehr vom Verhalten des V, sondern **ausschließlich von dem dritter Personen** abhängig gemacht. Das **Ausmaß der Gefahr** begründet keine Verantwortlichkeit. Es ist aber im Rahmen der **Ermessensausübung** über „Ob" und „Wie" der Gefahrenabwehr zu berücksichtigen. Ein Verbot des Marktes kann gegenüber V jedenfalls nur unter den besonderen Voraussetzungen für die Inanspruchnahme Nichtverantwortlicher ausgesprochen werden.

4. Die Anscheinsverantwortlichkeit

195 **Fall 33:** Passant P alarmiert die Polizei, nachdem er einen mit vier Männern besetzten PKW beobachtet hat, von denen einer gefesselt und mit verbundenen Augen auf dem Rücksitz saß. Drei Streifenwagen nehmen die Verfolgung der mutmaßlichen Entführer auf und stellen sie. Dabei wird offenbar, dass keineswegs eine Straftat verübt worden war: Um den Weg zu seinem „Junggesellenabschied" vor dem Bräutigam geheim zu halten, hatten ihm seine Freunde die Augen verbunden. Die angelegten Handfesseln sollten ihn symbolisch auf die Ehe vorbereiten.[35] **(Rn. 198, 585)**

196 Im Zusammenhang mit dem Gefahrenbegriff wurde bereits darauf hingewiesen (Rn. 124), dass dessen „Subjektivierung" auch Folgerungen für die Verantwortlichkeit bedingt, weil „Gefahr" in den Adressatenbestimmungen nicht anders ausgelegt werden kann als in den Befugnisnormen. Deshalb soll jedenfalls für die Gefahrenabwehrmaßnahme auch die Verantwortlichkeit aus der „ex-ante-" bzw. „ex-situatione-Sicht"[36] der handelnden Behörde bestimmt werden. Auf diese Weise können nicht nur tatsächliche, sondern auch Anscheinsgefahren zugerechnet werden. Dies ist der häufigste Anwendungsfall der **Anscheinsverantwortlichkeit**.

197 Für die Verhaltensverantwortlichkeit ist in Fällen der Anscheinsgefahr zu beachten, dass sich die unmittelbare **Verursachung auf die scheinbare Gefahr, nicht auf den Anschein einer Gefahr beziehen** muss.[37] Beispielsweise wird in **Fall 23** (Rn. 115) der Anschein eines Einbruchs mit dem Betrieb einer Zeitschaltuhr durch B erweckt. Er ist deshalb aber nicht Anscheinsverantwortlicher.[38] Aus Sicht der handelnden Polizeibeamten wurde die vermeintlich abzuwendende Gefahr für das Eigentum des B nicht von diesem, sondern von dem vermuteten Einbrecher verursacht.

198 Da aus Sicht der Behörde die tatsächliche von der Anscheinsgefahr nicht zu unterscheiden ist, bemisst sich die Gefahrenzurechnung in beiden Fällen nach gleichen Kriterien. Solange man diese Perspektive beibehält, ergeben sich denn auch keine besonderen Probleme aus der unvermeidbaren, aber irrtümlichen Annahme einer tatsächlich nicht bestehenden Gefahr. In **Fall 33** liegt **auf der Grundlage der** der Polizei **verfügbaren Informationen** eine Gefahr für Freiheit, u.U. auch Leib und Leben des gefesselten Mannes vor, die durch die weiteren Insassen des PKW rechtswidrig verursacht wurde. Deren Verantwortlichkeit für die Gefahr steht denn auch außer Frage. Bezieht man allerdings die nachträglich erlangte Kenntnis von der wahren Sachlage mit ein, so drohte weder ein

34 *OVG Magdeburg*, B. v. 24.4.2006 (2 M 174/06) Rn. 8 – juris.
35 Süddeutsche Zeitung Nr. 202 vom 3.9.2007.
36 Zum Problem oben Rn. 94, 118.
37 *Kingreen/Poscher*, POR, § 9 Rn. 23.
38 Anders *Kugelmann*, 12. Kap., Rn. 19; *VG Berlin*, NJW 1991, 2854; dazu noch unten Rn. 597 f.

Schaden für ein Rechtsgut, noch lag ein rechtswidriges Verhalten der handelnden Personen vor. Das aber ist eine Konsequenz aus der Behandlung der Anscheinsgefahr als Gefahr im Rechtssinne. Da diese nur im Hinblick auf die Effektivität der Gefahrenabwehr und damit nur für die Primärmaßnahme gerechtfertigt ist, soll nach h.M. zugunsten des vermeintlich Verantwortlichen auf der sekundären Ebene der Kosten ein Ausgleich gesucht werden.

C. Die Zustandsverantwortlichkeit

Einwirkung & Nutzung

Fall 34: Im Parkhaus des Flughafens von S, in dem in jüngster Zeit eine Reihe von Fahrzeugaufbrüchen und -diebstählen vorgekommen sind, wird eines Nachts ein PKW der Autovermietung X unverschlossen aufgefunden. Da alle Versuche, den Wagen abzuschließen, scheitern und das Büro der X nicht besetzt ist, ordnet die Polizei zum Schutz des Eigentums dessen Sicherstellung und anschließende Verwahrung auf dem polizeilichen Autohof an. Die Sicherstellungs- und Verwahrungskosten werden X in Rechnung gestellt. X hält dies für rechtswidrig.[39] **(Rn. 207, 211, 283, 338, 341, 583)** 199

Fall 35: Auf dem Gelände einer ehemaligen Chemiefabrik, die ihren Betrieb in den 1920er Jahren eingestellt hatte, wurde zur Linderung der Wohnungsnot nach dem 2. Weltkrieg eine Siedlung mit Mehrfamilienhäusern errichtet. Aktuelle Untersuchungen ergeben, dass der Boden mit einer hochtoxischen Mischung unterschiedlicher Chemikalien belastet ist, die teilweise bereits das Grundwasser erreicht hat. Auch können Gesundheitsgefahren für die Bewohner der Häuser festgestellt werden. Die zuständige Behörde ordnet deshalb gegenüber den Grundstückseigentümern die Sanierung des Grundstücks durch Abtragung und Entsorgung der obersten Bodenschicht an. Hiergegen wenden die Eigentümer, die das Eigentum überwiegend zwischen 1970 und 1980 erworben hatten, ein, dass sie durch die Kontamination des Bodens bereits genug gestraft seien. Die Kosten der Sanierung betrügen das Dreifache des Verkehrswerts der Grundstücke. Es stehe außer jedem Verhältnis, sie mit diesen Kosten zu belasten.[40] **(Rn. 206, 213, 215, 217)**

Geht eine Gefahr von einer Sache (oder einem Tier[41]) aus, greift die Zustandsverantwortlichkeit ein, die denjenigen trifft, der die **tatsächliche oder rechtliche Sachherrschaft** über die Sache besitzt. Zumeist wird in den Gefahrenabwehrgesetzen der **Inhaber der tatsächlichen Gewalt** über die Sache an erster, der **Eigentümer oder sonst (dinglich) Berechtigte** an zweiter Stelle genannt.[42] Teilweise ist die Reihenfolge umgedreht,[43] vereinzelt stehen rechtliche und tatsächliche Sachherrschaft gleichrangig nebeneinander.[44] 200

Für **herrenlose Sachen** ist nach diesen Regelungen **niemand verantwortlich**. Zumeist[45] wird allerdings die Verantwortlichkeit auf denjenigen erstreckt, der das Eigentum an der 201

39 Vgl. *VGH München*, NJW 2001, 1960.

40 Vgl. BVerfGE 102, 1.

41 Ausdrücklich erwähnt in **Bay:** Art. 9 II 1 LStVG; **Berl:** § 14 I ASOG; **Bbg:** §§ 6 I PolG, 17 I OBG; **Hess:** § 7 I HSOG; **Nds:** § 7 I NPOG; **NW:** § 5 I PolG, § 18 I OBG; **RP:** § 5 I POG; **Saar:** § 5 I SPolG; **Sachs:** § 7 I PVDG; § 15 I PBG; **LSA:** § 8 I SOG; **Thür:** § 8 I PAG, § 11 I OBG – im Übrigen sind auf Tiere auch ohne besondere Regelungen die für Sachen geltenden Vorschriften anwendbar (vgl. § 90a BGB).

42 **Bay:** Art. 8 I, II 1 PAG; Art. 9 II LStVG; **Berl:** § 14 I, III 1 ASOG; **Bbg:** § 6 I 1, II 1 PolG, § 17 I 1, II 1 OBG; **Brem:** § 6 I, II 1 PolG; **Hess:** § 7 I 1, II 1 HSOG; **Nds:** § 7 I 1, II 1 NPOG; **NW:** § 5 I 1, II 1 PolG, § 18 I 1, II 1 OBG; **RP:** § 5 I 1, II 1 POG; **Saar:** § 5 I 1, II 1 SPolG; **Sachs:** § 7 I, II PVDG; § 15 I, II PBG; **LSA:** § 8 I 1, II 1 SOG; **Thür:** § 8 I, II 1 PAG, § 11 I, II 1 OBG.

43 **Hbg:** § 9 I 1, 3 SOG; **MV:** § 70 I, II 1 SOG; **SH:** § 219 I, II 1 LVwG.

44 **BW:** § 7 PolG.

45 Regelungen fehlen in **BW** sowie in **Bay** für Sicherheitsbehörden nach dem LStVG.

Sache aufgegeben hat.[46] Dem liegt die Erwägung zugrunde, der Berechtigte, der bisher den Nutzen der Sache genießen konnte, dürfe entstehende Nachteile nicht auf die Allgemeinheit abwälzen. Diese Erwägung trifft aber nur zu, wenn von der Sache bereits bei Eigentumsaufgabe eine Gefahr ausgeht. Dann kann die Verantwortlichkeit nach Dereliktion aber eher als Sonderfall der Verhaltensverantwortlichkeit angesehen werden.[47] Zielt sie gar darauf ab, der Allgemeinheit die Lasten aufzubürden, kann sie u.U. nach § 138 I BGB nichtig sein,[48] so dass die Zustandsverantwortlichkeit aus dem Eigentum bestehen bleibt. Ob es jedoch darüber hinaus gerechtfertigt ist, die Verantwortlichkeit für eine von einer Sache ausgehenden Gefahr alleine an das frühere Eigentum oder dessen Aufgabe zu knüpfen, ist fraglich (Rn. 205).

I. Der Rechtsgrund der Zustandsverantwortlichkeit

202 Die Zustandsverantwortlichkeit beruht auf zwei einander ergänzenden rechtlichen Erwägungen, deren Verhältnis zueinander nicht immer ganz klar ist. Eine Begründung stützt sich auf die **Einwirkungsmöglichkeiten des Sachherrn** auf die gefährliche Sache, die besonders in der Anknüpfung an die Innehabung der tatsächlichen Gewalt deutlich wird; doch auch die Bindung der Verantwortlichkeit an das Eigentum lässt sich damit begründen, ist doch der Eigentümer in der Lage, rechtlich sowie in aller Regel auch tatsächlich auf die Sache einzuwirken. Dem entspricht es, dass dessen **Zustandsverantwortlichkeit entfällt**, wenn der Inhaber der tatsächlichen Gewalt diese gegen oder zumindest ohne Willen des Eigentümers ausübt.[49]

203 Das alleine vermag die Zurechnung von Sachgefahren aber nicht zu rechtfertigen, weil die rechtliche Verantwortlichkeit einerseits nicht durch die Möglichkeit der Gefahrenabwehr begründet wird (Rn. 160), andererseits nicht durch deren Unmöglichkeit entfällt (**Fall 29** [Rn. 164] mit Rn. 168).

204 Ergänzend ist deshalb auf die **tatsächliche bzw. rechtliche Nutzungsmöglichkeit** des Sachherrn abzustellen. Weil er hieraus besondere Vorteile ziehen kann, ist es gerechtfertigt, ihn zur Beseitigung von Gefahren, die von der Sache für die Allgemeinheit ausgehen, zu verpflichten.[50] Soweit die Zustandsverantwortlichkeit an ein Eigentumsrecht i.S.d. Art. 14 I GG anknüpft, aktualisiert sie die Sozialpflichtigkeit des Eigentums (Art. 14 II GG) als Kehrseite seiner Privatnützigkeit. Dieser **Zusammenhang zwischen Nutzen und Lasten** ist auch von Bedeutung, wenn es um die **angemessene Begrenzung der Zustandsverantwortlichkeit** geht.

205 Aus diesen Überlegungen resultieren auch die Bedenken gegen eine **generelle** Zustandsverantwortlichkeit des Derelinquenten (Rn. 201): Er hat weder eine besondere Einwir-

---

46 **Bay:** Art. 8 III PAG, **Berl:** § 14 IV ASOG; **Bbg:** § 6 III PolG, § 17 III OBG; **Brem:** § 6 III PolG; **Hbg:** § 9 I 2 SOG; **Hess:** § 7 III HSOG; **MV:** § 70 III SOG; **Nds:** § 7 III NPOG; **NW:** § 5 III PolG, § 18 III OBG; **RP:** § 5 III POG; **Saar:** § 5 III SPolG; **Sachs:** § 7 III PVDG; § 15 III PBG; **LSA:** § 8 III SOG; **SH:** § 219 III LVwG; **Thür:** § 8 III PAG, § 11 III OBG.

47 *Kingreen/Poscher*, POR, § 9 Rn. 37.

48 *BVerwG*, NVwZ 1997, 577.

49 **Bay:** Art. 8 II 2 PAG; Art. 9 II 2, 2. HS. LStVG; **Berl:** § 14 III 2 ASOG; **Bbg:** § 6 II 2 PolG; § 17 II 2 OBG; **Brem:** § 6 II 2 PolG; **Hbg:** § 9 II SOG; **Hess:** § 7 II 2 HSOG; **MV:** § 70 II 2 SOG; **Nds:** § 7 II 2 NPOG; **NW:** § 5 II 2 PolG; § 18 II 2 OBG; **RP:** § 5 II 2 POG; **Saar:** § 5 II 2 SPolG; **Sachs:** § 7 II 2 PVDG; § 15 II 2 PBG; **LSA:** § 8 II 2 SOG; **SH:** § 219 II 2 Nr. 1 LVwG; **Thür:** § 8 II 2 PAG; § 11 II 2 OBG – in **BW** fehlt eine entsprechende Regelung.

50 So BVerfGE 102, 1 (17 f.) zur Verantwortlichkeit des Eigentümers.

30S. √

kungsmöglichkeit auf die Sache, noch fließen ihm die Nutzungsvorteile zu, so dass er der Gefahr, die von der Sache ausgeht, nicht näher steht als die Allgemeinheit.

II. Die Sache als Gefahrenquelle

Die Zustandsverantwortlichkeit greift ein, wenn von einer Sache eine Gefahr „ausgeht".[51] Damit wird verdeutlicht, dass die Sache in einer bestimmten Beziehung zu der Gefahr stehen muss. Nicht jede Gefahr, die im Zusammenhang mit Sachen entsteht, begründet eine Zustandsverantwortlichkeit. So ist der Eigentümer eines Hauses nicht als solcher für Straftaten verantwortlich, die in dem Gebäude verübt oder vorbereitet werden. Vielmehr muss **die Sache selbst die Gefahrenquelle darstellen**. Dies kann an ihrer **Beschaffenheit** liegen, wie in **Fall 35** die Belastung des Grundstücks mit Giftstoffen illustriert. Die Gefahr kann aber auch durch die **Lage im Raum** hervorgerufen werden. So stellen in **Fall 29** (Rn. 164) das Autowrack und die LKW-Ladung schon deshalb eine Gefahr für die Sicherheit des Straßenverkehrs dar, weil sie ein verkehrsfremdes Hindernis auf der Fahrbahn bilden. 206

Problematisch kann unter diesem Aspekt die Rechtmäßigkeit des an X gerichteten Kostenbescheids in **Fall 34** sein. Die Sicherstellung zum Schutz des Eigentümers vor Verlust oder Beschädigung der Sache ist nach allen Gefahrenabwehrgesetzen möglich.[52] Die erforderliche (konkrete) Gefahr eines Diebstahls ist wegen der jüngst verzeichneten Delikte in dem Parkhaus zu bejahen. Das **ungeschriebene Tatbestandsmerkmal** bei vornehmlich privatnützigen Maßnahmen, dass diese dem **wirklichen oder mutmaßlichen Willen** des Eigentümers entsprechen müssen, wird in (zweifelhafter) Anlehnung an die zivilrechtliche Geschäftsführung ohne Auftrag danach bestimmt, ob sie dessen **objektivem Interesse entspricht**.[53] Das ist in Anbetracht des drohenden Sachverlusts sicherlich der Fall. Als Folge der Sicherstellung war der Wagen in Verwahrung zu nehmen.[54] 207

Nach Ansicht des BVerwG ist in einem derartigen Fall auch die Kostenbelastung des Eigentümers, dem die Sicherungsmaßnahme **objektiv nützlich** ist, gerechtfertigt.[55] Bemerkenswert daran ist, dass diese Beurteilung, die im Ergebnis auch dem – nicht anwendbaren – § 683 S. 1 BGB entspricht, ohne Bezug zu den polizeirechtlichen Kostentatbeständen getroffen wurde. Denn eine **Kostenpflicht des Berechtigten** für Sicherstellung bzw. Verwahrung einer Sache ist generell nur in BW und Sachs sowie in diesem besonderen Fall in Bbg vorgesehen.[56] 208

51 Anders formuliert, aber gleichsinnig **BW:** § 7 PolG; **Bay:** Art. 9 II 1 LStVG; **Hbg:** § 9 I 1 SOG; **MV:** § 70 I SOG; **SH:** § 219 I LVwG.

52 **BW:** § 37 I PolG; **Bay:** Art. 25 I Nr. 2 PAG; **Berl:** § 38 Nr. 2 ASOG; **Bbg:** § 25 I Nr. 2 PolG; **Brem:** § 21 Nr. 1 PolG; **Hbg:** § 14 I 1 lit. c) SOG; **Hess:** § 40 I Nr. 2 HSOG, **MV:** § 61 I 1 Nr. 3 SOG; **Nds:** § 26 Nr. 2 NPOG; **NW:** § 43 Nr. 2 PolG; **RP:** § 22 Nr. 2 POG; **Saar:** § 21 Nr. 2 SPolG; **Sachs:** § 31 I Nr. 2 PVDG; **LSA:** § 45 Nr. 2 SOG; **SH:** § 210 I Nr. 3 LVwG; **Thür:** § 27 Nr. 2 PAG.

53 *BVerwG*, NZV 2000, 514.

54 **BW:** §§ 37, 84 I Nr. 4 PolG i.V.m. § 3 I 1 DVO PolG; **Bay:** Art. 26 I 1 PAG; **Berl:** § 39 I 1 ASOG; **Bbg:** § 26 I 1 PolG; **Brem:** § 22 I 1 PolG; **Hbg:** § 14 III 1 SOG; **Hess:** § 41 I 1 HSOG, **MV:** § 62 V 1 SOG; **Nds:** § 27 I 1 NPOG; **NW:** § 44 I 1 PolG; **RP:** § 23 I 1 POG; **Saar:** § 22 I 1 SPolG; **Sachs:** § 32 I 1 PVDG; **LSA:** § 46 I 1 SOG; **SH:** § 211 V LVwG; **Thür:** § 28 I 1 PAG.

55 *BVerwG*, NZV 2000, 514.

56 **BW:** § 5 I Nr. 1 LGebG i.V.m. GebVerz IM; §§ 37, 130 I Nr. 4 PolG i.V.m. § 3 I 3 DVO PolG; **Bbg:** § 28 III 2 PolG; **Sachs:** § 34 III 1 PVDG, § 28 III 1 PBG.

209 In den übrigen Bundesländern hingegen ist **Kostenschuldner nicht, wem die Gefahrenabwehr, sondern wem die abgewehrte Gefahr zuzurechnen** ist, nämlich dem Verhaltens- und dem Zustandsverantwortlichen.[57] Die Zustandsverantwortlichkeit trifft den Eigentümer, dessen Sache **gefährlich**, nicht aber den, dessen Sache **gefährdet** ist. Somit wäre zu begründen, warum die Gefahr der Beschädigung oder Verlust des Fahrzeugs **von diesem selbst** ausgeht.

210 Das Beispiel zeigt, dass die Entscheidung darüber, ob eine Sache eine Gefahrenquelle darstellt oder nicht, unter Umständen schwer zu treffen ist, wenn zwar die Sache eine Ursache für die Gefahr setzt, diese aber erst über weitere Kausalbeiträge zur Entstehung gelangt. Insofern stellen sich für die Zustandsverantwortlichkeit vergleichbare Zurechnungsfragen wie bei der Verhaltensverantwortlichkeit, die eine wertende Betrachtung aller Umstände verlangen können.

211 In **Fall 34** könnte einerseits erwogen werden, dass ein Kfz nach § 14 II 2 StVO gegen unbefugte Benutzung zu sichern ist. Diese bußgeldbewehrte Verpflichtung aber trifft nur den Fahrer des Wagens und wäre deshalb nur ein Grund, **dessen Verhaltensverantwortlichkeit** anzunehmen. Sie dient überdies nicht dem Schutz des Eigentums, sondern dazu, die Benutzung durch Unbefugte ohne Fahrerlaubnis oder Versicherungsschutz zu verhindern.[58] Eine Zustandsverantwortlichkeit der X lässt sich damit nicht begründen. Zu überlegen wäre ferner, dass ein Kfz **in unverschlossenem Zustand** das Risiko der Beschädigung oder des Verlusts erhöht. Andererseits realisiert sich diese Gefahr nur durch vorsätzliches deliktisches Handeln Dritter, die eine gegebene Situation missbräuchlich für eigene Zwecke verwenden. Dies legt es nahe, die Eigenschaft des Fahrzeugs als Gefahrenquelle zu verneinen. Dann ist auch für eine Kostenpflicht der X als Zustandsverantwortliche kein Raum. Zumindest ist sie **nicht so offensichtlich zu bejahen**, dass über sie, wie in der Rechtsprechung zu beobachten ist, kein Wort zu verlieren wäre.[59]

III. Grenzen der Zustandsverantwortlichkeit

212 Für die Zustandsverantwortlichkeit spielt es grundsätzlich keine Rolle, warum von der Sache eine Gefahr ausgeht, was also die Ursache für ihre Gefährlichkeit ist. Insbesondere greift sie **unabhängig von einem Verhalten** des Zustandsverantwortlichen oder einer anderen Person ein. Das wird teilweise in Konstellationen als unbillig angesehen, in denen der Eigentümer selbst in einer **„Opferposition“** ist, weil sein Eigentum durch Umstände entwertet wird, die außerhalb seiner Risikosphäre liegen. Für eine gänzliche Freistellung des Berechtigten in derartigen Fällen geben aber nicht nur die Adressatennormen nichts her, auch die materielle Begründung der Zustandsverantwortlichkeit spricht **dagegen**, die Pflichtigkeit **schon dem Grunde nach** um solche Risiken zu reduzieren: Da dem Eigentümer die Nutzungsvorteile einer Sache auch dann zufließen, wenn sie ohne sein Zutun entstehen, muss er grundsätzlich auch die Lasten der Sache tragen, wenn er die Gefahr nicht verursacht hat.[60]

57 **Bay:** Art. 28 V 2 PAG; **Berl:** § 41 III 1 ASOG; **Brem:** § 24 III 1 PolG; **Hbg:** § 14 III 3 SOG; **Hess:** § 43 III 1 HSOG; **MV:** § 114 III SOG; **Nds:** § 29 III 1 NPOG; **NRW:** § 46 III 1 PolG; **RP:** § 25 III 1 POG; **Saar:** § 24 III 1 SPolG; **LSA:** § 48 III 1 SOG; **SH:** §§ 210, 211 i.V.m. §§ 227a, 249 II LVwG; **Thür:** § 30 III PAG.

58 *Burmann/Heß/Hühnermann/Jahnke*, Straßenverkehrsrecht, 27. Aufl. 2022, § 14 StVO, Rn. 9.

59 Vgl. etwa *VGH München*, NJW 2001, 1960 f.; BayVBl. 2015, 238.

60 BVerfGE 102, 1 (19).

213 In **Fall 35** hat die zuständige Behörde die Eigentümer auf der Grundlage der §§ 10 I 1, 4 III 1 BBodSchG zur Sanierung ihrer Grundstücke herangezogen. Anders als die Adressatennormen der allgemeinen Gefahrenabwehrgesetze regelt der speziellere § 4 III 1 BBodSchG eine bereits kraft Gesetzes bestehende Sanierungspflicht (u.a.) der Grundstückseigentümer (Rn. 165 ff.) die durch die Verwaltung lediglich konkretisiert wird. Von diesem Unterschied abgesehen, gelten die soeben angestellten Überlegungen zur Zustandsverantwortlichkeit aber auch für das Bodenschutzrecht. Die Eigentümer können deshalb nicht alleine unter Berufung darauf, dass sie bezüglich der Altlasten selbst Geschädigte sind, eine gänzliche Freistellung von der Sanierungspflicht verlangen.

214 Doch folgt aus der Tatsache, dass die Zustandsverantwortlichkeit **dem Grunde nach** alle Gefahren umfasst, die von einer Sache ausgehen, noch nicht, dass sie auch **dem Maße nach** unbegrenzt ist. Die Verantwortlichkeit (und im Fall des § 4 III 1 BBodSchG die gesetzliche Sanierungspflicht) des Eigentümers wird als Inhalts- und Schrankenbestimmung des Eigentums (Art. 14 I 2 GG) betrachtet, bei deren Anwendung dem Grundsatz der Verhältnismäßigkeit in besonderer Weise Rechnung zu tragen ist. Das allgemeine gefahrenabwehrrechtliche Übermaßverbot[61] wird durch die **eigentumsrechtliche Relation von Privatnützigkeit und Sozialpflichtigkeit** ergänzt. Die Belastungen aus dem Eigentum dürfen grundsätzlich den Nutzen des Eigentums nicht übersteigen. Hierin wird die **Begründungs- und Begrenzungsfunktion des Rechtsgrundes** der Verantwortlichkeit sichtbar (Rn. 204): Weil der Nutzungsvorteil die Lastentragung rechtfertigt, dürfen die Lasten den Vorteil nicht überwiegen.

215 Zu einem **Fall 35** vergleichbaren Sachverhalt hat das BVerfG Grundsätze für die Begrenzung der Zustandsverantwortlichkeit aufgestellt.[62] Die grundsätzliche Problematik, **Eigentumsrechte gegen Eigentümerpflichten abzuwägen**, wurde dadurch relativiert, dass mit dem **Verkehrswert des Grundstücks** als Maßstab für die Nutzungsvorteile einerseits, den **Sanierungskosten** als Maßstab für die Gefahrenabwehrpflicht andererseits, eine gemeinsame Bewertungsgrundlage herangezogen wurde. Dabei stellt der Verkehrswert (nach der Sanierung des Grundstücks) einen **ersten Anhaltspunkt** für die Bestimmung der Grenze dar, bis zu welcher der Eigentümer zu (den Kosten) der Gefahrenabwehr herangezogen werden darf. Diese Grenze soll insbesondere dann maßgeblich sein, wenn die Gefahr, die von der Sache ausgeht, von außerhalb der Verantwortungssphäre des Eigentümers herrührt. Die „Opferposition" des Eigentümers wird also **nicht beim Tatbestand der Verantwortlichkeit**, sondern bei den daraus resultierenden **Rechtsfolgen** berücksichtigt.

216 Eine **den Verkehrswert übersteigende Belastung** ist nach Ansicht des *BVerfG* allerdings dann zumutbar, wenn der Eigentümer das Risiko der entstandenen Gefahr **bewusst in Kauf genommen** hat, es **fahrlässig nicht erkannt** oder **Vorteile daraus gezogen** hat. Umgekehrt muss die Grenze u.U. **unterhalb des Verkehrswertes** angesetzt werden, wenn der Eigentumsgegenstand den wesentlichen Teil des Vermögens und die Grundlage der privaten Lebensführung des Pflichtigen darstellt.

217 Gemessen an diesen Grundsätzen ist in **Fall 35** die Belastung der Eigentümer, die ihre Grundstücke in Unkenntnis der Kontamination erworben haben, mit Sanierungskosten in

61 **BW:** § 5 PolG; **Bay:** Art. 4 PAG; Art. 8 LStVG; **Berl:** § 11 ASOG; **Bbg:** § 3 PolG, § 14 OBG; **Brem:** § 3 PolG; **Hbg:** § 4 SOG; **Hess:** § 4 HSOG; **MV:** § 15 SOG; **Nds:** § 4 NPOG; **NW:** § 2 PolG, § 15 OBG; **RP:** § 2 POG; **Saar:** § 2 SPolG; **Sachs:** § 5 I–IV PVDG; § 13 I–IV PBG; **LSA:** § 5 SOG; **SH:** § 73 II, III LVwG; **Thür:** § 4 PAG, § 6 OBG.

62 BVerfGE 102, 1 (20 f.).

Höhe des dreifachen Wertes nicht mehr zumutbar. Je nach ihrem Vermögensstand kann sogar eine Senkung der Kostenlast deutlich unter den Verkehrswert angezeigt sein. Die behördliche Anordnung ist deshalb rechtswidrig, nicht weil sie die Eigentümer überhaupt zu Sanierung verpflichtet, sondern weil sie keine Entscheidung über die Kostentragung enthält, welche die Kostenlast im Rahmen der Zumutbarkeit hält.

D. Rechtsnachfolge in Polizeipflichten

218 Zu den umstrittensten Problemen der gefahrenabwehrrechtlichen Verantwortlichkeit zählt die Frage, ob anstelle des ursprünglichen Verursachers oder Sachherrn dessen Rechtsnachfolger in Anspruch genommen werden kann. Angesichts der erheblichen praktischen Bedeutung bei nur vereinzelter gesetzlicher Regelung wird die Problematik von der Rechtsprechung dominiert, welcher freilich bescheinigt wurde, dass sie sich z.T. „längst nicht mehr um verfassungsrechtliche Vorgaben und rechtsdogmatische Anforderungen" kümmere.[63]

219 Da zwischen der Art der Veranwortlichkeit (Verhaltens- oder Zustandsverantwortlichkeit), der Art der Pflicht (abstrakt oder konkret) sowie zwischen der Art der Rechtsnachfolge (Einzel- und Gesamtrechtsnachfolge) zu unterscheiden ist, ergeben sich durch Kombination acht Grundkonstellationen.[64] Die systematische Prüfung orientiert sich aber nicht an diesen, sondern an den allgemeinen rechtlichen Voraussetzungen für die Annahme einer Nachfolge in öffentlich-rechtliche Pflichten. Das wird in folgendem Gliederungsschema dargestellt:

Voraussetzungen der Pflichtennachfolge
1. Zivilrechtliche Rechtsnachfolge
a) Gesamtrechtsnachfolge
b) Einzelrechtsnachfolge
2. Übergangsfähige Pflicht
a) Pflicht des Rechtsvorgängers
b) Übergangsfähigkeit
3. Nachfolgetatbestand (Rechtsgrundlage) für Pflichtenübergang

220 Voraussetzung für eine Pflichtennachfolge ist, dass überhaupt ein Rechtsnachfolgetatbestand vorliegt. Für die **Gesamtrechtsnachfolge** kommen hier die (zivilrechtlichen) Regelungen der Universalsukzession in Betracht, also etwa die §§ 1922 I, 1967 I BGB für den Erbfall oder §§ 20 I, 131 I UmwG im Falle gesellschaftsrechtlicher Umwandlung. Die **Einzelrechtsnachfolge** erfolgt durch Rechtsgeschäft, das schuldrechtlicher (z.B. §§ 398, 414 ff. BGB) oder sachenrechtlicher Natur (z.B. §§ 873 I, 925 I, 929 S. 1 BGB) sein kann. Ob mit der zivilrechtlichen Nachfolge zugleich die öffentlich-rechtliche Pflichtenstellung übergegangen ist, hängt von weiteren Voraussetzungen ab. Zunächst ist danach zu unterscheiden, welche Pflichtenposition der Rechtsvorgänger innehatte.

63 *Schoch*, JuS 1994, 1026 (1029).
64 *Rau*, Jura 2000, 37 (38); vgl. ferner *Nolte/Niestedt*, JuS 2000, 1071 ff., 1172 ff.

I. Nachfolge in die „abstrakte Polizeipflicht"

Fall 36: Die K-AG betrieb in B seit den 1920er Jahren ein Bergwerk, in dem Rohsalze abgebaut wurden. Die nicht nutzbaren Teile der Salze kamen auf Halde. Nach der Stilllegung des Bergwerks im Jahre 1973 wurde die K-AG mit der S-AG zur K + S AG verschmolzen. Die Betriebsgrundstücke wurden veräußert. Spätere Probebohrungen wiesen einen von der Halde herrührenden stark erhöhten Salzeintrag ins Grundwasser aus, der zu einer mehrfachen Überschreitung der Grenzwerte für Chlorid, Natrium und Kalium führte. Im Jahre 1999 wurde die K + S AG als Rechtsnachfolgerin der K-AG auf der Grundlage der §§ 10 I, 4 III 1 BBodSchG zur Sanierung der Halden verpflichtet. Hiergegen erhob die K + S AG nach erfolglosem Widerspruchsverfahren Klage.[65] **(Rn. 225 f., 230 f.)** 221

Liegen alleine die Voraussetzungen für eine Verhaltens- oder Zustandsverantwortlichkeit vor, ohne dass der Rechtsvorgänger bereits von der Behörde in Anspruch genommen wurde, ist fraglich, ob nach erfolgtem Rechtsübergang nunmehr der Rechtsnachfolger zur Gefahrenabwehr oder zur Kostentragung herangezogen werden kann. 222

Rechtsnachfolgeprobleme stellen sich nach verbreiteter Ansicht hier allerdings nur im Falle der **Gesamtrechtsnachfolge in die Verhaltensverantwortlichkeit**. Der Rechtsnachfolger des Zustandsverantwortlichen, also z.B. der Erbe oder der Erwerber der gefahrschaffenden Sache, erfüllt in eigener Person die Voraussetzungen für die Zustandsverantwortlichkeit, weshalb bereits kein Bedürfnis für einen Übergang der abstrakten Polizeipflicht bestehen soll. Eine **Einzelrechtsnachfolge in die Verhaltensverantwortlichkeit** hingegen setzt voraus, dass der Verursacher über seine Pflichtigkeit überhaupt verfügen kann. Doch sind öffentlich-rechtliche Rechts- (und Pflichten-) Positionen der privatautonomen Disposition grundsätzlich entzogen. 223

1. Übergangsfähige Pflicht

a) Pflicht des Rechtsvorgängers

Das erste Problem stellt sich bei der Frage, ob es sich bei der nicht bereits durch Verwaltungsakt konkretisierten Verhaltensverantwortlichkeit um eine **übergangsfähige Pflicht** handelt. Das hängt zunächst ganz grundsätzlich vom Verständnis der (allgemeinen) Adressatennormen ab. Ihrem Wortlaut nach stellen sie nur die tatbestandliche Ergänzung von Befugnisnormen dar und regeln, gegen wen gefahrenabwehrrechtliche Maßnahmen zu treffen sind (Rn. 161). Die **Rechtsfolge der Verursachung** (wie der Sachherrschaft) ist demnach die **bloße Verpflichtbarkeit**, die als solche weder den Verursacher noch gar dessen Rechtsnachfolger zu etwas verpflichtet. Um überhaupt übergangsfähig zu sein muss also die Verantwortlichkeit als allgemeine, bereits kraft Gesetzes bestehende, deshalb **abstrakte Rechtspflicht** zur Gefahrenabwehr verstanden werden (Rn. 165). 224

Die Frage stellt sich nicht, wenn eine Gefahrenabwendungspflicht des Verursachers kraft ausdrücklicher gesetzlicher Anordnung existiert. Dies scheint auf den ersten Blick in **Fall 36** vorzuliegen. Nach § 4 III 1 BBodSchG trifft den Verursacher einer Altlast eine **gesetzliche Sanierungspflicht**. Das Problem besteht allerdings darin, dass das BBodSchG erst im Jahre 1998 in Kraft getreten ist. Da die K-AG zu diesem Zeitpunkt durch Verschmelzung mit der S-AG bereits erloschen war (§ 20 I Nr. 2 UmwG), konnte 225

65 Nach BVerwGE 125, 325; Analyse bei *Wittreck*, Jura 2008, 534 ff.

sie nur sanierungspflichtig gewesen sein, wenn **entweder** das BBodSchG die Sanierungspflicht auch **rückwirkend** auferlegt **oder** eine solche Pflicht bereits aufgrund der zum Zeitpunkt der Existenz der K-AG geltenden Rechtslage bestand. Die erste Alternative könnte mit dem verfassungsrechtlichen Rückwirkungsverbot in Konflikt kommen. Dass an einen in der Vergangenheit liegenden Sachverhalt für die Vergangenheit wirkende belastende Rechtsfolgen geknüpft werden (**echte Rückwirkung**, auch als **„Rückbewirkung von Rechtsfolgen"** bezeichnet), ist grundsätzlich mit dem rechtsstaatlichen Vertrauensschutz unvereinbar.[66]

226 Das BVerwG hat stattdessen die zweite Alternative für einschlägig gehalten.[67] Aus den vor Inkrafttreten des BBodSchG vorhandenen **Eingriffsbefugnissen** des Abfall-, Wasser- und Polizeirechts leitet es eine **gesetzliche Sanierungsverantwortlichkeit** ab, die durch das BBodSchG nur deklaratorisch fortgeschrieben werde. Diese Verantwortlichkeit wird, am Beispiel des allgemeinen Polizei- und Ordnungsrechts, zugleich mit einer Pflicht zur Gefahrenbeseitigung **(materielle Polizeipflicht)** gleichgesetzt, die „ipso iure" bestehe. Damit soll eine grundsätzlich übergangsfähige Pflichtenposition beim Rechtsvorgänger bestanden haben.

b) Übergangsfähigkeit

227 Aus der Annahme, dass der Rechtsvorgänger kraft Verantwortlichkeit zugleich „abstrakt" verpflichtet ist, darf aber noch nicht geschlossen werden, dass diese Pflicht auf den Rechtsnachfolger auch übergehen kann. Das ist jedenfalls bei **höchstpersönlichen Pflichten** ausgeschlossen. Bei **Pflichten zu vertretbaren Handlungen** wird hingegen die Übergangsfähigkeit z.T. bejaht. Ob dies in dieser Allgemeinheit zutrifft, kann bezweifelt werden, weil die Vertretbarkeit der Handlung nicht zwingend dazu führt, dass ihre Vornahme durch einen anderen auch die Pflicht erfüllt. So zielt die Festsetzung von Zwangsgeld darauf ab, den Willen desjenigen zu beugen, gegen den der Verwaltungszwang betrieben wird, nicht eines beliebigen Dritten, der willens und in der Lage ist, fremde Verbindlichkeit zu tilgen. Letztlich ist die Übergangsfähigkeit von Pflichten zu vertretbaren Handlungen aber wohl eher die Frage danach, ob sie vom Nachfolgetatbestand, also der Rechtsgrundlage für den Pflichtenübergang umfasst ist oder nicht:[68] **Wenn der Gesetzgeber eine Pflicht für nachfolgefähig erklärt, ist sie es auch.**

2. Nachfolgetatbestand für Pflichtenübergang

228 Versteht man nun die Verhaltensverantwortlichkeit als abstrakte materielle Polizeipflicht und hält sie grundsätzlich für übergangsfähig, so bedarf es einer **Rechtsgrundlage, die den Pflichtenübergang auch anordnet**, also den damit verbundenen Eingriff in die Grundrechte des Rechtsnachfolgers formell legitimiert. Zwar kann man hier grundsätzlich an diejenigen Vorschriften des Erb- und Gesellschaftsrechts denken, welche die Universalsukzession überhaupt anordnen. Ob sie auf öffentlich-rechtliche Pflichten direkt oder analog anwendbar sind, wird in der Rechtsprechung z.T. offen gelassen. Zu Unrecht, denn es ist durchaus fraglich, ob eine Gesetzesanalogie dem **Vorbehalt des Gesetzes genügt**:[69] Dieser besagt, dass die wesentlichen, zumal die **grundrechtswesentlichen**

66 Grundfälle zur Rückwirkung bei *Wernsmann*, JuS 1999, 1177 ff., 2000, 39 ff.
67 BVerwGE 125, 325 (329 f., 332 f.).
68 *Dietlein*, Nachfolge im Öffentlichen Recht, 1999, S. 114 f.
69 *Schenke*, Rn. 368.

Entscheidungen, wozu insbesondere Grundrechtseingriffe gehören, auf den parlamentarischen Gesetzgeber zurückzuführen sein müssen. Voraussetzung einer Analogie ist hingegen gerade das **Fehlen einer gesetzlichen Regelung**, eine (wenn auch „planwidrige") Regelungslücke.

Doch selbst wenn man diese Bedenken überwinden kann, bleibt ein eminentes **kompetenzielles Problem**: Da die aus den Gefahrenabwehrgesetzen der Länder abgeleitete abstrakte Polizeipflicht eine **landesrechtlich begründete Pflicht** ist, fehlt dem Bund die **Gesetzgebungskompetenz** für die Regelung der Rechtsnachfolge. Regelungen der Universalsukzession können sich nicht auf einen allgemeinen Kompetenztitel „Rechtsnachfolge" stützen, sondern sind Teilregelungen der jeweiligen Sachmaterien. Das allgemeine Gefahrenabwehrrecht ist aber Ländersache. Konsequenterweise wird z.T. deshalb der Übergang der abstrakten Polizeipflicht auf den Rechtsnachfolger verneint, wenn keine landesrechtliche Nachfolgeregelung existiert.[70] 229

In **Fall 36** sind diese Bedenken wiederum auf den ersten Blick nicht einschlägig. Denn nach § 4 III 1 BBodSchG ist auch der Rechtsnachfolger des Verursachers sanierungspflichtig. Problematisch ist aber, dass die Rechtsnachfolge vor Inkrafttreten des Gesetzes stattfand. **Wenn** nach früherem Recht die Pflichtigkeit der S-AG **nicht** auf die K + S AG **übergegangen ist**, ist sie bei der Verschmelzung der Gesellschaften **erloschen**. Ein durch § 4 III 1 BBodSchG auf den Zeitpunkt der Verschmelzung **zurückverlagerter Pflichtenübergang** wäre unter dem Aspekt des Vertrauensschutzes höchst problematisch. Die auf den Zeitpunkt des Inkrafttretens des BBodSchG bezogene **Neubegründung der Sanierungspflicht** hingegen könnte nicht mit der Rechtsnachfolge gerechtfertigt werden. 230

Das BVerwG hat demgegenüber die allgemeinen zivilrechtlichen Regelungen der Universalsukzession als (sei es direkt oder analog) anwendbare Überleitungsnormen für die abstrakte Polizeipflicht angesehen, die einem „im weiteren Sinne verstandenen Vorbehalt des Gesetzes" genügen.[71] Was darunter zu verstehen ist, bleibt zwar offen. Doch wird damit das (gewünschte) Ergebnis erzielt, dass die K + S AG schon nach früherem Recht als Rechtsnachfolgerin zur Sanierung der Halden verpflichtet war. § 4 III 1 BBodSchG schreibt nach diesem Verständnis nur die bislang geltende Rechtslage fort. Die Klage der K + S AG war deshalb unbegründet. 231

II. Nachfolge in konkretisierte Polizeipflichten

Von großer praktischer Relevanz ist die Frage, ob der Rechtsnachfolger einen Verwaltungsakt gegen sich gelten lassen muss, der gegen den Rechtsvorgänger als Verhaltens- oder Zustandsverantwortlichen erlassen worden ist. Dabei geht es nicht nur darum, dass der Rechtsnachfolger die materielle Pflicht des Vorgängers übernimmt, sondern auch um die **Erhaltung der verfahrensrechtlichen Position**, um nicht ein neues Verwaltungsverfahren mit allen Rechtsschutzmöglichkeiten des Rechtsnachfolgers durchführen zu müssen. 232

70 *Schoch*, Rn. 222.
71 BVerwGE 125, 335 (333 f.).

1. Übergangsfähige Pflicht

233 Sehr umstritten ist, ob durch Verwaltungsakte konkretisierte Polizeipflichten, soweit sie vertretbare Handlungen zum Gegenstand haben, übergangsfähig sind. Bei der Aktualisierung der Zustandsverantwortlichkeit behilft sich die Rechtsprechung damit, den **Sachbezug** des Verwaltungsakts und damit den **dinglichen Charakter der Verpflichtung** zu betonen,[72] die quasi als öffentliche Last mit der gefährlichen Sache verbunden sei und mit ihr übergehe. Die terminologische Nähe zum „dinglichen Verwaltungsakt", der die öffentlich-rechtliche Eigenschaft einer Sache zum Inhalt hat[73] (wie z.B. die straßenrechtliche Widmung), ist dabei sicher nicht zufällig, aber sachlich verfehlt. Die konkrete Polizeipflicht beruht auf einer Ermessensentscheidung, in die personale Elemente einfließen müssen; sie regelt den Status des Verantwortlichen, nicht der Sache, für die er verantwortlich ist.

2. Nachfolgetatbestand für Pflichtenübergang

234 Letztlich aber bemisst sich die Übergangsfähigkeit danach, ob sie vom Gesetzgeber vorgesehen wurde. Ein wichtiger Anwendungsfall betrifft baurechtliche Beseitigungsanordnungen. Für sie bestehen in einer Reihe von Ländern spezielle Regelungen, welche die Bindung des Rechtsnachfolgers festschreiben.[74] Im Übrigen wird auch bezüglich des Nachfolgetatbestands auf die Sachbezogenheit der Pflicht rekurriert. Damit mutiert freilich eine richterliche Wortschöpfung aus Praktikabilitätsgründen zum Normersatz.

235 Für die Gesamtrechtsnachfolge kann stattdessen immerhin noch auf die zivilrechtlichen Tatbestände verwiesen werden, deren Anwendung freilich ihrerseits problematisch ist (Rn. 228 f.). Eine Einzelrechtsnachfolge hingegen scheidet aus, wenn man den „dinglichen Charakter" der Verpflichtung nicht als Rechtsgrund anerkennt.

E. Der polizeiliche Notstand

236 **Fall 37:** Die rechtsextremistische P-Partei will eine Kundgebung zur Propagierung ihrer politischen Überzeugungen auf dem Marktplatz der Stadt S abhalten. Hiergegen kündigen politische Gegner der Partei ihren Widerstand an, die diese Veranstaltung unter allen Umständen verhindern wollen. Nach Erfahrungen mit früheren Kundgebungen der P werden schwerste Ausschreitungen zwischen Anhängern und Gegnern der Partei befürchtet. Da die örtlichen und Landespolizeikräfte durch ein Spiel der Fußball-Bundesliga und einen Castor-Transport gebunden sind, vermag die Polizeiführung die Aufrechterhaltung der öffentlichen Sicherheit nicht mehr zu gewährleisten. Deshalb untersagt die zuständige Behörde die Durchführung der Kundgebung. **(Rn. 239, 244; Fall 45 [Rn. 304])**

237 Ausnahmsweise kann zur Gefahrenabwehr eine Person herangezogen werden, deren einzige Beziehung zu einer Gefahr für die öffentliche Sicherheit oder Ordnung darin besteht, dass sie **in der Lage ist, zur Gefahrenbeseitigung beizutragen**. Da dies nicht für die

72 Grundlegend *BVerwG*, NJW 1971, 1624.
73 Art./§ 35 S. 2, 2. Fall (L)VwVfG; **SH:** § 106 II, 2. Fall LVwG.
74 **Bay:** Art. 54 II 3 BayBO; **Berl:** § 58 II BauO; **Bbg:** § 58 V BO; **Brem:** § 58 V LBO; **Hbg:** § 58 II HBauO; **Hess:** § 61 V HBO; **MV:** § 58 II LBauO; **Nds:** § 79 I 5 NBauO; **NW:** § 58 III BauO NRW 2018; **RP:** § 81 S. 3 LBauO; **Saar:** § 57 V LBO; **Sachs:** § 58 III SächsBO; **LSA:** § 57 III BauO; **SH:** § 58 III LBO; **Thür:** § 58 III ThürBO.

Zurechnung der Gefahr ausreicht (Rn. 160), ist sie rechtlich für diese nicht verantwortlich. Die Inanspruchnahme Nichtverantwortlicher ist aber nur unter strengen Voraussetzungen zulässig, die auch als **polizeilicher (ordnungsbehördlicher) Notstand** bezeichnet werden.[75]

238 Die strengen Maßstäbe gelten immer schon dann, **wenn nicht feststeht oder sicher ausschließbar ist**, dass eine Person für eine Gefahr verantwortlich ist. Vorrangig ist deshalb zu prüfen, ob nicht eine Inanspruchnahme wegen Verhaltens- oder Zustandsverantwortlichkeit möglich ist.

239 In **Fall 37** hat die Behörde eine Versammlung der P-Partei untersagt. Rechtsgrundlagen hierfür finden sich in den Landesversammlungsgesetzen[76] bzw. in § 15 I VersG, die aber (Ausnahme Berl: § 14 IV VersFG; Nds: § 8 III NVersG; NW: § 13 III VersG; SH: § 13 III VersFG) keine Adressatenregelungen enthalten. Deshalb sind bei ihrer Anwendung die Grundsätze über die Verantwortlichkeit und den polizeilichen Notstand entsprechend als Tatbestandsergänzung (Rn. 161 f.) heranzuziehen. Man könnte erwägen, ob nicht die P-Partei Zweckveranlasser der zu befürchtenden Ausschreitungen ist, weil sie mit ihren politischen Inhalten die Gegendemonstration provoziert. Nach der „objektiven Theorie" (Rn. 186) könnten bei entsprechenden Erfahrungswerten gewalttätige Auseinandersetzungen mit Andersdenkenden als „typische Folge" ihrer Kundgebungen angesehen und deshalb zugerechnet werden. Das aber würde die Versammlungsfreiheit der P-Partei entwerten, weil dies zu einem Verbot aller ihrer Versammlungen führen könnte. Die Kontrollüberlegung (Rn. 190), ob dasjenige Verhalten, das die Gefahr hervorruft, **generell verboten werden könnte**, bestätigt dies. Die Versammlungsfreiheit gewährt auch das Recht, **in den Grenzen der Rechtsordnung** extreme und Minderheitenpositionen öffentlich zu propagieren. Ein generelles Verbot wäre deshalb im Hinblick auf Art. 8 GG verfassungswidrig. Folglich kann das Verbot nur rechtmäßig sein, wenn die Voraussetzungen des polizeilichen Notstands erfüllt sind.

I. Voraussetzungen

1. Qualifizierte Gefahrenlage

240 Die Heranziehung Nichtverantwortlicher setzt stets eine **qualifizierte Gefahrenlage voraus**, die immer durch eine besondere **zeitliche Nähe und/oder hohe Wahrscheinlichkeit des drohenden Schadens** (gegenwärtige oder unmittelbare Gefahr, unmittelbar bevorstehende Störung), zumeist[77] auch durch die Wertigkeit des gefährdeten Rechtsguts (erhebliche Gefahr) gekennzeichnet ist.

75 **BW:** § 9 I PolG; **Bay:** Art. 10 I PAG, Art. 9 III LStVG; **Berl:** § 16 I ASOG; **Bbg:** § 7 I PolG, § 18 I OBG; **Brem:** § 7 I PolG; **Hbg:** § 10 I SOG; **Hess:** § 9 I HSOG; **MV:** § 71 I SOG; **Nds:** § 8 I NPOG; **NW:** § 6 I PolG, § 19 I OBG; **RP:** § 7 I POG; **Saar:** § 6 I SPolG; **Sachs:** § 9 I PVDG; § 17 I PBG; **LSA:** § 10 I SOG; **SH:** § 220 I LVwG; **Thür:** § 10 I PAG, § 13 I OBG.

76 **Bay:** Art. 15 I BayVersG; **Berl:** § 14 I VersFG; **Nds:** § 8 II 1 NVersG; **NW:** § 13 II VersG; **Sachs:** § 15 I SächsVersG; **LSA:** § 13 I VersG; **SH:** § 13 I, III VersFG.

77 Außer in **BW, Hbg, Sachs, SH:** Hier kann aber die Inanspruchnahme Nichtverantwortlicher für weniger bedeutsame Rechtsgüter unverhältnismäßig sein.

2. Aussichtslosigkeit oder Unzulässigkeit der Inanspruchnahme Verantwortlicher

241 Ferner darf die Gefahrenabwehr durch Inanspruchnahme des Verhaltens- oder Zustandsverantwortlichen entweder nicht (rechtzeitig) möglich oder nicht erfolgversprechend sein. Darunter fällt auch die rechtliche Unmöglichkeit, insbesondere wenn ein Verantwortlicher zwar vorhanden ist, seine Inpflichtnahme aber unverhältnismäßig wäre.

242 In **Fall 31** (Rn. 170) wird der von der Zwangsräumung bedrohte M als Verantwortlicher für die ihm drohende Obdachlosigkeit angesehen. Doch kann er nur insoweit zu einem Beitrag zur Gefahrenabwehr verpflichtet werden, als ihm eine Unterkunft zugewiesen wird. Es verspräche aber keine Aussicht auf (rechtzeitigen) Erfolg, wenn ihm aufgegeben würde, sich eine andere Unterkunft zu suchen.

3. Unmöglichkeit der Gefahrenabwehr mit behördlichen Mitteln

243 Die Inanspruchnahme Nichtverantwortlicher ist **ultima ratio.** Vorrangig sind deshalb andere, insbesondere polizeiliche oder ordnungsbehördliche Maßnahmen. Dabei ist grundsätzlich ein **strenger Maßstab** anzulegen. Insbesondere soll sich der Staat nicht unter Verweis auf hohe Kosten seiner Aufgabe, die öffentliche Sicherheit zu gewährleisten, entziehen können.

244 Die in **Fall 37** geschilderte Situation stellt nach diesen Maßstäben einen Fall polizeilichen Notstands dar. Verantwortlich für die drohenden Auseinandersetzungen sind die Gegendemonstranten, gegen die aber nicht effektiv vorgegangen werden kann, insbesondere weil die verfügbare Polizeistärke nach der Lagebeurteilung nicht ausreicht und nicht durch auswärtige Kräfte verstärkt werden kann.

245 Bei der Abwehr drohender Obdachlosigkeit muss sich die Behörde in erster Linie darum bemühen, selbst geeignete Räume anzumieten oder eigene Unterbringungsmöglichkeiten etwa in Obdachlosenunterkünften auszuschöpfen. Nur wenn dies, wie in **Fall 31** (Rn. 170), nicht oder noch nicht möglich ist, darf auch Wohnraum eines Nichtverantwortlichen beschlagnahmt werden.

246 In **Fall 32** (Rn. 184) hingegen ist nicht dargetan, dass die polizeilichen Mittel nicht ausreichen, um Eigentumsdelikte und waffenrechtliche Verstöße an Markttagen und in Marktnähe zu verhindern. Wegen des Vorrangs behördlicher Maßnahmen ist das Verbot des Marktes rechtswidrig.

4. „Opfergrenze"

247 Schließlich ist nach den meisten Gefahrenabwehrgesetzen die weitere Voraussetzung zu beachten, dass der Nichtverantwortliche ohne erhebliche eigene Gefährdung und ohne Verletzung höherwertiger Pflichten in Anspruch genommen werden kann. Damit wird ein Teil der Verhältnismäßigkeitsprüfung bereits in den Tatbestand vorverlegt. In Ländern, die diese Voraussetzung nicht ausdrücklich normieren,[78] gilt im Ergebnis nichts anderes. Denn es handelt sich um die Frage der Angemessenheit, die im Rahmen des Übermaßverbots (auf Rechtsfolgenseite) zu prüfen ist.

78 Nämlich **BW** und **Hbg**.

 40 S. √

II. Rechtsfolgen

Liegen die Voraussetzungen des polizeilichen Notstandes (neben denen einer Befugnisnorm) vor, so kann der Nichtverantwortliche zu einem Gefahrenabwehrbeitrag verpflichtet werden. Auch seine Inanspruchnahme ist freilich nur dann rechtmäßig, wenn das Ermessen ordnungsgemäß ausgeübt wurde und die Verhältnismäßigkeit gewahrt ist. Dabei ist nicht nur der Umfang, sondern auch die **Dauer der Inanspruchnahme** auf das unbedingt Notwendige zu begrenzen.[79] **248**

Das Sonderopfer des Nichtverantwortlichen beschränkt sich aber auf die tatsächliche Last der Gefahrenabwehr. Anfallende Kosten oder entstehende Schäden muss er, anders als der Verantwortliche, nicht selbst tragen, sondern hat grundsätzlich Anspruch auf eine angemessene Entschädigung (Rn. 611 ff.).[80] **249**

In **Fall 31** stellt die Beschlagnahme der Wohnung einen erheblichen Eingriff in das Eigentumsrecht des V dar. Zur Wahrung der Verhältnismäßigkeit ist dies von vornherein nur für eine kurz bemessene Übergangszeit von wenigen Monaten[81] möglich. Doch ist die Inanspruchnahme der Wohnung auch schon vorher zu beenden, wenn die Behörde oder M eine andere Unterkunft gefunden hat. V hat für die Dauer der Beschlagnahme einen Anspruch auf angemessene Entschädigung für die Inanspruchnahme seines Eigentums. **250**

79 Besonders normiert in **BW:** § 9 II PolG; **Bay:** Art. 10 II PAG; **Berl:** § 16 II ASOG; **Bbg:** § 7 II PolG, § 18 II OBG; **Brem:** § 7 II PolG; **Hess:** § 9 II HSOG; **Nds:** § 8 II NPOG; **NW:** § 6 II PolG, § 19 II OBG; **RP:** § 7 II POG; **Saar:** § 6 II SPolG; **Sachs:** § 9 II PVDG; § 17 II PBG; **LSA:** § 10 II SOG; **SH:** § 220 I LVwG; **Thür:** § 10 II PAG, § 13 II OBG.

80 Normen o. Fn. 4.

81 Gesetzliche Regelungen in **BW:** § 38 IV 2 PolG (6 Monate); **Sachs:** § 34 I 5 PVDG (12 Monate); in anderen Bundesländern werden Zeiträume zwischen zwei Monaten (*VGH München*, NVwZ-RR 1991, 196) und vier bis maximal sechs Monaten genannt (grundlegend *BGH*, NJW 1959, 768).

2. Teil

Die Rechtmäßigkeit gefahrenabwehrrechtlicher Maßnahmen

Die typische Aufgabenstellung der gefahrenabwehrrechtlichen Klausur besteht darin, die Rechtmäßigkeit einer oder mehrerer polizei- oder ordnungsbehördlichen Maßnahmen zu beurteilen. Das ist nicht nur der Fall, wenn unmittelbar nach der Rechtmäßigkeit der Maßnahme(n) gefragt ist. Häufig sind Fälle prozessual eingebunden und zu überprüfen sind die Erfolgsaussichten einer Klage gegen Verfügungen oder Handlungen der Gefahrenabwehrbehörden. Dann ist deren Rechtmäßigkeit (in aller Regel neben der Rechtsverletzung des Klägers) Teil der Begründetheitsprüfung. Auch ein Anspruch auf behördliches Einschreiten kann nur bestehen, wenn die angestrebte Maßnahme rechtmäßig wäre. Im Rahmen von Kosten- oder Entschädigungsforderungen kann die Rechtmäßigkeit des zugrunde liegenden Handelns als Vorfrage bzw. im Rahmen einzelner Tatbestandsmerkmale relevant werden. **251**

Der Prüfungsaufbau, an dem sich auch die folgende Darstellung orientiert, kann folgendermaßen skizziert werden.[1] **252**

Rechtmäßigkeit einer behördlichen oder polizeilichen Maßnahme
I. Rechtsgrundlage
II. Formelle Rechtmäßigkeit
1. Zuständigkeit
2. Verfahren
3. Form
III. Materielle Rechtmäßigkeit
1. Tatbestand der Rechtsgrundlage (Befugnisnorm, Adressatennormen)
2. Rechtsfolge der Rechtsgrundlage (Ermessen, Verhältnismäßigkeit, ggf. Bestimmtheit)

Dieses Prüfungsraster kann generell an **alle Maßnahmen der Verwaltung** angelegt werden, seien es Regelungsakte oder Realakte, Einzelfallentscheidungen oder Rechtsnormen. Zunächst werden Einzelfallmaßnahmen behandelt (Real- und Verwaltungsakte). Gefahrenabwehrverordnungen werden im Anschluss daran erörtert (Rn. 543 ff.). **253**

§ 5 Rechtsgrundlagen

Die Bestimmung der Rechtsgrundlage steht am Beginn der Rechtmäßigkeitsprüfung als **erste wichtige Weichenstellung**. Sie ist vielfach schon wegen des Vorbehalts des Gesetzes notwendig. Vor der Prüfung der formellen Rechtmäßigkeit muss die Rechtsgrundlage feststehen, weil von ihr die Zuständigkeit, ggf. auch das Verfahren oder die Form abhängt. Außerdem können an dieser Stelle Überlegungen zum gegenseitigen Verhältnis **254**

1 Vgl. auch die Varianten bei *Uerpmann-Wittzack*, vor Rn. 146; zum alternativen Aufbau nach Aufgabe und Befugnis vgl. *Knemeyer*, Rn. 399; Kritik hieran bei *Wehr*, JuS 2006, 582 ff.

mehrerer Rechtsgrundlagen angestellt werden, die sich bei der Subsumtion im Rahmen der materiellen Rechtmäßigkeit nicht unterbringen lassen.

255 Als Rechtsgrundlage für ein Verwaltungshandeln kommt grundsätzlich nur eine Vorschrift in Betracht, unter deren **Rechtsfolgebestimmung** sich die in Rede stehende Maßnahme subsumieren lässt. Ergänzend ist der Adressat der Ermächtigung zu beachten: Eine Befugnisnorm, die nur die Vollzugspolizei ermächtigt, kann nicht Rechtsgrundlage für die Maßnahme einer Ordnungsbehörde sein.

256 Der **Tatbestand einer Norm** im Übrigen bleibt **an dieser Stelle** zunächst **typischerweise unberücksichtigt**. Außer Betracht bleibt ebenso die Frage, ob die im Gesetz abstrakt umschriebene Maßnahme im konkreten Fall zulässigerweise, etwa aufgrund einer fehlerfreien Ermessensausübung getroffen wurde. Dies sind Aspekte der materiellen Rechtmäßigkeit.

257 Häufig kann entsprechend der Art der Maßnahme die einzig in Frage kommende Rechtsgrundlage unschwer ermittelt werden. Im Recht der Gefahrenabwehr sind aber vielfach ergänzende Überlegungen anzustellen. Sie betreffen vor allem die Unterscheidung von Aufgaben- und Befugnisnormen, die Abgrenzung präventiven von repressivem Tätigwerden, die Spezialitätsverhältnisse von Befugnissen und schließlich das Verhältnis von Primär- zu Vollstreckungsmaßnahmen.

258 Überblicksweise kann die Bestimmung der Rechtsgrundlage folgendermaßen skizziert werden:

Bestimmung der Rechtsgrundlage für eine Maßnahme
A. Erforderlichkeit einer Befugnisnorm insbesondere bei Eingriffsmaßnahmen (Vorbehalt des Gesetzes)
B. Zweck der Maßnahme Prävention, dann Befugnis aus Gefahrenabwehrgesetz Repression, dann Befugnis grundsätzlich aus StPO bei doppelfunktionellen Maßnahmen: Schwerpunkt oder Zweck
C. Spezialgesetzliche Befugnis für Gefahrenabwehrmaßnahmen
D. Befugnis aus allgemeinem Gefahrenabwehrgesetz
I. Standardbefugnis
II. Vollstreckungsbefugnis
III. Generalklausel

A. Aufgaben- und Befugnisnormen

259 **Fall 38:** Die Polizeiinspektion G richtete u.a. an D ein Schreiben mit folgendem Inhalt: „Gefährderanschreiben: Der Polizei in G ist bekannt, dass Sie im Zusammenhang mit versammlungsrechtlichen bzw. demonstrativen Aktionen polizeilich in Erscheinung getreten sind. Daher ist es nicht auszuschließen, dass Sie auch in Zukunft an demonstrativen Ereignissen teilnehmen werden. Für den Dezember dieses Jahres sind demonstrative Aktionen gegen den EU-Gipfel in B geplant. Zu diesen Aktionen rufen diverse Organisationen von Globalisierungsgegnern auf. Bei gleichgelagerten Aktionen (z.B. Göteborg, Genua, Hamburg) kam es in der Vergangenheit zu erheblichen gewaltsamen Ausschreitungen seitens einiger Demonstrationsteilnehmer. Auch während dieses EU-Gipfels ist damit zu rechnen. Um zu vermeiden, dass Sie sich der Gefahr präventiver polizeilicher Maßnahmen im Rahmen der Gefahrenabwehr oder strafprozessualer Maßnahmen aus Anlass der Begehung von Straftaten im Rahmen der demonstrativen Aktionen

aussetzen, legen wir Ihnen hiermit nahe, sich nicht an den o.g. Aktionen zu beteiligen." D sieht aus diesem Grund davon ab, an Demonstrationen in B teilzunehmen, weil er befürchtet, Adressat polizeilicher Aktionen zu werden. Diese Art der Einschüchterung hält er für rechtswidrig.[1] **(Rn. 271, 275, Fall 46 [Rn. 304], 383)**

Fall 39: G betreibt im Gebiet der Stadt S landwirtschaftlichen Gemüseanbau. Bei einem Brand einer in der Nähe seiner Anbauflächen befindlichen Lagerhalle werden 500 Tonnen Kunststoff entzündet. Die Stadt S gibt daraufhin bekannt, dass durch den Brand möglicherweise Schadstoffe freigesetzt worden seien; sie fordert die umliegende Wohnbevölkerung dazu auf, keine Gartenprodukte aus diesem Bereich zu verzehren. Anlässlich dieser Bekanntmachung setzt sich G umgehend telefonisch mit der Bürgermeisterin der Stadt S in Verbindung. Diese teilt G mit, dass derzeit Bodenuntersuchungen durchgeführt würden; sie bittet ihn außerdem, zunächst von einer Verwertung seiner Produkte abzusehen. Dieser Bitte kommt G nach. Nachdem sich aufgrund der Ergebnisse der vorgenommenen Bodenuntersuchungen der Verdacht einer Kontamination des Bodens nicht bestätigt hatte, verlangt G von der Stadt S Ersatz des erlittenen Ernteausfallschadens.[2] **(Rn. 272, 277 ff., 383, 571)**

I. Allgemeines

Für das staatliche Handeln ist die Unterscheidung von Aufgaben und Befugnissen elementar. Die Verwaltung im Allgemeinen und jede Behörde im Besonderen darf nur zur Erfüllung der ihr zugewiesenen **Aufgaben** tätig werden. Dabei handelt es sich um den Tätigkeitsbereich eines Trägers öffentlicher Verwaltung, das nach allgemeinen Merkmalen definierte Sachgebiet. **Aufgabennormen bestimmen Zwecke** behördlicher Tätigkeit. Sie legen abstrakt Ziele fest, die durch das Verwaltungshandeln erreicht oder doch gefördert werden sollen. Aufgabennormen sind insoweit **final** ausgerichtet. 260

Befugnisnormen hingegen **bestimmen Mittel der Aufgabenerfüllung**. Sie nennen im **Tatbestand** diejenigen Voraussetzungen, unter denen die Verwaltung die als **Rechtsfolge** vorgesehene Handlungsoption ausüben kann oder muss. Befugnisnormen sind in aller Regel **konditional** gefasst (vgl. unten Rn. 449 ff.). 261

Für die Rechtmäßigkeit einer behördlichen Entscheidung oder Handlung ist die Ausrichtung auf den mit der Aufgabenzuweisung vorgegebenen Zweck eine **notwendige Bedingung**. Ob aber die Aufgabennorm hinreichend ist oder ob darüber hinaus das gewählte Mittel einer Grundlage in einer Befugnisnorm **bedarf**, bemisst sich nach der Reichweite des **Vorbehalts des Gesetzes**. Soweit er eingreift, ist der **Schluss von der Aufgabe auf die Befugnis unzulässig** (Rn. 264 ff.). Das ist gewissermaßen die rechtsstaatliche Formulierung des Satzes, dass der Zweck nicht die Mittel heiligt. Wenn ein bestimmtes Mittel in einer Befugnisnorm geregelt ist, gilt insoweit der **Vorrang des Gesetzes** (Rn. 274 ff.). Außerhalb der Anwendungsbereiche von Vorrang und Vorbehalt des Gesetzes ermächtigt die **Aufgabennorm** zu allen Maßnahmen, die der Aufgabenerfüllung dienen. 262

1 *OVG Lüneburg*, NJW 2006, 391.
2 BGHZ 138, 15.

II. Vorrang und Vorbehalt des Gesetzes

263 Die Notwendigkeit einer speziellen Befugnisnorm ergibt sich teilweise im Hinblick auf die Handlungsform, teilweise im Hinblick auf Inhalt und Wirkung behördlicher Tätigkeit.

1. Handlungsform-Vorbehalt

264 Alleine an die **Handlungsform** geknüpft ist der spezielle Gesetzesvorbehalt des Art. 80 I 1, 2 GG. **Rechtsverordnungen der Exekutive** bedürfen einer gesetzlichen Ermächtigung, die nach Inhalt, Zweck und Ausmaß hinreichend bestimmt ist. Der unmittelbare Anwendungsbereich des Art. 80 I GG ist auf bundesrechtliche Ermächtigungen beschränkt. Als Konkretisierung des Demokratie- und des Rechtsstaatsprinzips gehören seine **Voraussetzungen für die Durchbrechung des Gesetzgebungsmonopols** der Legislative aber zu den demokratischen und rechtsstaatlichen **Grundsätzen**, die nach Art. 28 I 1 GG auch in den Ländern Geltung beanspruchen. Soweit nicht Landesverfassungen ohnehin dem Art. 80 I 1, 2 GG entsprechende Regelungen enthalten, hat dieser **Handlungsform-Vorbehalt** für Landesrecht seine Grundlage in Art. 20 III, 28 I 1 GG. Die allgemeinen Gefahrenabwehrgesetze enthalten (Ausnahme: Bay[3]) eine allgemeine Ermächtigung der Ordnungsbehörden zum Erlass von Gefahrenabwehrverordnungen[4] (Rn. 543 ff.).

265 Für den Erlass von **Satzungen** gilt hingegen Art. 80 I GG nicht. Als Regelungsinstrument der Selbstverwaltung ist es aber an die Verleihung einer begrenzten Autonomie gebunden und unterliegt insofern ebenfalls dem Vorbehalt des Gesetzes. Die Satzungsbefugnis von Kommunen ist durch Art. 28 II GG bereits verfassungsrechtlich verbürgt.

266 Ob auch der Erlass von **Verwaltungsakten** einem Handlungsform-Vorbehalt unterliegt, ist durchaus strittig, aber für das allgemeine Gefahrenabwehrrecht kaum von Bedeutung (zur Geltendmachung von Kostenerstattungsansprüchen vgl. aber Rn. 588). Als Einzelfallregelung ist der Verwaltungsakt eine typische Handlungsform der Verwaltung, so dass **rein instrumentelle**, vom jeweiligen Regelungsinhalt unabhängige Überlegungen, wie sie etwa Art. 80 I GG zugrunde liegen, keine Rolle spielen. Aufgeworfen wird die Frage nur bei belastenden Verwaltungsakten wegen der **über den Regelungsinhalt hinaus gehenden belastenden Wirkungen**, die aus der Handlungsform resultieren: die Wirksamkeit selbst bei Rechtswidrigkeit, die Auferlegung der Anfechtungslast wegen sonst drohender formeller Bestandskraft und die Titelfunktion des Verwaltungsakts. Die „Verwaltungsakts-Befugnis" steht insbesondere in Frage, wenn die Konkretisierung gesetzlicher Pflichten in Frage steht. Da deren Verletzung aber eine Störung der öffentlichen Sicherheit darstellt, bietet die gefahrenabwehrrechtliche Generalklausel[5] die notwendige Handhabe für entsprechende Verwaltungsakte (oben Rn. 42).

3 Das LStVG enthält nur spezielle Verordnungsermächtigungen in Art. 16 ff.

4 **BW:** § 17 I PolG; **Berl:** § 55 ASOG; **Bbg:** §§ 25, 26 OBG; **Brem:** § 110 PolG; **Hbg:** § 1 I SOG; **Hess:** §§ 72–74 HSOG; **MV:** § 17 SOG; **Nds:** § 55 NPOG; **NW:** §§ 26, 27 OBG; **RP:** § 69 POG; **Saar:** § 59 I SPolG; **Sachs:** § 32 I PBG; **LSA:** § 94 I SOG; **SH:** § 175 I LVwG; **Thür:** § 27 I OBG.

5 **BW:** § 3 i.V.m. § 1 PolG; **Bay:** Art. 11 I, II PAG; einschränkend Art. 7 II LStVG (vgl. oben Rn. 42 in Fn. 9); **Berl:** § 17 I ASOG; **Bbg:** § 10 I PolG, § 13 I OBG; **Brem:** § 10 I PolG; **Hbg:** § 3 I, II 1 lit. a) SOG; **Hess:** § 11 HSOG; **MV:** § 13 SOG; **Nds:** § 11 NPOG; **NW:** § 8 I PolG, § 14 I OBG; **RP:** § 9 I POG; **Saar:** § 8 I SPolG; **Sachs:** § 12 I PVDG; § 12 I PBG; **LSA:** § 13 SOG; **SH:** § 174 LVwG; **Thür:** § 12 I, II PAG, § 5 I OBG.

2. Der allgemeine Vorbehalt des Gesetzes

Einer gesetzliche Ermächtigung bedarf die Verwaltung nach dem allgemeinen, aus dem Rechtsstaats- und Demokratieprinzip abgeleiteten **Vorbehalt des Gesetzes.**[6] Nach diesem hat der Gesetzgeber in grundlegenden normativen Bereichen, zumal im Bereich der Grundrechtsausübung, alle wesentlichen Entscheidungen selbst zu treffen **(Wesentlichkeitstheorie)**.[7] Grundrechtswesentlich in diesem Sinne ist ein zur Gefahrenabwehr eingesetztes Mittel jedenfalls immer dann, wenn es mit einem **Eingriff in Rechte, insbesondere Grundrechte** verbunden ist. Das ist im Gefahrenabwehrrecht als ein typisches Beispiel der Eingriffsverwaltung vielfach, aber nicht ausnahmslos der Fall. 267

a) Unmittelbare Eingriffe

Nach dem „klassisch" genannten Begriff des Eingriffs kommt der Vorbehalt des Gesetzes stets zum Tragen, wenn die Verwaltung mit „Befehl und Zwang" agiert, insbesondere **Ge- oder Verbote** statuiert. Darüber hinaus können Rechte oder Rechtsgüter auch **durch tatsächliche Handlungen** ohne Regelungscharakter unmittelbar beeinträchtigt werden, etwa wenn Behörden in die (z.B. durch Art. 10, 13 GG) grundrechtlich geschützte Privatsphäre eindringen, die körperliche Unversehrtheit beeinträchtigen oder die Freiheit entziehen (Art. 2 II GG). 268

b) Zurechnung mittelbar-faktischer Wirkungen

Problematisch wird die Beurteilung der Eingriffsqualität behördlichen Vorgehens und damit die Notwendigkeit einer Befugnisnorm aber dann, wenn Beeinträchtigungen grundrechtlich geschützter Rechtsgüter **nicht unmittelbare Folge** einer behördlichen Maßnahme sind, sondern sich erst **vermittelt** durch das **Verhalten Dritter oder des Betroffenen** einstellen. Wann und unter welchen Voraussetzungen solche **mittelbar-faktischen Wirkungen** einem Verwaltungsträger zurechenbar sind, ist noch nicht abschließend geklärt und womöglich je nach betroffenem Grundrecht differenziert zu beantworten. So hat das *BVerfG* im Hinblick auf Produktwarnungen entschieden, dass Art. 12 I GG nicht vor inhaltlich zutreffenden, sachlich und zurückhaltend formulierten Informationen schütze, die ein Hoheitsträger im Rahmen seiner Aufgabe verbreite.[8] Eine zurechenbare Beeinträchtigung liege aber dann vor, „wenn die staatliche Informationstätigkeit **in der Zielsetzung und ihren Wirkungen Ersatz für** eine staatliche Maßnahme ist, die als **Grundrechtseingriff** zu qualifizieren wäre. Durch Wahl eines solchen **funktionalen Äquivalents** eines Eingriffs können die besonderen Bindungen der Rechtsordnung nicht umgangen werden; vielmehr müssen die für Grundrechtseingriffe maßgebenden rechtlichen Anforderungen erfüllt sein".[9] 269

Damit werden die Merkmale der **Finalität des Verwaltungshandelns** und der **Vergleichbarkeit seiner Wirkungen** mit typischen Eingriffsmaßnahmen als Anknüpfungspunkt für die Zurechnung mittelbar-faktischer Wirkungen herausgestellt. Das ist durchaus verallgemeinerbar, weil es die vielfältigen Möglichkeiten staatlicher, d.h. mit staatlicher Autorität versehener, Verhaltenssteuerung nach gleichen Maßstäben rechtlich bewertet. Es kann deshalb auch in anderen Zusammenhängen fruchtbar gemacht werden. 270

---

6 Grundfälle bei *Wehr*, JuS 1997, 420 ff.
7 Z.B. BVerfGE 49, 89 (126); 108, 282 (311).
8 BVerfGE 105, 252 (272).
9 BVerfGE 105, 252 (273).

271 Ein Beispiel hierfür ist **Fall 38**: Das **Gefährderanschreiben** bzw. die **Gefährderansprache**[10] ist unter anderem ein im Umgang mit gewalttätigen Demonstranten oder Fußball-Hooligans eingesetztes Instrument im Vorfeld von Großveranstaltungen, bei denen ein gewalttätiger Verlauf zu befürchten ist. Ein Ge- oder Verbot, das unzweifelhaft als Eingriff zu werten wäre, ist damit aber nicht verbunden. Dennoch handelt es sich nicht um einen bloßen Hinweis auf die Rechtslage oder einen unverbindlichen allgemeinen Ratschlag. Vielmehr werden Personen gezielt angesprochen, die bereits in der Vergangenheit einschlägig aufgefallen sind. Das *OVG Lüneburg*[11] erkannte in dem Gefährderanschreiben einen Eingriff in die durch Art. 5 I 1 und 8 I GG geschützte Willensentschließungsfreiheit, weil es **darauf abzielte**, den Adressaten von einer Teilnahme an den beschriebenen Demonstrationen abzuhalten **(Finalität)** und dieser Absicht mit dem Hinweis auf sonst drohende präventiv-polizeiliche Maßnahmen **Nachdruck** verlieh. Diese Drohung war **in ihrer Wirkung einem Verbot vergleichbar**, weil D nun damit rechnen musste, dass er auf jeden Fall besonderer polizeilicher Aufmerksamkeit sicher sein konnte, wenn er sich (auch friedlich!) an den geplanten Versammlungen beteiligte. Deshalb bedurfte die Polizei einer **Befugnis**, die sich **mangels spezieller Regelung**[12] aus der **Generalklausel** ergab.

272 Hingegen fehlte es in **Fall 39** nach Ansicht des *BGH*[13] an einer eingriffsgleichen Wirkung der von der Bürgermeisterin geäußerten Bitte, von einer Verwertung der möglicherweise kontaminierten Pflanzen abzusehen. Begründet wurde dies damit, dass auf Seiten der Ordnungsbehörde ersichtlich noch völlige Ungewissheit darüber herrschte, ob und in welchem Umfang gegen die betroffenen Landwirte Anordnungen erlassen werden konnten. Der bloße Gefahrverdacht ließ nicht mit hinreichender Wahrscheinlichkeit den Eintritt von Gesundheitsschäden erwarten. So fehlte es **nicht an der Finalität**, da die Bitte natürlich in der Erwartung geäußert wurde, dass G ihr Folge leisten würde. Sie hatte aber **keine** mit einer verbindlichen Anordnung **vergleichbare Wirkung**, weil eine Weigerung des G nach den Umständen des Falles nicht behördliche Maßnahmen nach sich gezogen hätte.

273 **Anders** wäre zu entscheiden gewesen, wenn die Bürgermeisterin ein solches ordnungsbehördliches Vorgehen für den Fall der Weigerung **in Aussicht gestellt** hätte[14] und deshalb die freiwillige Befolgung der Bitte nur der Verhängung eines Verwertungsverbots vorgebeugt hätte.

3. Vorrang des Gesetzes

274 Ist eine **Befugnisnorm erforderlich**, kann im Anwendungsbereich des allgemeinen Gefahrenabwehrrechts jedenfalls die Generalklausel in Verbindung mit den Adressatenvorschriften[15] herangezogen werden, die ohne nähere Präzisierung dazu ermächtigt, die „er-

10 Überblick bei *Hebeler*, NVwZ 2011, 1364 ff.
11 *OVG Lüneburg*, NJW 2006, 391 ff.
12 Vgl. **BW:** § 29 I PolG; **Berl:** § 18b ASOG; **Nds:** § 12a NPOG; **NW:** § 14 I 1 VersG.
13 BGHZ 138, 15 ff.
14 So etwa in *BGH*, NJW 1996, 3151 (3152).
15 **BW:** §§ 6, 7, 9 PolG; **Bay:** Art. 7, 8, 10 PAG; Art. 9 LStVG; **Berl:** §§ 13, 14, 16 ASOG; **Bbg:** §§ 5–7 PolG; §§ 16–18 OBG; **Brem:** §§ 5–7 PolG; **Hbg:** §§ 8–10 SOG; **Hess:** §§ 6, 7, 9 HSOG; **MV:** §§ 69, 70, 71 SOG; **Nds:** §§ 6–8 NPOG; **NW:** §§ 4–6 PolG; §§ 17–19 OBG; **RP:** §§ 4, 5, 7 POG; **Saar:** §§ 4–6 SPolG; **Sachs:** §§ 6, 7, 9 PVDG; §§ 14, 15, 17 PBG; **LSA:** §§ 7, 8, 10 SOG; **SH:** §§ 218–220 LVwG; **Thür:** §§ 7, 8, 10 PAG; §§ 10, 11, 13 OBG.

forderlichen“ oder „notwendigen Maßnahmen“ zu treffen. Dem Vorbehalt des Gesetzes ist deshalb in aller Regel entsprochen. Die dem Grunde nach zulässigen Maßnahmen unterliegen aber dem **Vorrang des Gesetzes.**[16] Sie müssen den gesetzlichen Vorgaben entsprechen, was im Rahmen der formellen und materiellen Rechtmäßigkeit zu prüfen ist. Insbesondere dürfen sie nur unter den Voraussetzungen getroffen werden, unter denen das Gesetz sie zulässt.

Daran scheiterte das „Gefährderanschreiben“ in **Fall 38.** Zwar waren die Voraussetzungen der Generalklausel erfüllt, weil hinreichende Erkenntnisse dafür vorhanden waren, dass die Demonstrationen gegen den EU-Gipfel in B einen gewalttätigen Verlauf nehmen würden. Es lag also eine konkrete Gefahr für die öffentliche Sicherheit vor. Allerdings konnte D nicht als Verursacher dieser Gefahr herangezogen werden, obwohl er bereits polizeilich in Erscheinung getreten war. Denn die aktenkundigen Vorfälle lagen z.T. schon etliche Jahre zurück, so dass sie nach Ansicht des Gerichts für die aktuelle Situation nicht mehr verwertbar waren. D war bisher nicht als Globalisierungsgegner in Erscheinung getreten und nicht zu vergleichbaren Veranstaltungen gereist, um sich dort an gewaltsamen Auseinandersetzungen zu beteiligen. Die vorhandenen Erkenntnisse rechtfertigten also nicht die Annahme, dass D die Regierungskonferenz zum Anlass nehmen würde, sich an gewalttätigen Demonstrationen zu beteiligen.[17] Mangels Verantwortlichkeit des D war das Gefährderanschreiben rechtswidrig. 275

Die Verwaltung ist natürlich auch dann an das Gesetz gebunden, wenn nach der Lehre vom Vorbehalt des Gesetzes eine **Befugnisnorm nicht erforderlich** ist. Der Gesetzgeber ist nicht darauf beschränkt, nur die „wesentlichen“ Entscheidungen zu treffen. Vielmehr kann er Mittel der Aufgabenerfüllung auch dann normieren und ggf. (tatbestandlich) begrenzen, wenn sie nicht in Grundrechte eingreifen. In diesem Fall ist **Rechtsgrundlage nicht die Aufgabennorm**, sondern wegen des Vorrangs des Gesetzes die spezielle Befugnisnorm. 276

Das spielt in **Fall 39** (mittelbar) eine Rolle. G macht einen Ernteausfallschaden geltend, den er infolge der an ihn gerichteten Bitte der Bürgermeisterin erlitten hat. Die in Frage kommenden Anspruchsgrundlagen der Gefahrenabwehrgesetze[18] setzen voraus, dass D Adressat einer „Maßnahme“ war. Dieser, auch in der Generalklausel verwendete[19] Begriff ist bei unbefangener Betrachtung denkbar weit und kann durchaus auch bloße Hinweise, Ratschläge oder eben auch Bitten umfassen. Legte man ihn jedoch in der Weise aus, dass im Grunde alle Verwaltungstätigkeiten hierunter zu subsumieren wären, hätte dies wegen des Vorrangs des Gesetzes zur Folge, dass die Gefahrenabwehrbehörden auch **Maßnahmen ohne Eingriffsgehalt** nur ergreifen dürften, wenn eine **konkrete Gefahr** für die öffentliche Sicherheit oder Ordnung besteht. 277

Eine solche Auslegung entspricht jedoch nicht dem **Zweck der Generalklausel.** Sie soll eine effektive Gefahrenabwehr durch Überwindung entgegenstehender Rechte ermögli- 278

16 Grundfälle bei *Wehr*, JuS 1997, 231 ff.

17 *OVG Lüneburg*, NJW 2006, 391 (394).

18 Insbesondere **BW:** § 100 I PolG; **Bay:** Art. 11 I 1 LStVG, Art. 87 I PAG; **Berl:** § 59 I Nr. 1, II ASOG; **Bbg:** § 70 I PolG, § 38 I OBG; **Brem:** § 117 I 1 PolG; **Hbg:** § 10 III 1 SOG; **Hess:** § 64 I HSOG; **MV:** § 72 I SOG; **Nds:** § 80 I NPOG; **NW:** § 67 PolG, § 39 I OBG; **RP:** § 87 I POG; **Saar:** § 68 I SPolG; **Sachs:** § 47 I Nr. 1 PVDG; § 41 I Nr. 1 PBG; **LSA:** § 69 I SOG; **SH:** § 221 I LVwG; **Thür:** § 68 I PAG, § 52 OBG.

19 Ausnahme **Bay:** Art. 7 II LStVG spricht von „Anordnung“; der Begriff der Maßnahme wird aber in weiteren Vorschriften (Art. 8, 9 LStVG) verwendet.

chen, aber nicht auch der Gefahrenentstehung vorbeugende Maßnahmen, die nicht mit Rechtseingriffen verbunden sind, verhindern oder erschweren. Der Begriff der **„Maßnahme"** ist deshalb zwar **nicht dem Inhalt nach** auf bestimmte Handlungsmodalitäten **beschränkt**. Vielmehr ist er durch **die Wirkung** dieser Handlungen definiert und **im Sinne von „Eingriffsmaßnahme"** zu verstehen. Dies wird nur vereinzelt ausdrücklich gesetzlich klargestellt,[20] gilt aber aus den genannten Gründen auch sonst.

279 Für **Verwaltungshandeln ohne Eingriffsgehalt** bleibt es deshalb prinzipiell dabei, dass es alleine auf die **Aufgabennorm** gestützt werden kann und nur im Hinblick auf den mit ihr vorgegebenen Zweck rechtlich determiniert ist (oben Rn. 262). So hat auch der *BGH* in der **Fall 39** zugrunde liegenden Entscheidung darauf erkannt, dass es sich bei der Bitte nicht um eine „Maßnahme" im Sinne des Gesetzes gehandelt hat und den geltend gemachten Entschädigungsanspruch des G verneint.[21]

B. Präventive und repressive Maßnahmen

280 **Fall 40:** F wurde als Fahrer eines PKW von der Polizei angehalten, weil er wegen unsicherer Fahrweise aufgefallen war. Die Beamten nahmen einen deutlichen Alkoholgeruch wahr. Da sich F aber weigerte, sich einem Atem-Alkoholtest zu unterziehen, wurde eine Blutprobe angeordnet, die von einem hinzugezogenen Arzt auf der Polizeidienststelle vorgenommen werden sollte. F übte heftige Gegenwehr und wurde deshalb von vier Polizeibeamten vom Stuhl gezogen, auf den Boden gelegt und dort so fixiert, dass der Arzt die Blutentnahme durchführen konnte.[22] **(Rn. 283, 294 f.)**

Fall 41: Eine Demonstration gegen einen Castor-Transport vor dem Gelände des Kernkraftwerks in K wurde von der Polizei ordnungsgemäß aufgelöst. Viele der Demonstranten blockierten weiterhin die Zufahrtsstraße zum KKW trotz mehrfacher polizeilicher Aufforderung, die Straße zu räumen. Sie wurden deshalb von Polizisten weggetragen und in eine Polizeidienststelle verbracht. Dort wurden ihre Personalien festgestellt und, soweit erforderlich, im Einzelfall überprüft. Mitgeführte Gegenstände wurden ihnen abgenommen, in einem Verzeichnis erfasst und in einem gesonderten Raum verwahrt. Im Anschluss an diese ca. zwei Stunden dauernde Prozedur wurde den Demonstranten eröffnet, dass gegen sie wegen einer versammlungsrechtlichen Ordnungswidrigkeit[23] ermittelt werde. Außerdem wurden sie sodann in Gewahrsam genommen, bis der Castor-Transport das Zwischenlager auf dem Gelände des KKW erreicht hatte.[24] **(Rn. 285 f., 288 f., 321)**

Fall 42: Der Verkehrskontrolle und der Fahrzeugdurchsuchung in **Fall 27** (Rn. 141) lag folgender Sachverhalt zugrunde: Im Zuge verdeckter Ermittlungen gegen A und B wegen des Verdachts des Handels mit Betäubungsmitteln erfuhr die Kriminalpolizei, dass A im Auftrag des B, der sich zu dieser Zeit in Marokko aufhielt, Drogen aus den Niederlanden nach Deutschland bringen sollte. Um einerseits zu verhindern, dass die Drogen in Umlauf kamen, und andererseits Beweismittel zu sichern, sollte das Rauschgift sichergestellt werden. Um die weiteren Ermittlungen nicht zu gefährden, insbesondere zu vermeiden, dass B von ihnen erfuhr, wurde die Autobahnpolizei gebeten, das Fahrzeug des A unter der Legende einer Verkehrskontrolle anzuhal-

20 **Nds:** § 2 Nr. 7 NPOG.
21 BGHZ 138, 15 (19 ff.).
22 *OLG Dresden*, NJW 2001, 3643.
23 **Bay:** Art. 21 II Nr. 3 BayVersG; **Nds:** § 21 I Nr. 11 NversG; **Sachs:** § 30 I Nr. 3 SächsVersG; **LSA:** § 28 I Nr. 4 VersG; im Übrigen § 29 I Nr. 2 VersG.
24 Nach *VGH Mannheim*, NVwZ-RR 2005, 540.

ten. Zur Kontrolle wurden Drogenspürhunde hinzugezogen. Dies führte zum Auffinden des Kokains.[25] **(Rn. 286, 291)**

Bei der Bestimmung der Rechtsgrundlage für eine **Maßnahme der Vollzugspolizei** kann u.U. eine Abgrenzung zwischen der **präventiven Aufgabe** der **Gefahrenabwehr und** der **repressiven Aufgabe der Verfolgung von Straftaten und Ordnungswidrigkeiten**[26] (oben Rn. 6) erforderlich werden. Denn die Befugnisse zur jeweiligen Aufgabenerfüllung ergeben sich (grundsätzlich, vgl. unten Rn. 292 ff.) aus unterschiedlichen Gesetzen. Sie unterscheiden sich zum Teil nach Voraussetzungen und Inhalt, weil sie auch **unterschiedliche Zielsetzungen** verfolgen. Das hat Folgewirkungen für die materielle Rechtmäßigkeit: Befugnisnormen sind regelmäßig Ermessensvorschriften. Das Ermessen ist aber „entsprechend dem Zweck der Ermächtigung auszuüben".[27] Und die Verhältnismäßigkeit einer Maßnahme richtet sich u.a. danach, ob sie zur Erreichung des zu verfolgenden Zwecks geeignet ist. Der Zweck muss also zuvor bestimmt werden. 281

I. Der Zweck der Maßnahme

Deshalb muss bei der Ermittlung der Rechtsgrundlage für eine Maßnahme der Vollzugspolizei zunächst geklärt werden, in Erfüllung welcher Aufgabe, also **zu welchem Zweck**, sie getroffen wurde. Das kann nach den **Umständen des Falles** und der **Art der Maßnahme** offensichtlich sein. 282

So besteht etwa in **Fall 34** (Rn. 199) kein Zweifel daran, dass die Sicherstellung des PKW der Gefahrenabwehr diente und deshalb keine strafprozessuale Befugnisnorm[28] in Betracht kam. In **Fall 40** diente die Anordnung einer Blutprobe ersichtlich dazu, den wegen der unsicheren Fahrweise und des Alkoholgeruchs entstandenen Verdacht einer Ordnungswidrigkeit nach § 24a I StVG bzw. einer Straftat nach § 316 StGB zu erhärten. Zwar stellt ein alkoholisierter Fahrer im Straßenverkehr eine Gefahr für die öffentliche Sicherheit dar, so dass auch Gefahrenabwehrmaßnahmen ergriffen werden konnten. Doch ist der durch die Blutprobe zu ermittelnde Blutalkoholgehalt eine unter den geschilderten Umständen **für die Gefahrenabwehr irrelevante** Information. Es handelte sich deshalb um eine **repressive Maßnahme** aufgrund des OWiG bzw. der StPO. 283

II. Gemengelagen und doppelfunktionelle Maßnahmen

1. Gemengelagen

Vielfach ist der Zweck einer Maßnahme keineswegs eindeutig zu bestimmen, weil nach den Umständen und der Art der Maßnahme sowohl die Abwehr von Gefahren als auch die Strafverfolgung möglich oder nötig ist. Häufig werden im Rahmen eines polizeilichen Einsatzes mehrere Maßnahmen getroffen, wobei sich präventive und repressive Zwecke abwechseln oder auch mischen können. Dabei ist **für jede Maßnahme gesondert** der Zweck und die Befugnis zu ermitteln. 284

25 Nach *BGH*, NJW 2017, 3137.
26 § 163 I 1 StPO, § 53 OWiG.
27 Art./§ 40 (L)VwVfG.
28 §§ 94 ff. StPO.

285 **Fall 41** ist ein Beispiel dafür. Die Aufforderung zur Räumung der Zufahrtsstraße war ein präventiv-polizeilicher Platzverweis,[29] der durch unmittelbaren Zwang[30] durchgesetzt wurde. Die Verbringung zur Polizeidienststelle konnte eine gefahrenabwehrrechtliche Ingewahrsamnahme[31] sein. Andererseits sollte sie womöglich (nur) die nachfolgende Identitätsfeststellung ermöglichen. Diese konnte aber sowohl der Gefahrenabwehr als auch der Durchführung eines OWi-Verfahrens dienen. Als Rechtsgrundlagen für diese beiden Maßnahmen kommen deshalb sowohl die Befugnisse der nach § 46 I OWiG anwendbaren StPO[32] als auch die der Gefahrenabwehrgesetze[33] in Betracht. Hinsichtlich der verwahrten Gegenstände liefert der Sachverhalt keine Hinweise darauf, dass sie für das Ermittlungsverfahren etwa als Beweismittel von Interesse waren; die Wegnahme diente der Sicherheit der Demonstranten und der Polizisten und war deshalb eine präventiv-polizeiliche Sicherstellung (bzw. Beschlagnahme) bei den festgehaltenen Personen.[34] Der abschließend verhängte Gewahrsam hatte ebenfalls keinen erkennbaren Bezug mehr zu der zur Last gelegten Ordnungswidrigkeit. Er sollte vielmehr verhindern, dass die Demonstranten erneut die Zufahrt des Kernkraftwerks blockieren. Die Rechtsgrundlage hierfür ist deshalb wiederum den Gefahrenabwehrgesetzen zu entnehmen.[35]

2. Doppelfunktionelle Maßnahmen

286 Probleme bereiten stets Maßnahmen, die sich **nicht eindeutig als präventiv oder repressiv** identifizieren lassen, wie etwa in **Fall 41** der Gewahrsam der Demonstranten bis zur Information über das Ermittlungsverfahren und in **Fall 42** die Durchsuchung des Fahrzeugs des A. Dabei besteht die Möglichkeit, dass sie nur einem der beiden Zwecke dienen. Da aber die Polizei beide Aufgabenbereiche auszufüllen hat, ist es auch denkbar, dass eine Maßnahme der Strafverfolgung und der Gefahrenabwehr gleichermaßen dient. Die Behandlung solcher Konstellationen ist umstritten.

29 **BW:** § 30 I PolG, **Bay:** Art. 16 I 1 PAG; **Berl:** § 29 I 1 ASOG; **Bbg:** § 16 I 1 PolG; **Brem:** § 11 I 1 PolG; **Hbg:** § 12a SOG; **Hess:** § 31 I 1 HSOG; **MV:** § 52 I 1 SOG; **Nds:** § 17 I 1 NPOG; **NW:** § 34 I 1 PolG; **RP:** § 13 I 1 POG; **Saar:** § 12 I 1 SPolG; **Sachs:** § 18 S. 1 PVDG; **LSA:** § 36 I 1 SOG; **SH:** § 201 I LVwG; **Thür:** § 18 I 1 PAG.

30 **BW:** §§ 63 II, 64 ff. PolG; **Bay:** Art. 70 ff. PAG; **Berl:** §§ 1 ff. UZwG; **Bbg:** §§ 60 ff. PolG; **Brem:** §§ 101 ff. PolG; **Hbg:** §§ 17 ff. SOG; **Hess:** §§ 54 ff. HSOG; **MV:** §§ 101 ff. SOG; **Nds:** §§ 71 ff. NPOG; **NW:** §§ 57 ff. PolG; **RP:** §§ 76 ff. POG; **Saar:** §§ 51 ff. SPolG; **Sachs:** §§ 39 ff. PVDG; **LSA:** §§ 58, 60 ff. SOG; **SH:** §§ 250 ff. LVwG; **Thür:** §§ 58 ff. PAG.

31 **BW:** § 33 I PolG; **Bay:** Art. 17 I PAG; **Berl:** § 30 I ASOG; **Bbg:** § 17 I PolG; **Brem:** § 13 I PolG; **Hbg:** § 13 I SOG; **Hess:** § 32 I HSOG; **MV:** § 55 I SOG; **Nds:** § 18 I NPOG; **NW:** § 35 I PolG; **RP:** § 14 I POG; **Saar:** § 13 I SPolG; **Sachs:** § 22 I PVDG; **LSA:** § 37 I SOG; **SH:** § 204 I LVwG; **Thür:** § 19 I PAG.

32 § 163b I 1, 2 StPO.

33 **BW:** § 27 I, II 3 PolG; **Bay:** Art. 13 I, II 3 PAG; **Berl:** § 21 I, II, III 3 ASOG; **Bbg:** § 12 I, II 3 PolG; **Brem:** § 27 I, II Nr. 5 PolG; **Hbg:** § 13 I, IV Nr. 6 PolDVG; **Hess:** § 18 I, II, IV HSOG; **MV:** § 29 I, III 1 SOG; **Nds:** § 13 I, II 2 NPOG; **NW:** § 12 I, II 3 PolG; **RP:** § 10 I, II 3 POG; **Saar:** § 9 I, II Nr. 4, 6 SPolG; **Sachs:** § 15 I, II Nr. 6 PVDG; **LSA:** § 20 I, II, IV SOG; **SH:** § 181 I, IV 2 LVwG; **Thür:** § 14 I, II 3 PAG.

34 **BW:** § 38 I Nr. 2 PolG; **Bay:** Art. 25 I Nr. 3 PAG; **Berl:** § 38 Nr. 3 ASOG; **Bbg:** § 25 I Nr. 3 PolG; **Brem:** § 21 Nr. 3 PolG; **Hbg:** § 14 I lit. b) SOG; **Hess:** § 40 I Nr. 3 HSOG; **MV:** § 61 I 1 Nr. 2 SOG; **Nds:** § 26 Nr. 3 NPOG; **NW:** § 43 Nr. 3 PolG; **RP:** § 22 Nr. 3 POG; **Saar:** § 21 Nr. 3 SPolG; **Sachs:** § 31 I Nr. 3 PVDG; **LSA:** § 45 Nr. 3 SOG; **SH:** § 210 I Nr. 2 LVwG; **Thür:** § 27 Nr. 3 PAG.

35 Normen o. Fn. 31.

a) Der objektive Schwerpunkt der Maßnahme

Die im Verwaltungsrecht wohl überwiegend vertretene Ansicht will solche **doppelfunktionellen Maßnahmen** anhand ihres **Schwerpunkts** und ihres objektiven **Zwecks einem Aufgabenbereich** zuordnen.[36] Rechtsgrundlage ist dann **nur** die entsprechende Befugnisnorm des Strafverfahrens- oder Gefahrenabwehrrechts. Im Ergebnis wird die Maßnahme also so behandelt, als diene sie **nur einem, nicht beiden Zwecken**. Problematisch ist dabei stets, anhand **welcher Kriterien** der Schwerpunkt ermittelt werden soll. Und immerhin besteht ja doch theoretisch die Möglichkeit, dass beide Zwecke gleichgewichtig verfolgt werden. 287

In **Fall 41** hat der *VGH Mannheim*[37] den **anfänglichen** polizeilichen Gewahrsam unter Zugrundelegung der genannten Kriterien (Schwerpunkt und Zweck) als repressive Maßnahme auf der Grundlage des § 163b I 2 StPO identifiziert, die der Durchführung des Ermittlungsverfahrens gedient habe. Für die Abgrenzung der Aufgabengebiete soll danach maßgebend sein, „wie sich der **konkrete Sachverhalt** einem **verständigen Bürger** in der Lage des Betroffenen **bei natürlicher Betrachtungsweise** darstellt". Das Gericht selbst gelangte übrigens maßgeblich aufgrund von schriftlichen Aufzeichnungen der handelnden Beamten zu seiner Erkenntnis, die erst (Jahre) nach der Maßnahme verfasst wurden. Da auch der verständigste Bürger im Polizeigewahrsam über diese Unterlagen vor ihrer Anfertigung nicht verfügen konnte, ist es aber fraglich, ob dies ein geeigneter Ansatz sein kann. 288

b) Der polizeiliche Zweck der Maßnahme

Die Gegenansicht verwirft denn auch die „Schwerpunkt"-Argumentation und setzt alleine auf den **Zweck der Maßnahme**, der **von der Polizei verfolgt** wurde.[38] Das entspricht der gesetzlichen Zweck-Mittel-Relation von Aufgabe und Befugnis (oben Rn. 260 f.): Die **Auswahl der Mittel durch die Polizei** erfolgt schließlich anhand des Zwecks, den **sie** verfolgt, weshalb es durchaus überzeugt, auch insoweit **ihre Intention** als maßgeblich anzusehen. Der Sache nach hat auch der *VGH Mannheim* in **Fall 41** darauf abgestellt, indem er auf die Äußerungen der Polizeibeamten zurückgegriffen hat. 289

Ein **wesentlicher Unterschied** zur h.M. liegt bei der soeben skizzierten Ansicht aber darin, dass sie nicht nur im Ausgangspunkt, sondern auch im Ergebnis polizeiliche Maßnahmen als doppelfunktionell anerkennt: **Wenn** es der Polizei sowohl auf die Strafverfolgung als auch auf die Gefahrenabwehr ankommt, dann ist ein **beiden Zwecken dienendes Vorgehen** auch rechtlich sowohl auf die StPO als auch auf die Gefahrenabwehrgesetze zu stützen. Danach liegen in Wahrheit **zwei rechtlich zu trennende** Maßnahmen vor, die lediglich **tatsächlich in einem Akt** zusammentreffen.[39] Die Konsequenz aus dieser Ansicht ist freilich, dass ein von einer doppelfunktionellen Maßnahme Betroffener sowohl den ordentlichen als auch den Verwaltungsrechtsweg beschreiten muss. Die größere dogmatische Stringenz ist ohne den Preis einer Erschwerung des Rechtsschutzes wohl nicht zu haben. 290

36 *Knemeyer*, Rn. 122; *Würtenberger/Heckmann/Tanneberger*, § 4 Rn. 69.
37 *VGH Mannheim*, NVwZ-RR 2005, 540.
38 *Schenke*, Rn. 473.
39 *Schenke*, Rn. 476 f.

c) Die strafverfahrensrechtliche Perspektive

291 Einen neuen Akzent hat der *BGH* mit seiner Rechtsprechung zu sog. **legendierten Kontrollen** in **Fall 42** gesetzt.[40] Die Durchsuchung des Fahrzeugs, deren Rechtmäßigkeit als Vorfrage für das strafgerichtliche Urteil gegen A von Bedeutung war, wurde auf polizeirechtliche Befugnisnormen gestützt: Die aus den verdeckten Ermittlungen gewonnenen Informationen rechtfertigten die Annahme, dass A in dem Fahrzeug illegale Drogen mit sich führte, die sichergestellt werden konnten.[41] Zugleich aber wurde das Ziel der Beweissicherung für ein mögliches Strafverfahren gegen A und B verfolgt. Die Durchsuchung hätte deshalb auch auf § 102 StPO gestützt werden können. Aus Sicht der „Schwerpunkttheorie" (Rn. 287) hätte es nahe gelegen, die Maßnahme dem Strafverfahrensrecht zuzuweisen. Dann stünde aber ein Beweisverwertungsverbot wegen rechtsmissbräuchlicher Umgehung des Richtervorbehalts (§ 105 StPO) im Raum. Das Gleiche wäre anzunehmen, würde man die Durchsuchung wegen der doppelten Zwecksetzung der Polizei als jedenfalls auch strafprozessuale Maßnahme ansehen. Da das Gefahrenabwehrrecht wegen seiner auf den Schutz von Rechtsgütern und Rechtsordnung ausgerichteten Zielsetzung keine der StPO vergleichbaren Schutzregelungen zugunsten von Tatverdächtigen und Beschuldigten kennt, wird zuweilen ein Vorrang des Strafverfahrensrechts vor dem Polizeirecht postuliert, sobald ein Anfangsverdacht besteht. Doch lässt sich ein solcher Vorrang weder aus den einschlägigen Vorschriften noch aus der verfassungsrechtlichen Kompetenzordnung schließen. Der *BGH* nimmt im Ergebnis ein **Wahlrecht der Polizei** an, auf welche der möglichen Rechtsgrundlagen sie eine Maßnahme stützen möchte, wenn selbstständige präventive und repressive Zwecke verfolgt werden sollen. Ob die im Falle eines präventiven Vorgehens erlangten Beweise im Strafverfahren berücksichtigt werden dürfen, bemisst sich dann nach den allgemeinen Vorschriften (z.B. § 161 III StPO).

III. Der eingeschränkt abschließende Charakter der StPO

292 Steht fest, dass eine Maßnahme der Straf- oder Ordnungswidrigkeitenverfolgung, nicht der Gefahrenabwehr vorliegt, so ist die Rechtsgrundlage hierfür primär in der StPO bzw. im OWiG zu suchen. Das ist jedenfalls der **prinzipielle Ausgangspunkt**, der sich aus der Verteilung der Gesetzgebungskompetenzen ergibt: Soweit der Bund von der Ermächtigung in Art. 74 I Nr. 1 GG Gebrauch gemacht hat, ist kein Raum für die Anwendung von Landesrecht.

293 Allerdings ist damit der Rückgriff auf die Gefahrenabwehrgesetze nicht in vollem Umfang gesperrt. So sind Maßnahmen der **Strafverfolgungsvorsorge** in der StPO nur punktuell geregelt. Sie hindern deshalb die ergänzende Anwendung landesrechtlicher Regelungen nicht (oben Rn. 13 ff.). Im Übrigen, also bei der Verfolgung von aktuellen Straf-

40 *BGH*, NJW 2017, 3173 (3175 ff.), seither st. Rspr.

41 **BW:** §§ 35 Nr. 1, 34 I Nr. 2, 38 I Nr. 1 PolG; **Bay:** Art. 22 I Nr. 1, 21 I Nr. 1, 25 I Nr. 1 lit. a) PAG; **Berl:** §§ 35 I Nr. 1, 34 I Nr. 1, 38 Nr. 1 ASOG; **Bbg:** §§ 22 I Nr. 1, 21 I Nr. 2, 25 I Nr. 1 PolG; **Brem:** §§ 18 I Nr. 1; 17 I Nr. 2, 21 Nr. 2 PolG; **Hbg:** §§ 15a I Nr. 1, 15 I Nr. 2, 14 I lit. a) SOG; **Hess:** §§ 37 I Nr. 1, 36 I Nr. 1, 40 I Nr. 1 HSOG; **MV:** §§ 57 Nr. 1, 53 I Nr. 1, 61 I Nr. 1 SOG; **Nds:** §§ 23 I Nr. 1, 22 I Nr. 2, 26 Nr. 1 NPOG; **NW:** §§ 40 I Nr. 1, 39 I Nr. 2, 43 Nr. 1 PolG; **RP:** §§ 19 I Nr. 1, 18 I Nr. 2, 23 Nr. 1 POG; **Saar:** §§ 18 I Nr. 1, 17 I Nr. 1, 21 Nr. 1 SPolG; **Sachs:** §§ 28 Nr. 1, 27 Nr. 2, 31 I Nr. 1 PVDG; **LSA:** §§ 42 I Nr. 1, 41 I Nr. 1, 45 Nr. 1 SOG; **SH:** §§ 206 Nr. 1, 202 II Nr. 1, 210 I Nr. 1 LVwG; **Thür:** §§ 24 I Nr. 1, 23 I Nr. 2, 27 Nr. 1 PAG.

taten und Ordnungswidrigkeiten, kann sich die Polizei nicht auf die Standardbefugnisse oder die Generalklausel der Gefahrenabwehrgesetze stützen, sondern ist auf die Regelungen von StPO und OWiG beschränkt.

Damit sind aber nicht alle Zweifelsfragen beseitigt, wie **Fall 40** zeigt. Zwar enthält § 81a StPO die Ermächtigung, Blutproben zu entnehmen. Nach § 46 IV 1 OWiG ist dies auch im Ordnungswidrigkeitenverfahren zulässig. Allerdings wurde die Blutentnahme erst möglich, nachdem F unter Gewaltanwendung „ruhiggestellt" worden war. Dieser unmittelbare Zwang stellt einen **eigenständigen**, über die Blutprobe hinaus gehenden Eingriff in das Recht auf körperliche Unversehrtheit dar, der deshalb ebenfalls auf eine Befugnisnorm gestützt werden muss. Die StPO normiert zwar eine Vielzahl von Eingriffsmaßnahmen, enthält jedoch keine allgemeine Regelung für ihre zwangsweise Durchsetzung. **294**

Das *OLG Dresden*[42] hat in **Fall 40** § 81a StPO auch als Rechtsgrundlage für die zur Vollziehung der Blutentnahme erforderlichen Zwangsmaßnahmen angesehen. Das Gericht beruft sich u.a. auf eine weit zurück liegende Entscheidung des *BayObLG*,[43] welches die Zwangsbefugnis daraus abgeleitet hat, dass die Entnahme der Blutprobe auch gegen den Willen des Beschuldigten zulässig ist. Das läuft im Ergebnis darauf hinaus, das (Zwangs-) Mittel mit der Zulässigkeit des Zwecks zu rechtfertigen, dem es dient – ein Argument, das freilich unter der Geltung des Vorbehalts des Gesetzes getrost als überholt bezeichnet werden kann. **295**

Überzeugender ist die Annahme, dass der Bundesgesetzgeber seine Gesetzgebungskompetenz zwar im Hinblick auf **strafverfahrensrechtliche Primärmaßnahmen, nicht aber für deren Vollstreckung** ausgeschöpft hat, so dass insoweit der Rückgriff auf die landesrechtlichen Polizeigesetze möglich bleibt. Einige Gefahrenabwehrgesetze sehen eine lückenschließende Funktion ihrer Befugnisnormen ausdrücklich vor.[44] Im Übrigen kann auch darauf abgestellt werden, dass die Weigerung, einer strafverfahrensrechtlichen Anordnung Folge zu leisten, zugleich eine Gefahr für die öffentliche Sicherheit darstellt und aus diesem Grund die präventiv-polizeilichen Zwangsbefugnisse zur Verfügung stehen.[45] Im Ergebnis können also die **Regelungen** über die **Anwendung unmittelbaren Zwangs**[46] durch die Vollzugspolizei als **Rechtsgrundlage für die Durchsetzung** strafprozessualer Maßnahmen herangezogen werden. **296**

C. Befugnisse in besonderen Gefahrenabwehrgesetzen

Das Gefahrenabwehrrecht ist zu einem großen Teil durch besondere Gesetze geregelt, die dem Schutz bestimmter Güter dienen (z.B. Wasserrecht, Bodenschutzrecht, Naturschutzrecht, Gesundheitsrecht), den Umgang mit bestimmten Gefahrenquellen regeln (z.B. Infektionsschutzrecht, Bauordnungsrecht, Atomrecht, Immissionsschutzrecht, Abfallrecht) und/oder sonst sachlich abgrenzbare Materien zum Gegenstand haben (z.B. Gewerbe- **297**

---

42 *OLG Dresden*, NJW 2001, 3643 f.; ebenso *Hadamitzky*, KK-StPO, 8. Aufl. 2019, § 81a StPO Rn. 9.

43 *BayObLG*, NJW 1964, 459 f.

44 **Bay:** Art. 11 III 2 PAG; **Berl:** § 17 II 2 ASOG; **Bbg:** § 10 II 2 PolG, § 13 II 2 OBG; **Brem:** § 10 II 2 PolG; **Hess:** generell § 3 I 3 HSOG, speziell § 3 III HSOG; **NW:** § 8 II 2 PolG, § 14 II 2 OBG; **RP:** § 9 II 2 POG; **Saar:** § 8 II 2 SPolG; **LSA:** § 4 I 2 SOG, speziell für die Anwendung unmittelbaren Zwangs § 4 II SOG; **SH:** § 173 II LVwG, der aber nicht auf die Vollstreckungsregelungen der §§ 228 ff. LVwG verweist; **Thür:** § 12 III 2 PAG, § 5 II 2 OBG.

45 In dieser Richtung *Benfer*, NJW 2002, 2688 (2689).

46 Normen o. Fn. 30.

recht). Diese Gesetze enthalten jeweils Befugnisnormen, die Eingriffsvoraussetzungen und Eingriffsmaßnahmen bereichsspezifisch regeln.[47] Das wirft vielfach die Frage auf, ob neben dem besonderen Gesetz auch die allgemeinen gefahrenabwehrrechtlichen Befugnisse zur Anwendung kommen können.

298 Nach dem **lex-specialis-Grundsatz** wird das allgemeine Gesetz vom speziellen verdrängt. Diese Regel findet **in zweierlei Hinsicht** Anwendung, nämlich bezogen auf das Verhältnis von **besonderem zum allgemeinen Gesetz und** bezogen auf das Verhältnis von **spezieller zu genereller Befugnisnorm**. Beide Arten der Spezialität überschneiden einander, sind aber nicht deckungsgleich.

I. Verhältnis von besonderen zu allgemeinen Gefahrenabwehrgesetzen

299 **Grundsätzlich** gilt, dass die in den besonderen Gesetzen **vorgesehenen Maßnahmen** auch **nur** unter den **dort geregelten Voraussetzungen** ergriffen werden können und ein Rückgriff auf die Befugnisse der allgemeinen Gefahrenabwehrgesetze deswegen ausscheidet. Allerdings verfolgen diese Gesetze stets **spezifische Gefahrenabwehrzwecke** und schließen deshalb Gefahrenabwehrmaßnahmen, die **anderen Zwecken** dienen, grundsätzlich nicht aus.

300 Beispielsweise haben nach den Bauordnungen der Länder die Bauaufsichtsbehörden einen auf die **Abwehr baurechtlicher Gefahren** begrenzten Aufgabenbereich,[48] zu dessen Erfüllung spezielle baurechtliche Befugnisnormen einschließlich der bauordnungsrechtlichen Generalklausel[49] normiert sind. Deshalb können die allgemeinen Ordnungsbehörden (drohende) Verstöße gegen baurechtliche Vorschriften nicht auf der Grundlage des allgemeinen Gefahrenabwehrgesetzes verhindern. Hingegen regeln die Bauordnungen nicht die Abwehr von Gefahren, die von baulichen Anlagen oder darin befindlichen Personen oder Sachen **ohne Baurechtsverstoß** hervorgerufen werden. Deshalb ist etwa in **Fall 4** (Rn. 25) für das temporäre Verbot, den Kiosk zu betreiben, keine baurechtliche Rechtsgrundlage einschlägig und der Rückgriff auf das allgemeine Gefahrenabwehrrecht nicht ausgeschlossen.

301 In **Fall 15** (Rn. 67) sowie in **Fall 32** (Rn. 184) betrafen die behördlichen Verbote jeweils eine gewerbliche Betätigung, so dass in erster Linie gewerberechtliche Befugnisnormen als Rechtsgrundlagen in Frage kommen. Allerdings wurde den Betroffenen in beiden Fällen nicht die **gewerbliche Tätigkeit als solche** untersagt, so dass insbesondere § 35 I GewO, der die Gewerbeuntersagung regelt, diesen Verboten nicht zugrunde liegen kann. Die GewO stellt keine umfassende und damit abschließende Regelung gewerblicher Tätigkeit dar, sondern ist hauptsächlich **Gewerbezulassungsrecht**. Dies lässt Raum für lan-

47 Überblick bei *Würtenberger/Heckmann/Tanneberger*, § 5 Rn. 41 ff.

48 **BW:** § 47 I 1 LBO; **Bay:** Art. 54 II 1 BayBO; **Berl:** § 58 I 1 BauO; **Bbg:** § 58 II 1 BO; **Brem:** § 58 II 1 LBO; **Hbg:** § 58 I 1 HBauO; **Hess:** § 61 II 1 HBO; **MV:** § 58 I 1 LBauO; **Nds:** § 58 I 1 NBauO; **NRW:** § 58 II 1 BauO NRW 2018; **RP:** § 59 I 1, 1. Hs. LBauO; **Saar:** § 57 II 1 LBO; **Sachs:** § 58 II 1 SächsBO; **LSA:** § 57 II 1 BauO; **SH:** § 58 II 1 LBO; **Thür:** § 58 I 1 ThürBO.

49 **BW:** § 47 I 2 LBO; **Bay:** Art. 54 II 2 BayBO; **Berl:** § 58 I 5 BauO; **Bbg:** § 58 II 2 BO; **Brem:** § 58 II 2 LBO; **Hbg:** § 58 I 2 HBauO; **Hess:** § 61 II 2 HBO; **MV:** § 58 I 2 LBauO; **Nds:** NBauO enthält keine Generalklausel; **NRW:** § 58 II 2 BauO NRW 2018; **RP:** § 59 I 1, 2. Hs. LBauO; **Saar:** § 57 II 2 LBO; **Sachs:** § 58 II 2 SächsBO; **LSA:** § 57 II 2 BauO; **SH:** § 58 II 2 LBO; **Thür:** § 58 I 2 ThürBO.

desrechtliche Regelungen, die nur die **Art und Weise der Gewerbeausübung** regeln.[50] Auch gegen Gewerbetreibende sind, wie in den Beispielsfällen, Maßnahmen aufgrund der gefahrenabwehrrechtlichen Generalklausel möglich.

302 In **Fall 9** (Rn. 34) war die polizeiliche Generalklausel die Rechtsgrundlage für das Fotografierverbot. Zwar richtete sich dieses gegen die Tätigkeit eines Journalisten, die von der Pressefreiheit (Art. 5 I 2 GG) umfasst war. Die Presse- und Mediengesetze der Länder bestimmen, dass die Freiheit der Presse nur den Beschränkungen unterliegt, die durch das GG bzw. in seinem Rahmen durch das jeweilige Pressegesetz zugelassen sind, und verbieten Sondermaßnahmen jeder Art, die die Pressefreiheit beeinträchtigen.[51] Diese **Polizeifestigkeit der Pressefreiheit** betrifft aber nur Maßnahmen, die sich gegen den geistigen Inhalt eines bereits hergestellten Presseerzeugnisses richten. Durch die presserechtlichen[52] bzw. strafprozessualen (vgl. §§ 111b, 111c, 111q StPO) Regelungen über die Beschlagnahme von Schriften sind präventivpolizeiliche Maßnahmen gleicher Zielrichtung auf der Grundlage der Polizeigesetze ausgeschlossen. Beschränkungen, die den äußeren Rahmen der Pressetätigkeit betreffen, wie etwa die Informationsbeschaffung in **Fall 9**, sind nach Polizeirecht hingegen möglich.[53]

303 Im Übrigen ist es jeweils eine Frage der sachlichen Reichweite der Fachgesetze, ob und in welchem Umfang daneben das allgemeine Gefahrenabwehrrecht Anwendung findet. Sie ist im Rahmen der jeweiligen Spezialdisziplin, etwa Umwelt, Gewerbe- oder Baurecht, zu beantworten.

II. Versammlungsrecht und allgemeines Gefahrenabwehrrecht

304 Ein hier zu erörterndes polizei- und ordnungsrechtliches Problemfeld stellt das Verhältnis zwischen dem Versammlungsrecht und dem allgemeinen Gefahrenabwehrrecht dar.[54]

Fall 43: Der Polizei liegen Erkenntnisse vor, dass in rechtsextremistischen Kreisen zur Teilnahme an einer Veranstaltung in einer Gaststätte in G aufgerufen wird, deren Zweck in der Gründung einer „Kameradschaft" zur Bündelung der „national gesinnten Kräfte" liegen soll. Am Abend der Veranstaltung betreten Einsatzkräfte der Polizei die Gaststätte, um die Identität der Teilnehmer festzustellen und sie sowie die von ihnen mitgeführten Sachen zu durchsuchen.[55] **(Rn. 310 f.)**

Fall 44: In M findet eine Versammlung statt, in der gegen das militärische Vorgehen der Türkei gegen kurdisch besiedelte Gebiete in Nordsyrien demonstriert wird. Einige Teilnehmer zeigen dabei ein Transparent mit dem Bildnis des in der Türkei inhaftierten Führers der in Deutschland verbotenen „Kurdischen Arbeiterpartei" PKK, Abdullah Öcalan. Da die Aufforderung, das Transparent zu entfernen, ohne Wirkung bleibt, stellt die Polizei es sicher **(Rn. 313 ff.)**

---

50 BVerwGE 115, 189 (192 f.).

51 **BW:** § 1 II, III LPresseG; **Bay:** Art. 1 II BayPrG; **Berl:** § 1 II, III PresseG; **Bbg:** § 1 II BbgPG; **Brem:** § 1 II, III PresseG; **Hbg:** § 1 I, II PresseG; **Hess:** § 2 I, II HPresseG; **MV:** § 1 II, III LPrG; **Nds:** § 1 II NPresseG; **NRW:** § 1 II, III LPresseG; **RP:** § 4 III LMG; **Saar:** § 3 III SMG; **Sachs:** § 1 II SächsPresseG; **LSA:** § 1 II PresseG; **SH:** § 1 II, III LPresseG; **Thür:** § 1 II TPG.

52 **BW:** §§ 13 ff. LPresseG; **Bay:** Art. 16 ff. BayPrG; **Brem:** §§ 13 ff. PresseG; **MV:** §§ 12 ff. LPresseG. In den übrigen Ländern gelten nur die strafprozessualen Vorschriften.

53 BVerwGE 143, 74 (77 f.); *Schenke*, Rn. 419.

54 Instruktiv zum Versammlungsrecht insgesamt *Gröpl*, Jura 2002, 18 ff.

55 *VGH Mannheim*, DVBl. 1998, 837 ff.

Fall 45: In **Fall 37** (Rn. 236) plant die P-Partei, ihren Parteitag in einer gemieteten Halle in der Stadt S abzuhalten, zu dem nur die Delegierten und einige Journalisten geladen sind. Wegen der Gefahr gewalttätiger Auseinandersetzungen mit politischen Gegnern untersagt die zuständige Behörde die Durchführung des Parteitags.[56] **(Rn. 316, 320)**

Fall 46: Anlässlich des EU-Gipfels in B (**Fall 38**, Rn. 259) verfügt die Polizei, dass sich K für die Dauer der Regierungskonferenz täglich bis jeweils 12 Uhr auf einer Polizeidienststelle seiner Heimatstadt G zu melden habe. K gehöre zu einem Kreis gewaltbereiter Demonstranten, die im Internet zu Aktionen gegen den Gipfel aufgerufen haben. Er soll deshalb von den angekündigten Demonstrationen in B ferngehalten werden. K sieht darin eine Verletzung seiner Versammlungsfreiheit.[57] **(Rn. 322, 324 f., 386)**

305 Das VersG, auf der Grundlage der früheren konkurrierenden Bundesgesetzgebungskompetenz des Art. 74 I Nr. 3 GG a.F. erlassen, gilt nach Art. 125a I GG fort, bis es durch Landesrecht ersetzt worden ist, was bislang nur in Bay, Berl, Nds, NW, LSA, Sachs und SH vollständig geschehen ist. Es stellt eine **begrenzt abschließende Regelung** für Versammlungen i.S.d. Art. 8 GG, insbesondere auch für Eingriffe in die Versammlungsfreiheit dar.[58] Der Umfang dieser **Polizeifestigkeit des Versammlungsrechts** wird durch den Anwendungsbereich und innerhalb desselben durch den Regelungsbereich des VersG begrenzt. Die bisher bestehenden Landesversammlungsgesetze bestimmen den Umfang der Polizeifestigkeit teilweise neu und tragen dazu bei, einige der durch das VersG aufgeworfenen Zweifelsfragen zu beseitigen.

1. Der Anwendungsbereich des VersG

306 Gegenstand der Regelungen des VersG sind Versammlungen, worunter **örtliche Zusammenkünfte** mehrerer Personen zur **gemeinschaftlichen**, auf die **Teilhabe an der öffentlichen Meinungsbildung** gerichteten **Erörterung** oder Kundgebung verstanden werden.[59] Auf bloße Ansammlungen von Menschen, die nicht zur Verfolgung dieser Zwecke zusammenkommen, ist das VersG grundsätzlich[60] nicht anwendbar. Es entfaltet in dieser Hinsicht auch keine Sperrwirkung gegenüber anderen Gefahrenabwehrgesetzen.

307 Ferner dient das VersG ganz allgemein der Gewährleistung eines ordnungsgemäßen und störungsfreien Ablaufs öffentlicher Versammlungen durch Verhinderung oder Abwehr **versammlungsspezifischer Gefahren**. Für andere Gefahren, die der Versammlung oder ihren Teilnehmern drohen, hält das VersG keine Regelungen bereit, soll aber deren Abwehr weder beschränken noch verhindern. So kann die Verwaltung z.B. auf der Grundlage allgemeiner Befugnisnormen eine Versammlung in einem einsturzgefährdeten Gebäude verbieten oder einen Demonstrationszug wegen einer geborstenen Gasleitung umleiten, ohne mit dem VersG in Konflikt zu kommen.

---

56 *BVerwG*, NVwZ 1999, 991.

57 *BVerwG*, NVwZ 2007, 1439.

58 Zur ergänzenden Heranziehung der allgemeinen Adressatennormen o. Rn. 239.

59 BVerfGE 104, 92 (104), *BVerwG*, NVwZ 2007, 1431 (1432), sog. enger Versammlungsbegriff; Legaldefinitionen in **Bay:** Art. 2 I BayVersG; **Berl:** § 2 I VersFG; **Nds:** § 2 NVersG; **Sachs:** § 1 III SächsVersG; **SH:** § 2 I VersFG.

60 Das Schutzwaffen- und Vermummungsverbot z.B. gilt auch bei sonstigen öffentlichen Veranstaltungen, § 17a VersG; **Bay:** Art. 16 BayVersG; **NW:** § 17 I VersG; **Sachs:** § 17 SächsVersG; anders in **Berl:** § 19 VersFG; **Nds:** § 9 NVersG; **SH:** § 17 VersFG.

2. Der sachliche Regelungsbereich des VersG

Das VersG differenziert zwischen öffentlichen Versammlungen in geschlossenen Räumen (§§ 5 ff. VersG[61]) und solchen unter freiem Himmel (§§ 14 ff. VersG[62]). Es greift insoweit die Unterscheidung des Art. 8 GG auf, der die Versammlungsfreiheit im ersten Fall vorbehaltlos gewährleistet (Art. 8 I GG), im zweiten Fall einem Gesetzesvorbehalt unterstellt (Art. 8 II GG). Dieser ist durch die Störanfälligkeit und das besondere Gefährdungspotential von Versammlungen begründet, die nicht von der „Außenwelt" abgegrenzt sind. Maßgeblich für die Unterscheidung ist somit die **seitliche Begrenzung**, nicht die Überdachung des Versammlungsortes. **308**

teleologische Reduktion

a) Öffentliche Versammlungen in geschlossenen Räumen

Eingriffe in Versammlungen, die **nicht unter freiem Himmel** stattfinden, können nur durch **kollidierendes Verfassungsrecht** gerechtfertigt werden[63] und unterliegen deshalb besonders strengen Voraussetzungen. Als Eingriffsmaßnahmen der Versammlungsbehörde bzw. der Polizei ist für Versammlungen in geschlossenen Räumen das vorherige Verbot (§ 5 VersG[64]) bzw. nach Beginn der Versammlung die Anfertigung von Bild- und Tonaufnahmen und deren Speicherung (§ 12a I, II VersG[65]) sowie als ultima ratio die Auflösung der Versammlung (§ 13 VersG[66]) vorgesehen. **309**

Nicht im VersG, sondern in den Gefahrenabwehrgesetzen geregelt sind hingegen die in **Fall 43** durchgeführten Maßnahmen der Identitätsfeststellung,[67] der Durchsuchung von Personen[68] und Sachen.[69] Doch werden §§ 12a, 13 VersG als **abschließende Eingriffsregelungen** verstanden, welche die Anwendung der allgemeinen Gefahrenabwehrgesetze **nach Beginn einer Versammlung** ausschließen. Allerdings ist insbesondere die Auflösung der Versammlung ultima ratio, wie auch § 13 I 2 VersG[70] verdeutlicht. Die dort erwähnte „Unterbrechung" steht beispielhaft für **„andere polizeiliche Maßnahmen"** als mildere Mittel der Gefahrenabwehr. Dazu gehören insbesondere die polizeilichen Standardmaßnahmen, die aber nicht unter Umgehung der strengen Voraussetzungen des **310**

---

61 **Bay:** Art. 10 BayVersG; **Berl:** §§ 21 ff. VersFG; **Nds:** §§ 13 ff. NVersG; **NW:** §§ 22 ff. VersG; **Sachs:** §§ 4 ff. SächsVersG; **LSA:** §§ 4 ff. VersG; **SH:** §§ 19 ff. VersFG.

62 **Bay:** Art. 13 BayVersG; **Berl:** §§ 12 ff. VersFG; **Nds:** §§ 5 ff. NVersG; **NW:** §§ 10 ff. VersG; **Sachs:** §§ 14 ff. SächsVersG; **LSA:** §§ 12 ff. VersG; **SH:** §§ 11 ff. VersFG.

63 Allg. zur methodischen Behandlung vorbehaltlos gewährleisteter Grundrechte *Kingreen/Poscher*, Grundrechte, Rn. 390 ff.

64 Erweitert um die Möglichkeit der bloßen Beschränkung **Bay:** Art. 12 I BayVersG; **Berl:** § 22 I VersFG; **Nds:** § 14 I, II NVersG; **NW:** § 23 I, II VersG; **SH:** § 20 I VersFG; ohne diese Erweiterung **Sachs:** § 4 SächsVersG; **LSA:** § 4 VersG.

65 **Bay:** Art. 9 I, III BayVersG; **Berl:** § 25 I, II VersFG; **Nds:** § 17 I-III NVersG; **NW:** § 26 I VersG; **Sachs:** §§ 12 I, II SächsVersG; **SH:** § 22 I, III VersFG; keine entsprechende Befugnis in **LSA**.

66 **Bay:** Art. 12 II BayVersG; **Berl:** § 22 I, II VersFG **Nds:** § 14 II NVersG; **NW:** § 23 I, II VersG; **Sachs:** § 13 SächsVersG; **LSA:** § 11 I VersG; **SH:** § 20 I, II VersFG.

67 Normen o. Fn. 33.

68 **BW:** § 34 PolG; **Bay:** Art. 21 PAG; **Berl:** § 34 ASOG; **Bbg:** § 21 PolG; **Brem:** § 17 PolG; **Hbg:** § 15 SOG; **Hess:** § 36 HSOG; **MV:** § 53 SOG; **Nds:** § 22 NPOG; **NW:** § 39 PolG; **RP:** § 18 POG; **Saar:** § 17 SPolG; **Sachs:** § 27 PVDG; **LSA:** § 41 SOG; **SH:** § 202 LVwG; **Thür:** § 23 PAG.

69 **BW:** § 35 PolG; **Bay:** Art. 22 PAG; **Berl:** § 35 ASOG; **Bbg:** § 22 PolG; **Brem:** § 18 PolG; **Hbg:** § 15a SOG; **Hess:** § 37 HSOG; **MV:** § 57 SOG; **Nds:** § 23 NPOG; **NW:** § 40 PolG; **RP:** § 19 POG; **Saar:** § 18 SPolG; **Sachs:** § 28 PVDG; **LSA:** § 42 SOG; **SH:** § 206 LVwG; **Thür:** § 24 PAG.

70 Entsprechend in **Sachs:** §§ 4 ff. SächsVersG; **LSA:** § 11 I 2 VersG; in **Bay:** Art. 12 II BayVersG; **Nds:** § 14 I NVersG bestehen Befugnisse zur Beschränkung von Versammlungen.

VersG getroffen werden dürfen. Es handelt sich also um eine Art **Rechtsfolgenverweisung** auf die allgemeinen Gefahrenabwehrgesetze.[71]

311 So konnten also in **Fall 43** die Maßnahmen nur **auf der Grundlage und unter den Voraussetzungen** des § 13 I 1 VersG getroffen werden. Der *VGH Mannheim* hat sie in der dem Fall zugrunde liegenden Entscheidung als rechtswidrig angesehen, weil der Tatbestand dieser speziellen versammlungsrechtlichen Rechtsgrundlage nicht erfüllt war.[72]

b) Öffentliche Versammlungen unter freiem Himmel

312 §§ 14 ff. VersG füllen den Gesetzesvorbehalt des Art. 8 II GG teilweise abschließend aus. § 15 VersG[73] enthält Eingriffsermächtigungen, die gleichartige Maßnahmen auf der Grundlage der allgemeinen Gesetze ausschließen. Das Gesetz differenziert zwischen dem **vorherigen Verbot** bzw. der **Anordnung von Auflagen** (§ 15 I VersG[74]) und der **Auflösung** einer bereits **im Gang befindlichen Versammlung** (§ 15 III VersG[75]). So hat es den Anschein, als bestünde im Vorfeld ein nach Eingriffsintensität abgestuftes Instrumentarium, während nach Beginn der Versammlung nur die „Alles oder Nichts"-Lösung der Auflösung vorgesehen sei.

313 Das wirft die Frage nach der Rechtmäßigkeit der Sicherstellung des Transparents in **Fall 44** auf. Wie auch bei Versammlungen in geschlossenen Räumen wird die versammlungsrechtliche Befugnisnorm als Regelung betrachtet, neben der kein Raum für Maßnahmen nach den allgemeinen Gefahrenabwehrgesetzen (wie der Sicherstellung/Beschlagnahme[76]) ist. Das *BVerwG*[77] hat indessen einerseits die Wendung in § 15 I VersG, dass die zuständige Behörde die Versammlung von „bestimmten Auflagen" abhängig gemacht werden kann, als Verweis auf die ihr auch nach Landesrecht zustehenden Befugnisse interpretiert. Andererseits hat es aus der Bezugsnahme in § 15 III VersG auf die Verbotsvoraussetzungen des Abs. 1 geschlossen, dass von diesen Befugnissen auch während einer Versammlung Gebrauch gemacht werden kann (sog. „Minus-Maßnahmen"). Auch hier handelt es sich um eine Art **Rechtsfolgenverweisung** auf Befugnisnormen des allgemeinen Gefahrenabwehrrechts.

314 Damit konnte im Übrigen die Sicherstellung des Transparents in **Fall 44** rechtlich nicht beanstandet werden. Im Zusammenhang mit einer Demonstration, die sich gegen das politische oder, wie in diesem Fall, militärische Vorgehen der Türkei gegen Kurden wendet, verweist das Bildnis A. Öcalans wegen dessen herausgehobener Position auf die „Kurdische Arbeiterpartei". Es ist deshalb ein Kennzeichen der verbotenen PKK, dessen Verwendung nach § 20 I Nr. 5 VereinsG strafbewehrt verboten ist.[78] Da gegen dieses Verbot

71 Ausdrücklich geregelt in **Berl:** § 10 I, II i.V.m. § 22 I VersFG, **NW:** § 9 I, II VersG; und **SH** § 9 I, II i.V.m. § 20 I VersFG.

72 *VGH Mannheim*, DVBl. 1998, 837 (840).

73 **Bay:** Art. 15 BayVersG; **Berl:** § 14 I, II VersFG; **Nds:** § 8 NVersG; **NW:** § 13 VersG; **LSA:** § 13 VersG; **Sachs:** § 15 SächsVersG; **SH:** § 13 I, II VersFG – wegen der im BayVersG, im NVersG, im VersG NW und im VersFG (Berl und SH) vorgesehenen Möglichkeit auch der nachträglichen Beschränkung stellen sich die im Text angesprochenen Fragen in Bay, Berl, Nds, NW und SH nicht.

74 **LSA:** § 13 I VersG; **Sachs:** § 15 I SächsVersG.

75 **LSA:** § 13 IV VersG; **Sachs:** § 15 III SächsVersG.

76 **BW:** § 38 I PolG; **Bay:** Art. 25 PAG; **Berl:** § 38 ASOG; **Bbg:** § 25 PolG; **Brem:** § 21 PolG; **Hbg:** § 14 I 1 SOG; **Hess:** § 40 HSOG; **MV:** § 61 I SOG; **Nds:** § 26 NPOG; **NW:** § 43 PolG; **RP:** § 22 POG; **Saar:** § 21 SPolG; **Sachs:** § 31 I PVDG; **LSA:** § 45 SOG; **SH:** § 210 I LVwG; **Thür:** § 27 PAG.

77 BVerwGE 64, 55 (58).

78 *OVG Münster*, NVwZ-RR 2018, 431 (Ls.1); *VG München*, BeckRS 2018, 2380 Rn. 23.

verstoßen wurde, lag eine unmittelbare Gefahr für die öffentliche Sicherheit i.S.d. § 15 I, III VersG vor.

Die Tragfähigkeit und die Notwendigkeit dieser Konzeption von „Minus-Maßnahmen“ wird freilich bestritten. Insbesondere differenziert das VersG zwischen Maßnahmen gegen die Versammlung insgesamt[79] und Maßnahmen gegen einzelne Teilnehmer von Versammlungen, wie sie auch in **Fall 44** vorgenommen worden sind.[80] Für den Fall, dass Teilnehmer die „Ordnung gröblich stören“ – was bei der Begehung einer Straftat während der Versammlung stets der Fall ist –, sieht das VersG deren Ausschließung vor. Erst nachdem dies erfolgt ist, können auf polizeirechtlicher Grundlage Maßnahmen wie die Sicherstellung von Gegenständen ergriffen werden. Ist im Anschluss daran keine weitere Störung durch die Betroffenen zu erwarten, kann die Ausschlussverfügung wieder aufgehoben werden.[81] 315

c) Nichtöffentliche Versammlungen

Das spezifische Gefahrenpotential von nichtöffentlichen Versammlungen, also solchen mit einem individuell abgegrenzten Personenkreis, die zudem in aller Regel in umgrenzten Räumen stattfinden, ist deutlich geringer als das von Veranstaltungen, die grundsätzlich jedermann offenstehen. Dennoch kann Anlass dazu bestehen, auch gegen solche Versammlungen vorzugehen, wie etwa **Fall 45** zeigt. Regelungen für nichtöffentliche Versammlungen sind im VersG nur vereinzelt zu finden,[82] darunter sind jedoch keine Eingriffsbefugnisse. Dementsprechend umstritten ist, ob bzw. auf welcher Rechtsgrundlage nichtöffentliche Versammlungen beschränkt oder untersagt werden können.[83] Lediglich in Berl, Nds, NW und in SH gelten die Versammlungs(freiheits)gesetze für öffentliche wie für nichtöffentliche Versammlungen gleichermaßen. 316

Denkbar wäre es, die Eingriffsregelungen des VersG analog anzuwenden. Gegen Analogien im Bereich der Eingriffsverwaltung bestehen allerdings generell Bedenken (Rn. 228). Zudem werden die Analogievoraussetzungen – planwidrige Regelungslücke und Vergleichbarkeit der Interessenlage – bestritten.[84] 317

Wohl überwiegend wird stattdessen angenommen, dass das VersG **insoweit nicht abschließend** ist und deshalb den Rückgriff auf Befugnisse der allgemeinen Gefahrenabwehrgesetze nicht hindert.[85] Dem steht insbesondere das Zitiergebot des Art. 19 I 2 GG nicht entgegen. Zwar fehlt in manchen Gesetzen[86] Art. 8 GG in den entsprechenden Aufzählungen eingeschränkter Grundrechte,[87] doch sind nur diejenigen Grundrechte zitatipflichtig, die aufgrund ausdrücklicher Ermächtigung vom Gesetzgeber eingeschränkt werden dürfen. Hierunter fällt Art. 8 II GG, nicht aber der für nichtöffentliche Versammlungen regelmäßig einschlägige Art. 8 I GG. 318

79 Insbes. § 15 VersG; **LSA:** § 13 VersG.

80 Z.B. §§ 18 III, 19 IV VersG; **LSA:** § 16 III VersG.

81 Vgl. *Kniesel/Poscher*, L/D, J Rn. 36 f.

82 Z.B. §§ 3 I, 28 VersG; **Bay:** Art. 7, 21 I Nr. 2 BayVersG; **Sachs:** §§ 3, 29 SächsVersG; das VersG **LSA** enthält nur Regelungen für öffentliche Versammlungen.

83 Ausführlich *v. Coelln*, NVwZ 2001, 1234 ff.

84 *Kingreen/Poscher*, POR, § 19 Rn. 18.

85 *Schenke*, Rn. 415 m.w.N.; ausdrücklich **Bay:** Art. 2 III BayVersG.

86 **Berl:** § 66 ASOG; § 43 OBG; **Brem:** § 151 PolG; **Hbg:** § 32 SOG; § 28 PolDVG; **Hess:** § 10 HSOG; **NW:** § 44 OBG; **Saar:** § 7 SPolG; **SH:** § 227 LVwG; **Thür:** § 11 PAG; § 14 OBG.

87 Anders inzwischen **BW:** § 4 PolG; **Bay:** Art. 100 PAG; Art. 58 LStVG; **Bbg:** § 8 Nr. 3 PolG; **MV:** § 78 SOG; **Nds:** § 10 NPOG; **NW:** § 7 PolG; **RP:** § 8 Nr. 3 POG; **Sachs:** § 10 Nr. 5 PVDG; **LSA:** § 11 Nr 7 SOG.

319 Bemerkenswert bei der Anwendung der allgemeinen Gefahrenabwehrgesetze, in Sonderheit der Generalklausel, ist allerdings, dass dann die **Eingriffsschwelle** ausgerechnet bei Versammlungen mit der geringsten Gefahrenträchtigkeit **am niedrigsten** zu sein scheint, während das VersG für öffentliche Versammlungen stets eine **qualifizierte Gefahrenlage** voraussetzt. Dieser gelegentlich gegen die Anwendbarkeit des allgemeinen Gefahrenabwehrrechts erhobene Einwand macht auf die Besonderheit aufmerksam, dass Eingriffe in die Versammlungsfreiheit des Art. 8 I GG nur durch kollidierendes Verfassungsrecht gerechtfertigt sind (Rn. 309). Dem kann aber auch auf der Grundlage der Generalklausel durch eine verfassungsorientierte Anwendung Rechnung getragen werden, die schon beim Tatbestand nicht jede Gefahr für die öffentliche Sicherheit oder Ordnung genügen lässt, sondern nur solche, die für Grundrechtsgüter Dritter oder andere Rechtswerte mit Verfassungsrang bestehen.

320 Diese Lösung hat in einer **Fall 45** vergleichbaren Konstellation auch die Zustimmung des *BVerwG* gefunden.[88] Es akzeptierte die Anwendung der ordnungsbehördlichen **Generalklausel als Rechtsgrundlage für das Verbot** einer nicht öffentlichen Versammlung. Eine abschließende Entscheidung über die Rechtmäßigkeit des Verbots, auch darüber, ob die strengen Voraussetzungen des polizeilichen Notstands vorlagen (Rn. 237 ff.), konnte es mangels ausreichender tatsächlicher Feststellungen der Vorinstanz nicht treffen und verwies den Rechtsstreit zurück (§ 144 III 1 VwGO).

3. Der zeitliche Regelungsbereich des VersG

321 Auch hinsichtlich des zeitlichen Regelungsgehalts des VersG und seiner Sperrwirkung gegenüber den allgemeinen Gesetzen ist die „Polizeifestigkeit“ des Versammlungsrechts differenziert zu beurteilen. Für die **Dauer öffentlicher Versammlungen** sind die Eingriffsbefugnisse insbesondere der § 19a i.V.m. §§ 12a, 13, 15 III[89] VersG im skizzierten Umfang abschließend. Die Befugnis, Bild- und Tonaufnahmen und -aufzeichnungen anzufertigen, greift darüber hinaus „im Zusammenhang“ mit Versammlungen ein, umfasst somit auch den unmittelbaren zeitlichen Kontext vor und nach der Versammlung. Im Übrigen sind **nach Beendigung** oder nach einer **wirksamen Auflösung einer Versammlung** die allgemeinen Gefahrenabwehrgesetze wieder anwendbar. Beispielweise können polizeiliche Maßnahmen ergriffen werden, wenn sich Teilnehmer nach einer Auflösungsverfügung nicht vom Versammlungsgelände entfernen (§§ 13 II, 18 I VersG[90]), wie dies etwa in **Fall 41** (Rn. 280) der Fall war.

322 **Vor Beginn der Versammlung** stehen die Möglichkeiten des Verbots bzw. der Anordnung von Auflagen für die Durchführung der Versammlung (§§ 5, 15 I VersG[91]) zur Verfügung. Im Übrigen normiert das VersG zwar einige (sogar z.T. strafbewehrte, § 27 VersG[92]) Ge- oder Verbote, die bereits auf dem Weg zur Versammlung zu beachten sind,

88 *BVerwG*, NVwZ 1999, 991 (992).

89 **Bay:** Art. 9, 12 II, 15 IV BayVersG; **Berl:** §§ 18, 24, 14, 22 VersFG; **Nds:** §§ 12, 17, 14, 8 NversG; **NW:** §§ 16, 26, 13, 23 VersG; **Sachs:** §§ 12, 13, 15 III, 20 SächsVersG; **LSA:** §§ 18, 4, 13 IV VersG; **SH:** §§ 13, 16, 20, 22 VersFG.

90 **Bay:** Art. 5 III BayVersG; **Berl:** §§ 14 VI 2, 22 V 2 VersFG; **Nds:** § 8 II 3 NVersG; **NW:** §§ 13 II 2, 23 VII 1 VersG; **Sachs:** §§ 13 II, 18 I SächsVersG; **LSA:** §§ 11 II, 16 I VersG; **SH:** §§ 13 VII, 20 V VersFG.

91 **Bay:** Art. 12 I, 15 I, II BayVersG; **Berl:** §§ 14 I, 22 I VersFG; **Nds:** §§ 8 I, II, 14 I, II NVersG; **NW:** §§ 13 I, II, 23 I VersG; **Sachs:** §§ 4, 15 I SächsVersG; **LSA:** §§ 4, 13 I, II VersG; **SH:** §§ 13 I, 20 I VersFG.

92 **Bay:** Art. 20 BayVersG; **Berl:** § 26 VersFG; **Nds:** § 20 NVersG; **NW:** § 27 VersG; **Sachs:** §§ 22 ff. SächsVersG; **LSA:** §§ 20 ff. VersG; **SH:** § 23 VersFG.

wie etwa das Verbot des Mitführens von Waffen (§ 2 III 2 VersG[93]) und die Verbote der Passivbewaffnung und der Vermummung (§ 17a I, II VersG[94]). Eingriffsbefugnisse zu ihrer Durchsetzung enthält aber nur § 17a IV VersG.[95] Daraus kann abgeleitet werden, dass das VersG für das **Vorfeld von Versammlungen keine abschließende Regelung** enthält, so dass vor der Versammlung im Übrigen die allgemeinen polizeirechtlichen Befugnisnormen anwendbar sind. So sehen viele Gefahrenabwehrgesetze die Einrichtung von Kontrollstellen zur Verhinderung versammlungsrechtlicher Straftaten vor, an denen die Personalien anreisender Demonstranten überprüft und ggf. weitere Maßnahmen ergriffen werden können.[96] In **Fall 46** wird die **Meldeauflage** gegen K auf die Generalklausel gestützt, sofern keine spezielle Rechtsgrundlage existiert.[97]

Allerdings schützt Art. 8 GG nicht nur die Versammlung selbst, sondern auch das **„Sich Versammeln"**, den ungehinderten Zugang zum Versammlungsort. Die Ausübung der Versammlungsfreiheit kann deshalb nicht dadurch unterlaufen werden, dass durch polizeiliche Vorfeldmaßnahmen die Teilnahme an Veranstaltungen erschwert oder gar unmöglich gemacht wird. Und bei Anwendung der allgemeinen Gefahrenabwehrgesetze stellt sich das Problem, dass sie für **Eingriffe in Art. 8 II GG** dem Zitiergebot des Art. 19 I 2 GG vielfach nicht genügen (Rn. 318). **323**

Ungeachtet dessen hat das *BVerwG* in **Fall 46** die Generalklausel als hinreichende Rechtsgrundlage für die Meldeauflage angesehen. Es hat u.a. darauf verwiesen, dass diese auf der **Prognose** beruhe, dass sich K auf der Demonstration unfriedlich verhalten werde. Seine Teilnahme an der Versammlung genieße deshalb nicht den Schutz des Art. 8 I GG. Ein Eingriff in das Grundrecht der Versammlungsfreiheit sei folglich **nicht beabsichtigt**, sondern nur – im Falle einer Fehlprognose – eine unbeabsichtigte Nebenfolge.[98] Für solche absichtslosen Beeinträchtigungen, so kann man ergänzen, kann auch das Zitiergebot nicht einschlägig sein, so dass die Anwendung der Generalklausel auch unter diesem Aspekt nicht zu beanstanden ist. **324**

Anders verhält es sich mit der Einrichtung von **Kontrollstellen** zur Verhütung versammlungsrechtlicher Straftaten. Sie zielen zwar auf den Schutz der Versammlung und damit auch der anreisenden Versammlungsteilnehmer ab. Gleichwohl stellt eine Zugangskontrolle einen Eingriff in die Versammlungsfreiheit dar, der nicht, wie in **Fall 46** unbeabsichtigte Nebenfolge, sondern unabwendbare Konsequenz der Kontrollmaßnahme ist. Deshalb gilt das Zitiergebot uneingeschränkt. Soweit die Polizeigesetze dem nicht genügen, sind schon die Befugnisnormen[99] verfassungswidrig.[100] **325**

---

93 **Bay:** Art. 6 Nr. 2 BayVersG; **Berl:** §§ 9 I, 19 I VersFG; **Nds:** § 3 II NVersG; **NW:** §§ 8 I, 17 I VersG; **Sachs:** § 2 III 2 SächsVersG; **LSA:** § 2 III 2 VersG; **SH:** § 8 I VersFG.

94 **Bay:** Art. 16 I, II BayVersG; **Nds:** § 9 I, II NVersG; **Sachs:** § 17 I, II SächsVersG; **LSA:** § 15 I, II VersG; **SH:** § 17 VersFG.

95 **Bay:** Art. 16 V BayVersG; **Berl:** § 19 I VersFG; **Nds:** § 10 II NVersG; **NW:** § 17 II VersG; **Sachs:** § 17 IV SächsVersG; **LSA:** § 15 III 2, 3 VersG; **SH:** § 17 II VersFG.

96 **Bay:** Art. 13 I Nr. 4 PAG; **Bbg:** § 12 I Nr. 4 PolG; **Hess:** § 18 II Nr. 5 HSOG; **MV:** § 29 I Nr. 4 lit. e) SOG; **Nds:** §§ 14 I Nr. 4, 13 I Nr. 4 NPOG; **RP:** § 10 I Nr. 3 POG; **Sachs:** § 15 I Nr. 5 PolG; **LSA:** § 20 II Nr. 6 lit. b) SOG; **Thür:** § 14 I Nr. 4 PAG; In **NW** ist dieser Fall in § 15 VersG speziell geregelt.

97 Wie in **Bay:** Art. 16 II 2 PAG; **Berl:** § 29c ASOG; **Bbg:** § 15a PolG; **Hbg:** § 11a SOG; **Hess:** § 30a HSOG; **MV:** § 52b SOG; **Nds:** § 16a NPOG; **NW:** § 14 II 2 VersG; **RP:** § 12a POG; **Sachs:** § 20 PVDG; **LSA:** § 35a SOG; **SH:** § 201 VI LVwG. Die Tauglichkeit der Generalklausel als Rechtsgrundlage wird u.a. unter Hinweis auf die Regelung über die Vorladung teilweise bestritten, vgl. *Schucht*, NVwZ 2011, 709 (712 f.) m.w.N.

98 *BVerwG*, NVwZ 2007, 1439 (1441 f.).

99 Nachweise oben Fn. 96.

100 BVerfGE 150, 309 (333, Rn. 62) zu **Hess:** § 18 II Nr. 5 HSOG; Gleiches gilt noch für **Thür:** § 14 I Nr. 4 PAG.

D. Standardbefugnisse, Vollstreckungsbefugnisse, Generalklausel

326 Konkurrenz- und Abgrenzungsfragen stellen sich nicht nur im Verhältnis zwischen besonderen und allgemeinen Gesetzen. Auch innerhalb der Polizei- und Ordnungsgesetze ist zuweilen die Bestimmung der Rechtsgrundlage für eine Maßnahme schwierig. Das gilt zum einen für die **Unterscheidung von Standardmaßnahmen und atypischen Maßnahmen.** Rechtsgrundlage kann nur **entweder** eine spezielle Befugnisnorm **oder** die Generalklausel sein, nicht jedoch beide. Entspricht eine Maßnahme einer in einer Spezialbefugnis beschriebenen Rechtsfolge, ist sie nur unter den dort genannten Voraussetzungen zulässig. Sind sie nicht erfüllt, handelt es sich um eine **rechtswidrige Standardmaßnahme**, die nicht etwa subsidiär noch auf die Generalklausel gestützt werden kann.

327 Probleme kann die Bestimmung der Rechtsgrundlage ebenso bei der **Abgrenzung zwischen Primärmaßnahmen und der Verwaltungsvollstreckung** bereiten. Beide liegen zwar **systematisch auf unterschiedlichen Ebenen**, weil Verwaltungszwang der Durchsetzung einer Primärmaßnahme dient. Soll aber die Rechtmäßigkeit einer konkreten Maßnahme geprüft werden, wirkt sich diese systematische Differenz nicht schon bei der Rechtsgrundlage, sondern erst bei den formellen und materiellen Anforderungen aus. Ein Eingriffsakt, der der Gefahrenabwehr dient, ist grundsätzlich (Rn. 365 f.) **entweder** Primär- **oder** Vollstreckungsmaßnahme, seine Rechtsgrundlage deshalb entweder unter den primärrechtlichen Befugnisnormen oder im Vollstreckungsrecht zu finden.

328 Diese Alternativen können folgendermaßen veranschaulicht werden:

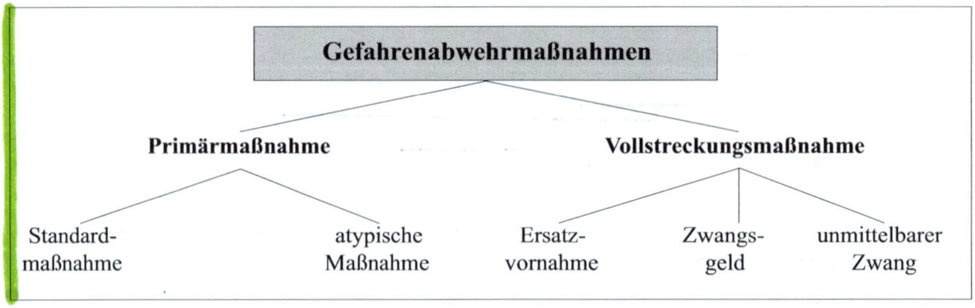

I. Die Grundstruktur von Gefahrenabwehrakten

329 Es kann hilfreich sein, sich zunächst über die Grundstruktur von Akten der Gefahrenabwehr Klarheit zu verschaffen, wie sie den Polizei- und Ordnungsgesetzen zugrunde liegen.[101] Auf der Primärebene bestehen sie typischerweise aus **zwei Teilen.** Der erste Teil ist eine behördliche **Anordnung an einen Adressaten** und beinhaltet regelmäßig den „Befehl" zu einer Ausführungshandlung. Den zweiten Teil bildet die **Ausführung** des Befehls **durch den Adressaten.**

330 Wird die Ausführung verweigert, so hat die Behörde die Möglichkeit, die Anordnung zu vollstrecken, indem sie entweder die Ausführung erzwingt oder selbst vollzieht. Die

101 Vgl. auch *Kingreen/Poscher*, POR, § 24 Rn. 5 ff.

Vollstreckung ersetzt die freiwillige Befolgung. Fehlt es hingegen bereits an einer Anordnung, so wird es auch keine Ausführung durch den Adressaten geben. In diesem Fall können **Anordnung und Ausführung ersetzt** werden. Dies ist die Funktion der Regelungen über die **unmittelbare Ausführung**[102] (Primärmaßnahme) bzw. den **Sofortvollzug**[103] (Vollstreckungsmaßnahme).

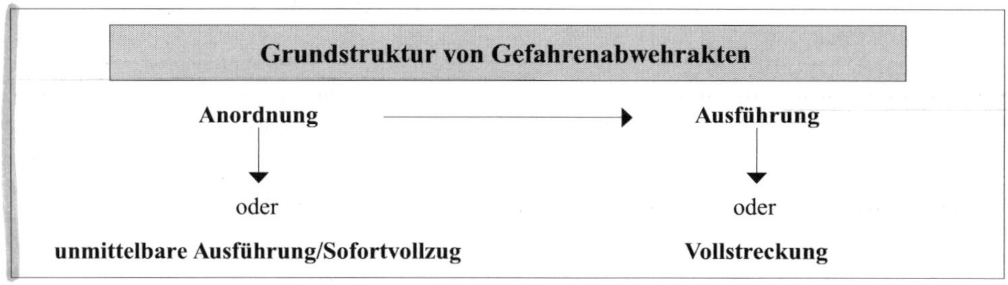

331 In dieses Schema fügen sich allerdings diejenigen Primärmaßnahmen nicht (bruchlos) ein, die aus einer behördlichen oder polizeilichen Ausführungshandlung bestehen (Ausführungsbefugnisse, Rn. 336). Sie sind möglicherweise anders zu konstruieren (Rn. 344 ff.).

II. Standardbefugnisse

332 **Fall 47:** Bei einer Polizeikontrolle weigert sich A auf Befragen, seine Identität preiszugeben. Erst auf nachdrückliche Aufforderung händigt er die von ihm mitgeführte Tasche aus, die daraufhin von dem Polizeibeamten nach Ausweispapieren durchsucht wird. **(Rn. 335, 344 f., 350)**

Fall 48: In **Fall 47** verweigert sich A der Aufforderung, der Polizei seinen Personalausweis auszuhändigen. Der Beamte entreißt ihm das Dokument. **(Rn. 335, 368)**

Fall 49: In **Fall 18** (Rn. 84) versperrt N den Polizisten den Zugang zu dem Raum, in dem er die Sprengstoffe gelagert hat. Diese fordern ihn auf, den Weg freizugeben. **(Rn. 344 f., 350)**

333 Die Bestimmung der Rechtsgrundlage muss zunächst von den Standardbefugnissen ausgehen. Sie gehen nicht nur der Generalklausel vor, sondern grundsätzlich auch dem Vollstreckungsrecht. Dieses kommt nur zur Anwendung, wenn die Primärmaßnahmen nicht ausreichen. Es muss deshalb zunächst ermittelt werden, **wozu** die Standardbefugnisse ermächtigen. Generell lassen sich Anordnungsbefugnisse und Ausführungsbefugnisse[104] unterscheiden.

102 **BW:** § 8 I PolG; **Bay:** Art. 9 I PAG; Art. 7 III LStVG; **Berl:** § 15 I ASOG; **Hbg:** § 7 I SOG; **Hess:** § 8 I HSOG; **MV:** § 70a S. 1 SOG; **RP:** § 6 I POG; **Sachs:** § 8 I PVDG; **LSA:** § 9 I SOG; **Thür:** § 9 I PAG; § 12 I OBG.

103 **Bay:** Art. 70 II PAG; **Berl:** § 8 BerlVwVfG i.V.m. § 6 II VwVG; **Bbg:** § 53 II PolG; § 27 I 2 VwVGBbg; **Brem:** § 11 II BremVwVG; **Hbg:** § 27 I HmbVwVG; **Hess:** § 47 II HSOG; **MV:** § 81 I SOG; **Nds:** § 64 II NPOG; **NW:** § 50 II PolG; § 55 II VwVG; **RP:** § 61 II LVwVG; **Saar:** § 44 II SPolG; **LSA:** § 53 II SOG; **SH:** § 230 I LVwG; **Thür:** § 51 II PAG; § 54 ThürVwZVG.

104 Z.T. mit anderer Terminologie *Kingreen/Poscher*, POR, § 11 Rn. 10; *Gusy*, Rn. 181 f.

1. Anordnungsbefugnisse und Ausführungsbefugnisse

a) Anordnungsbefugnisse

334 Anordnungsbefugnisse enthalten die Ermächtigung, **Ge- oder Verbote** auszusprechen, also Verwaltungsakte zu erlassen. Dazu gehören etwa Vorladung,[105] Platzverweisung,[106] Aufenthaltsverbot bzw. Aufenthaltsanordnung[107] und Wohnungsverweisung,[108] die Aufforderung, zum Zweck der Identitätsfeststellung Angaben zur Person zu machen oder Ausweispapiere auszuhändigen.[109] Die Rechtsgrundlagen ermächtigen nur dazu, die entsprechenden **Befehle auszusprechen**. Diese benötigen einen Adressaten als „Befehlsempfänger". Sie können also grundsätzlich nur mündlich oder schriftlich erteilt werden und bedürfen zu ihrer Wirksamkeit der Bekanntgabe. Das bedeutet umgekehrt, dass **Realhandlungen**, auch wenn sie der Verwirklichung dieser Befehle dienen, **nicht** alleine **auf diese Rechtsgrundlagen gestützt** werden können, sondern entweder ihrerseits auf Ausführungsbefugnissen beruhen oder Vollstreckungshandlungen sind.

335 In **Fall 47** ist die Durchsuchung der Tasche als tatsächliche Handlung nicht mehr von der Anordnungsbefugnis gedeckt, sondern stellt eine eigenständige (Hilfs-)Maßnahme zur Identitätsfeststellung auf spezieller Rechtsgrundlage dar.[110] In **Fall 48** wird die Verpflichtung zur Aushändigung des Personalausweises zwangsweise durchgesetzt. Rechtsgrundlage hierfür sind die Vorschriften über die Anwendung unmittelbaren Zwangs (Rn. 368).

b) Ausführungsbefugnisse

336 Ausführungsbefugnisse beinhalten (jedenfalls auch) die Befugnis zu **tatsächlichen Ausführungshandlungen**. Dazu gehören etwa die erkennungsdienstlichen Maßnah-

105 **BW:** § 28 I PolG; **Bay:** Art. 15 I PAG; **Berl:** § 20 I ASOG; **Bbg:** § 15 I PolG (i.V.m.) § 23 Nr. 1 lit. d) OBG; **Brem:** § 30 I PolG; **Hbg:** § 11 I SOG; **Hess:** § 30 I HSOG; **MV:** § 50 I SOG; **Nds:** § 16 I NPOG; **NW:** § 10 I PolG (i.V.m.) § 24 Nr. 2 OBG; **RP:** § 12 I POG; **Saar:** § 11 II SPolG; **Sachs:** § 14 I PVDG; § 19 V PBG; **LSA:** § 35 I SOG; **SH:** § 199 I LVwG; **Thür:** § 17 I PAG; § 16 IV OBG.

106 **BW:** § 30 I PolG; **Bay:** Art. 16 I PAG; **Berl:** § 29 I ASOG; **Bbg:** § 16 I PolG (i.V.m.) § 23 Nr. 1 lit. e) OBG; **Brem:** § 11 I PolG; **Hbg:** § 12a SOG; **Hess:** § 52 I HSOG; **MV:** § 52 I SOG; **Nds:** § 17 I NPOG; **NW:** § 34 I PolG (i.V.m.) § 24 Nr. 12 OBG; **RP:** § 13 I POG; **Saar:** § 12 II SPolG; **Sachs:** § 18 PVDG; § 20 PBG; **LSA:** § 36 I SOG; **SH:** § 201 I LVwG; **Thür:** § 18 I PAG; § 17 I OBG.

107 **BW:** § 30 II PolG; **Bay:** Art. 16 II 1 Nr. 2 PAG; **Berl:** § 29 II ASOG; **Bbg:** § 16 II PolG (i.V.m.) § 23 Nr. 1 lit. e) OBG; **Brem:** § 11 II PolG; **Hbg:** § 12b II SOG; **Hess:** § 31 III HSOG; **MV:** § 52a I SOG; **Nds:** § 17 III NPOG; **NW:** § 34 II PolG; **RP:** § 13 III POG; **Saar:** § 12 III SPolG; **Sachs:** § 21 PVDG; **LSA:** § 36 II SOG; **SH:** § 201 II, III LVwG; **Thür:** § 18 III PAG; § 17 II OBG.

108 **BW:** § 30 III PolG; **Berl:** § 29a I ASOG; **Bbg:** § 16a I PolG; **Brem:** § 12 I PolG; **Hbg:** § 12b I SOG; **Hess:** § 30 I HSOG; **MV:** § 52 II SOG; **Nds:** § 17a I 1 NPOG; **NW:** § 34a I PolG; **RP:** § 13 II POG; **Saar:** § 12 II SPolG; **Sachs:** § 19 I PVDG; **LSA:** § 36 III SOG; **SH:** § 201a I LVwG; **Thür:** § 18 II PAG; keine Spezialbefugnis in **Bay**. Dort wird die Wohnungsverweisung auf die Befugnis zur Platzverweisung (Art. 16 I BayPAG) gestützt, vgl. *Grünewald*, BayPAG, BeckOK, Art. 16 Rn. 55 ff.

109 **BW:** § 27 II 2 PolG; **Bay:** Art. 13 II 2 PAG; **Berl:** § 21 III 2 ASOG; **Bbg:** § 12 II 2 PolG (i.V.m.) § 23 Nr. 1 lit. b) OBG; **Brem:** § 27 II Nr. 3, 4 PolG; **Hbg:** § 13 IV 2 PolDVG; für Verwaltungsbehörden nicht speziell geregelt in § 12 II SOG; **Hess:** § 18 III 2 HSOG; **MV:** § 29 II 2 SOG; **Nds:** § 13 II 1 NPOG; **NW:** § 12 II 2 PolG (i.V.m.) § 24 Nr. 4 OBG; **RP:** § 10 II 2 POG; **Saar:** § 9 II Nr. 2, 3 SPolG; **Sachs:** § 15 II Nr. 2, 3 PVDG; § 18 II Nr. 2, 3 PBG; **LSA:** § 20 III 2 SOG; **SH:** § 181 III 2 LVwG; **Thür:** § 14 II 2 PAG; § 15 II 2 OBG.

110 **BW:** § 27 II 3 PolG; **Bay:** Art. 13 II 5 PAG; **Berl:** § 21 III 4 ASOG; **Bbg:** § 12 II 4 PolG (i.V.m.) § 23 Nr. 1 lit. b) OBG; **Brem:** § 27 II Nr. 6 PolG; **Hbg:** § 13 IV Nr. 5 PolDVG; §§ 15a I Nr. 1, 15 I Nr. 1 i.V.m. § 12 II SOG; **Hess:** § 18 IV HSOG; **MV:** § 29 III 2 SOG; **Nds:** §§ 23 I Nr. 1, 22 I Nr. 1 i.V.m. § 13 II 2 NPOG; **NW:** § 12 II 4 PolG (i.V.m.) § 24 Nr. 4 OBG; **RP:** § 10 II 4 POG; **Saar:** § 9 II Nr. 5 SPolG; **Sachs:** § 15 II Nr. 4 PVDG; § 18 II Nr. 4 PBG; **LSA:** § 20 IV SOG; **SH:** § 181 IV 3 LVwG; **Thür:** § 14 II 4 PAG; § 15 II 4 OBG.

men,[111] die Durchsuchung von Personen[112] oder Sachen[113] bzw. das Betreten und Durchsuchen von Wohnungen.[114] In aller Regel kann anhand der Handlungsbeschreibung im Sachverhalt ermittelt werden, ob sie Gegenstand einer speziellen Befugnisnorm ist oder nicht.

2. Insbesondere: Das Abschleppen von Kraftfahrzeugen

Fall 50: F stellte seinen PKW in der S-Straße in einem Bereich ab, der durch Zeichen 283 (§ 41 StVO) als absolutes Halteverbot ausgeschildert war. Polizeibeamte, denen im Verlauf einiger Stunden mehrfach der verbotswidrig abgestellte PKW aufgefallen war, veranlassten schließlich, dass er vom Abschleppunternehmen A auf einen polizeilichen Verwahrplatz verbracht wurde. Die Kosten wurden F in Rechnung gestellt.[115] **(Rn. 338, 341 f., 348, 352, 366, 369, 373, 417)** 337

Fall 51: In **Fall 50** wird der PKW auf einen freien Parkplatz in der näheren Umgebung umgesetzt. **(Rn. 338, 340)**

338 Zuweilen ist indes umstritten, wie die gesetzliche Formulierung der Ausführungshandlung auszulegen ist und welche Realakte von der Standardbefugnis erfasst werden. Das gilt insbesondere für die **Sicherstellung** (BW: die **Beschlagnahme**) **von Sachen**.[116] Relevant wird dies z.B. bei der rechtlichen Beurteilung von behördlichen Abschleppmaßnahmen. Solche „Abschleppfälle" liegen hier in drei Varianten in **Fall 34** (Rn. 199), **Fall 50** und **Fall 51** vor.

339 An dieser Stelle interessiert zunächst nur, ob das Abschleppen überhaupt dem **Begriff der Sicherstellung** bzw. der damit umschriebenen **Ausführungshandlung** unterfällt. Daneben werden weitere, in anderen Zusammenhängen zu behandelnde Abgrenzungsfragen aufgeworfen, die zu einer Mehrzahl von Qualifikationsmöglichkeiten von Abschleppmaßnahmen führen, wie die folgende Übersicht darstellt.

Möglichkeiten der Qualifizierung von Abschleppmaßnahmen
1. Sicherstellung 2. Unmittelbare Ausführung einer Sicherstellungsanordnung 3. Sofortiger Vollzug einer Sicherstellungsanordnung a) durch Ersatzvornahme b) durch Anwendung unmittelbaren Zwangs 4. Unmittelbare Ausführung einer atypischen Maßnahme 5. Sofortiger Vollzug einer atypischen Maßnahme a) durch Ersatzvornahme b) durch Anwendung unmittelbaren Zwangs 6. Zwangsweise Durchsetzung eines Verkehrszeichens a) durch Ersatzvornahme b) durch Anwendung unmittelbaren Zwangs

111 **BW:** § 41 PolG; **Bay:** Art. 14 PAG; **Berl:** § 23 ASOG; **Bbg:** § 13 PolG; **Brem:** § 29 PolG; **Hbg:** § 16 PolDVG; **Hess:** § 19 HSOG; **MV:** § 31 SOG; **Nds:** § 15 NPOG; **NW:** § 14 PolG; **RP:** § 11 POG; **Saar:** § 10 SPolG; **Sachs:** § 16 PVDG; **LSA:** § 21 SOG; **SH:** § 183 LVwG; **Thür:** § 16 PAG.

112 Normen o. Fn. 68.

113 Normen o. Fn. 69.

114 **BW:** § 36 I-III, VI PolG; **Bay:** Art. 23 PAG; **Berl:** § 36 ASOG; **Bbg:** § 23 PolG (i.V.m.) § 23 Nr. 1 lit. g) OBG; **Brem:** § 19 PolG; **Hbg:** § 16 II-V SOG; **Hess:** § 38 II-VII HSOG; **MV:** § 59 I-IV SOG; **Nds:** § 24 II-VI NPOG; **NW:** § 41 PolG (i.V.m.) § 24 Nr. 12 OBG; **RP:** § 20 POG; **Saar:** § 19 SPolG; **Sachs:** § 29 PVDG; **LSA:** § 43 II-VII SOG; **SH:** § 208 I-III LVwG; **Thür:** § 25 PAG; § 20 OBG.

115 Z.B. *OVG Greifswald*, LKV 2006, 225.

116 Normen o. Fn. 76.

340 Ganz allgemein wird die Sicherstellungshandlung als **Entziehung der tatsächlichen Gewalt** über eine Sache und die **Begründung neuer tatsächlicher Gewalt** durch die Verwaltung verstanden.[117] Diese Handlungsbeschreibung wird aber nach ganz vorherrschender Ansicht durch ein **Zweckmoment** ergänzt, das aus der systematischen Stellung der Sicherstellungsnormen folgt: Weil sichergestellte Sachen in Verwahrung zu nehmen sind,[118] liegt keine Sicherstellung vor, wenn die tatsächliche Gewalt nicht zum Zweck der Verwahrung begründet wird. Eine ihrer Natur nach lediglich kurzfristige tatsächliche Sachherrschaft ist keine Verwahrung in diesem Sinne. Deshalb scheidet eine Sicherstellung aus, wenn, wie in **Fall 51**, ein Fahrzeug lediglich umgesetzt wird. Soweit es keine spezielle Befugnis zur Umsetzung von Fahrzeugen[119] gibt, handelt es sich um eine **unmittelbar ausgeführte bzw. sofort vollzogene atypische Maßnahme.**

341 Umstritten ist aber, **welche Art von Zweckzusammenhang** zwischen der Begründung tatsächlicher Gewalt und der anschließenden Verwahrung bestehen muss. Nach einem **engen Verständnis von Sicherstellung** muss es der Behörde **gerade darauf ankommen**, die Sache in Verwahrung zu nehmen. Es reicht also nicht aus, dass die Sache im Anschluss an die Maßnahme tatsächlich verwahrt wird. Diesem engen Verständnis genügt die Maßnahme in **Fall 34**. Es liegt eine Sicherstellung vor, **weil die Gefahr** der Entwendung oder Beschädigung des Fahrzeugs **durch die Inverwahrungnahme abgewendet** werden sollte. Hingegen wird in **Fall 50** eine Sicherstellung verneint: Da die Abschleppmaßnahme nur darauf abzielt, das Fahrzeug aus dem Halteverbot **zu entfernen**, ist die anschließende Verwahrung lediglich eine tatsächliche Folge, nicht Zweck der Maßnahme und deshalb begrifflich keine Sicherstellung.[120] So bleibt wiederum nur der Rückgriff auf die Generalklausel.

342 **Alternativ** dazu wird aber auch vertreten, dass es für eine Sicherstellung genügt, wenn **behördlicher Gewahrsam begründet** und **durch Verwahrung der Sache ausgeübt** wird. Diese Auslegung lässt also die Verwahrung der Sache als tatsächliche Folge der Maßnahme ausreichen.[121] Es liegt nach ihr auch in **Fall 50** begrifflich eine Sicherstellungshandlung vor, so dass die Generalklausel als Rechtsgrundlage ausscheidet.

343 Letztlich kommt es darauf an, welche **Funktion** man der Standardmaßnahme Sicherstellung zuweist. Nach dem engen Begriff handelt es sich nur um eine **Hilfsmaßnahme**, während die eigentliche Gefahrenabwehr durch die Verwahrung der Sache erfolgt. Das alternative weitere Verständnis dagegen sieht Sicherstellung und Verwahrung als zwei **grundsätzlich eigenständige Gefahrenabwehrmaßnahmen** an, die lediglich in einem notwendigen zeitlichen Zusammenhang stehen. Es wird durch Sonderregelungen über die Sicherstellung von verkehrswidrig abgestellten Fahrzeugen bestätigt, die in wenige Gefahrenabwehrgesetze Eingang gefunden haben.[122]

117 Z.B. *Kingreen/Poscher*, POR, § 18 Rn. 1; *Schoch*, Rn. 320.

118 **BW:** § 130 I Nr. 4 PolG i.V.m. § 3 I DVO PolG; **Bay:** Art. 26 I PAG; **Berl:** § 39 I ASOG; **Bbg:** § 26 I PolG (i.V.m.) § 23 Nr. 1 lit. g) OBG; **Brem:** § 22 I PolG; **Hbg:** § 14 III SOG; **Hess:** § 41 I HSOG; **MV:** § 62 V SOG; **Nds:** § 27 I NPOG; **NW:** § 44 I PolG (i.V.m.) § 24 Nr. 12 OBG; **RP:** § 23 I POG; **Saar:** § 22 I SPolG; **Sachs:** § 32 I PVDG; **LSA:** § 46 I SOG; **SH:** § 211 V LVwG; **Thür:** § 28 I PAG; § 23 I OBG.

119 Vgl. **Berl:** § 37a ASOG.

120 *OVG Greifswald*, LKV 2006, 225 (226); *Schenke*, Rn. 179.

121 *BayVGH*, NVwZ 1990, 180 (181); *Gusy*, Rn. 290; *Erbguth/Mann/Schubert*, Rn. 600; *Kingreen/Poscher*, POR, § 18 Rn. 4 f.

122 **Hbg:** § 14 I 2 SOG; **Thür:** § 22 II OBG; *VG Gera*, BeckRS 2020, 29598 Rn. 19 ff.; a.A. insoweit *VG Weimar*, LKV 2001, 574 (576).

3. Die Konstruktion von Ausführungsbefugnissen

344 Bei Ausführungsbefugnissen kann die Frage aufgeworfen werden, ob sie **nur** zu den bezeichneten Realakten ermächtigen. Denn u.U. haben die Gefahrenabwehrbehörden keinen unmittelbaren Zugriff auf die Subjekte oder Objekte ihrer Maßnahmen, sondern sind auf eine wie auch immer geartete Mitwirkung einer anderen Person angewiesen. So muss der Beamte in **Fall 47** zunächst in den Besitz der Tasche gelangen, die er durchsuchen will, in **Fall 49** müssen die Polizisten erst Zutritt zu dem versperrten Raum haben. Wie die in beiden Fällen ergangenen „Aufforderungen" rechtlich einzuordnen sind, ist strittig. Das liegt daran, dass es grundsätzlich unterschiedliche Ansichten über die rechtliche Konstruktion von Ausführungsermächtigungen gibt.

a) Ausführungshandlung und begleitende Verfügung

345 Geht man vom reinen Wortlaut der in Rede stehenden Befugnisnormen aus, in dem der Realakt umschrieben wird, besteht die Standardmaßnahme an sich **nur aus der Ausführungshandlung** wie etwa der Abnahme von Fingerabdrücken oder der Durchsuchung. Trifft dies auf den Widerstand des Betroffenen wie in **Fall 49** oder ist eine sonstige Mitwirkungshandlung erforderlich wie die Aushändigung der Tasche in **Fall 47**, müssen ggf. **begleitende Verfügungen** ergehen, die dann im Weigerungsfalle die notwendige Grundlage für Zwangsmaßnahmen darstellen. Diese Anordnungen treten **als weitere Maßnahme** neben die Standardmaßnahme. Es werden also zusätzlich zum Realakt Handlungs-, Duldungs- oder Unterlassungspflichten begründet, die als Eingriffsmaßnahmen einer Rechtsgrundlage bedürfen.

346 Teilweise werden solche Anordnungen, welche die Durchführung von Standardmaßnahmen erst ermöglichen sollen, auf die Generalklausel gestützt.[123] Das hätte aber zur Konsequenz, dass die gesetzlichen Voraussetzungen für begleitende Verfügungen und für dadurch ermöglichte Realakte unterschiedlich sein können. Wenn z.B. die Ausführungsbefugnis der Gefahrenvorsorge dient und deshalb schon im Vorfeld einer konkreten Gefahr zur Verfügung steht, wäre die Anordnung nach der Generalklausel dennoch nur bei einer konkreten Gefahr rechtmäßig. Das ist ein merkwürdiges Ergebnis.

347 Überzeugender ist es, solche begleitenden Verfügungen auf **dieselbe Befugnisnorm** zu stützen, welche auch zu der Ausführungshandlung ermächtigt.[124] Sie stellen gegenüber dem eigenmächtigen Zugriff auf die Rechtsgüter des Betroffenen ein milderes Mittel dar und sind deshalb von der Ausführungsbefugnis mit umfasst. Soweit deshalb eine Handlung, Duldung oder Unterlassung eines Betroffenen die Ausführungshandlung erst ermöglichen soll, kann neben dem Realakt und unter denselben tatbestandlichen Voraussetzungen auch ein Verwaltungsakt erlassen werden.

348 Wenn die Ausführungshandlung hingegen keiner Mitwirkung des Betroffenen bedarf, füllt der Realakt die Standardbefugnis vollständig aus.[125] Sieht man etwa das Abschleppen des Fahrzeugs in **Fall 50** als Sicherstellungshandlung an (Rn. 342), kann es ohne Weiteres und ungeachtet der Abwesenheit des F auf die entsprechende Standardbefugnis[126] gestützt werden.

---

123 *Beckmann*, NVwZ 2011, 842 (844); vgl. auch *Schenke*, Rn. 129.
124 *Kingreen/Poscher*, POR, § 11 Rn. 10.
125 So im Ergebnis *Kingreen/Poscher*, POR, § 11 Rn. 10.
126 Normen o. Fn. 76.

349 In manchen Gesetzen[127] wird ganz in diesem Sinne die Sicherstellung verkehrswidrig abgestellter Fahrzeuge besonders geregelt, was wohl nur Sinn ergibt, wenn damit auch Maßnahmen in Abwesenheit des Fahrers oder Halters gemeint sind. Und die Vorschriften über die Durchsuchung von Wohnungen, zumeist auch von Sachen, enthalten Regelungen für den Fall der Abwesenheit des Betroffenen.[128] Auch sie können so verstanden werden, dass eine besondere Anordnung diesem gegenüber nicht Teil der Standardmaßnahme ist.

b) Einheit von Anordnung und Ausführung

350 Nach der **Gegenansicht** ermächtigen Ausführungsbefugnisse regelmäßig nur zu Ausführungshandlungen, die **gegenüber dem Betroffenen angeordnet** wurden oder anders formuliert: Die Standardmaßnahme **besteht** aus **Anordnung und Ausführung**. Die Aufforderung zur Herausgabe der Tasche und die nachfolgende Durchsuchung der Tasche in **Fall 47** ist dann rechtlich nur **eine Maßnahme**. Gleiches gilt in **Fall 49** für die Aufforderung, den Weg freizugeben und die anschließende Durchsuchung des Raums. Nach diesem Verständnis sind also Standardmaßnahmen in aller Regel Verwaltungsakte[129] oder wiederum anders gewendet: Nur wenn sie Verwaltungsakte sind, handelt es sich um reine Standardmaßnahmen.

351 Diese Konstruktion von Ausführungsbefugnissen lehnt sich also an die **Grundstruktur von Akten der Gefahrenabwehr** (o. Rn. 329 ff. – Anordnung und Ausführung) an. Die Besonderheit besteht allenfalls darin, dass die eigentliche Ausführungshandlung nicht vom Adressaten der Anordnung, sondern stets von der Verwaltung ausgeführt wird. Für die **Bestimmung der Rechtsgrundlage** hat dieses Verständnis immer dann Konsequenzen, wenn die **Anordnung als notwendiger Bestandteil der Standardmaßnahme** fehlt, etwa weil der Adressat der Anordnung nicht anwesend oder nicht ansprechbar ist. Sie muss dann, entsprechend der Grundstruktur, ersetzt werden.

352 Nach dieser Ansicht liegt in **Fall 50** schon deshalb keine Sicherstellung vor, weil keine Anordnung an F ergangen ist. Vielmehr handelt es sich um die **unmittelbare Ausführung** oder den **Sofortvollzug**[130] entweder einer Sicherstellungsanordnung oder, wenn man dem engen Begriff der Sicherstellung folgt (Rn. 341), einer atypischen Maßnahme.

353 Diese duale Konstruktion passt aber nicht auf alle Ausführungsbefugnisse. Davon **ausgenommen** sind Eingriffe, die **heimlich** erfolgen dürfen, wie die polizeiliche Observation,[131] der verdeckte Einsatz technischer Mittel[132] oder andere verdeckte Maßnahmen. Bei diesen

127 **Hbg:** § 14 I 2 SOG; **Thür:** § 22 II OBG.

128 **BW:** § 36 VII PolG; **Bay:** Art. 24 II 2, 22 III 2 PAG; **Berl:** §§ 37 II 2, 35 III 2 ASOG; **Bbg:** §§ 24 II 2, 22 II 2 PolG (i.V.m.) § 23 Nr. 1 lit. g) OBG; **Brem:** §§ 20 II 2, 18 II 2 PolG; **Hbg:** §§ 16a II 2, 15a II 2 SOG; **Hess:** §§ 39 II 1, 37 III 2 HSOG; **MV:** §§ 60 I 2, 58 S. 2 SOG; **Nds:** §§ 25 II 2, 23 II 2 NPOG; **NW:** §§ 42 II 2, 40 II 2 PolG (i.V.m.) § 24 Nr. 12 OBG; **RP:** §§ 21 II 2, 19 II 2 POG; **Saar:** §§ 20 II 2, 18 II 2 SPolG; **Sachs:** § 30 II 2 PVDG; **LSA:** §§ 44 II 2, 42 III 2 SOG; **SH:** §§ 209 I 2, 207 S. 2 LVwG; **Thür:** §§ 26 II 2, 24 II 2 PAG; §§ 21 II 2, 19 II 2 OBG.

129 *Schenke*, Rn. 128 f.

130 Normen o. Fn. 102 f.

131 **BW:** § 49 II Nr. 1 PolG; **Bay:** Art. 36 I Nr. 1 PAG; **Berl:** § 25 I Nr. 1 ASOG; **Bbg:** § 32 I PolG; **Brem:** § 40 I PolG; **Hbg:** § 20 I PolDVG; **Hess:** § 15 I Nr. 1, II HSOG; **MV:** § 33 I Nr. 1, II SOG; **Nds:** § 34 I NPOG; **NW:** § 16a I PolG; **RP:** § 34 I, II Nr. 1 POG; **Saar:** § 31 I, II Nr. 1 SPolDVG; **Sachs:** § 63 I Nr. 1 PVDG; **LSA:** § 17 I Nr. 1, II, III SOG; **SH:** § 185 I Nr. 1, II LVwG; **Thür:** § 34 I, II Nr. 1 PAG.

132 **BW:** § 49 II Nr. 2 PolG; **Bay:** Art. 36 I Nr. 2 PAG; **Berl:** § 25 I Nr. 2 ASOG; **Bbg:** § 33 I PolG; **Brem:** § 41 I PolG; **Hbg:** § 21 I PolDVG; **Hess:** § 15 I Nr. 2, II HSOG; **MV:** § 33 I Nr. 2, II SOG; **Nds:** § 35 I NPOG; **NW:** § 17 I PolG; **RP:** § 34 I, II Nr. 2 POG; **Saar:** § 31 I, II Nr. 2 SPolDVG; **Sachs:** § 63 I Nr. 2 PVDG; **LSA:** § 17 I Nr. 2, II, III SOG; **SH:** § 185 I Nr. 2, II LVwG; **Thür:** § 34 I; II Nr. 2 PAG.

sind die Gefahrenabwehrorgane **gesetzlich ermächtigt**, auch **ohne Kenntnis des Betroffenen** tätig zu werden. Dasselbe muss auch für inner- und interbehördliche Maßnahmen etwa der Datenweiterverarbeitung,[133] des Datenabgleichs[134] und der Datenübermittlung[135] gelten, die ebenfalls keine vorherige Anordnung gegenüber dem Betroffenen voraussetzen.

c) Zusammenfassung

Zusammenfassend können Standardbefugnisse wie folgt skizziert werden: **354**

Standardbefugnisse
1. **Anordnungsbefugnisse** ermächtigen nur zum Erlass von Verwaltungsakten
2. **Ausführungsbefugnisse** ermächtigen *entweder*
a) zu Realakten (Ausführungshandlungen) ggf. ergänzt durch zusätzliche begleitende Verfügungen *bei Anwesenheit* des Betroffenen *oder*
b) zu Anordnung und Durchführung von Realakten ggf. ergänzt durch unmittelbare Ausführung/Sofortvollzug *bei Abwesenheit* des Betroffenen

III. Vollstreckungsbefugnisse

Die Vollstreckung, teilweise als Zwang oder Vollzug bezeichnet, dient grundsätzlich der Durchsetzung von zuvor begründeten Handlungs-, Duldungs- oder Unterlassungspflichten. Sie setzt einen Verwaltungsakt voraus (sog. **gestrecktes Verfahren**) und ersetzt die freiwillige Befolgung durch den Adressaten. Vollstreckungsmittel können aber auch ohne vorherigen Verwaltungsakt eingesetzt werden (sog. **gekürztes Verfahren**), sofern nicht die Regelungen über die unmittelbare Ausführung einer Maßnahme eingreifen. **355**

1. Rechtsgrundlagen für Vollstreckungsmaßnahmen

Manche Gefahrenabwehrgesetze enthalten vollständige,[136] manche nur teilweise Regelungen[137] über die Vollstreckung, im Übrigen sind die Rechtsgrundlagen für Vollstreckungsmaßnahmen den jeweiligen Vollstreckungsgesetzen zu entnehmen.[138] Zwangsmit- **356**

---

133 **BW:** § 15 PolG; **Bay:** Art. 48, 53 ff. PAG; **Berl:** §§ 42 f. ASOG; **Bbg:** §§ 37 ff. PolG; **Brem:** §§ 50 f. PolG; **Hbg:** § 36 PolDVG; **Hess:** § 20 HSOG; **MV:** §§ 36 ff. SOG; **Nds:** §§ 38 f. NPOG; **NW:** § 24 PolG; **RP:** § 50 ff. POG; **Saar:** § 21 SPolDVG; **Sachs:** § 80 I PVDG; **LSA:** §§ 13b, 23 SOG; **SH:** §§ 188a ff. LVwG; **Thür:** §§ 38 ff. PAG.

134 **BW:** § 47 PolG; **Bay:** Art. 61 PAG; **Berl:** §§ 28, 47 ASOG; **Bbg:** §§ 40, 46 PolG; **Brem:** § 48 PolG; **Hbg:** § 48 PolDVG; **Hess:** §§ 25 f. HSOG; **MV:** § 43 SOG; **Nds:** § 45 NPOG; **NW:** §§ 25, 31 PolG; **RP:** §§ 65 POG; **Saar:** § 28 SPolDVG; **Sachs:** § 87 PVDG; **LSA:** § 30 SOG; **SH:** §§ 195 f. LVwG; **Thür:** §§ 43 f. PAG.

135 **BW:** §§ 59 ff. PolG; **Bay:** Art. 55 ff. PAG; **Berl:** §§ 44 f. ASOG; **Bbg:** §§ 41 ff. PolG; **Brem:** §§ 53 ff. PolG; **Hbg:** §§ 38 ff. PolDVG; **Hess:** §§ 21 ff. HSOG; **MV:** §§ 39 ff. SOG; **Nds:** §§ 40 ff. NPOG; **NW:** §§ 26 ff. PolG; **RP:** §§ 56 ff. POG; **Saar:** §§ 43 ff. SPolDVG; **Sachs:** §§ 82 ff PVDG; **LSA:** §§ 26 ff. SOG; **SH:** §§ 191 ff. LVwG; **Thür:** § 41 PAG.

136 **Bay:** für Vollzugspolizei, Art. 70 ff. PAG; **Bbg:** für Vollzugspolizei, §§ 53 ff. PolG; **Hess:** §§ 47 ff. HSOG; **MV:** §§ 79 ff. SOG; **Nds:** §§ 64 ff. NPOG; **NW:** für Vollzugspolizei, §§ 64 ff. PolG; **Saar:** §§ 44 ff. SPolG; **LSA:** §§ 53 ff. SOG; **SH:** §§ 228 ff. LVwG; **Thür:** für Vollzugspolizei, §§ 51 ff. PAG.

137 **BW:** Anwendung unmittelbaren Zwangs durch Vollzugspolizei, §§ 63 ff. PolG; **Brem:** Art und Weise der Anwendung unmittelbaren Zwangs durch Vollzugspolizei, §§ 40 ff. PolG; **Hbg:** Anwendung unmittelbaren Zwangs, §§ 17 ff. SOG; **RP:** Art und Weise der Anwendung unmittelbaren Zwangs durch Vollzugspolizei, §§ 57 ff. POG; **Sachs:** Anwendung unmittelbaren Zwangs durch Vollzugspolizei, §§ 39 ff. PVDG.

138 **BW:** § 63 I PolG i.V.m. §§ 1 ff., 18 ff. LVwVG; **Bay:** Art. 18 ff., 29 ff. VwZVG; **Berl:** Anwendung unmittelbaren Zwangs durch Vollzugspolizei, §§ 1 ff. UZwG; im Übrigen § 8 BerlVwVfG i.V.m. §§ 6 ff. VwVG; **Bbg:** §§ 27 ff. VwVGBbg; **Brem:** § 100 I PolG i.V.m. §§ 11 ff. BremVwVG; **Hbg:** §§ 11 ff.

tel für die Durchsetzung von Verwaltungsakten, die zu einer Handlung, Duldung oder Unterlassung verpflichten, sind ganz allgemein Ersatzvornahme,[139] Zwangsgeld[140] und die Anwendung unmittelbaren Zwangs.[141]

357 Relativ unproblematisch ist die Bestimmung der Rechtsgrundlage, wenn ein **Zwangsgeld** verhängt wurde. Hier ist aber darauf zu achten, dass es nicht mit einem **Bußgeld** verwechselt wird. Dieses ist eine **Strafsanktion** wegen der Begehung einer Ordnungswidrigkeit (Rn. 8); das Zwangsgeld hingegen ein Zwangsmittel zur Durchsetzung eines Verwaltungsakts. Sie unterscheiden sich also nach ihrem Zweck und basieren auf unterschiedlichen Rechtsgrundlagen.

358 Abgrenzungsfragen können sich aber bei Ersatzvornahme und unmittelbarem Zwang stellen. Zum einen kann selbst im gestreckten Verfahren, also bei Vorliegen eines Verwaltungsakts fraglich sein, ob überhaupt eine der beiden Vollstreckungsmaßnahmen vorliegt oder nicht eine Primärmaßnahme (Rn. 360 ff.). Zum anderen fällt es gelegentlich schwer, Ersatzvornahme von unmittelbarem Zwang zu unterscheiden (Rn. 367).

2. Überschneidungen von Primär- und Vollstreckungsmaßnahmen im gestreckten Verfahren

359 **Fall 52:** Eine Versammlung wird von der Polizei aufgelöst. Etliche der Demonstranten entfernen sich kurz, kehren aber immer wieder zurück. Nach mehreren ergebnislosen Aufforderungen, den Platz zu verlassen, ordnet der Einsatzleiter die Ingewahrsamnahme der verbliebenen Personen an. Sie werden zu den Polizeibussen geführt und auf die Dienststelle verbracht. D, der sich der Maßnahme widersetzt, wird in den „Polizeigriff" genommen und abgeführt. **(Rn. 361 ff., 473)**

HmbVwVG; **NW:** §§ 55 ff. VwVG; **RP:** § 76 I POG i.V.m. LVwVG; **Sachs:** §§ 2 ff., 19 ff. SächsVwVG; **Thür:** §§ 18 ff., 43 ff. VwZVG.

139 **BW:** § 63 I PolG i.V.m. §§ 19 I Nr. 2, 25 LVwVG; **Bay:** Art. 71 I Nr. 1, 72 PAG, Art. 29 II Nr. 2, 32 VwZVG; **Berl:** § 8 BerlVwVfG i.V.m. §§ 9 I lit. a), 10 VwVG; **Bbg:** §§ 54 I Nr. 1, 55 PolG; §§ 27 II Nr. 2, 32 VwVGBbg; **Brem:** § 100 I PolG i.V.m. §§ 13 I Nr. 2, 15 BremVwVG; **Hbg:** §§ 11 I Nr. 1, 13 HmbVwVG; **Hess:** §§ 48 I Nr. 1, 49 HSOG; **MV:** §§ 86 I Nr. 2, 89 SOG; **Nds:** §§ 65 I Nr. 1, 66 NPOG; **NW:** §§ 51 Nr. 1, 52 PolG, §§ 57 I Nr. 1, 59 VwVG; **RP:** § 76 I POG i.V.m. §§ 62 I Nr. 1, 63 LVwVG; **Saar:** §§ 45 I Nr. 1, 46 SPolG; **Sachs:** §§ 19 II Nr. 2, 24 SächsVwVG; **LSA:** §§ 54 I Nr. 1, 55 SOG; **SH:** §§ 235 I Nr. 2, 238 LVwG; **Thür:** §§ 52 I Nr. 1, 53 PAG, §§ 44 II Nr. 2, 50 VwZVG.

140 **BW:** § 63 I PolG i.V.m. §§ 19 I Nr. 1, 23 LVwVG; **Bay:** Art. 71 I Nr. 2, 73 PAG, Art. 29 II Nr. 1, 31 VwZVG; **Berl:** § 8 BerlVwVfG i.V.m. §§ 9 I lit. b), 11 VwVG; **Bbg:** §§ 54 I Nr. 2, 56 PolG; §§ 27 I Nr. 1, 30 VwVGBbg; **Brem:** § 100 I PolG i.V.m. §§ 13 I Nr. 1, 14 BremVwVG; **Hbg:** §§ 11 I Nr. 2, 14 HmbVwVG; **Hess:** §§ 48 I Nr. 2, 50 HSOG; **MV:** §§ 86 I Nr. 1, 88 SOG; **Nds:** §§ 65 I Nr. 2, 67 NPOG; **NW:** §§ 51 Nr. 2, 53 PolG, §§ 57 I Nr. 2, 60 VwVG; **RP:** § 76 I POG i.V.m. §§ 62 I Nr. 2, 64 LVwVG; **Saar:** §§ 45 I Nr. 2, 47 SPolG; **Sachs:** §§ 19 II Nr. 1, 22 SächsVwVG; **LSA:** §§ 54 I Nr. 2, 56 SOG; **SH:** §§ 235 I Nr. 1, 237 LVwG; **Thür:** §§ 52 I Nr. 2, 54 PAG, §§ 44 II Nr. 1, 48 VwZVG.

141 **BW:** §§ 63 II, 64 ff. PolG; **Bay:** Art. 71 I Nr. 3, 75, 77 ff. PAG, Art. 29 II Nr. 4, 34 VwZVG; **Berl:** §§ 1 ff. UZwG; **Bbg:** §§ 54 I Nr. 3, 58, 60 ff. PolG; mit Sonderregelungen zur Zwangsräumung und zur Wegnahme beweglicher Sachen §§ 27 I Nr. 4-6, 34 ff. VwVGBbg; **Brem:** § 100 II PolG, § 13 I Nr. 3, § 16 BremVwVG i.V.m. §§ 101 ff. PolG; **Hbg:** mit Sonderregelung zurWegnahme beweglicher Sachen und zur Vorführung §§ 11, 15 HmbVwVG i.V.m. §§ 17 ff. SOG; **Hess:** §§ 48 I Nr. 3, 52, 54 ff. HSOG; **MV:** §§ 86 I Nr. 3, 90, 101 ff. SOG; **Nds:** §§ 65 I Nr. 3, 69, 71 ff. NPOG; **NW:** §§ 51 Nr. 3, 55, 57 ff PolG, mit Sonderregelung zur Zwangsräumung §§ 57 I Nr. 3, 62 f., 66 ff. VwVG; **RP:** § 76 II POG, §§ 62 I Nr. 3, 65 LVwVG i.V.m. § 58 ff. POG; **Saar:** §§ 45 I Nr. 3, 49, 51 ff. SPolG; **Sachs:** §§ 39 ff. PVDG; **LSA:** §§ 54 I Nr. 3, 58, 60 ff. SOG; **SH:** §§ 235 I Nr. 3, 239, 250 LVwG; **Thür:** §§ 52 I Nr. 3, 56, 58 ff. PAG, §§ 44 II Nr. 3, 51 VwZVG i.V.m. §§ 58 ff. PAG.

Dass es zu Überschneidungen zwischen Primär- und Vollstreckungsmaßnahmen **im gestreckten Verfahren** kommen kann, mag auf den ersten Blick überraschen. Man könnte vermuten, dass beide in einem Alternativverhältnis stehen, so dass nur entweder das eine oder das andere vorliegt. Das trifft im Regelfall zu. Ausnahmen ergeben sich deshalb, weil Primärmaßnahmen nicht nur Anordnungen sein müssen, sondern auch tatsächliche Handlungen der Gefahrenabwehrbehörden umfassen können. Damit können sie mit Ersatzvornahme und unmittelbarem Zwang „konkurrieren", die ebenfalls Realakte darstellen. **360**

a) Die Spezialität der Standardbefugnisse

Fall 52 illustriert einen solchen Fall. Die verbliebenen Demonstranten werden in Gewahrsam genommen, um die zuvor angeordnete Platzverweisung[142] durchzusetzen. **Der Funktion nach** handelt es sich also um einen **Vollstreckungsakt**. Die Ingewahrsamnahme ist aber als Primärmaßnahme bei den Standardbefugnissen geregelt. Ganz überwiegend gestalten die Gefahrenabwehrgesetze den polizeilichen Gewahrsam als Mittel zur Durchsetzung auch von Platzverweisen aus.[143] Dies geht **als spezielleres Gesetz** den allgemeinen Vollstreckungsregelungen zur Durchsetzung von Verwaltungsakten vor. **361**

Fraglich ist dabei, und das gilt tendenziell für alle Ausführungsbefugnisse, **in welchem Umfang** Handlungen, die zugleich die Merkmale des unmittelbaren Zwangs erfüllen, noch von der primärrechtlichen Grundlage gedeckt sind. So werden in **Fall 52** die meisten Demonstranten zu den Polizeibussen „geführt", D aber wird im Polizeigriff „abgeführt". **362**

Um die besonderen Voraussetzungen des Vollstreckungsrechts nicht zu umgehen, die staatlicher Zwangseinwirkung Grenzen setzen, sind die **Ausführungsbefugnisse sachgerecht zu limitieren**. Einwirkungen auf Personen sind von ihnen nur gedeckt, soweit **kein körperlicher Widerstand gebrochen** wird, Einwirkungen auf Sachen nur, solange nicht deren **Funktionsfähigkeit zerstört** wird.[144] Darüber hinausgehende körperliche Gewalt ist eine Zwangsmaßnahme auf der Grundlage des Vollstreckungsrechts. **363**

Für **Fall 52** bedeutet dies: Die Anordnung der Ingewahrsamnahme wird gegenüber dem widerstrebenden D vollstreckt. Rechtsgrundlage sind die Vorschriften über die Anwendung unmittelbaren Zwangs.[145] Bei den anderen Demonstranten, die der Maßnahme keinen Widerstand entgegensetzen, liegt eine „einfache" Primärmaßnahme vor. **364**

b) Zusammentreffen von Primär- und Zwangsmaßnahme

Maßnahmen, die unmittelbar der Durchsetzung eines zuvor ergangenen Verwaltungsakts dienen, sind grundsätzlich Vollstreckungsmaßnahmen (sofern sie nicht speziell geregelt sind, Rn. 361). Sie können aber **zugleich unmittelbar der Gefahrenabwehr dienen**, also **mehrere Zwecke gleichzeitig verfolgen**. Dann treffen Primär- und Vollstreckungsmaßnahme zusammen. **365**

---

142 Normen o. Fn. 106.

143 **Bay:** Art. 17 I Nr. 4 PAG; **Berl:** § 30 I Nr. 3 ASOG; **Bbg:** § 17 I Nr. 3 PolG; **Brem:** § 13 I Nr. 3 PolG; **Hbg:** § 13 I Nr. 3 SOG; **Hess:** § 32 I Nr. 3 HSOG; **MV:** § 55 I Nr. 5 SOG; **Nds:** § 18 I Nr. 3 NPOG; **NW:** § 35 I Nr. 3 PolG; **RP:** § 14 I Nr. 3 POG; **Sachs:** § 22 I Nr. 3 PVDG; **LSA:** § 37 I Nr. 3 SOG; **Sachs:** § 22 I Nr. 3 PVDG; **SH:** § 204 I Nr. 4 LVwG; **Thür:** § 19 I Nr. 3 PAG.

144 So *Kingreen/Poscher*, POR, § 11 Rn. 15.

145 Normen o. Fn. 141.

366 Den **Hauptanwendungsfall** dieser ansonsten eher seltenen Konstellation bilden Abschleppmaßnahmen wie in **Fall 50** (Rn. 337).[146] Hier liegt mit dem Halteverbotszeichen ein **Verwaltungsakt in Form einer Allgemeinverfügung** vor,[147] aufgrund dessen nicht nur das Anhalten untersagt ist, sondern der zugleich gebietet, ein unerlaubt haltendes Fahrzeug sofort zu entfernen (Wegfahrgebot[148]). Das Abschleppen des Fahrzeugs kann nun der Durchsetzung dieses Gebots dienen und wäre dann **als Vollstreckungsmaßnahme** zu qualifizieren. Zugleich kann es der Polizei darum gehen, den **PKW als Gefahrenquelle** von seinem Standort **zu entfernen**, etwa weil er unabhängig von dem Verstoß gegen das Halteverbot die Sicherheit und Leichtigkeit des Verkehrs beeinträchtigt. **Insofern** dient dann die Maßnahme nicht der Durchsetzung eines Verwaltungsakts, sondern der Abwehr einer Gefahr. Sie kann dann **auch eine Primärmaßnahme** sein, etwa eine Sicherstellung oder eine atypische Maßnahme (oben Rn. 338 ff., 348, 352). Es gibt dann wegen der doppelten Qualifikation auch **mehrere Rechtsgrundlagen**, auf die die Abschleppmaßnahme gestützt werden kann. Fraglich ist dann allerdings, inwieweit die Polizei dafür auch sachlich zuständig ist (Rn. 416 ff.).

3. Ersatzvornahme und unmittelbarer Zwang

367 Die Regelungsbereiche der Vorschriften über die Ersatzvornahme und den unmittelbaren Zwang überschneiden einander. Soweit dies der Fall ist, **geht die Ersatzvornahme dem unmittelbaren Zwang vor**. Das ergibt sich daraus, dass dieser als Vollstreckungsmittel **ultima ratio** ist und nur zum Einsatz kommt, wenn andere Vollstreckungsmaßnahmen nicht zum Erfolg führen.[149] Umgekehrt bedeutet dies, dass tatsächliche Vollstreckungshandlungen immer dann unmittelbaren Zwang darstellen, wenn sie keine Ersatzvornahme sind. Für die Abgrenzung ist deshalb der **Regelungsbereich der Ersatzvornahmevorschriften**[150] maßgeblich.

➔ **Ersatzvornahme** bedeutet die **Vornahme einer dem Pflichtigen obliegenden Handlung durch die Verwaltung (Selbstvornahme)**[151] **oder einen von ihr beauftragten Dritten (Fremdvornahme)**.

368 Das setzt **zweierlei** voraus: Zum einen muss die geschuldete Handlung eine **vertretbare Handlung** sein, also eine, die mit gleichem Erfolg auch durch eine andere Person vorgenommen werden kann. Damit scheidet die Ersatzvornahme zur Erzwingung von Duldungs- und Unterlassungspflichten aus. Doch auch Handlungspflichten können an die Person des Pflichtigen gebunden sein.[152] So ist A in **Fall 48** (Rn. 332) verpflichtet, seinen Personalausweis auszuhändigen. Das kann nur die Person erfüllen, die im Besitz des Dokuments ist. Der Beamte wendet also, indem er den A den Ausweis entreißt, unmittelbaren Zwang an.

---

146 Zu den Möglichkeiten, Abschleppmaßnahmen rechtlich einzuordnen vgl. die Übersicht Rn. 339.

147 BVerwGE 59, 221 (224 f.)

148 *BVerwG*, NJW 1978, 656 (657).

149 **BW:** § 66 I 1 PolG; **Bay:** Art. 75 I 1 PAG, Art. 34 S. 1 VwZVG; **Berl:** § 8 BerlVwVfG i.V.m. § 12 VwVG; **Bbg:** § 58 I 1 PolG; § 34 II VwVGBbg; **Brem:** § 101 V PolG; **Hess:** § 52 I 1 HSOG; **MV:** § 90 SOG; **Nds:** § 69 VI NPOG; **NW:** § 55 I PolG, § 62 I 1 VwVG; **RP:** § 76 II POG i.V.m. § 65 I LVwVG; **Saar:** § 49 I 1 SPolG; **Sachs:** § 41 I 1 PVDG; **LSA:** § 58 VI SOG; **SH:** § 239 LVwG; **Thür:** § 56 I 1 PAG, § 51 I VwZVG.

150 Normen o. Fn. 139.

151 Ausnahme **Berl:** § 8 BerlVwVfG i.V.m. § 10 VwVG bezeichnen nur die Fremdvornahme als Ersatzvornahme; die Selbstvornahme ist Anwendung unmittelbaren Zwangs.

152 Deshalb gibt es Sonderregelungen zur Fiktion der Abgabe einer Erklärung in: **Bbg:** § 33 VwVGBbg; **Hbg:** §§ 20, 21 HmbVwVG; **Sachs:** § 24a SächsVwVG; **SH:** § 242 LVwG; **Thür:** § 50a VwZVG.

 NDS. √

Zum anderen muss die **vorgenommene Handlung der geschuldeten entsprechen.** Es kommt daher auf den genauen **Inhalt der Handlungspflicht** an. Das kann wiederum an dem Abschleppfall (**Fall 50**, Rn. 337) demonstriert werden. **Wenn** die Abschleppmaßnahme der Durchsetzung des im Halteverbotszeichen verkörperten Gebots (Rn. 366) dient, mag es naheliegen, sie als **Anwendung unmittelbaren Zwangs** zu qualifizieren, weil F schließlich nicht verpflichtet war, sein Fahrzeug abschleppen zu lassen. Doch ordnet das Halteverbotszeichen nicht eine **bestimmte Handlung** an, sondern zielt nur auf einen vom Pflichtigen **herbeizuführenden Erfolg**, die Entfernung des Fahrzeugs ab. Deshalb hätte F diesem Gebot sowohl durch einfaches Wegfahren Folge leisten können als auch durch das Abschleppen seines PKW, wenn dieser etwa liegengeblieben wäre. Infolgedessen ist das Abschleppen durch die Polizei oder einen von ihr beauftragten Unternehmer **als Vollstreckungsmaßnahme** eine **Ersatzvornahme**. 369

4. Unmittelbare Ausführung und sofortiger Vollzug

Akute Gefahrensituationen können ein **sofortiges Eingreifen** der Gefahrenabwehrbehörden erfordern, ohne dass zuvor ein Verwaltungsakt ergeht und ggf. die Ausführung durch den Adressaten der Anordnung abgewartet werden kann. Dann wird die Gefahr **abweichend von der allgemeinen Grundstruktur der Gefahrenabwehr** (Rn. 329 ff.) durch **unmittelbares Tätigwerden** der Behörden abgewehrt. (Alleinige) Rechtsgrundlagen hierfür können z.B. die Standardbefugnisse sein, aber nur dann, wenn sie als reine Ausführungsermächtigungen verstanden werden, von denen auch ohne vorherige Anordnung Gebrauch gemacht werden kann (Rn. 345 ff.). Anderenfalls und stets bei Ausführungshandlungen, die nicht speziell normiert sind, muss die **Anordnung ersetzt werden**, wenn dabei in Rechte eingegriffen wird oder jedenfalls anstelle eines anderen gehandelt wird. 370

Rechtsgrundlagen hierfür sind die Vorschriften über die unmittelbare Ausführung und den sofortigen Vollzug. Beide erfüllen an sich dieselbe Funktion. Manche Gefahrenabwehrgesetze enthalten nur eine Regelung der unmittelbaren Ausführung,[153] andere regeln nur den Sofortvollzug.[154] In beiden Fällen bleiben dem Rechtsanwender ebenso schwierige wie unnötige Abgrenzungsprobleme erspart. Vielfach aber sind beide Rechtsinstitute normiert,[155] so dass sich dann die Frage stellt, wie sie voneinander zu unterscheiden sind. 371

a) Wirklicher oder mutmaßlicher Wille des Betroffenen

Eine verbreitete Auffassung unterscheidet danach, ob der Betroffene mit der Maßnahme (mutmaßlich) einverstanden ist oder nicht. Das soll deshalb entscheidend sein, weil Verwaltungszwang, zu dem der **Sofortvollzug** gehört, gerade der **Überwindung eines entgegenstehenden Willens** dient. Umgekehrt liegt dann immer eine **unmittelbare Ausführung** vor, wenn die Maßnahme dem wirklichen oder mutmaßlichen **Willen entspricht**. Dieses Abgrenzungsmerkmal ist nur in MV (§ 70a S. 1 SOG) ausdrücklich genannt. 372

153 **BW:** § 8 I PolG; **Bay:** Art. 7 III LStVG für Sicherheitsbehörden; **Sachs:** § 8 I PVDG; § 16 PBG.

154 **Bbg:** § 53 II PolG; § 15 II VwVGBbg; **Brem:** § 11 II BremVwVG; **Nds:** § 64 II NPOG; **NW:** § 50 II PolG; § 55 II VwVG; **Saar:** § 44 II SPolG; **SH:** § 230 I LVwG.

155 **Bay:** Art. 9 I, 70 II PAG für Vollzugspolizei; **Berl:** § 15 I ASOG; § 8 BerlVwVfG i.V.m. § 6 II VwVG; **Hbg:** § 7 I SOG; § 27 I HmbVwVG; **Hess:** §§ 8 I, 47 II HSOG; **MV:** §§ 70a S. 1, 81 I SOG; **RP:** § 6 I POG; § 61 II LVwVG; **LSA:** §§ 9 I, 53 II SOG; **Thür:** §§ 9 I, 51 II PAG; § 12 I OBG; § 54 VwZVG.

373 Das *OVG Greifswald* hat daraus in **Fall 50** abgeleitet, dass ein sofortiger Vollzug vorliege. Denn gegen die Annahme eines mutmaßlichen Willens sprächen nicht nur die Kostenfolgen der Abschleppmaßnahme, sondern auch die Tatsache, dass der Fahrer das Fahrzeug an der fraglichen Stelle abgestellt habe, um es hernach dort wiederzufinden.[156]

374 Diese Erwägungen überraschen, weil der entgegenstehende Wille des F auf die **Ausführungshandlung** der Polizei, nicht auf die zugrunde liegende **Maßnahme**, die F bei Anwesenheit hätte selbst ausführen sollen, bezogen wurde. Aber gerade auf das Einverständnis mit dieser, der „fiktiven Grundverfügung" kommt es an, weil der Verwaltungszwang den Widerstand gegen die **zu vollstreckende, nicht gegen die Vollstreckungsmaßnahme** überwinden soll. Im Übrigen kann auch schwerlich die Kostenfolge der Ausführungshandlung das (mutmaßliche) Einverständnis ausschließen, da auch die unmittelbare Ausführung kostenpflichtig sein kann.[157]

375 Sofern keine Indizien dafür vorliegen, dass F sich einer an ihn adressierten Aufforderung zum Wegfahren widersetzt hätte, ist deshalb eher davon auszugehen, dass die Maßnahme seinem mutmaßlichen Willen entsprach. Deshalb werden auch sonst polizeiliche Abschleppmaßnahmen außerhalb des gestreckten Zwangsverfahrens als **unmittelbare Ausführung** einer Sicherstellungsanordnung bzw. einer atypischen Maßnahme auf der Grundlage der Generalklausel angesehen.[158]

b) Vorrang der unmittelbaren Ausführung

376 Da das behördliche Eingreifen ohne vorherigen Verwaltungsakt in aller Regel bei Abwesenheit des Betroffenen erforderlich wird, wird nach dieser Abgrenzung das unsichere Merkmal des **mutmaßlichen Willens** zum maßgeblichen Unterscheidungskriterium. **Alternativ** dazu gibt es **systematische Ansätze**, das Verhältnis zwischen unmittelbarer Ausführung und sofortigem Vollzug zu bestimmen. So ist nach einigen Gesetzen das gekürzte Vollstreckungsverfahren nur zulässig, wenn Maßnahmen weder gegen Verantwortliche oder Nichtverantwortliche gerichtet **noch unmittelbar ausgeführt** werden können.[159] Dadurch kommt ein **Vorrang der unmittelbaren Ausführung**[160] zum Ausdruck, der dem Vorrang von Primär- vor Vollstreckungsmaßnahmen entspricht und deshalb auch fruchtbar gemacht werden kann, wenn es an einer derart ausdrücklichen Regelung fehlt. Damit bleiben für den sofortigen Vollzug nur die Fälle übrig, die von der unmittelbaren Ausführung nicht mehr erfasst werden.

377 Darunter fallen **unvertretbare Handlungen**. Da die unmittelbare Ausführung als Handeln **anstelle des Betroffenen** ausgestaltet ist, handelt es sich bei ihr um eine **atypische Ersatzvornahme**, die nur vertretbare Handlungen umfasst. Bei unvertretbaren Handlungen liegt dann die Anwendung unmittelbaren Zwangs im Wege des Sofortvollzugs vor.[161]

378 Weiterhin wird z.T. angenommen, dass eine unmittelbare Ausführung nur **anstelle eines Verantwortlichen** erfolgen kann. Gegenüber einem Nichtverantwortlichen könnte dann nur Zwang angewandt werden. Das liegt angesichts des Wortlauts der Vorschriften

156 *OVG Greifswald*, LKV 2006, 225 (226).

157 **BW:** § 8 II PolG; **Bay:** Art. 9 II PAG, **Berl:** § 15 II 1 ASOG; **Hbg:** § 7 III 1 SOG; **Hess:** § 8 II 1 HSOG; **MV:** §§ 70a S. 1, 114 III SOG; **RP:** § 6 II 1 POG; **Sachs:** § 8 II PVDG; § 16 II PBG; **LSA:** § 9 II 1 SOG; **Thür:** § 9 II 1 PAG; § 12 II 1 OBG.

158 *BayVGH*, NVwZ 1990, 180 (181); *VG Weimar*, LKV 2001, 574 (575).

159 **Bay:** Art. 70 II PAG; **Hess:** § 47 II HSOG; **LSA:** § 53 II SOG; **Thür:** § 51 II PAG.

160 *Schoch*, Rn. 394.

161 *Knemeyer*, Rn. 344; a.A. *Schenke*, Rn. 627.

durchaus nahe, ist aber nicht zwingend. Zu bedenken ist dabei, dass die **Kosten einer unmittelbaren Ausführung dem Verantwortlichen,**[162] die **Kosten einer Ersatzvornahme dem Pflichtigen**[163] zur Last fallen. Verwaltungszwang gegen den Nichtverantwortlichen **macht diesen zum Pflichtigen**, nicht den Verantwortlichen. Auf diese Weise würden Gefahrenabwehrkosten erst auf den Nichtverantwortlichen verlagert, um sie ihm dann im Rahmen der Entschädigungsregelungen wieder abzunehmen. Das spricht dafür, die unmittelbare Ausführung auch gegenüber Nichtverantwortlichen vorrangig zur Anwendung kommen zu lassen.[164]

Für den sofortigen Vollzug bleibt bei dem systematischen Ansatz somit nur noch Raum, wenn unmittelbarer Zwang angewandt werden muss, im Übrigen liegt eine unmittelbare Ausführung vor. **379**

c) Ersetzungs- und Ergänzungsfunktion von unmittelbarer Ausführung und sofortigem Vollzug

Gemeinsam ist den Vorschriften über unmittelbare Ausführung und sofortigen Vollzug, dass sie selbst nur eine **partielle Ersetzungsfunktion** haben. Sie **ersetzen den Verwaltungsakt**, die vorherige Anordnung, **nicht aber dessen Rechtsgrundlage**. Vielmehr formulieren sie **zusätzliche** Tatbestandsmerkmale. Bei der unmittelbaren Ausführung ergänzen sie den Tatbestand der Rechtsgrundlage für diejenige Maßnahme, die unmittelbar ausgeführt wurde, beim sofortigen Vollzug die Voraussetzungen für das Zwangsmittel, das zur Anwendung kommt. **380**

IV. Die Generalklausel

➔ **Die Generalklausel**[165] ist die **Rechtsgrundlage** für **präventive Maßnahmen**, die **nicht in besonderen Gefahrenabwehrgesetzen** normiert oder durch sie ausgeschlossen sind und **weder** zu den **Standardmaßnahmen** noch zu den **Vollstreckungsmaßnahmen** gehören. **381**

Da auch atypische Maßnahmen unmittelbar ausgeführt bzw. sofort vollzogen werden können, bleiben für Maßnahmen, die **ausschließlich** auf der Generalklausel basieren, im Wesentlichen **Akte der Kommunikation** zwischen der Behörde und einem Adressaten übrig. Darüber hinausgehende Tätigkeiten von Behörden sind regelmäßig durch spezielle Ausführungsbefugnisse abgedeckt. **382**

Der weite Begriff der Maßnahme ist dabei nicht auf Ge- oder Verbote beschränkt. Daneben kommen andere Kommunikationsformen ohne Regelungsgehalt in Betracht, soweit sie Eingriffscharakter besitzen (o. Rn. 278 sowie **Fall 38** und **Fall 39** [Rn. 259]). Die Generalklausel ist deshalb insbesondere ein Instrument dafür, neu auftretender Gefahrenlagen mit neuen, eben **atypischen Mitteln** Herr zu werden. **383**

162 Normen o. Fn. 157.

163 **BW:** § 63 I PolG i.V.m. § 25 LVwVG; **Bay:** Art. 72 I 2 PAG; Art. 32 S. 1 VwZVG; **Berl:** § 5a BerlVwVfG i.V.m. § 10 VwVG; **Bbg:** § 55 I 1 PolG; § 19 I VwVGBbg; **Brem:** § 100 I PolG i.V.m. § 15 I BremVwVG; **Hbg:** § 13 II HmbVwVG; **Hess:** § 49 I 1 HSOG; **MV:** § 89 I SOG; **Nds:** § 66 I 1 NPOG; **NW:** § 52 I 1 PolG; §§ 59 I VwVG; **RP:** § 76 I POG i.V.m. § 63 I LVwVG; **Saar:** § 46 I 2 SPolG; **Sachs:** § 24 I SächsVwVG; **LSA:** § 55 I 1 SOG; **SH:** § 238 I LVwG; **Thür:** § 53 I PAG; § 50 I VwZVG.

164 Vgl. auch *Schenke*, Rn. 628.

165 Normen o. Fn. 5 (Rn. 266).

384 Das wirft umgekehrt die Frage auf, ob, insbesondere bei **intensiven Grundrechtseingriffen**, die Generalklausel auch dann noch eine hinreichende Rechtsgrundlage ist, wenn eine ursprünglich neuartige Gefahrenlage immer wieder auftritt und sich deshalb die anfänglich atypische Maßnahme zu einem gebräuchlichen, also „typischen" Instrument zu ihrer Bewältigung entwickelt.[166]

385 Das *BVerwG* hat in der **Fall 15** (Rn. 67) zugrunde liegenden Entscheidung darauf hingewiesen, dass die „weit gespannte Generalklausel" **nicht schlechthin** als ausreichende Grundlage für Eingriffe in die Berufsausübung (Art. 12 I 2 GG) angesehen werden kann. Sie reiche nicht mehr aus, wenn die Maßnahme „von einer **verwickelten**, in das Gebiet der Weltanschauungen hineinreichenden, **abwägenden Wertung** einer **Mehrzahl verschiedener Schutzinteressen**" abhänge. Unter dieser Voraussetzung dürfe die Generalklausel nicht zur Regelung einer **verbreiteten neuen Erscheinungsform der Berufsausübung** herangezogen werden; das sei Sache des Gesetzgebers.[167] Das Gericht erachtete in dem zur Entscheidung stehenden Sachverhalt die Generalklausel u.a. deshalb für ausreichend, weil die mit dem Verbot belegten Tötungsspiele **noch keine solche Verbreitung** gefunden hatten, dass die Leistungsfähigkeit der Generalklausel zur **Regelung von Einzelfällen** als überfordert anzusehen war.

386 In **Fall 46** (Rn. 304) verneinte das *BVerwG* dagegen die Notwendigkeit einer speziellen Ermächtigungsgrundlage für Meldeauflagen, obwohl es in Erwägung zog, dass es sich dabei mittlerweile um eine standardmäßige Maßnahme zur Abwendung von Gewalttaten bei Großveranstaltungen handelt. Es verneinte (gewissermaßen auf **Tatbestandsseite**) eine besondere Wertungsabhängigkeit der Maßnahme, wie sie in **Fall 15** mit der Subsumtion unter den Begriff der öffentlichen Ordnung durchaus vorhanden war (o. Rn. 80). Und auf der **Rechtsfolgenseite** beurteilte es den durchaus nicht unerheblichen Grundrechtseingriff als nicht so intensiv, dass er über das in der Generalklausel angelegte Maß an Beeinträchtigungen hinaus ginge.[168]

387 Auf der Grundlage dieser Rechtsprechung kann die Tauglichkeit der Generalklausel als Rechtsgrundlage für häufiger wiederkehrende, „typisch gewordene" Maßnahmen nur **in Ausnahmefällen**, nämlich dann **in Abrede gestellt werden**, wenn bei ihrer Anwendung **jeweils komplexe Abwägungen** erforderlich sind oder wenn die Maßnahmen in ihren **Wirkungen** sonst von der Generalklausel noch umfasste Eingriffe übersteigen. Doch auch dann wird eine Übergangsfrist abzuwarten sein, innerhalb derer dem Gesetzgeber Gelegenheit geboten wird, die wesentlichen Grundentscheidungen zu treffen. Das wurde auch in einem **Fall 21** (Rn. 84) vergleichbaren Sachverhalt vom *BVerfG*[169] angenommen, freilich ohne näher zu prüfen, ob die Voraussetzung einer konkreten Gefahr für die öffentliche Sicherheit tatsächlich vorlag (Rn. 101).

---

166 Verneinend *Kingreen/Poscher*, POR, § 5 Rn. 24; relativierend *Schoch*, Rn. 56; kritisch *Schenke*, Rn. 49.

167 BVerwGE 115, 189 (194).

168 *BVerwG*, NVwZ 2007, 1439 (1441).

169 *BVerfG*, KommJur 2013, 73 (75); zuvor etwa *VGH Mannheim*, JZ 2005, 352 (354) m. Anm. *Gusy* (355 ff.) zur Wohnungsverweisung, die mittlerweile in den meisten Bundesländern speziell geregelt ist (Normen o. Fn. 108).

§ 6 Formelle Rechtmäßigkeit

→ Eine Maßnahme ist **formell rechtmäßig**, wenn sie von der **zuständigen Stelle** im **vorgesehenen Verfahren formgerecht** getroffen wurde. 388

Für die formelle Rechtmäßigkeit ist nur die Einhaltung derjenigen Zuständigkeits- und Verfahrensvorschriften erforderlich, die in **Außenrechtssätzen** (formellen Gesetzen, Rechtsverordnungen, Satzungen) geregelt sind. Der Verstoß gegen interne Geschäftsverteilungspläne, Dienstanweisungen oder **sonstiges Innenrecht** ist in diesem Kontext regelmäßig irrelevant. Da die Zuständigkeitsregelungen des Außenrechts zumeist nur **die Behörde** benennen, kommt es also nicht darauf an, welche behördeninterne Organisationseinheit (Dezernat, Referat) tätig geworden ist. 389

Es gibt aber auch **Regelungen des Innenrechts in Außenrechtssätzen**, die dann auch für die formelle Rechtmäßigkeit einer Maßnahme von Bedeutung sind. Das wichtigste Beispiel hierfür sind die **Kommunalgesetze**, in denen etwa die gemeindeinterne Verteilung von Kompetenzen zwischen Bürgermeister und Gemeindevertretung und das jeweilige Beschlussverfahren geregelt sind. Da die Gemeinden jedenfalls als **untere (örtliche) Ordnungsbehörden** für die Gefahrenabwehr zuständig sind,[1] muss für die Prüfung der formellen Rechtmäßigkeit ihrer Maßnahmen u.U. auf das Kommunalrecht zurückgegriffen werden. 390

Daneben enthalten die Gefahrenabwehrgesetze für **einzelne Befugnisse** besondere, auf die **innere Organisation** einer Behörde abstellende Regelungen, wie z.B. Behördenleiter- oder vergleichbare Vorbehalte für bestimmte Anordnungen im Rahmen der Datenverarbeitung.[2] Ihre Verletzung führt zur formellen Rechtswidrigkeit der jeweiligen Maßnahme. 391

A. Zuständigkeit

Im Rahmen der formellen Rechtmäßigkeit ist zunächst die Zuständigkeit für die zu überprüfende Maßnahme zu bestimmen. Dabei sind regelmäßig **sachliche und örtliche Zuständigkeit** anzusprechen – und zwar **in dieser Reihenfolge**, weil die örtliche Zuständigkeit nur im Rahmen der sachlichen besteht. Im Hinblick auf eine bestimmte Maßnahme ist **entweder** zu prüfen, **ob** die im Sachverhalt **benannte Behörde oder**, wenn sie nicht genannt oder nur als „zuständige Behörde" tituliert wurde, **welche Behörde zuständig** ist. 392

I. Sachliche Zuständigkeit

Die sachliche Zuständigkeit bezeichnet die Kompetenz einer Behörde zur Wahrnehmung einer bestimmten Aufgabe und zur Ausübung hierfür verliehener Befugnisse. Für die formelle Rechtmäßigkeit einer **bestimmten Maßnahme** kommt es **nicht auf die Aufga-** 393

---

1 **BW:** § 107 IV PolG; **Bay:** Art. 6 LStVG; **Bbg:** § 3 OBG; **Brem:** § 126 II PolG; **Hess:** § 85 I Nr. 4 HSOG; **MV:** § 3 I Nr. 3 SOG; **Nds:** § 97 I NPOG; **NW:** § 3 I OBG; **RP:** § 104 I POG; **Saar:** § 76 III SPolG; **Sachs:** § 1 I Nr. 4 PBG; **LSA:** § 84 I Nr. 1 SOG; **SH:** § 164 I Nr. 3 LVwG; **Thür:** § 1 OBG.

2 Z.B. **BW:** § 49 IV 7 PolG; **Bay:** Art. 36 V 2 PAG; **Berl:** § 25 III ASOG; **Bbg:** §§ 32 II, 33 II PolG; **Hbg:** § 21 II 2 PolDVG; **Hess:** § 15 III HSOG; **MV:** § 33a I 4 SOG; **NW:** §§ 16a II, 17 II PolG; **RP:** § 34 V POG; **Saar:** § 31 III 8 SPolDVG; **Sachs:** § 58 IV PVDG; **LSA:** § 17 II 3, VI 2 SOG; **SH:** § 186 II 2 LVwG; **Thür:** § 34 V PAG.

benzuweisung, sondern auf die Befugnisnorm an. Z.T. ist in ihr bereits die sachlich zuständige Behörde genannt, vielfach kommen ergänzend die Regelungen des jeweiligen Organisationsrechts zur Anwendung.

394 Entstammt die Befugnisnorm einem besonderen **Gefahrenabwehrgesetz des Landes**, sind in aller Regel in diesem Gesetz auch die Zuständigkeiten für ihren Vollzug enthalten. Ergänzende Regelungen enthält u.U. das jeweilige Verwaltungsorganisations- oder -zuständigkeitsgesetz[3].

395 Handelt es sich um eine Befugnis aus einem **Gefahrenabwehrgesetz des Bundes**, wird die Zuständigkeit hingegen wegen Art. 84 I, 85 I GG vielfach in landesrechtlichen Ausführungsgesetzen oder -verordnungen geregelt. Nur soweit keine speziellen landesrechtlichen Zuständigkeitsregelungen vorliegen, kann auf die allgemeinen Gefahrenabwehrgesetze zurückgegriffen werden.

1. Vollzugspolizei und Ordnungsbehörden

396 Innerhalb der allgemeinen Gefahrenabwehrgesetze ist zunächst zwischen den Zuständigkeiten der Vollzugspolizei und der Ordnungsbehörden (zur Terminologie oben Rn. 21 ff., 27) zu unterscheiden.

397 In den Ländern, in denen für sie **unterschiedliche Gesetze existieren**, kann sich die Zuständigkeit für die Ausübung von Befugnissen für die Vollzugspolizei nur aus den Polizei(aufgaben)gesetzen, für die Ordnungsbehörden nur aus den Ordnungsbehördengesetzen[4] ergeben, sofern keine Verweisungsvorschriften existieren.[5]

398 In den anderen Ländern ist grundsätzlich in der Befugnisnorm selbst bestimmt, von wem sie vollzogen werden darf. Dabei ist die **Unterscheidung von Trennsystem und Einheitssystem** von Bedeutung (Rn. 21 ff.). Im **Trennsystem** bezeichnet der Begriff „Polizei“ oder „Polizeibehörde“ nur die Vollzugspolizei (den Polizeivollzugsdienst); die Befugnisnormen bestimmen zumeist, ob sie von der Polizei, von den Ordnungsbehörden oder von beiden angewandt werden dürfen. Im **Einheitssystem** ist „Polizei“ der Oberbegriff für beide Behördengruppen. Wird nur die Vollzugspolizei oder nur die Ordnungsbehörde ermächtigt, so wird dies durch die Begriffe Polizeivollzugsdienst/Vollzugspolizei einerseits, Polizeibehörden/Polizeiverwaltungsbehörden andererseits gekennzeichnet.

a) Subsidiäre Zuständigkeit der Vollzugspolizei

399 Die **sachliche Zuständigkeit der Vollzugspolizei** zur Gefahrenabwehr besteht **neben derjenigen der Ordnungsbehörden**, ist aber grundsätzlich auf Situationen beschränkt, in denen die Ordnungsbehörden nicht oder nicht rechtzeitig tätig werden können.[6] Dies betrifft in erster Linie Fälle, in denen Maßnahmen der Gefahrenabwehr **unaufschiebbar** erscheinen, also sofortiges Handeln geboten ist und ein rechtzeitiges Eingreifen der Ord-

3 **BW:** LVG; **Berl:** § 2 IV ASOG i.V.m. ZustKat Ord; **Bbg:** LOG; **Hbg:** VerwBehG; **MV:** LOG; **NW:** LOG; **RP:** VwORG; **Saar:** LOG; **Sachs:** VwOrgG; **SH:** §§ 2 ff. LVwG.

4 In **Bay:** LStVG.

5 **Bbg:** § 23 OBG; **NW:** § 24 OBG.

6 **BW:** § 105 II PolG; **Bay:** Art. 3 PAG; **Berl:** § 4 I ASOG; **Brem:** § 125 I 2 PolG; **Bbg:** § 2 S. 1 PolG; **Hbg:** § 3 II lit. a) SOG; **Hess:** § 2 S. 1 HSOG i.V.m. § 2 II Nr. 2 HSOG-DVO; **MV:** § 7 I Nr. 3 SOG; **Nds:** § 1 II NPOG; **NW:** § 1 I 3 PolG; **RP:** § 1 VIII 1 POG; **Saar:** § 85 II 1 SPolG; **Sachs:** § 2 III PVDG; **LSA:** § 2 II SOG; **SH:** § 168 I Nr. 3 LVwG; **Thür:** § 3 S. 1 PAG.

nungsbehörden nicht in Betracht kommt. Diese **Eilkompetenz** ist ganz auf die **Abwehr konkreter Gefahren „vor Ort“** zugeschnitten.

Eilbedürftigkeit ist jedoch nicht generell für die sachliche Zuständigkeit der Vollzugspolizei maßgebend. Manche Gesetze weisen der Polizei (bestimmte) Standardmaßnahmen oder die Abwehr bestimmter Gefahren **ohne diese Begrenzung** zu.[7] Andere nehmen die polizeilichen Vorfeldaufgaben (Gefahrenvorsorge, vorbeugende Bekämpfung von Straftaten, Rn. 10 ff.) von der Subsidiarität aus.[8] **400**

Die Beschränkung der sachlichen Zuständigkeit der Vollzugspolizei rekurriert vielfach mit dem Begriff der „Abwehr einer Gefahr“ auf eine **materiellrechtliche Voraussetzung**. Die formelle Rechtmäßigkeit einer Maßnahme könnte dann von der materiellen abhängen. Jedoch handelt es sich nur um eine **Abgrenzung zwischen vollzugspolizeilicher und ordnungsbehördlicher Zuständigkeit**, nicht zwischen inhaltlich zulässigen und unzulässigen Maßnahmen. Bezieht man aber die Subsidiarität nur auf die in Anspruch genommene Befugnis, ist die Vollzugspolizei für sie immer dann zuständig, wenn die Ordnungsbehörden eine derartige Maßnahme nicht treffen dürfen. Dann werden nur diejenigen vollzugspolizeilichen Befugnisse begrenzt, über die auch die Ordnungsbehörden verfügen. Die Eilbedürftigkeit oder Unaufschiebbarkeit der Maßnahme resultiert daraus, dass ihr **Zweck** vereitelt oder gefährdet würde, wenn das Eingreifen der Ordnungsbehörden abgewartet werden müsste. Das entspricht dem Begriff der **Gefahr im Verzug** (o. Rn. 109). **401**

b) Die konkret zuständige Ordnungsbehörde

Aus den Befugnisnormen ergibt sich in der Regel nur, ob sie für das Handeln der Vollzugspolizei oder der Ordnungsbehörden gelten. Dabei handelt es sich aber jeweils um eine Mehrzahl unterschiedlicher Behörden, so dass die für die zu überprüfende Maßnahme konkret zuständige Stelle näher bestimmt werden muss. Das ist vor allem beim Handeln von Ordnungsbehörden relevant, so dass die Regelungen über die Organisation der Vollzugspolizei[9] hier nicht im Vordergrund stehen. **402**

Die Ordnungsbehörden sind (unter Einschluss der Aufsichtsbehörden) hierarchisch in bis zu vier Ebenen gegliedert.[10] An deren Spitze steht das jeweils zuständige Ministerium, als untere Ordnungsbehörden fungieren die Gemeinden. Dazwischen gibt es je nach Landesverwaltungsorganisation kommunale (z.B. Landkreis) oder staatliche (z.B. staatliches Landratsamt, Bezirksregierung) Mittelinstanzen. **403**

In aller Regel[11] sind die **unteren (örtlichen) Ordnungsbehörden**, also die Gemeinden sachlich zuständig, soweit nicht bestimmte Befugnisse den höheren Ordnungsbehörden **404**

---

7 Z.B. **BW:** § 105 III PolG; **RP:** § 1 V–VII POG.

8 **Berl:** § 4 I 1 ASOG; **Bbg:** § 2 S. 1 PolG; **Brem:** § 125 I 3, 2. Hs. PolG; **MV:** § 7 I Nr. 4 SOG; **Nds:** § 1 II 1 NPOG; **NW:** § 1 I 3 PolG; **Sachs:** § 2 III PVDG; **LSA:** § 2 II SOG; **Thür:** § 3 S. 1 PAG.

9 **BW:** §§ 115 f. PolG i.V.m. DVO PolG; **Bay:** Art. 4 ff. POG; **Brem:** §§ 131 ff. PolG; **Bbg:** §§ 72 ff. PolG; **Hbg:** § 3 II lit. a) SOG; **Hess:** §§ 91 ff. HSOG i.V.m. §§ 3 ff. HSOG-DVO; **MV:** §§ 2 ff. POG; **Nds:** §§ 87, 90, 94 NPOG; **NW:** §§ 2 ff. POG; **RP:** §§ 95 ff. POG; **Saar:** §§ 82 ff. SPolG i.V.m. PolOVwV; **Sachs:** §§ 97 ff. PVDG; **LSA:** §§ 76 ff. SOG; **SH:** §§ 1 ff. POG; **Thür:** §§ 1 ff. POG.

10 **BW:** §§ 106 I, 107 PolG; **Bay:** Art. 6 LStVG; **Berl:** § 2 II ASOG; **Bbg:** § 3 OBG; **Brem:** §§ 126 I, 128 PolG; **Hess:** § 85 I HSOG; **MV:** § 3 I SOG; **Nds:** §§ 97, 98 NPOG i.V.m. ZustVO-NPOG; **NW:** §§ 3, 7 OBG; **RP:** § 103 POG; **Saar:** §§ 75, 76 SPolG; **Sachs:** § 1 I PBG; **LSA:** §§ 84, 86 SOG; **SH:** § 164 LVwG; **Thür:** § 1 OBG.

11 Anders nur **Bay:** Art. 6 LStVG begründet eine Mehrfachkompetenz der genannten Sicherheitsbehörden ohne Vorrangzuständigkeit; sie erübrigt die Normierung eines speziellen Selbsteintrittsrechts, vgl. aber Art. 3a BayVwVfG.

zugewiesen sind.[12] Diese üben im Übrigen die Dienst- und Fachaufsicht über die jeweils untergeordneten Behörden aus. Soweit sie nicht selbst originär sachlich zuständig sind, besitzen sie aber z.T. ein **Selbsteintrittsrecht**[13] und werden bei dessen Ausübung zur sachlich zuständigen Behörde.

2. Die formelle Polizeipflicht von Hoheitsträgern

405 **Fall 53:** Die Gemeinde G erweitert das von ihr betriebene Schwimmbad um ein Freibecken und andere Außenanlagen. Nachdem sich Anwohner über erhebliche Lärmbeeinträchtigungen beschwert haben, erweisen Messungen, dass die Immissionsrichtwerte deutlich überschritten werden. Die zuständige Landesbehörde erlässt auf der Grundlage des § 24 BImSchG eine Anordnung, mit der die Gemeinde verpflichtet wird, durch Errichtung einer Schallschutzwand und andere geeignete Maßnahmen sicherzustellen, dass ein bestimmter Richtwert eingehalten wird.[14] **(Rn. 407 ff.)**

406 Ein **Sonderproblem der sachlichen Zuständigkeit** stellt die Frage dar, ob eine **an sich** für eine Maßnahme **zuständige Behörde** diese auch **gegenüber einer Behörde eines anderen Hoheitsträgers** treffen darf.[15] Im Unterschied zum Selbsteintrittsrecht wird hier die andere Behörde selbst Adressat der Maßnahme.

407 **Materiellrechtlich** betrachtet ist wegen der Gesetzesbindung der Verwaltung (Art. 20 III GG) nicht zu bestreiten, dass auch Behörden sich an allgemein geltende Regelungen zu halten haben. Soweit man aus den Adressatenregelungen der Gefahrenabwehrgesetze eine **materielle Polizeipflicht** ableiten will (o. Rn. 165 ff.), trifft sie auch staatliche Organe, im Übrigen gelten für sie jeweils die allgemeinen ordnungsrechtlichen Anforderungen, wenn keine Ausnahmeregelungen (wie etwa die Sonderrechte nach § 35 StVO) bestehen. So findet das BImSchG nach dessen § 3 V für alle Anlagen Anwendung, unabhängig davon, ob sie von Privaten oder, wie in **Fall 53**, von Hoheitsträgern betrieben werden.

408 Fraglich kann alleine sein, ob dieser **materiellen Gesetzesunterworfenheit** auch eine **formelle Polizeipflicht** entspricht, kraft derer die Gefahrenabwehrbehörden auch gegen juristische Personen des öffentlichen Rechts vorgehen können. Dagegen wurden Bedenken erhoben, weil darin ein Übergriff in die Kompetenzen des anderen Hoheitsträgers gesehen wurde. Dieser soll im Rahmen seiner Aufgaben selbstständig für die Gefahrenabwehr zuständig sein.

409 **Ausnahmen** von diesem Grundsatz wurden nur im Bereich des **fiskalischen Handelns**, bei dem keine Verwaltungsaufgabe erfüllt wird, für die **vollzugspolizeiliche Eilzuständigkeit** und natürlich bei anderweitiger gesetzlicher Regelung anerkannt.

410 Von diesem Ausgangspunkt aus hat der *VGH Kassel* in **Fall 53** die Verfügung der staatlichen Immissionsschutzbehörde gegenüber der Gemeinde für rechtswidrig erklärt, weil sie in die Kompetenz der Gemeinde eingreife.[16]

12 **BW:** §§ 106 I Nr. 4, 107 IV, 111 II PolG; **Bbg:** §§ 3, 5 I OBG; **Brem:** §§ 126 I Nr. 2, 141 II PolG; **Hess:** §§ 85 I Nr. 4, 89 II HSOG; **MV:** §§ 3 I Nr. 3, 4 II SOG; **Nds:** §§ 2 Nr. 11, 97 I NPOG; **NW:** §§ 3 I, 5 I 1 OBG; **RP:** §§ 104 I, 105 I POG i.V.m. § 1 OrdBehZV; **Saar:** §§ 76 III, 80 II SPolG; **Sachs:** §§ 1 I Nr. 4, 6 I PBG; **LSA:** §§ 84 I Nr. 1, 89 II SOG; **SH:** §§ 164 I Nr. 3, 165 II LVwG; **Thür:** §§ 1, 4 I OBG.

13 **BW:** § 110 II PolG; **Brem:** § 131 II PolG; **Hess:** § 88 I HSOG; **Nds:** § 102 I NPOG; **NW:** § 6 I OBG; **RP:** § 108 II POG; **Saar:** § 78 II SPolG; **Sachs:** § 7 PBG; **LSA:** § 90 I SOG; **SH:** § 167 LVwG.

14 BVerwGE 117, 1; *VGH Kassel*, NVwZ 2002, 889.

15 Dazu *Schoch*, Jura 2005, 324 ff.

16 *VGH Kassel*, NVwZ 2002, 889 ff.

Demgegenüber wird der o.g. Grundsatz zunehmend in Frage gestellt,[17] weil schon die Prämisse, es bestehe ein Kompetenzkonflikt, in Zweifel gezogen wird. Denn in den relevanten Fällen ist die Ausführung der Ordnungsgesetze positiv-rechtlich gerade den Gefahrenabwehrbehörden zugewiesen. Mit dem Erlass von Verfügungen wird deshalb anderen Hoheitsträger nicht ihr Aufgabenbereich streitig gemacht, sondern vielmehr ihre Gesetzesbindung im Rahmen der Aufgabenerfüllung durch die fachlich spezialisierte Behörde konkretisiert. Indiziell können für diese Rechtsauffassung auch die Vorschriften herangezogen werden, die eine Verwaltungsvollstreckung gegen Behörden oder juristische Personen des öffentlichen Rechts nur kraft besonderer Bestimmung für zulässig erklären:[18] Wäre schon die Verfügung ausgeschlossen, stellte sich die Frage der Vollstreckung nicht. **411**

Das *BVerwG* stellt ganz im Sinne der neueren Auffassung einen dem Gesetz voraus liegenden Grundsatz fehlender formeller Polizeipflicht von Hoheitsträgern **in Abrede** und verweist stattdessen auf die Vorschriften des einschlägigen Fachrechts.[19] In **Fall 53** stellte es fest, dass es **keine gesetzesunabhängige Kompetenz** (der Gemeinde) zum Vollzug des BImSchG gebe. § 24 BImSchG wurde insbesondere unter Hinweis auf die **besondere Sachkunde** der sachlich zuständigen Behörden in der Weise ausgelegt, dass er auf **alle** dem materiellen Immissionsschutzrecht unterliegenden Anlagen anzuwenden sei, also auch dann, wenn es sich dabei um öffentliche Einrichtungen von Gemeinden handele. Die anders lautende Entscheidung des *VGH Kassel* wurde deshalb aufgehoben.[20] **412**

3. Die sachliche Zuständigkeit für Vollstreckungsmaßnahmen

Die sachliche Zuständigkeit für Vollstreckungsmaßnahmen liegt grundsätzlich bei der Behörde, deren Verwaltungsakt vollstreckt wird (Anordnungsbehörde).[21] Im gestreckten Verfahren kommt es somit **nicht auf die Zuständigkeit für die Primärmaßnahme** an.[22] Diese wird allenfalls im Rahmen der materiellen Rechtmäßigkeit der Vollstreckungsmaßnahme relevant, nämlich wenn es hierbei auf die Rechtmäßigkeit des vollstreckten Verwaltungsakts ankommen soll (Rn. 481 ff.). **413**

Im gekürzten Verfahren wird dagegen der Verwaltungsakt durch die zusätzlichen Anforderungen an den sofortigen Vollzug ersetzt. Deshalb ist in diesem Fall die **Zuständigkeit für die Vollstreckung** aus der **Zuständigkeit für die** sofort vollzogene **Primärmaßnahme** abzuleiten. Gleiches gilt im Übrigen für die unmittelbare Ausführung. **414**

a) Vollzugshilfe

Ausnahmsweise ist die Vollzugspolizei aber für die **Anwendung unmittelbaren Zwangs** bei der Vollstreckung von **Verwaltungsakten anderer Behörden** zuständig. Dies ist der Fall, wenn um **Vollzugshilfe** ersucht worden ist, weil die Anordnungsbehör- **415**

17 *Schenke*, Rn. 305; ausführlich *Borowski*, VerwArch 101 (2010), 58 ff.

18 **BW:** § 22 LVwVG; **Bay:** Art. 29 IV VwZVG; **Berl:** § 8 BerlVwVfG i.V.m. § 17 VwVG; **Bbg:** § 7 IV VwVGBbg; **Hess:** § 73 HessVwVG; **MV:** § 85 SOG; **NW:** § 76 VwVG; **RP:** § 7 LVwVG; **Saar:** § 17 SVwVG; **SH:** § 234 LVwG; **Thür:** § 44 III VwZVG.

19 BVerwGE 117, 1 (2 f.); NVwZ 2009, 588 (589).

20 BVerwGE 117, 1 (5).

21 **BW:** § 4 I LVwVG; **Bay:** Art. 70 I PAG; Art. 30 I VwZVG; **Berl:** § 8 BerlVwVfG i.V.m. § 7 I VwVG; **Bbg:** § 26 VwVGBbg; **Brem:** § 12 I BremVwVG; **Hess:** § 47 III HSOG; **MV:** § 82 SOG; **NW:** § 56 I VwVG; **RP:** § 76 I POG i.V.m. § 4 II LVwVG; **Saar:** § 44 III SPolG; **Sachs:** § 4 I Nr. 3 SächsVwVG; **SH:** § 231 LVwG; **Thür:** § 51 I PAG; § 43 VwZVG.

22 Anders **Nds:** § 64 III NPOG; **LSA:** § 53 III SOG.

de nicht selbst über die dafür notwendigen sächlichen oder personellen Mittel verfügt.[23] Die Vollzugshilfe stellt neben der Gefahrenabwehr eine weitere Aufgabe der Vollzugspolizei dar, die sie in eigener Verantwortung ausführt.[24] Das hat zur Folge, dass auch die Verantwortlichkeiten für Primär- und Vollstreckungsmaßnahmen geteilt sind: Die ersuchende Behörde verantwortet die Rechtmäßigkeit des Verwaltungsakts, die Vollzugspolizei die Art und Weise der Anwendung unmittelbaren Zwangs.

b) Sonderfall: Die Vollstreckung von Verkehrszeichen

416 Zuständigkeitsfragen werden aufgeworfen, wenn die Vollzugspolizei tätig wird, um Verhaltenspflichten durchzusetzen, die durch Verkehrszeichen begründet werden. Die Aufstellung von Verkehrszeichen wird nach §§ 44 I 1, 45 III 1 StVO von der unteren Straßenverkehrsbehörde, einer Ordnungs- oder sonstigen Verwaltungsbehörde, verfügt.[25] Sie ist nach allgemeinem Vollstreckungsrecht (Rn. 413) zugleich Vollstreckungsbehörde. Die Vollzugspolizei besitzt demnach die sachliche Zuständigkeit für die Vollstreckung nur, wenn ein entsprechendes Ersuchen (z.B. um Vollzugshilfe, Rn. 415) der Straßenverkehrsbehörde vorliegt.

417 Dennoch wird teilweise unabhängig davon eine originäre Kompetenz der Vollzugspolizei zur zwangsweisen Durchsetzung in Verkehrszeichen enthaltener Verhaltenspflichten befürwortet. So hat das *OVG Greifswald* in **Fall 50** (Rn. 337) die Vollstreckungszuständigkeit (auch) der Vollzugspolizei „aus dem besonderen Charakter der durch Verkehrszeichen verlautbarten Ge- und Verbote" abgeleitet.[26] Bemerkenswert daran ist zunächst, dass das Gericht zuvor die Auffassung vertrat, es habe sich um einen sofortigen Vollzug **ohne vorherigen Verwaltungsakt** gehandelt (Rn. 373), was mit der Annahme, es werde **zugleich** ein **tatsächlich ergangener Verwaltungsakt** vollstreckt, nur vereinbar ist, wenn der sofortige Vollzug **nicht der Durchsetzung des Verkehrszeichens** diente (Rn. 366).

418 Der besondere Charakter von in Verkehrszeichen verkörperten Ge- und Verboten wird daraus abgeleitet, dass **neben** der Straßenverkehrsbehörde auch die Vollzugspolizei zu Verkehrsregelungen befugt ist (§§ 36, 44 II StVO). Die Einzelweisung des Polizeibeamten und das Verkehrszeichen der Straßenverkehrsbehörden besitzen **dieselbe Funktion** und sind insofern in gewisser Weise austauschbar. Diese Funktionsgleichheit ist auch der Grund dafür, dass bei Verkehrszeichen **analog § 80 II Nr. 2 VwGO** die aufschiebende Wirkung wie bei unaufschiebbaren Maßnahmen von Polizeivollzugsbeamten entfällt. Daraus wird der Schluss gezogen, **das Verkehrszeichen ersetze die Einzelweisung** und sei bei einer **funktionellen Betrachtung** auch **der Vollzugspolizei zuzurechnen**.[27] Mit

„Versteinerter" Beamter

23 **BW:** § 105 V PolG; **Bay:** Art. 67 ff. PAG; **Berl:** §§ 52 ff. ASOG; **Bbg:** §§ 50 ff. PolG; **Brem:** §§ 97 ff. PolG; **Hess:** §§ 44 ff. HSOG; **MV:** §§ 82a ff. SOG; **Nds:** §§ 51 ff. NPOG; **NW:** §§ 47 ff. PolG; **RP:** §§ 111 ff. POG; **Saar:** §§ 41 ff. SPolG; **Sachs:** §§ 37 f. PVDG; **LSA:** §§ 50 ff. SOG; **SH:** § 168 II Nr. 1 LVwG; **Thür:** §§ 48 ff. PAG.

24 **BW:** § 1 II i.V.m. § 105 V PolG; **Bay:** Art. 2 III PAG; **Berl:** § 1 V ASOG; **Bbg:** § 1 III PolG; **Brem:** § 1 III PolG; **Hess:** § 1 V HSOG; **MV:** § 7 II SOG; **Nds:** § 1 IV NPOG; **NW:** § 1 III PolG; **RP:** § 1 IV POG; **Saar:** § 1 IV SPolG; **Sachs:** §§ 2 VI i.V.m. 37 f. PVDG; **LSA:** § 2 III SOG; **SH:** § 168 II Nr. 1 LVwG; **Thür:** § 2 III PAG.

25 **BW:** § 1 StVOZuG; **Bay:** Art. 2 ZustGVerk; **Berl:** Nr. 22b, 35 ZustKat Ord; **Bbg:** § 4 III Nr. 2, IV StGÜZV; **Brem:** § 1 StVZVO; **Hess:** § 1 S. 1 Nr. 4 HSOG-DVO; **MV:** §§ 3 I, 4 II StVZustLVO; **NW:** §§ 5, 10 StrVGüBefZustVO; **RP:** § 3 I Nr. 1 StVZuVO; **Saar:** § 7 StVZustG; **Sachs:** §§ 2, 3 SächsStrVRG; **SH:** § 3 StrVRZustVO; **Thür:** § 2 StVZVO.

26 *OVG Greifswald*, LKV 2006, 225 (227).

27 *Heckmann*, Bayerisches Polizei- und Sicherheitsrecht, in: Becker/Heckmann/Kempen/Manssen, Öffentliches Recht in Bayern, 6. Aufl. 2014, Rn. 564.

205. ✓

dieser Überlegung soll die fehlende Identität von Anordnungs- und Vollstreckungsbehörde überwunden und die Vollstreckungszuständigkeit der Vollzugspolizei begründet werden können.

Dieser Ansicht lassen sich freilich gewichtige Bedenken entgegenhalten. Zum einen wird durch sie das Zuständigkeitsverhältnis zwischen Vollzugspolizei und Straßenverkehrsbehörde gewissermaßen umgedreht. Die primäre Zuständigkeit liegt bei der Verwaltungsbehörde, nicht bei der Polizei. Nicht das Verkehrszeichen ersetzt die Einzelweisung, vielmehr ist es genau umgekehrt (§ 44 II 2 StVO). Zum anderen kann der Aspekt der Funktionsgleichheit schwerlich die insoweit **eindeutige gesetzliche Zuweisung von Zuständigkeiten** überspielen,[28] die insoweit keinen Fall ungeregelt lässt. 419

Wenn mit dieser Überlegung **die regelmäßige Zuständigkeit der Vollzugspolizei** zur zwangsweisen Durchsetzung von Verhaltenspflichten aus Verkehrszeichen verneint werden kann, bleibt aber immerhin noch die Möglichkeit, ihre Eilkompetenz (Rn. 399) in Anspruch zu nehmen.[29] Doch auch in unaufschiebbaren Fällen wachsen der Vollzugspolizei nicht Befugnisse zu, die ihr im Übrigen nicht zustehen. Die **Subsidiarität** der polizeilichen Gefahrenabwehr **begrenzt ihre sachliche Zuständigkeit** und erweitert sie nicht. Auch in Eilfällen kann die Polizei nur diejenigen Befugnisse ausüben, die ihr gesetzlich zugewiesen sind; die Vollstreckung von Verwaltungsakten anderer Behörden gehört als Vollzugshilfe (Rn. 415) nur aufgrund eines besonderen Ersuchens dazu. 420

Unberührt bleibt freilich die sachliche Zuständigkeit zu **eigenen polizeilichen** (Primär-) Maßnahmen, die **unabhängig von der Missachtung des Verkehrszeichens** ergriffen und von der Vollzugspolizei vollstreckt werden dürfen. In den „Abschleppfällen" ist ein derartiges Eingreifen also nicht deswegen ausgeschlossen, weil **auch** einem Verkehrszeichen zuwidergehandelt wurde. **Materiellrechtlich** ist allerdings erforderlich, dass die für eine (unmittelbar ausgeführte bzw. sofort vollzogene) Sicherstellung oder atypische Maßnahme erforderliche konkrete Gefahr **nicht alleine damit begründet** werden kann, dass gegen ein Verkehrszeichen verstoßen wurde.[30] 421

II. Örtliche Zuständigkeit

Die örtliche Zuständigkeit bezeichnet den räumlichen Wirkungsbereich für die Wahrnehmung der sachlichen Zuständigkeit. Regelmäßig ist jede Behörde nur für ihren Bezirk zuständig. Lediglich in Eilfällen werden hiervon z.T. Ausnahmen gemacht.[31] 422

Für die Vollzugspolizei ist die Beschränkung auf den Dienstbezirk vielfach nur als Soll-Regelung ausgestaltet.[32] Polizeivollzugsbeamte sind danach im ganzen Land zuständig. In Ausnahmefällen ist auch ein Tätigwerden über die Grenzen des Landes hinaus zuläs- 423

28 So auch *VGH Mannheim*, VBlBW 2004, 213.

29 *Würtenberger/Heckmann/Tanneberger*, § 8 Rn. 85.

30 *OVG Bremen*, NVwZ-RR 2014, 849 (850) stellt darauf ab, dass der Verstoß gegen ein absolutes Halteverbot zugleich nach § 49 III Nr. 4 StVO ordnungwidrig ist und aus *diesem* Grund von der Polizei verhindert werden darf.

31 **BW:** § 113 II PolG; **Bbg:** § 6 II OBG; **Hess:** § 100 II HSOG; **MV:** § 5 III SOG; **Nds:** § 100 III NPOG; **NW:** § 6 II OBG; **RP:** § 106 II POG; **Saar:** § 81 II SPolG; **Sachs:** § 5 III PBG; **LSA:** § 88 II SOG; **SH:** § 166 III LVwG.

32 **BW:** § 120 PolG; **Bay:** Art. 3 I, II POG; **Berl:** § 6 ASOG; **Bbg:** § 75 PolG; **Brem:** § 140 I, II PolG; **Hess:** § 101 I HSOG; **MV:** § 8 SOG; **Nds:** § 100 V NPOG; **NW:** § 7 I-III POG; **RP:** § 96 II, III POG; **Saar:** § 86 SPolG; **Sachs:** § 103 PVDG; **LSA:** § 88 IV SOG; **SH:** § 169 LVwG; **Thür:** § 3 I, II POG.

sig; die Polizeigesetze lassen im selben Umfang auch die Tätigkeit landesfremder Polizeien zu.[33]

B. Verfahren

424 Die formelle Rechtmäßigkeit einer Maßnahme hängt auch davon ab, dass sie unter Beachtung des Verfahrensrechts getroffen wurde. Zu unterscheiden sind allgemeine Verfahrensregelungen von besonderen, die für spezielle Befugnisse und für Vollstreckungsmaßnahmen gelten.

I. Allgemeine Verfahrensregelungen

425 Allgemeine Anforderungen an das Verfahren enthalten die Landesverwaltungsverfahrensgesetze. Ihr unmittelbarer Anwendungsbereich ist auf den Erlass von Verwaltungsakten oder den Abschluss von öffentlich-rechtlichen Verträgen beschränkt.[34] In diesem Rahmen bleibt wegen des Grundsatzes der Nichtförmlichkeit des Verwaltungsverfahrens[35] neben der stets erforderlichen **Sachverhaltsermittlung**[36] im Wesentlichen nur die Pflicht zur vorherigen **Anhörung** der Beteiligten,[37] die aber aus vielen Gründen entfallen kann, etwa bei Gefahr im Verzug oder bei Vollstreckungsmaßnahmen.[38] Auf Realakte werden die zugrunde liegenden Regelungen analog angewandt.

426 Wenn (begrifflich) ein Verwaltungsakt vorliegt, muss er bekannt gegeben werden.[39] Das ist allerdings keine Rechtmäßigkeits-, sondern eine Wirksamkeitsvoraussetzung, die bei Anwendung von Verwaltungszwang im gestreckten Verfahren von Bedeutung ist.

II. Besondere Verfahrensanforderungen

427 Einige Standardmaßnahmen und Vollstreckungsakte sind an besondere Verfahrensvoraussetzungen geknüpft, die bei der formellen Rechtmäßigkeit zu prüfen sind.

1. Standardmaßnahmen

a) Richtervorbehalte und Behördenleitervorbehalte

428 Richter- und Behördenleitervorbehalte regeln für die **Anordnung von Maßnahmen** eine besondere sachliche Zuständigkeit. Bei der Überprüfung der **Durchführung dieser Maßnahmen** handelt es sich um **Verfahrensregelungen**.

33 **BW:** §§ 123, 124 PolG; **Bay:** Art. 10 II, 11 POG; **Berl:** §§ 7, 8 ASOG; **Bbg:** §§ 76, 77 PolG; **Brem:** §§ 143, 144 PolG; **Hbg:** §§ 30a, 30b SOG; **Hess:** §§ 102, 103 HSOG; **MV:** §§ 9, 10 SOG; **Nds:** §§ 103, 104 NPOG; **NW:** §§ 8, 9 POG; **RP:** §§ 101, 102 POG; **Saar:** §§ 88, 89 SPolG; **Sachs:** §§ 104, 105 PVDG; **LSA:** §§ 91, 92 SOG; **SH:** §§ 170, 171 LVwG; **Thür:** §§ 10, 11 POG.
34 §/Art. 9 (L)VwVfG; **SH:** § 74 LVwG.
35 §/Art. 10 (L)VwVfG; **SH:** § 75 LVwG.
36 §§/Art. 24, 26 (L)VwVfG; **SH:** §§ 83 f. LVwG.
37 §/Art. 28 I (L)VwVfG; **SH:** § 87 I LVwG.
38 §/Art. 28 II Nr. 1, 5 (L)VwVfG; **SH:** § 87 II Nr. 1, 5 LVwG.
39 §/Art. 43 I (L)VwVfG; **SH:** § 110 I LVwG.

429 Eine richterliche Anordnung ist bei Freiheitsentziehungen (Art. 104 II GG) sowie bei bestimmten Eingriffen in die Unverletzlichkeit der Wohnung (Art. 13 II, IV GG) grundgesetzlich gefordert. Die Gefahrenabwehrgesetze tragen dem mit Richtervorbehalten z.B. für den **Gewahrsam**,[40] die **Durchsuchung** (nicht schon das Betreten) **von Wohnungen**[41] und den **Einsatz technischer Mittel in Wohnungen**[42] Rechnung. Darüber hinaus wird eine richterliche Anordnung etwa auch für die **körperliche Untersuchung**,[43] für **DNA-Analysen**[44] und für die **Überwachung der Telekommunikation** verlangt.[45]

430 Grundsätzlich muss die richterliche Anordnung **vor** Ausführung der Maßnahme vorliegen, hilfsweise aber **nachträglich herbeigeführt** werden. Die Gefahrenabwehrgesetze lassen **Ausnahmen vom Richtervorbehalt** zu, wenn die Maßnahme **eilbedürftig** ist (Gefahr im Verzug, Rn. 109) bzw. vor einer möglichen Entscheidung des Richters beendet ist.

431 Die Regelungen über den **polizeilichen Gewahrsam** setzen bereits tatbestandlich die Notwendigkeit sofortigen Handelns ohne Einschaltung eines Richters voraus. Sind diese Voraussetzungen nicht erfüllt, darf eine Person **gar nicht** nach diesen Vorschriften in Gewahrsam genommen werden. Einer **nachträglichen richterlichen Entscheidung** bedarf es nur, wenn anzunehmen ist, dass sie noch ergehen kann, solange der Grund für den Gewahrsam noch besteht.[46] Anderenfalls kann zwar der Betroffene die Maßnahme gerichtlich überprüfen lassen, die richterliche Entscheidung ist dann aber keine verfahrensrechtliche Voraussetzung für die Rechtmäßigkeit des behördlichen Vorgehens.

432 Bei der **Durchsuchung von Wohnungen** entfällt die vorherige richterliche Entscheidung nur bei Gefahr im Verzug (Rn. 109). Eine **nachträgliche Entscheidung** als Rechtmäßigkeitsvoraussetzung ist nicht vorgesehen und nach Art. 13 II GG auch nicht erfor-

40 **BW:** § 33 III 3 PolG; **Bay:** Art. 18 I 1, 97 I PAG; **Berl:** § 31 I 1 ASOG; **Bbg:** § 18 I 1 PolG (i.V.m.) § 23 Nr. 1 lit. g) OBG; **Brem:** § 14 I PolG; **Hbg:** § 13a I 1 SOG; **Hess:** § 33 I 1 HSOG; **MV:** § 56 V 1 SOG; **Nds:** § 19 I 1 NPOG; **NW:** § 36 I 1 PolG (i.V.m.) § 24 Nr. 12 OBG; **RP:** § 15 I 1 POG; **Saar:** § 14 I 1 SPolG; **Sachs:** § 23 I 1 PVDG; **LSA:** § 38 I 1 SOG; **SH:** § 204 VI i.V.m. § 181 IV 1 LVwG; **Thür:** § 20 I 1 PAG.

41 **BW:** § 36 V PolG; **Bay:** Art. 24 I PAG; **Berl:** § 37 I ASOG; **Bbg:** § 24 I PolG (i.V.m.) § 23 Nr. 1 lit. g) OBG; **Brem:** § 20 I PolG; **Hbg:** § 16a I SOG; **Hess:** § 39 I HSOG; **MV:** § 59 V SOG; **Nds:** § 25 I NPOG; **NW:** § 42 I PolG (i.V.m.) § 24 Nr. 12 OBG; **RP:** § 21 I POG; **Saar:** § 20 I SPolG; **Sachs:** § 30 I 1 PVDG; § 24 I 1 PBG; **LSA:** § 44 I SOG; **SH:** § 208 IV LVwG; **Thür:** § 26 I PAG.

42 **BW:** § 50 II 1 PolG; **Bay:** Art. 41 I 1 PAG; **Berl:** § 25 IV, IVa, V 1 ASOG; **Bbg:** § 33a IV PolG; **Brem:** § 35 II 1 PolG; **Hbg:** § 22 III 1 PolDVG; **Hess:** § 15 IV, V 1 HSOG; **MV:** § 33b IV 1 SOG; **Nds:** § 35a III NPOG; **NW:** § 18 II 1 PolG; **RP:** § 35 II 1 POG; **Saar:** § 34 II 1 SPolDVG; **Sachs:** § 65 I, IV 1 PVDG; **LSA:** § 17 V 1 SOG; **SH:** § 186 I 1 Nr. 5 LVwG; **Thür:** § 35 IV 1 PAG.

43 **Hbg:** § 15 IV 3 SOG; **Hess:** § 36 V 2 HSOG; **MV:** § 54 II 1 SOG; **Nds:** § 22 IV 4 NPOG; **RP:** § 18 III 3 POG; **Saar:** § 17a S. 3 SPolG; **Sachs:** § 27 V 1 PVDG; **LSA:** § 41 V 2, VI 2 SOG; **SH:** § 183b I, II 1 LVwG. In **BW:** § 105 IV PolG und **Brem:** § 2 BremBIüKDG ist der Polizeivollzugsdienst ohne richterliche Entscheidung in bestimmten Fällen neben dem Gesundheitsamt für Anordnungen von Maßnahmen nach § 25 I–III IfSG zuständig.

44 **Bay:** Art. 14 III 1, 2 PAG; **Hbg:** § 16 IV 5 PolDVG; **Hess:** §§ 19 III, 36 V 2 HSOG; **MV:** § 31a II SOG; **Nds:** § 15a III NPOG; **NW:** § 14a II PolG; **RP:** § 11a II, III POG; **Saar:** § 10a II 3 SPolG; **Sachs:** § 17 III PVDG; **SH:** § 183a II, III LVwG.

45 **BW:** § 54 IV 1 PolG; **Bay:** Art. 42 I 1 PAG; **Berl:** § 25a IV 1 ASOG; **Bbg:** § 33b V PolG; **Hbg:** §§ 23 I, 26 I 1 PolDVG; **Hess:** § 15a V 1 HSOG; **MV:** § 33d IV 1 SOG; **NW:** § 20c IV PolG; **Nds:** § 33a V NPOG; **RP:** § 36 IV POG; **Saar:** § 35 IV SPolDVG; **Sachs:** § 66 II 1 PVDG; **SH:** §§ 185a I, 186 I 1 Nr. 6 LVwG; **Thür:** § 34a V 1 PAG.

46 **BW:** § 33 III 4 PolG; **Bay:** Art. 97 III PAG; **Berl:** § 31 I 2 ASOG; **Bbg:** § 18 I 2 PolG (i.V.m.) § 23 Nr. 1 lit. g) OBG; **Brem:** § 14 II PolG; **Hbg:** § 13a I 2 SOG; **Hess:** § 33 I 2 HSOG; **MV:** § 56 V 2 SOG; **Nds:** § 19 I 3 NPOG; **NW:** § 36 I 2 PolG (i.V.m.) § 24 Nr. 12 OBG; **RP:** § 15 I 2 POG; **Saar:** § 14 I 2 SPolG; **Sachs:** § 23 I 2 PVDG; **LSA:** § 38 I 2 SOG; **SH:** § 204 VI i.V.m. § 181 IV 2 LVwG; **Thür:** § 20 I 2 PAG.

derlich. Auch die **Wohnungsüberwachung** kann bei Gefahr im Verzug ohne **vorherige** Einschaltung des Gerichts erfolgen. Die Anordnung ist aber dem Behördenleiter oder einem sonstigen leitenden Beamten vorbehalten. In jedem Fall ist nach Art. 13 IV 2, 2. Hs. GG nachträglich die gerichtliche Entscheidung einzuholen.[47]

433 **Behördenleitervorbehalte** sind nicht auf die Ersetzung der richterlichen Anordnung in Eilfällen (Rn. 432) beschränkt, sondern existieren darüber hinaus als originäre verfahrensrechtliche Voraussetzung bestimmter Maßnahmen (Rn. 391).

b) Hinweispflichten

434 Bei der **offenen Datenerhebung** begründen die Gefahrenabwehrgesetze vielfach die grundsätzliche Pflicht, auf die Rechtsgrundlage der Datenerhebung, die Auskunftspflicht, ein Aussageverweigerungsrecht oder die Freiwilligkeit der Auskunft des Befragten u.a.m. hinzuweisen.[48] Unterbleibt der Hinweis, ohne dass eine gesetzlich vorgesehene Ausnahme vorliegt, ist die Datenerhebung formell rechtswidrig.

c) Weitere Verfahrensanforderungen

435 Daneben gibt es weitere, den Befugnisnormen zu entnehmende Verfahrensanforderungen. Sie stellen Voraussetzungen für die formelle Rechtmäßigkeit der Maßnahme jedenfalls dann dar, wenn sie vor oder während der Maßnahme erfüllt werden müssen.

436 Teilweise handelt es sich um Verfahrenspflichten, die **erst nach Abschluss des Eingriffs** entstehen, wie etwa die Niederschrift über eine Wohnungsdurchsuchung[49] oder die Unterrichtungspflicht bei der unmittelbaren Ausführung.[50] Sie nehmen grundsätzlich keinen Einfluss auf die formelle Rechtmäßigkeit der Maßnahme selbst (str.).

2. Vollstreckungsmaßnahmen

437 **Fall 54:** G hat ein Kind entführt und wird bei der Lösegeldübergabe von der Polizei festgenommen. Im Rahmen der polizeilichen Vernehmung weigert er sich, den Aufenthaltsort des Kindes preiszugeben. Da eine akute Lebensgefahr für das Kind befürchtet werden muss, droht ihm ein Vernehmungsbeamter an, man werde notfalls das sog. „water boarding" zum Einsatz bringen, bis G sein Wissen preisgebe.[51] **(Rn. 444 f.)**

---

47 **BW:** § 50 V 1, 2 PolG; **Bay:** Art. 95 I, V PAG; **Berl:** § 25 IV, IVa, V 3 ASOG; **Bbg:** § 33a IV 1 PolG; **Brem:** § 35 II 5, III 1 PolG; **Hbg:** § 22 III 7, 8 PolDVG; **Hess:** § 15 IV, V 8 HSOG; **MV:** § 33b IV 2 SOG; **Nds:** § 35a IV i.V.m. § 33a VI 5 NPOG; **NW:** § 18 II 4, 5 PolG; **RP:** § 35 V 3 POG; **Saar:** § 34 II 5 SPolDVG; **Sachs:** § 73 II, I Nr. 2 i.V.m. § 66 PVDG; **LSA:** § 17 V 1, 8 SOG; **SH:** § 186 I 1 Nr. 5, 2, 4 LVwG; **Thür:** § 35 IV 2, 3 PAG.

48 **BW:** § 14 III PolG; **Bay:** Art. 31 III 3 PAG; **Berl:** § 18 V ASOG; **Bbg:** § 29 IV PolG; **Hbg:** § 10 IV PolDVG; **Hess:** § 13 VIII HSOG; **MV:** § 25a V SOG; **Nds:** § 30 I 3 NPOG; **NW:** § 9 VI PolG; **Saar:** § 3 V 1 SPolDVG; **Sachs:** § 55 III PVDG; **LSA:** § 15 VII SOG; **SH:** § 178 III LVwG; **Thür:** § 31 IV PAG.

49 **BW:** § 130 I Nr. 3 PolG i.V.m. § 2 I DVO PolG; **Bay:** Art. 24 IV PAG; **Berl:** § 37 IV ASOG; **Bbg:** § 24 IV PolG; **Brem:** § 20 IV PolG; **Hbg:** § 16a IV SOG; **Hess:** § 39 IV HSOG; **MV:** § 60 III SOG; **Nds:** § 25 IV NPOG; **NW:** § 42 IV PolG; **RP:** § 21 IV POG; **Saar:** § 20 IV SPolG; **Sachs:** § 30 IV PVDG; § 24 IV PBG; **LSA:** § 44 IV SOG; **SH:** § 209 III LVwG; **Thür:** § 26 IV PAG.

50 **BW:** § 8 I 2 PolG; **Bay:** Art. 9 I 2 PAG; **Berl:** § 15 I 2 ASOG; **Hbg:** § 7 II SOG; **Hess:** § 8 I 2 HSOG; **MV:** § 70a S. 2 SOG; **RP:** § 6 I 2 POG; **Sachs:** § 8 I 2 PVDG; § 16 I 2 PBG; **LSA:** § 9 I 2 SOG; **Thür:** § 9 I 2 PAG; § 12 I 2 OBG.

51 Zur strafrechtlichen Seite des Falles *LG Frankfurt/M.*, NJW 2005, 692.

Das Vollstreckungsverfahren ist seiner **Grundstruktur** nach **dreistufig** aufgebaut und gliedert sich in **Androhung, Festsetzung und Anwendung** des Zwangsmittels. In dieser „reinen" Form ist aber nur das Zwangsgeld ausgestaltet, bei Ersatzvornahme und unmittelbarem Zwang entfällt in der Regel die gesonderte Festsetzung. Im **gekürzten Verfahren** (Rn. 355) schließlich kommt das Zwangsmittel ohne besondere Verfahrensschritte zur Anwendung. **438**

a) Androhung des Zwangsmittels

Zumeist[52] bestehen allgemeine **Rechtsgrundlagen** für die Androhung von Ersatzvornahme und Zwangsgeld,[53] die von besonderen Regelungen der Androhung unmittelbaren Zwangs teils ergänzt, teils ersetzt werden.[54] Die Androhung kann unterbleiben, wenn die Zwangsanwendung im sofortigen Vollzug erfolgt[55] und/oder wenn die Umstände sie insbesondere in (qualifizierten) Gefahrenlagen nicht zulassen.[56] Besondere Vorschriften über die Androhung gibt es (außer in BW) für bestimmte Arten des unmittelbaren Zwangs, vor allem für den Einsatz von Schusswaffen.[57] **439**

Die Androhung dient als „Pflichtenmahnung" und stellt eine **Konkretisierung des Zwangsmittels** dar, weshalb sie **selbst als Verwaltungsakt** anzusehen ist. Sie kann **selbstständig angefochten** werden, bevor der Zwang angewandt wird;[58] ansonsten ist sie als Verfahrenshandlung für die Zwangsanwendung beachtlich. **440**

Bezüglich der **formellen Rechtmäßigkeit** liegt zunächst die **Zuständigkeit** bei der Vollstreckungsbehörde. Besondere **Verfahrensvoraussetzungen** existieren nicht, insbesondere ist eine Anhörung grundsätzlich entbehrlich.[59] Nur die **Form** der Androhung ist zumeist eigens geregelt. Die Androhung **muss** oder **soll** nach Möglichkeit schriftlich erfolgen. Der **Schusswaffeneinsatz** kann aber auch durch einen **Warnschuss** angedroht werden.[60] **441**

---

52 Anders **Berl:** § 8 BerlVwVfG, § 13 VwVG; Sonderregelung nur für Schusswaffengebrauch, § 10 UZwG.

53 **BW:** § 63 I PolG, § 20 LVwVG; **Bay:** Art. 76 PAG; **Bbg:** § 59 PolG; **Brem:** § 17 BremVwVG; **Hbg:** § 8 I 1 HmbVwVG; **Hess:** § 53 HSOG; **MV:** § 87 SOG; **Nds:** § 70 NPOG; **NW:** § 56 PolG; **RP:** § 66 LVwVG; **Saar:** § 50 SPolG; **Sachs:** § 20 SächsVwVG; **LSA:** § 59 SOG; **SH:** § 236 LVwG; **Thür:** § 57 PAG.

54 **BW:** § 66 II PolG; **Bay:** Art. 81 PAG; **Bbg:** § 64 PolG; **Brem:** § 104 PolG; **Hbg:** § 22 SOG; **Hess:** 58 HSOG; **MV:** § 111 SOG; **Nds:** § 74 NPOG; **NW:** § 61 PolG; **RP:** § 80 POG; **Saar:** § 54 SPolG; **Sachs:** § 41 II-V PVDG; **LSA:** § 63 SOG; **SH:** § 259 LVwG; **Thür:** § 62 PAG.

55 **Berl:** § 8 BerlVwVfG, §§ 6 II, 13 VwVG; **Brem:** §§ 11 II, 17 BremVwVG; **Hess:** § 53 I 4 HSOG; **MV:** § 87 I 2 SOG; **RP:** § 66 I 2 LVwVG; **SH:** § 236 I 2 LVwG.

56 **BW:** § 21 LVwVG; § 52 II PolG; **Bay:** Art. 76 I 3, 81 I 2 PAG; Art. 35 VwZVG; **Bbg:** §§ 59 I 3, 64 I 2 PolG; **Brem:** § 104 I PolG; **Hbg:** § 22 I 2 SOG; **Hess:** §§ 53 I 4, 58 I 2 HSOG; **MV:** § 111 I 2 SOG; **Nds:** §§ 70 I 3, 74 I 2 NPOG; **NW:** §§ 56 I 3, 61 I 2 PolG; **RP:** § 66 I 2 LVwVG, § 61 I 2 POG; **Saar:** §§ 50 I 3, 54 I 2 SPolG; **Sachs:** § 21 SächsVwVG; § 41 II 2 PVDG; **LSA:** §§ 59 I 3, 63 I 2 SOG; **SH:** § 259 III 1, 2 LVwG; **Thür:** §§ 57 I 3, 62 I 2 PAG.

57 **Bay:** Art. 81 II, III PAG; **Berl:** § 10 UZwG; **Bbg:** § 64 III PolG; **Brem:** § 104 II, III PolG; **Hbg:** § 22 II, III SOG; **Hess:** § 58 II, III HSOG; **MV:** § 111 II, III SOG; **Nds:** § 74 II, III NPOG; **NW:** § 61 II, III PolG; **RP:** § 80 II, III POG; **Saar:** § 54 II, III SPolG; **Sachs:** § 41 III, IV PVDG; **LSA:** § 63 II, III SOG; **SH:** § 259 II 2, III 2 LVwG; **Thür:** § 62 II, III PAG.

58 Zur Zwangsmittelandrohung als Gegenstand der Anfechtungsklage *Uerpmann-Wittzack*, Rn. 432.

59 §/Art. 28 II Nr. 5 (L)VwVfG; **SH:** § 87 II Nr. 5 LVwG.

60 **Bay:** Art. 81 I 3 PAG; **Berl:** § 10 S. 2 UZwG; **Bbg:** § 64 I 3 PolG; **Brem:** § 104 I 2 PolG; **Hbg:** § 22 I 3 SOG; **Hess:** § 58 I 3 HSOG; **MV:** § 111 I 3 SOG; **Nds:** § 74 I 3 NPOG; **NW:** § 61 I 3 PolG; **RP:** § 80 I 3 POG; **Saar:** § 54 I 3 SPolG; **Sachs:** § 41 II 3 PVDG; **LSA:** § 63 I 3 SOG; **SH:** § 259 I 2 LVwG; **Thür:** § 62 I 3 PAG.

442 Die **materielle Rechtmäßigkeit** betrifft den **Inhalt der Androhung**. Zunächst bedarf es in der Regel der Bestimmung einer **angemessenen Frist** zur Erfüllung der Verpflichtung. Außerdem muss das **Zwangsmittel konkret bezeichnet** werden. Soweit auch mehrere Zwangsmittel zugleich angedroht werden dürfen, ist deren **Reihenfolge** zu bestimmen.

443 Ferner darf nur ein **zulässiges Zwangsmittel** angedroht werden, da ein unzulässiges auch nicht angewandt werden dürfte.

444 In **Fall 54** sollte G zu einer Aussage veranlasst werden. Die Gefahrenabwehrgesetze normieren die durchzusetzende Auskunftspflicht sehr uneinheitlich. Teils besteht die Verpflichtung, polizeiliche Fragen zu beantworten, generell,[61] teils im Falle einer (qualifizierten) Gefahr[62] bzw. für Verantwortliche oder Nichtverantwortliche,[63] ganz überwiegend aber in den Fällen, in denen gesetzliche Handlungspflichten bestehen, zu denen etwa die aus § 323c StGB folgende Hilfeleistungspflicht gehört.[64] Nach all diesen Varianten musste G Auskunft geben. Er hatte darüber hinausgehend eine **durch Ingerenz begründeten Garantenpflicht** für das Leben des entführten Kindes.[65] Die **polizeiliche Befragung**, welche diese Verpflichtung konkretisierte, diente auch im Rahmen des laufenden strafrechtlichen Ermittlungsverfahrens gegen G **nicht** (alleine) **repressiven Zwecken**, sondern der Rettung des Kindes, also der Gefahrenabwehr (zur Abgrenzung oben Rn. 284 ff.). Einer **zwangsweisen Durchsetzung von Auskunftspflichten** sind allerdings (rechtsstaatliche) Grenzen gesetzt. So verweisen die Gefahrenabwehrgesetze[66] auf das strafprozessuale Verbot bestimmter Vernehmungsmethoden (§ 136a StPO). Vielfach ist zudem ausdrücklich normiert, dass (unmittelbarer) Zwang zur Abgabe einer Erklärung ausgeschlossen ist.[67] Schließlich dürfen nach Art. 104 I 2 GG festgehaltene Personen weder seelisch noch körperlich misshandelt werden. Die Androhung von Misshandlungen ist aus diesem Grunde rechtswidrig.

445 Daran würde sich auch dann nichts ändern, wenn das Verhalten des Vernehmungsbeamten **strafrechtlich gerechtfertigt** wäre. Denn die strafrechtlichen Rechtfertigungsgründe stellen **keine staatlichen Eingriffsermächtigungen** dar. Im Übrigen würde aber das angedrohte **water boarding**, das den Tod durch Ertrinken simuliert, als Foltermethode auch im Rahmen der strafrechtlichen Güterabwägung nicht als erforderlich angesehen werden.[68]

---

61 **MV:** § 28 II 1 SOG; **SH:** § 180 II 1 LVwG.

62 **BW:** § 43 I 3 PolG; **RP:** § 9a II 2 POG; **Saar:** § 11 I 2 SPolG; **Sachs:** § 13 III 1 PVDG.

63 **Hess:** § 12 II 1 HSOG; **Nds:** § 12 III NPOG; **LSA:** § 14 II 1 SOG.

64 Vgl. **Bay:** Art. 12 S. 2 PAG; **Berl:** § 18 III 4 ASOG; **Bbg:** § 11 II 2 PolG; **Brem:** § 31 II 2 PolG; **Hbg:** § 12 II 2 PolDVG; **NW:** § 9 II 2 PolG; **Thür:** § 13 II 2 PAG.

65 Zum Spannungsverhältnis zwischen strafprozessualem Zeugnisverweigerungsrecht und gefahrenabwehrrechtlicher Auskunftspflicht vgl. *Haurand/Vahle*, NVwZ 2003, 513 (517).

66 **BW:** § 40 II PolG; **Bay:** Art. 15 IV PAG; **Berl:** § 18 III 6 ASOG; **Bbg:** § 15 IV PolG; **Brem:** § 31 IV 2 PolG; **Hbg:** § 12 III PolDVG; **Hess:** § 12 IV HSOG; **MV:** § 28 II 2 SOG; **Nds:** § 12 IV 2 NPOG; **NW:** § 10 IV PolG; **RP:** § 9a V POG; **Saar:** § 11 I 3 SPolG; **Sachs:** § 13 IV 2 PVDG; **LSA:** § 14 V SOG; **SH:** § 180 II 2 LVwG; **Thür:** § 17 IV PAG.

67 **BW:** § 40 I PolG; **Bay:** Art. 75 II PAG; **Bbg:** § 58 II PolG; **Brem:** §§ 31 IV 1, 101 V 2 PolG; **Hess:** § 52 II HSOG; **MV:** § 28 II 3 SOG; **Nds:** § 69 VII NPOG; **NW:** § 55 II PolG; **RP:** § 65 III LVwVG; **Saar:** § 49 I 2 SPolG; **Sachs:** § 13 IV 1 PVDG; **LSA:** § 58 VII SOG; **Thür:** § 56 II PAG.

68 Zur grundsätzlichen Möglichkeit strafrechtlicher Rechtfertigung z.B. *Erb*, NStZ 2005, 593 (598 f.) m.w.N. gegen *LG Frankfurt/M.*, NJW 2005, 692.

b) Festsetzung des Zwangsmittels

Die Festsetzung enthält die Entscheidung über Zeitpunkt und Maß des Zwangsmittels. Sie ist als gesonderter Verfahrensschritt ganz überwiegend nur für das Zwangsgeld vorgesehen,[69] das im Anschluss daran nach den Regelungen über die Vollstreckung von Leistungsbescheiden beigetrieben werden kann. 446

C. Form

Einzelfallmaßnahmen der Gefahrenabwehrbehörden sind grundsätzlich[70] an keine Form gebunden. Soweit die Verwaltungsverfahrensgesetze Anwendung finden, sind schriftliche, elektronische und schriftlich oder elektronisch bestätigte Verwaltungsakte in der Regel zu begründen.[71] 447

§ 7 Materielle Rechtmäßigkeit

→ Eine Maßnahme ist **materiell rechtmäßig**, wenn die tatbestandlichen Voraussetzungen der **Rechtsgrundlage** erfüllt sind **und** die Maßnahme **nach Inhalt und Wirkung** mit dieser sowie mit **höherrangigem Recht** vereinbar ist. 448

A. Der Tatbestand

Die für die Prüfung der materiellen Rechtmäßigkeit gebräuchliche Unterscheidung von Tatbestand und Rechtsfolge beruht auf der **logischen Struktur von Normen**, die eine **konditionale („wenn ..., dann ...") Verknüpfung zwischen rechtlich erheblichen Merkmalen** herstellen. Der **Tatbestand** z.B. einer Befugnisnorm nennt gewisse Voraussetzungen, bei deren Vorliegen eine bestimmte Entscheidung oder sonstige Maßnahme als **Rechtsfolge** getroffen werden darf. 449

Diese Unterscheidung ist eine **relative**: Aus der **Perspektive der normvollziehenden Verwaltung** lässt sich die Befugnisnorm in der geschilderten Weise zwischen Tatbestand und Rechtsfolge differenzieren. Der **Richter** hingegen, der etwa über eine Anfechtungsklage zu entscheiden hat, überprüft das Vorliegen der tatbestandlichen Voraussetzungen und die als Rechtsfolge getroffene Entscheidung, um zu ermitteln, ob der Verwaltungsakt rechtmäßig oder rechtswidrig ist. Diese Beurteilung ist **für ihn ein Tatbestandsmerkmal** (neben der Rechtsverletzung) des § 113 I 1 VwGO, dessen **Rechtsfolge** die Aufhebung des Verwaltungsakts ist. 450

Daraus folgt, dass diese Unterscheidung **keine zwingende Aufbauregel** darstellt. Sie kann aber dazu dienen, die Prüfung richtig zu **strukturieren**, weil etwa die Kontrolle der 451

---

69 **BW:** § 23 LVwVG; **Bay:** Art. 73 I PAG; **Berl:** § 8 BerlVwVfG i.V.m. § 14 VwVG; **Bbg:** § 56 I PolG; **Brem:** § 18 BremVwVG; **Hbg:** § 14 II HmbVwVG; **Hess:** § 50 I HSOG; **MV:** § 88 II SOG; **Nds:** § 67 I NPOG; **NW:** § 53 I PolG; **RP:** § 64 II LVwVG; **Saar:** § 47 I SPolG; **Sachs:** § 22 II SächsVwVG; **LSA:** § 56 I SOG; **SH:** § 237 II LVwG; **Thür:** § 54 I PAG.

70 Schriftform für Anordnungen der Ordnungsbehörden ist vorgesehen in **Bbg:** § 19 I OBG; **NW:** § 20 I OBG.

71 §/Art. 39 (L)VwVfG; **SH:** § 109 LVwG.

Ermessensausübung (Rechtsfolge) nur Sinn ergibt, wenn die Voraussetzungen (Tatbestand) vorliegen, unter denen der Verwaltung ein Ermessensspielraum eröffnet ist. Deshalb wird dieser Aufbau im Folgenden zugrunde gelegt.

I. Generalklausel und Adressatennormen

452 **Fall 55:** Nachdem in einer Hochhaussiedlung am Rand der Stadt L vermehrt Wohnungseinbrüche registriert werden, erlässt die Ordnungsbehörde an alle Inhaber einer Wohnung in den Hochhäusern je eine Verfügung, mit der diesen aufgegeben wird, ihre Wohnungstüren binnen vier Wochen mit Sicherheitsschlössern zu versehen. In der Verfügung wird für den Fall der Nichtbefolgung die Verhängung eines Zwangsgeldes in Höhe von 100 € angedroht. Die Bescheide werden für sofort vollziehbar erklärt und den Wohnungsinhabern zugestellt. **(Rn. 454, 458, Fall 59 [Rn. 475], 507)**

453 Einige Befugnisnormen der Gefahrenabwehrgesetze folgen dem „Wenn ..., dann ...“-Schema vielfach zwar ihrer **logischen**, nicht immer aber auch ihrer **sprachlichen Form** nach. So ermächtigen die **Generalklauseln**[1] dazu, die notwendigen Maßnahmen zu treffen, **um** Gefahren für die öffentliche Sicherheit oder Ordnung abzuwehren. Damit wird ein **Zweckzusammenhang, kein Bedingungszusammenhang** hergestellt. Die Vorschriften sind **final, nicht konditional** formuliert.

454 Ein allgemeiner Zweckzusammenhang ist in **Fall 55** unproblematisch gegeben. Die Verpflichtung zum Einbau von Sicherheitsschlössern dient der Abwehr von Gefahren für das Eigentum der Wohnungsinhaber sowie der Verhinderung von Straftaten. Die meisten Generalklauseln[2] formulieren aber präziser und ermächtigen nur zu Maßnahmen zur Abwehr einer **im einzelnen Fall bestehenden Gefahr**. Sie setzen explizit, die übrigen Generalklauseln implizit das Bestehen einer **konkreten Gefahr** voraus.

455 Um die **finale** Formulierung der Generalklausel für die Rechtsanwendung, insbesondere für die **Subsumtion** handhabbar zu machen, kann sie in eine **konditionale Fassung gebracht** werden: „**Wenn** eine konkrete Gefahr für die öffentliche Sicherheit (oder Ordnung) besteht, **dann** kann die Polizei oder die Ordnungsbehörde die notwendigen Maßnahmen zu ihrer Abwehr treffen“.

456 Damit sind aber die Voraussetzungen für eine **bestimmte atypische Maßnahme** noch nicht abschließend benannt. Da sie sich gegen eine konkrete Person richtet, ist darüber hinaus erforderlich, dass sie sich gegen diese Person richten **darf**. Daher sind die Adressatennormen als Tatbestandsergänzungen (Rn. 161) zusätzlich zu prüfen.

457 Diese Tatbestandsmerkmale sind bereits im ersten Teil ausführlich behandelt worden. Die tatbestandlichen Voraussetzungen für atypische Maßnahmen können darauf aufbauend wie folgt skizziert werden:

1 **BW:** § 3 i.V.m. § 1 PolG; **Bay:** Art. 11 I, II PAG; Art. 7 II LStVG; **Berl:** § 17 I ASOG; **Bbg:** § 10 I PolG, § 13 I OBG; **Brem:** § 10 I PolG; **Hbg:** § 3 I, II 1 lit. a) SOG; **Hess:** § 11 HSOG; **MV:** § 13 SOG; **Nds:** § 11 NPOG; **NW:** § 8 I PolG, § 14 I OBG; **RP:** § 9 I POG; **Saar:** § 8 I SPolG; **Sachs:** § 12 I PVDG; § 12 I PBG; **LSA:** § 13 SOG; **SH:** § 174 LVwG; **Thür:** § 12 I, II PAG, § 5 I OBG.

2 Ausnahmen: **BW:** § 3 I PolG; **MV:** § 13 SOG (anders nur für Verfügungen, § 16 SOG); **SH:** § 174 LVwG; in **Nds**, **Sachs** und **LSA** ergibt sich die Beschränkung auf die konkrete Gefahr aus den gesetzlichen Definitionen, **Nds:** §§ 11, 2 Nr. 1 NPOG; **Sachs:** §§ 12 I, 4 Nr. 3 lit a) PVDG; §§ 12 I, 3 PBG; **LSA:** §§ 13, 3 Nr. 3 lit. a) SOG.

Tatbestandliche Voraussetzungen für atypische Maßnahmen
1. Konkrete Gefahr für die öffentliche Sicherheit oder Ordnung
a) Definition: Öffentliche Sicherheit, Öffentliche Ordnung (Rn. 35, Rn. 69)
b) Spezifizierung des konkret betroffenen (Teil-)Rechtsguts (Rn. 87)
c) Definition: konkrete Gefahr (Rn. 98)
d) Diagnose und Prognose im konkreten Fall (Rn. 89, Rn. 100)
2. Pflichtigkeit
a) Verhaltensverantwortlichkeit (Verursachung) (Rn. 171 ff.) und/oder
b) Zustandsverantwortlichkeit (Sachherrschaft) (Rn. 200 ff.) oder
c) Polizeilicher Notstand (Rn. 237 ff.)

In **Fall 55** wird eine Verfügung auf der Grundlage der Generalklausel an jeden Wohnungsinhaber gerichtet. Von den Teilrechtsgütern der öffentlichen Sicherheit (Rn. 37 ff.) können sowohl **private Rechte und Rechtsgüter** der Wohnungsinhaber (Eigentum) als auch im Hinblick auf die Begehung von Straftaten **die Rechtsordnung** betroffen sein. Konkret gefährdet sind sie, wenn aus den vorliegenden Tatsachen mit hinreichender Wahrscheinlichkeit darauf geschlossen werden kann, dass ihnen bei ungehindertem Fortgang ein Schaden droht. Ausgehend von der **Diagnose**, dass in der Hochhaussiedlung derzeit vermehrt Wohnungseinbrüche stattfinden, ist die **Prognose** gerechtfertigt, dass dort solche Straftaten in absehbarer Zeit erneut begangen werden. Deshalb liegt eine **konkrete Gefahr für die Rechtsordnung** vor. Es kann aber **nicht** angenommen werden, dass auch eine **konkrete Gefahr für das Eigentum** jedes in Anspruch genommenen Wohnungsinhabers besteht. Wenn nicht aus den bisher begangenen Taten ein bestimmtes „Muster" folgt, aus dem etwa abgeleitet werden kann, welche Wohnungen in welcher Lage oder Ausstattung bevorzugtes Ziel der Einbrecher sind, ist es nicht hinreichend wahrscheinlich, dass **in jeder Wohnung** ein Schaden droht. So ist der **Tatbestand der Generalklausel nur hinsichtlich der Rechtsordnung** erfüllt. Ergänzend sind die Adressatennormen heranzuziehen. Die Wohnungsinhaber sind **nicht Verursacher** der Gefahr, auch geht von ihren Wohnungen keine Gefahr aus. Deshalb können sie nur als **Nichtverantwortliche** in Anspruch genommen werden. Zwar mag man in der geschilderten Situation von einer qualifizierten Gefahrenlage ausgehen können. Doch sind in erster Linie die Einbrecher als Verantwortliche heranzuziehen. Solange sie nicht gefasst sind, ist es aber vorrangige Sache der Gefahrenabwehrbehörden, Straftaten zu verhüten und Verstöße gegen die Rechtsordnung zu verhindern. Dazu gehört insbesondere, erkannte Kriminalitätsschwerpunkte entsprechend zu überwachen. Eine Inanspruchnahme Privater kommt deshalb grundsätzlich nicht in Betracht. So sind die tatbestandlichen Voraussetzungen für die ergangenen Verfügungen nicht erfüllt. Sie sind rechtswidrig. 458

II. Standardbefugnisse

Fall 56: Eine mobile Kontrollgruppe der Polizei führt auf einer Autobahnraststätte Personenkontrollen durch. Dabei werden nur Insassen von Fahrzeugen mit ausländischen Kennzeichen sowie fremdländisch aussehende Personen überprüft. **(Rn. 463, 468 f., 498, 522, 540 f.)** 459

Fall 57: In einem Parkgelände in der Innenstadt von I hat sich eine offene Drogenszene gebildet. Anwohner und Spaziergänger meiden bereits das Betreten des Parks. Die Bemühungen, die Szene alleine durch verstärkte Streifengänge und Strafverfolgungsmaßnahmen der Polizei, Platzverweise oder Betretungsverbote aufzulösen, haben sich als erfolglos erwiesen. Der Personenkreis wechselt, immer wieder kommen neue Personen hinzu. Deshalb verfolgen die Behörden nun die Strategie, einzelne Personen dauerhaft am Betreten des Parks zu hindern. Als der wegen Drogenhandels vorbestrafte J und seine bisher weder straffällig gewordene noch drogenabhängige Begleiterin K dort angetroffen werden, spricht der Vertreter der zuständigen Behörde gegenüber beiden ein Aufenthaltsverbot für die Dauer von sechs Monaten aus, obwohl J und K nicht im Besitz von Betäubungsmitteln sind. **(Rn. 471 f., 500)**

1. Umschreibungen der konkreten Gefahr

460 Auch bei Standardbefugnissen findet sich verschiedentlich die Formulierung, eine Maßnahme könne **zur Abwehr einer Gefahr** oder **zum Schutz** von bestimmten Rechtsgütern getroffen werden. In diesen Fällen kann die Norm ebenso wie bei der Generalklausel in eine konditionale Fassung „umformuliert" werden. Dass dies möglich ist, liegt daran, dass nur bestehende Gefahren abgewehrt werden müssen und nur gefährdete Rechtsgüter polizeilichen Schutz benötigen. Es handelt sich bei den gesetzlichen Formulierungen um **Umschreibungen der konkreten Gefahr**, die deshalb auch in der geschilderten Weise **konditional** verstanden werden können.

461 Die **tatbestandliche Prüfung** kann dann entsprechend dem Aufbauschema für atypische Maßnahmen (**konkrete Gefahr – Pflichtigkeit**, Rn. 457) vorgenommen werden. Zu beachten ist dabei, dass manche Standardbefugnisse qualifizierte Gefahrenlagen voraussetzen (Rn. 107) und/oder den Adressatenkreis abschließend regeln (Rn. 163).

2. Befugnisse im Vorfeld konkreter Gefahren

462 Schwieriger sind gelegentlich Befugnisse zu beurteilen, die im Vorfeld der konkreten Gefahr, etwa **zur Gefahrenvorsorge, zur Verhütung oder zur vorbeugenden Bekämpfung von Straftaten** eingeräumt sind. Sie setzen keine konkrete Gefahr, sondern lediglich ein mehr oder minder qualifiziertes **Risiko** voraus, bei dem Eintritt („Ob") sowie Art, Ausmaß („Wie") und Zeitpunkt („Wann") einer Rechtsgutbeeinträchtigung noch ganz unbestimmt sein können (Rn. 114). Die Unterscheidung von Eingriffsschwellen im Gefahrenvorfeld (Rn. 145 ff.) hat verdeutlicht, dass es eine große Bandbreite an sachlichen Voraussetzungen, gesetzlichen Formulierungen und deren inhaltlicher Bestimmtheit gibt, die sich einer einheitlichen Behandlung entziehen.

a) „Tatbestandslose" Befugnisnormen

463 Einen besonderen Fall stellen Befugnisnormen dar, die polizeiliches Handeln lediglich an einen bestimmten Zweck binden, ohne tatsächliche Umstände zu nennen, deren Vorliegen tatbestandliche Voraussetzung für die Inanspruchnahme der Befugnis ist. Dazu kann die in **Fall 56** vorliegende Personenkontrolle gehören, wenn sie **verdachts- und ereignisunabhängig** ausgestaltet ist **(„Schleierfahndung")**, wie das in den meisten Bundesländern (außer Hbg) der Fall ist.[3] Die Tatbestände variieren stark. Soweit die Befugnisnormen allgemein dazu ermächtigen, **zur vorbeugenden Bekämpfung** bestimmter Formen **der Kriminalität** in weiten Teilen des öffentlichen Verkehrsraums Befragungen

3 **BW:** § 27 I Nr. 7 PolG; **Bay:** Art. 13 I Nr. 5 PAG; **Berl:** § 18 I 3 Nr. 1 u. 2 ASOG; **Bbg:** §§ 11 III, 12 I Nr. 6 PolG; **Brem:** § 31 V PolG; **Hess:** § 18 II Nr. 6 HSOG; **MV:** § 27a SOG; **Nds:** § 12 VI 1, 2 NPOG; **NW:** § 12a I PolG; **RP:** § 9a IV POG; **Saar:** § 9a I SPolG; **Sachs:** § 15 I Nr. 4 PVDG; **LSA:** § 14 III SOG; **SH:** § 181 I 2 Nr. 5 LVwG; **Thür:** § 14 I Nr. 5 PAG.

30 S. √

bzw. Identitätsfeststellungen oder sonstige Datenerhebungen vorzunehmen,[4] knüpfen sie an eine **allgemeine Bedrohungslage** (Rn. 145) an.

Hier lässt sich **alleine aus der Zweckrichtung der Maßnahme** und der **finalen Formulierung der Befugnisnorm** keine vergleichbare „Wenn ..., dann ...“-Beziehung ableiten. Ersetzt man in der oben Rn. 455 verwendeten Umformulierung das Wort „konkrete Gefahr“ durch „Risiko“, erhält man zwar eine konditional gefasste Bestimmung, die aber über wenig Erklärungswert verfügt: Da ein **bloßes Risiko** für die Entstehung von Gefahren oder die Begehung von Straftaten praktisch **immer besteht**, verliert das Tatbestandsmerkmal seine Differenzierungs- und Begrenzungsfunktion.[5] Das liegt in der Typik allgemeiner Bedrohungslagen begründet: Weil nur relativ diffuse Anhaltspunkte dafür bestehen, dass bestimmte Straftaten begangen werden, lassen sich Kontrollen weder an einen bestimmten Anlass und einen bestimmten Ort binden noch gegen eine bestimmte Person richten. 464

Solche „tatbestandslosen“ Befugnisse sind rechtsstaatlich problematisch, weil ohne gesetzlich bestimmte Voraussetzungen das polizeiliche Handeln weder vorhersehbar noch kontrollierbar ist.[6] Manche der betreffenden Gesetze verlangen zwar als Grundlage der Schleierfahndung **polizeiliche Lageerkenntnisse**.[7] Das kann als „Scheintatbestandlichkeit“ kritisiert werden, weil die Definition der Eingriffsvoraussetzungen der Polizei überantwortet und sich die Finalität der polizeilichen Maßnahme kaum je widerlegen lassen wird. Zudem bleibt dabei offen, nach welchen Kriterien Lageerkenntnisse die Kontrollen rechtfertigen sollen.[8] Ein Ausgleich für die fehlende materiellrechtliche Begrenzung solcher Maßnahmen wird in neueren Gesetzen etwa durch formellrechtliche Bestimmungen über Behördenleitervorbehalte[9] und Begründungspflichten[10], zu erreichen versucht. 465

Das *BVerfG* hat für tatbestands- und damit anlasslose Kontrollbefugnisse die Notwendigkeit einer besonderen Rechtfertigung betont und eine solche z.B. im Wegfall der innereuropäischen Grenzübertrittskontrollen erkannt.[11] Dafür bedarf es allerdings eines konsequenten Grenzbezugs, der zum einen in der Zweckrichtung der Kontrolle, zum anderen in der Bestimmung der Kontrollorte liegen muss. Unproblematisch sind danach Kontrollbefugnisse, die der Unterbindung von Aufenthaltsverstößen und der Bekämpfung der grenzüberschreitenden Kriminalität dienen. Die weitergehende allgemeine Zielsetzung der vorbeugenden Straftatenbekämpfung[12] dürfte deshalb nicht zulässig sein. Der örtliche Grenzbezug kann durch die Bestimmung eines Grenzgebiets (vgl. § 2 II Nr. 3 BPolG – 30 km Tiefe) oder durch die Beschränkung auf Bundesautobahnen oder Europastraßen hergestellt werden. Im Hinblick auf den Zweck zu unbestimmt ist die pauschale Erstreckung auf „Straßen von erheblicher Bedeutung für den grenzüberschreitenden Verkehr“ oder gar auf den gesamten öffentlichen Verkehrsraum.[13] 466

---

4 Wie in **BW, Bay, Berl, Hess, MV, Nds, RP, Saar, Sachs, SH, Thür** (Normen o. Fn. 3).

5 Aus dem gleichen Grund lassen sich auch die final formulierten Aufgabennormen nicht in Konditionalnormen umformulieren, vgl. *Wehr*, JuS 2006, 582 (584).

6 BVerfGE 150, 244 (281 f., Rn. 93).

7 In **MV, Saar**; in **RP** werden durch Tatsachen begründete Anhaltpunkte dafür verlangt, dass die Kontrollen für die vorbeugende Bekämpfung von erheblichen Straftaten erforderlich sind. (Normen o. Fn. 3).

8 *Kutscha*, LKV 2000, 134 (135); BVerfGE 150, 244 (297, Rn. 142).

9 **Bbg:** § 11 III 3 PolG; **Brem:** §§ 31 V 2, 28 II PolG; **MV:** § 27a S. 2 SOG; **LSA:** § 14 III 3 SOG.

10 **Brem:** §§ 31 V 2, 28 II, 35 VI PolG; **MV:** § 27a S. 5 SOG; **Nds:** § 12 VI 4 NPOG.

11 BVerfGE 150, 244 (297 ff., Rn. 142 ff.) auch zum Folgenden.

12 So (z.T. u.a.) in **Berl, MV, RP, SH** (Normen o. Fn. 3).

13 BVerfGE 150, 309 (336 f., Rn. 74 ff.); 150, 244 (299 f., Rn. 149); vgl. **BW, Bay, Berl, Hess, MV, RP, SH, Thür** (Normen o. Fn. 3); die Regelung in **Sachs** vermeidet demgegenüber die pauschale Einbeziehung.

467 Zusätzlich zu den verfassungsrechtlichen Anforderungen sind allerdings die unionsrechtlichen Rahmenbedingungen zu beachten, da die Schleierfahndung nicht zur Umgehung des Schengener Grenzkodex (VO [EU] 2016/399) genutzt werden und nicht die gleiche Wirkung wie Grenzübertrittskontrollen haben darf. Deshalb bedarf es eines verbindlichen Rechtsrahmens, damit sowohl die Notwendigkeit der Kontrollen als auch die konkret gestatteten Kontrollmaßnahmen selbst Kontrollen unterzogen werden können.[14] Ob hierfür auch Verwaltungsvorschriften ausreichen oder ein materielles Gesetz erforderlich ist, ist nicht abschließend geklärt.[15] Da jedenfalls die Polizeigesetze keinen derartigen Rechtsrahmen bereitstellen, ist fraglich, ob die hier behandelten Befugnisse zur Schleierfahndung derzeit überhaupt noch anwendbar sind.

468 Unter diesem Vorbehalt ist **Fall 56** zu betrachten. Gestützt auf die „tatbestandslosen" Befugnisse lässt sich feststellen, dass zu den zulässigen Kontrollorten in aller Regel jedenfalls Bundesautobahnen und damit auch die Autobahnraststätten als Nebenbetriebe (§§ 1 IV Nr. 5, 15 I FStrG) gehören. Auch der Personenkreis, an den die Kontrollmaßnahmen gerichtet werden können, ist nicht begrenzt. Deshalb darf grundsätzlich jeder, der sich in den gesetzlich bestimmten Verkehrseinrichtungen aufhält, überprüft werden. Von daher unterliegt auch die Kontrolle der in **Fall 56** bezeichneten Personen zunächst keinen Bedenken (Rn. 540).

469 Nicht in gleicher Weise problematisch sind demgegenüber Kontrollbefugnisse, die an Dispositionstatbestände (o. Rn. 146) geknüpft sind. Diese verlangen Tatsachen oder polizeiliche Erkenntnisse, welche die Annahme rechtfertigen, dass in einem bestimmten Gebiet oder an einem bestimmten Ort diejenigen Straftaten begangen werden, deren Verhütung die Kontrolle dient.[16] Ob in **Fall 56** solche Informationen vorliegen, lässt sich aber dem Sachverhalt nicht entnehmen.

b) Weitere Vorfeldtatbestände

470 Jenseits der allgemeinen Bedrohungslagen verfügen die Gefahrenabwehrgesetze über Regelungstechniken, den Tatbestand auch ohne konkrete Gefahr unter Rückgriff auf Tatsachen zu präzisieren. Das gilt z.B. für die gesetzlichen Umschreibungen des **Gefahrverdachts** (Rn. 136). Hier setzen manche Befugnisnormen tatbestandlich voraus, dass **tatsächliche Anhaltspunkte für eine bestimmte Gefahr** bestehen. In neuere Gesetze hat auch der Tatbestand der „drohenden Gefahr" (Rn. 150 ff.) Einzug gehalten.

471 In **Fall 57** wurde ein **Aufenthaltsverbot** bzw. (nach neuerer Terminologie, die auch das Aufenthaltsverbot einschließt) eine **Aufenthaltsanordnung** gegen J und K ausgesprochen. **Rechtsgrundlage** hierfür sind die entsprechenden Standardbefugnisse, die in allen Gefahrenabwehrgesetzen bestehen.[17] Die sachliche Zuständigkeit, die nach dem Sachverhalt gewahrt worden ist, liegt z.T. nur bei der Vollzugspolizei (Berl, Nds, NW), sonst auch – und dann wegen der Subsidiarität der polizeilichen Zuständigkeit

14 *EuGH*, BeckRS 2017, 113667, Rn. 37 ff., 41.

15 Bejaht von *BVerwG*, NVwZ 2020, 382 (383); krit. *Halder*, NVwZ 2020, 386; allg. dazu *Michl*, DÖV 2018, 50 (55 ff.).

16 **Bbg, Brem, NW, LSA** (Normen o. Fn. 3; in **SH:** § 180 III 1, 3 LVwG wird ein Gefahrverdacht vorausgesetzt).

17 **BW:** § 30 II PolG; **Bay:** Art. 16 II 1 Nr. 2 lit. a) PAG; **Berl:** § 29 II ASOG; **Bbg:** § 16 II PolG (i.V.m.) § 23 Nr. 1 lit. e) OBG; **Brem:** § 11 II PolG; **Hbg:** § 12b II SOG; **Hess:** § 31 III HSOG; **MV:** § 52a I SOG; **Nds:** § 17 IV NPOG; **NW:** § 34 II PolG; **RP:** § 13 III POG; **Saar:** § 12 III SPolG; **Sachs:** § 21 I PVDG; **LSA:** § 36 II SOG; **SH:** § 201 II LVwG; **Thür:** § 18 III PAG; § 17 II OBG.

primär[18] – bei den Ordnungsbehörden. Die Maßnahme ist **zur Verhütung von Straftaten zulässig.** Da ein Aufenthaltsverbot einen Eingriff in die Freizügigkeit nach Art. 11 I GG darstellt (str.), wird mit dieser Zweckbestimmung dem „Kriminalvorbehalt" des Art. 11 II GG Genüge getan. Darüber hinaus aber wird das Aufenthaltsverbot zumeist[19] an die Voraussetzung geknüpft, dass **Tatsachen die Annahme rechtfertigen**, dass der Betroffene am Ort des Geschehens **eine Straftat** begehen wird. Das kann aus verfassungsrechtlichen Gründen nicht als Verweis auf eine bloße Disposition des Betroffenen verstanden werden, sondern umschreibt einen Gefahrverdacht. Bei J liegen diese Voraussetzungen vor: Er wird an einem Ort angetroffen, an dem Verstöße gegen das Betäubungsmittelgesetz begangen werden und ist einschlägig vorbestraft. Dass J zu diesem Zeitpunkt keine Betäubungsmittel bei sich trägt, ist nicht erheblich, weil nicht die hinreichende Wahrscheinlichkeit, die eine konkrete Gefahr ausmachen würde, verlangt wird, sondern der durch Tatsachen gestützte **Verdacht** genügt.

Fraglich ist aber, ob auch hinsichtlich K diese Voraussetzungen vorliegen. Dass sie sich **472**
an dem fraglichen Ort in Begleitung des J aufhält, lässt nicht den Schluss zu, dass auch sie eine Straftat (einschließlich der Beihilfe zu eventuellen Straftaten des J) begehen wird. Manche Gesetze (in BW, Bbg, NW) lassen es zwar genügen, dass der Betroffene zur Begehung der Tat beiträgt. Dazu bedürfte es aber näherer Hinweise im Sachverhalt. So aber ist das ihr gegenüber ausgesprochene Aufenthaltsverbot rechtswidrig.

3. Tatbestandliche Verweisungen

Hinzuweisen ist schließlich noch auf die zahlreichen Verweisungen auf andere Befugnis- **473**
se. Manche Standardmaßnahmen dienen (auch) der Verwirklichung oder Durchsetzung anderer. Sie setzen dann **im Tatbestand** voraus, dass die **andere Befugnis rechtmäßig** in Anspruch genommen wird oder wurde. Ein Beispiel ist die in **Fall 52** (Rn. 359) vorgenommene Ingewahrsamnahme der Demonstranten zur Durchsetzung der Platzverweisung. Sie ist nur rechtmäßig, wenn auch der Platzverweis ausgesprochen werden durfte. Hier und in vergleichbaren Fällen muss **im Rahmen des Tatbestandes** die Rechtmäßigkeit der anderen Befugnis, auf die verwiesen wird, nach Rechtsgrundlage, formeller und materieller Rechtmäßigkeit überprüft werden.

III. Vollstreckungsbefugnisse

Die tatbestandlichen Voraussetzungen für Vollstreckungsmaßnahmen hängen davon ab, **474**
ob sie zur Durchsetzung eines zuvor erlassenen Verwaltungsakts im **gestreckten Verfahren** oder ohne einen solchen im **gekürzten Verfahren** getroffen wurden.

1. Gestrecktes Verfahren

Fall 58: F ist Halter eines Personenkraftwagens, den er auf einer öffentlichen Straße in K ab- **475**
stellte, um sich anschließend für eine mehrwöchige stationäre Behandlung in ein Krankenhaus zu begeben. Während des Krankenhausaufenthalts stellte die Straßenverkehrsbehörde in dem betreffenden Straßenabschnitt zur Vorbereitung eines Straßenfestes mobile Haltverbotsschilder

18 A.A. *OVG Lüneburg*, NordÖR 2009, 369 unter Hinweis auf die originäre Zuständigkeit der Vollzugspolizei zur Gefahrenvorsorge.
19 Z.T. genügt bereits eine „drohende Gefahr" (o. Rn. 156).

(Zeichen 283 nach § 41 StVO) auf und veranlasste, dass das Fahrzeug des F am Folgetag von einem Abschleppunternehmen auf dessen Betriebshof geschleppt wurde. Dort wurde es F nach seiner Genesung nur gegen Zahlung der Abschleppkosten ausgehändigt. F fordert sein Geld zurück, weil er sein Fahrzeug rechtmäßig abgestellt habe.[20] **(Rn. 478 f., 579)**

Fall 59: In **Fall 55** (Rn. 452) überprüft die Behörde nach Ablauf von vier Wochen, ob alle Wohnungstüren mit Sicherheitsschlössern versehen sind. Gegen Wohnungsinhaber W, der gar keinen Anlass gesehen hat, sich weiter mit der behördlichen Verfügung auseinanderzusetzen, wird wegen Nichterfüllung der auferlegten Verpflichtung ein Zwangsgeld in Höhe von 100 € festgesetzt. W ist der Ansicht, wenn es schon rechtswidrig sei, ihn zum Einbau von neuen Schlössern zu verpflichten, könne er erst recht nicht dazu gezwungen werden. **(Rn. 481 ff.)**

a) Wirksamer Verwaltungsakt mit vollstreckbarem Inhalt

476 Verwaltungszwang im gestreckten Verfahren dient im Gefahrenabwehrrecht der **Durchsetzung von Verhaltenspflichten**, die durch einen Verwaltungsakt begründet worden sind. Gesetzliche Verpflichtungen sind als solche nicht vollstreckungsfähig, sondern müssen grundsätzlich durch Verfügung konkretisiert werden. Lediglich feststellende Verwaltungsakte, auch wenn sie das Bestehen einer gesetzlichen Pflicht feststellen, scheiden mangels vollstreckungsfähigen Inhalts als Gegenstand von Zwangsmaßnahmen aus.

477 Voraussetzung für die Pflichtenbegründung ist die **Wirksamkeit des Verwaltungsakts**. Er muss ordnungsgemäß bekannt gegeben worden sein, darf sich nicht erledigt haben[21] und darf nicht an Mängeln leiden, die zu seiner Nichtigkeit führen.[22] Voraussetzung für die Vollstreckung ist die Nichterfüllung der Verpflichtung innerhalb der in der Androhung gesetzten Frist.

478 Das wirft in **Fall 58** die Frage nach der Rechtmäßigkeit der Ersatzvornahme (Rn. 369) auf. Denn F hat das Halteverbotsschild nicht zu Gesicht bekommen. Für eine wirksame Bekanntgabe reicht es grundsätzlich aus, dass der Adressat den Verwaltungsakt unter normalen Umständen in zumutbarer Weise zur Kenntnis nehmen kann. Da auch das (Dauer-) Parken auf öffentlichen Straßen zum ruhenden Verkehr zählt, ist F auch während seines Krankenhausaufenthalts Verkehrsteilnehmer. Deshalb wird es z.T. zu den Sorgfaltspflichten nach § 1 StVO gezählt, dass der Fahrer regelmäßig in Abständen von zwei bis drei Tagen nach seinem Fahrzeug sieht.

479 Das *BVerwG* hat sich in **Fall 58** für eine andere Lösung entschieden. Es sieht im Aufstellen des Verkehrszeichens (§§ 39 I, 45 IV StVO) eine besondere Form der **öffentlichen Bekanntgabe einer Allgemeinverfügung**, die gegenüber jedem Verkehrsteilnehmer wirksam wird, der von ihr betroffen ist.[23] Demnach wurde das Halteverbot bereits am Tage der Aufstellung des Verkehrszeichens wirksam an F bekannt gegeben und konnte auch vollstreckt werden.[24] Bei der Kostenerstattung muss aber das betätigte Vertrauen auf die Fortgeltung der Rechtslage, die beim Abstellen des Fahrzeugs bestand, unter Wahrung des Verhältnismäßigkeitsgrundsatzes berücksichtigt werden. Daraus wird abgeleitet, dass eine Mindestvorlaufzeit von drei vollen Tagen ab Aufstellung des Ver-

20 BVerwGE 102, 316; *BVerwG*, NJW 2018, 2910.
21 §§/Art. 41, 43 I, II (L)VwVfG; **SH:** §§ 110, 112 I, II LVwG.
22 §§/Art. 43 III, 44 (L)VwVfG; **SH:** §§ 112 III, 113 LVwG.
23 BVerwGE 102, 316 (318 f.) – Rechtsbehelfsfristen sollen hingegen erst anlaufen, wenn sich ein Verkehrsteilnehmer erstmals der Regelung des Verkehrszeichens gegenübersieht, *BVerwG*, NJW 2011, 246 (247); a.A. *Stelkens*, NJW 2010, 1184 (1185 f.).
24 *BVerwG*, NJW 2018, 2910 (2911 Rn. 27).

kehrszeichens gewahrt werden muss, um dem Halter des Fahrzeugs die Abschleppkosten in Rechnung stellen zu können.[25] Da diese Frist hier nicht eingehalten wurde, hat F Anspruch auf Rückerstattung.

b) Formelle Vollstreckbarkeit

Weitere Vollstreckungsvoraussetzung ist die formelle Vollstreckbarkeit, die nach den einschlägigen Vorschriften[26] gegeben ist, wenn der Verwaltungsakt entweder unanfechtbar ist oder ein Rechtsmittel keine aufschiebende Wirkung besitzt. Letzteres ist insbesondere nach § 80 II Nr. 2 VwGO bereits kraft Gesetzes bei unaufschiebbaren Maßnahmen und Anordnungen der Vollzugspolizei der Fall. Diese Vorschrift wird entsprechend auf Verkehrszeichen angewandt (Rn. 418). Im Übrigen entfällt die aufschiebende Wirkung im Einzelfall, wenn nach § 80 II Nr. 4 VwGO die sofortige Vollziehung des Verwaltungsakts angeordnet wurde. **480**

c) Rechtmäßigkeit des Verwaltungsakts?

Durchaus umstritten ist es, ob die Anwendung von Verwaltungszwang rechtmäßig sein kann, wenn der **durchzusetzende Verwaltungsakt rechtswidrig** ist. Die Frage stellt sich in **Fall 59**. Da die in der Androhung gesetzte Frist von vier Wochen abgelaufen ist und die Verfügung für sofort vollziehbar erklärt worden war, liegen die gesetzlich formulierten Vollstreckungsvoraussetzungen im Grunde vor. Dennoch sind die von W geäußerten Bedenken gut nachvollziehbar. Mit der zwangsweisen Durchsetzung des rechtswidrigen (Rn. 463) Verwaltungsakts würde das Unrecht noch vertieft und der Adressat zusätzlich belastet. **481**

Einigkeit besteht wohl nur insoweit, als jedenfalls die **Unanfechtbarkeit des Verwaltungsakts eine äußerste zeitliche Grenze** für die Geltendmachung der Rechtswidrigkeit markiert. Z.T. wird aber bis zum Ablauf der Widerspruchs- bzw. Klagefrist (§§ 70 I, 74 I VwGO) ein **Rechtswidrigkeitszusammenhang** postuliert: Vollstreckungsmaßnahmen, die vor Eintritt der formellen Bestandskraft **getroffen** werden, sollen von der Rechtmäßigkeit der Grundverfügung abhängig sein.[27] Weniger weitgehend wird speziell für die **Vollstreckung vollzugspolizeilicher Verwaltungsakte** eine derartige „Konnexität" angenommen, weil hier, anders als in der Regel bei ordnungsbehördlichem Vorgehen, Verfügung und Vollstreckung zeitlich eng beieinander liegen. Dadurch sei es nicht möglich, durch Rechtsbehelfe gegen den Verwaltungsakt der Vollstreckung die Grundlage zu nehmen.[28] **482**

Im Gesetz finden diese Ansichten keine Stütze und auch von Verfassungs wegen ist die Annahme eines Rechtswidrigkeitszusammenhangs nicht erforderlich.[29] Ein vollstreckbarer Verwaltungsakt ist auch schon vor Bestandskraft und trotz Rechtswidrigkeit wirksam, so dass die Vollstreckung nur die tatsächlich bestehenden Pflichten des Adressaten durchsetzt. Rechtsschutzdefizite sind nicht zu befürchten: Wenn und weil **die Existenz** der Grundverfügung eine Vollstreckungsvoraussetzung ist, **erledigt er sich nicht** da- **483**

25 *BVerwG*, NJW 2018, 2910 (2911 Rn. 23 ff.).

26 **BW:** §§ 63 I PolG, 2 LVwVG; **Bay:** Art. 70 I PAG; Art. 19 I VwZVG; **Berl:** § 8 BerlVwVfG, § 6 I VwVG; **Bbg:** § 53 I PolG; § 3 VwVGBbg; **Brem:** § 100 I PolG, § 11 I 2 BremVwVG; **Hbg:** § 3 III HmbVwVG; **Hess:** § 47 I HSOG; **MV:** § 80 I SOG; **Nds:** § 64 I NPOG; **NW:** § 50 I PolG; § 55 I VwVG; **RP:** § 76 I POG, § 2 LVwVG; **Saar:** § 44 I SPolG; **Sachs:** § 39 II PVDG, § 2 SächsVwVG; **LSA:** § 53 I SOG; **SH:** § 229 I LVwG; **Thür:** § 51 I PAG; § 19 VwZVG.

27 *Schoch*, Rn. 391.

28 *Knemeyer*, Rn. 358.

29 *Kingreen/Poscher*, POR, § 24 Rn. 32 f.; *Schenke*, Rn. 599 ff.; *BVerfG*, NVwZ 1999, 290 (299); Klarstellung in diesem Sinne in **Nds:** § 64 V NPOG.

durch, dass er zwangsweise vollzogen wird. Er kann deshalb innerhalb der Rechtsbehelfsfristen jederzeit angefochten werden.[30]

484 Aus dem Sachverhalt von **Fall 59** geht nicht hervor, ob auch die Anfechtungsfrist von einem Monat bereits verstrichen ist. Ist dies der Fall, so wird W mit seinem Vorbringen nach allen Ansichten nicht mehr gehört. Anderenfalls besitzt er noch die Möglichkeit, die Verfügung anzugreifen. Versäumt er dies, kann er deren Rechtswidrigkeit der Zwangsgeldfestsetzung nicht entgegenhalten.

d) Fehlen von Vollstreckungshindernissen

485 Schließlich dürfen keine Vollstreckungshindernisse vorliegen. Solche bestehen insbesondere dann, wenn der Pflichtige für die gebotene Handlung der Zustimmung eines Dritten (etwa eines Miteigentümers) bedarf, die bisher nicht erteilt oder ausdrücklich verweigert wurde. Dann ist es Sache der Behörde, dieses Hindernis, etwa durch den Erlass einer Duldungsverfügung an den Dritten, aus dem Weg zu räumen.

2. Gekürztes Verfahren und unmittelbare Ausführung

486 Im gekürzten Verfahren fehlt es an einem zuvor erlassenen Verwaltungsakt. Der **sofortige Vollzug**[31] ist deshalb an strengere Voraussetzungen gebunden. Gleiches gilt im Übrigen für die **unmittelbare Ausführung**,[32] die ja ebenfalls eine Art Vollstreckung ohne vorherige Verfügung („atypische Ersatzvornahme", Rn. 377) darstellt.

487 In beiden Fällen ist die **Rechtmäßigkeit der „fiktiven" Grundverfügung** tatbestandliche Voraussetzung. Beim Sofortvollzug ergibt sich das aus der Formulierung, dass die Behörde „innerhalb ihrer Befugnisse handeln" muss, bei der unmittelbaren Ausführung jedenfalls aus dem Regelungskontext der Adressatenbestimmungen, die ebenfalls keine selbstständigen Rechtsgrundlagen für Eingriffsmaßnahmen sind (Rn. 161).

488 Ferner sind beide Maßnahmen subsidiär gegenüber dem gestreckten Verfahren mit vorheriger Verfügung. Sie scheiden deshalb aus, wenn die Abwehr der Gefahr durch vorherige Inanspruchnahme eines Verantwortlichen oder eines Nichtverantwortlichen möglich ist.

3. Besondere Voraussetzungen

489 Schließlich müssen die tatbestandlichen Voraussetzungen des jeweiligen Zwangsmittels erfüllt sein, die insbesondere für spezielle Mittel des unmittelbaren Zwangs wie Fesselung[33] und Schusswaffeneinsatz[34] gelten.

30 Vgl. *BVerwG,* NVwZ 2009, 122; *Schenke*, Rn. 600.

31 **Bay:** Art. 70 II PAG; **Berl:** § 8 BerlVwVfG i.V.m. § 6 II VwVG; **Bbg:** § 53 II PolG; § 27 I 2 VwVGBbg; **Brem:** § 11 II BremVwVG; **Hess:** § 47 II HSOG; **MV:** § 81 I SOG; **Nds:** § 64 II NPOG; **NW:** § 50 II PolG; § 55 II VwVG; **RP:** § 61 II LVwVG; **Saar:** § 44 II SPolG; **LSA:** § 53 II SOG; **SH:** § 230 I LVwG; **Thür:** § 51 II PAG; § 54 ThürVwZVG.

32 **BW:** § 8 I PolG; **Bay:** Art. 9 I PAG; Art. 7 III LStVG; **Berl:** § 15 I ASOG; **Hbg:** § 7 I SOG; **Hess:** § 8 I HSOG; **MV:** § 70a S. 1 SOG; **RP:** § 6 I POG; **Sachs:** § 8 I PVDG; **LSA:** § 9 I SOG; **Thür:** § 9 I PAG; § 12 I OBG.

33 **Bay:** Art. 82 PAG; **Berl:** § 20 UZwG; **Bbg:** § 65 PolG; **Brem:** § 105 PolG; **Hbg:** § 23 SOG; **Hess:** § 59 HSOG; **MV:** § 106 SOG; **Nds:** § 75 NPOG; **NW:** § 62 PolG; **RP:** § 81 POG; **Saar:** § 55 SPolG; **Sachs:** § 42 PVDG; **LSA:** § 64 SOG; **SH:** § 255 LVwG; **Thür:** § 63 PAG.

34 **BW:** §§ 67 f. PolG; **Bay:** Art. 83 ff. PAG; **Berl:** §§ 8 ff. UZwG; **Bbg:** §§ 66 ff. PolG; **Brem:** §§ 107 f. PolG; **Hbg:** §§ 24 ff. SOG; **Hess:** §§ 60 ff. HSOG; **MV:** §§ 108 ff. SOG; **Nds:** §§ 76 ff. NPOG; **NW:** §§ 63 ff. PolG **RP:** §§ 82 ff. POG; **Saar:** §§ 56 ff. SPolG; **Sachs:** §§ 43 ff. PVDG; **LSA:** §§ 65 ff. SOG; **SH:** §§ 257 ff. LVwG; **Thür:** §§ 64 ff. PAG.

Vereinzelt werden besondere Voraussetzungen hinsichtlich der **Vollstreckung bestimmter Maßnahmen** aufgestellt, die auch außerhalb der Vollzugsregelungen normiert sein können, wie etwa für die zwangsweise Durchsetzung einer Vorladung (Vorführung).[35] Auf die Unzulässigkeit unmittelbaren Zwangs zur Abgabe einer Erklärung wurde bereits hingewiesen (Rn. 444). **490**

B. Die Rechtsfolge

Die Rechtsfolgenseite betrifft **Inhalt und Wirkung der Maßnahme.** Gegenstand der Überprüfung sind stets die Ermessensausübung und die Wahrung der Verhältnismäßigkeit (Übermaßverbot). **491**

Wie sich Ermessen[36] und Verhältnismäßigkeit[37] zueinander verhalten, ist fraglich. Die Gefahrenabwehrgesetze regeln sie zumeist getrennt voneinander. Es mutete aber doch merkwürdig an, einer Entscheidung Ermessensfehlerfreiheit zu attestieren, um sie dann als unverhältnismäßig zu verwerfen. Nach dem jeweiligen Prüfungsprogramm handelt es sich um unterschiedliche Aspekte einer einheitlichen Entscheidung: **Ermessensfehler** betreffen den **sachlichen Grund** (Ermessensausfall, Ermessensfehlgebrauch) und den **Inhalt** (Ermessensüberschreitung) einer Maßnahme, die **Verhältnismäßigkeit** hingegen deren **Wirkung**. Deshalb wird vorgeschlagen, das **Übermaßverbot im Rahmen des Ermessens**, aber erst **im Anschluss an die Ermessensfehler** zu prüfen. **492**

Prüfung von Ermessensentscheidungen
1. Ermessensfehler
a) Ermessensausfall
b) Ermessensfehlgebrauch
c) Ermessensüberschreitung
2. Verhältnismäßigkeit
a) Zweckrichtung
b) Geeignetheit
c) Erforderlichkeit
d) Angemessenheit (Verhältnismäßigkeit i.e.S.)

Diese Prüfungsstruktur berücksichtigt nur eine konkrete Maßnahme gegen bestimmte Adressaten, allgemein: die **Mittelauswahl.** Es kann aber die Frage aufgeworfen werden, ob bei mehreren möglichen Adressaten nicht **ein anderer** hätte in Anspruch genommen werden müssen. Auch dies ist ein Teil der Ermessensausübung, bezieht sich aber nicht auf **sachliche**, sondern auf **persönliche Aspekte**. Die Prüfung der **Adressatenauswahl** **493**

35 **BW:** § 28 III PolG; **Bay:** Art. 15 III PAG; **Berl:** § 20 III ASOG; **Bbg:** § 15 PolG (i.V.m.) § 23 Nr. 1 lit. d) OBG; **Brem:** § 30 III PolG; **Hbg:** § 11 III SOG; **Hess:** § 30 III, IV HSOG; **MV:** §§ 50 III, 51 SOG; **Nds:** § 16 III NPOG; **NW:** § 10 III PolG (i.V.m.) § 24 Nr. 2 OBG; **RP:** § 12 III POG; **Saar:** § 11 IV SPolG; **Sachs:** § 14 II PVDG; **LSA:** § 35 III SOG; **SH:** § 199 III LVwG; **Thür:** § 17 III PAG; § 16 V OBG.

36 **BW:** § 3 PolG; **Bay:** Art. 5 PAG; **Berl:** § 12 ASOG; **Bbg:** § 4 PolG; § 15 OBG; **Brem:** § 4 PolG; **Hbg:** § 3 I SOG; **Hess:** § 5 HSOG; **MV:** § 14 SOG; **Nds:** § 5 NPOG; **NW:** § 3 PolG; § 16 OBG; **RP:** § 3 POG; **Saar:** § 3 SPolG; **LSA:** § 6 SOG; **SH:** § 73 I LVwG; **Thür:** § 5 PAG; § 7 OBG.

37 **BW:** § 5 PolG; **Bay:** Art. 4 PAG; Art. 8 LStVG; **Berl:** § 11 ASOG; **Bbg:** § 3 PolG; § 14 OBG; **Brem:** § 3 PolG; **Hbg:** §§ 4, 5 SOG; **Hess:** § 4 HSOG; **MV:** § 15 SOG; **Nds:** § 4 NPOG; **NW:** § 2 PolG; § 15 OBG; **RP:** § 2 POG; **Saar:** § 2 SPolG; **Sachs:** § 5 PVDG; § 13 PBG; **LSA:** § 5 SOG; **SH:** § 73 II, III LVwG; **Thür:** § 4 PAG; § 6 OBG.

schließt sich an die der Mittelauswahl an. Für Verwaltungsakte gilt zusätzlich das Gebot hinreichender inhaltlicher Bestimmtheit.[38]

Prüfung der Rechtsfolgenseite
I. Mittelauswahl 1. Ermessensfehler 2. Verhältnismäßigkeit **II. Adressatenauswahl** **III. ggf. Bestimmtheit**

I. Mittelauswahl

1. Entschließungs- und Auswahlermessen

494 Die Befugnisnormen der allgemeinen Gefahrenabwehrgesetze sind durchweg als „Kann"-Bestimmungen formuliert. Sie gewähren Ermessen nicht nur bezüglich der Frage, **welche Maßnahme**, sondern schon, **ob** überhaupt eine Maßnahme zu ergreifen ist. Daraus resultiert die Unterscheidung von Entschließungs- und Auswahlermessen.

495 Das Entschließungsermessen, üblicherweise als Ausdruck des sog. **Opportunitätsprinzips**[39] verstanden, ermöglicht den flexiblen und bedarfsgerechten Einsatz typischerweise knapper Kapazitäten und die Setzung von Prioritäten bei der Gefahrenabwehr. Für die Überprüfung einer konkreten **bereits ausgeführten Maßnahme** hat es m.E. aber **keine Bedeutung**. In diesem Fall wurde die Entscheidung, **ob** zur Abwehr einer (im Tatbestand bejahten) Gefahr eingeschritten werden soll, von der Behörde bejaht. Dieses Entscheidungsergebnis **kann nicht rechtswidrig sein**, weil es dem Auftrag der Gefahrenabwehrbehörden entspricht.[40] Natürlich ist es möglich, dass die abgewehrte Gefahr ganz unbedeutend im Vergleich zu einer gleichzeitig bestehenden anderweitigen Gefahr ist, gegen die nichts unternommen wird. Dann ist aber nicht die Abwehr der geringeren Gefahr wegen fehlerhafter Ausübung des Entschließungsermessens rechtswidrig, sondern das Unterlassen der Abwehr der größeren Gefahr. Das Entschließungsermessen ist deshalb nur zu prüfen, wenn die Behörden bei bestehender Gefahrenlage **untätig bleiben**. Es wird insbesondere dann relevant, wenn ein **Anspruch auf Einschreiten** (Rn. 524 ff.) geltend gemacht wird.

2. Ermessensfehler

496 Für die **Ermessensausübung**[41] kann generell, also auch dann auf die allgemeine verwaltungsverfahrensrechtliche Ermessensregelung[42] ergänzend zurückgegriffen werden, wenn die zu überprüfende Maßnahme kein Verwaltungsakt ist. Bei der **Ermessensüberprüfung** durch ein Gericht ist § 114 S. 1 VwGO heranzuziehen. Dabei gelten auch im

38 §/Art. 37 I (L)VwVfG; **SH:** § 108 I LVwG.
39 Der Sinn- und Erklärungsgehalt dieses Begriffs tendiert in diesem Zusammenhang m.E. gegen Null, vgl. *Wehr*, Rechtspflichten, S. 343 ff.
40 Natürlich kann die getroffene Maßnahme dennoch rechtswidrig sein, aber eben nicht wegen fehlerhafter Ausübung des Entschließungsermessens.
41 Normen o. Fn. 36.
42 §/Art. 40 (L)VwVfG; **SH:** § 73 LVwG.

Gefahrenabwehrrecht diejenigen Maßstäbe, die aus der Ermessensfehlerlehre des Allgemeinen Verwaltungsrechts bekannt sind.[43]

a) Ermessensausfall

Ein Ermessenausfall liegt vor, wenn die Behörde fälschlicherweise davon ausgeht, zu einer Maßnahme verpflichtet oder generell nicht berechtigt zu sein und deshalb keine Ermessenserwägungen anstellt. Das kommt in erster Linie bei ordnungsbehördlichen Verfügungen in Betracht, die schriftlich oder elektronisch erlassen werden, der Begründungspflicht unterliegen,[44] aber nicht begründet worden sind. **497**

b) Ermessensfehlgebrauch

Das Ermessen ist entsprechend dem Zweck der Ermächtigung auszuüben. Die Ermessenserwägungen müssen deshalb generell auf die Gefahrenabwehr und speziell auf diejenigen Zwecke ausgerichtet sein, deren Verfolgung die in Anspruch genommene Befugnisnorm dient. So darf in **Fall 56** mit der Personenkontrolle nur dann die Unterbindung des unerlaubten Aufenthalts von Ausländern verfolgt werden, wenn die Schleierfahndung auch zu diesem Zweck zulässig ist.[45] **498**

c) Ermessensüberschreitung

Ferner sind die gesetzlichen Grenzen des Ermessens einzuhalten. Es darf keine Rechtsfolge gewählt werden, die von der Befugnisnorm nicht gedeckt ist. Die **generelle Zulässigkeit der Rechtsfolge** ergibt sich grundsätzlich bereits aus der Befugnisnorm. Sie wurde schließlich gerade deshalb ausgewählt, weil sie Maßnahmen der in Rede stehenden Art zulässt (Rn. 255). Da ohne spezielle Befugnis die Generalklausel eingreift, diese aber zu allen erforderlichen Maßnahmen ermächtigt, scheint eine Ermessensüberschreitung kaum vorkommen zu können.[46] **499**

Das ist in dieser Allgemeinheit **nicht zutreffend**. Denn teilweise enthalten **spezielle Befugnisnormen** weitere Präzisierungen für die jeweilige Maßnahmeart. Beispielsweise basiert die behördliche Maßnahme in **Fall 57** (Rn. 459) auf den Vorschriften über Aufenthaltsverbote bzw. -anordnungen.[47] Die Verbote sind aber **zeitlich und örtlich zu beschränken.** Die Verhängung eines **unbeschränkten Aufenthaltsverbots** wäre nicht etwa eine atypische Maßnahme, sondern eine Ermessensüberschreitung bei Anwendung der Standardbefugnis. Vielfach nennen die Befugnisnormen sogar eine zeitliche Obergrenze von maximal drei Monaten,[48] die in **Fall 57** nicht eingehalten worden ist. Auch hier liegt eine Ermessensüberschreitung vor. **500**

Nur wenn wie in Hbg und LSA der zeitliche Rahmen weiter gesteckt ist (6 bzw. 12 Monate) oder gar nicht fixiert ist, stellt sich die Frage der richtigen zeitlichen Bemessung erst bei der Prüfung der Verhältnismäßigkeit. **501**

Das Beispiel macht übrigens darauf aufmerksam, dass der vom Gesetzgeber vorgegebenen Rechtsfolge Verhältnismäßigkeitserwägungen zugrunde liegen (können), an welche **502**

---

43 Dazu *Uerpmann-Wittzack*, Rn. 155.
44 §/Art. 39 I 1, 3, II (L)VwVfG; **SH:** § 109 I 1, 3, III LVwG.
45 In **Bay, MV, NW, RP, Thür**; Normen o. Fn. 3.
46 So *Kingreen/Poscher*, POR, § 10 Rn. 39.
47 Normen o. Fn. 17.
48 **BW; Bay; Bbg; Hess; MV; NW; Sachs; SH; Thür.**

die Behörden gebunden sind. Deshalb ist das Ermessen, insbesondere die **Ermessensüberschreitung vor dem Übermaßverbot** anzusprechen: Wenn der Gesetzgeber die Rechtsfolge limitiert, ist seiner Ansicht nach ihre Überschreitung unverhältnismäßig. Daran ist die Verwaltung gebunden, was sich aus dem **Vorrang und dem Vorbehalt des Gesetzes** ergibt.

3. Verhältnismäßigkeit

503 **Fall 60:** F stellt seinen PKW zur Hauptverkehrszeit auf einer Einkaufsstraße in zweiter Reihe mit eingeschalteter Warnblinkanlage ab, weil er in einem nahegelegenen Geschäftshaus etwas besorgen muss. In die Windschutzscheibe legt er gut sicht- und lesbar einen Zettel, auf er nach den Worten „Bin gleich zurück" seine Mobilfunknummer notiert hat. Die Polizei lässt den Wagen abschleppen. F hält das für rechtswidrig, weil er ganz in der Nähe erreichbar war.[49] **(Rn. 516 ff.)**

504 Der Grundsatz der Verhältnismäßigkeit[50] (Übermaßverbot) spielt gerade im eingriffsintensiven Gefahrenabwehrrecht eine bedeutende Rolle. Er ist wegen seiner Wertungsabhängigkeit nicht frei von subjektiven Einschätzungen. Die Unterteilung in die drei Teilgehalte Geeignetheit, Erforderlichkeit und Angemessenheit vermag aber die Prüfung zu strukturieren.

505 Die Verhältnismäßigkeitsprüfung ist eine Form der Rechtsgüterabwägung. Deshalb muss zunächst benannt werden, zwischen **welchen Rechtsgütern** abzuwägen ist. Auf Seiten des **von der Maßnahme Betroffenen** sind es regelmäßig Grundrechte, sofern es sich nicht um einen Hoheitsträger handelt (Rn. 406). Die Frage, welche Grundrechte betroffen sind, ist spätestens an dieser Stelle zu beantworten, weil bei qualifizierten Gesetzesvorbehalten und bei vorbehaltlos gewährleisteten Grundrechten erhöhte Anforderungen an die Rechtfertigung von Eingriffen zu stellen sind.

a) Zweckrichtung

506 Auf der anderen Seite der Abwägung ist das **Rechtsgut** zu bestimmen, dessen Schutz die Maßnahme dient (Schutzgut). Häufig wird davon gesprochen, dass die Behörde einen „zulässigen Zweck" verfolgen muss. Das ist natürlich richtig, steht aber an dieser Stelle[51] regelmäßig nicht in Frage. Wenn es für die Maßnahme eine (verfassungsmäßige) Rechtsgrundlage gibt, deren Tatbestand erfüllt ist und die ermessensfehlerfrei, insbesondere dem Zweck der Ermächtigung entsprechend (Rn. 498), angewandt wurde, steht die Zulässigkeit des Zwecks schon fest. Es geht hier vielmehr um dessen Präzisierung, um das Übermaßverbot zutreffend prüfen zu können.

507 Soweit es um die Abwehr konkreter Gefahren geht, ist bereits in der tatbestandlichen Prüfung herausgearbeitet worden, **welchem Teilrechtsgut der öffentlichen Sicherheit oder Ordnung** eine Gefahr droht, die mit der zu prüfenden Maßnahme abgewehrt werden soll. Das ist das Rechtsgut, dessen Schutz Zweck der Maßnahme ist. Wäre z.B. in **Fall 55** (Rn. 452) die Verfügung nicht schon deshalb rechtswidrig, weil kein Fall des polizeilichen Notstands vorliegt, wäre Schutzgut nicht das Eigentum der (aller) jeweiligen

49 Z.B. *OVG Hamburg*, NJW 2005, 2247.
50 Normen o. Fn. 37.
51 Anders ist es im Verfassungsrecht, insbesondere bei der Prüfung der Verfassungsmäßigkeit eines grundrechtseingreifenden Gesetzes, vgl. *Kingreen/Poscher*, Grundrechte, Rn. 405 ff.

 405 ✓

Wohnungsinhaber, weil diesem keine konkrete Gefahr droht (Rn. 458). Eignung, Erforderlichkeit und Angemessenheit dürften sich dann nur auf die im Fall konkret gefährdete Rechtsordnung beziehen.

Liegt nur eine **Anscheinsgefahr** vor, ist Schutzgut das **anscheinend gefährdete Rechtsgut**. Die Prüfung des Übermaßverbots muss in diesem Fall von der Perspektive des „gewissenhaften, besonnenen und sachkundigen Amtswalters“ ausgehen (Rn. 125). **508**

b) Geeignetheit

➔ **Eine Maßnahme ist zur Zweckerreichung geeignet, wenn sie der Zweckerreichung förderlich ist.** **509**

Die Eignung einer Maßnahme zur Gefahrenabwehr wird nur selten in Frage zu stellen sein. Ungeeignet sind etwa Anordnungen, die aus tatsächlichen Gründen nicht befolgt werden können. Die rechtliche Unmöglichkeit führt hingegen nicht zwingend zur Unverhältnismäßigkeit. Kann der Verpflichtete einer Verfügung nicht nachkommen, weil dem private Rechte Dritter entgegenstehen, so liegt lediglich ein Vollstreckungshindernis vor (Rn. 485). Ungeeignet ist aber eine Maßnahme, wenn und sobald der Zweck erreicht ist.[52] **510**

Etliche Standardmaßnahmen, insbesondere zur Informationsbeschaffung wie Befragung oder Identitätsfeststellung, wehren keine Gefahr ab, sondern dienen etwa der Gefahrerforschung, an die sich die „eigentliche“ Gefahrenabwehrmaßnahme anschließen kann. Sofern sie in diesem Sinne die Gefahrenabwehr fördern, sind sie auch geeignet. **511**

c) Erforderlichkeit

➔ **Eine Maßnahme ist erforderlich, wenn sie im Vergleich zu anderen zweckgeeigneten Maßnahmen den Einzelnen und die Allgemeinheit am geringsten beeinträchtigt.** **512**

Die Erforderlichkeit setzt einen Vergleich mit anderen möglichen Mitteln der Gefahrenabwehr voraus. Dabei ist wichtig zu beachten, dass die Zulässigkeit der Inanspruchnahme einer Person **dem Grunde nach** bereits in der tatbestandlichen Prüfung vorentschieden ist. Damit scheidet **prinzipiell** der Einwand des jeweils Betroffenen aus, **er** wäre geringer belastet, wenn **ein anderer** herangezogen würde. **513**

Der Vergleich beruht auf einer Bewertung. Welche unter mehreren möglichen, gleichermaßen geeigneten Maßnahmen das **mildeste Mittel** darstellt, bemisst sich nach der geringeren Eingriffsintensität im konkreten Fall, nicht nach den tatbestandlichen Voraussetzungen der jeweiligen Befugnisnormen, obwohl in diesen Verhältnismäßigkeitserwägungen des Gesetzgebers zum Ausdruck kommen (Rn. 107). In **Fall 9** (Rn. 34) hat das *BVerwG* ein Fotografierverbot (auf der „ersten Stufe“, vgl. Rn. 51) als stärkeren Eingriff in die Pressefreiheit angesehen als eine mögliche nachträgliche Beschlagnahme bzw. Sicherstellung des Speichermediums (auf der „zweiten Stufe“),[53] obwohl deren Rechtsgrundlagen im Vergleich zur Generalklausel eine qualifizierte Gefahrenlage erfordern.[54] **514**

---

52 **Bay:** Art. 4 III PAG; Art. 8 III LStVG; **Berl:** § 11 III ASOG; **Bbg:** § 3 III PolG; § 14 III OBG; **Brem:** § 3 III PolG; **Hbg:** § 5 SOG; **Hess:** § 4 III HSOG; **MV:** § 15 III SOG; **Nds:** § 4 III NPOG; **NW:** § 2 III PolG; § 15 III OBG; **RP:** § 2 III POG; **Saar:** § 2 III SPolG; **Sachs:** § 5 IV PVDG; § 13 IV PBG; **LSA:** § 5 III SOG; **Thür:** § 4 III PAG; § 6 III OBG.

53 BVerwGE 143, 74 (86).

54 Normen o. Rn. 313 Fn. 76.

– Die Gefahrenabwehrgesetze überlassen die Bewertung z.T. dem Betroffenen, wenn sie ihm die Möglichkeit einräumen, ein anderes ebenso wirksames Mittel anzuwenden.[55]

515 Im Übrigen ist die Auswahl unter mehreren Maßnahmen nach pflichtgemäßem Ermessen durchzuführen. Problematisch kann die Beurteilung sein, welche anderen gleichermaßen geeigneten Mittel zur Verfügung stehen.

516 Ein häufig vorkommendes Beispiel zeigt **Fall 60**. Außer Frage steht, dass F geringer belastet würde, wenn er selbst sein Fahrzeug von der Stelle bringen würde. Da er in der Nähe des PKW und durch Angabe seiner Mobiltelefonnummer auch erreichbar war, wäre eine telefonische Benachrichtigung durch die Polizei unschwer möglich und ebenso geeignet gewesen, die Verkehrsbehinderung und den Verstoß gegen die StVO zu beseitigen. Fraglich kann nur sein, ob und welche Anstrengungen von der Behörde erwartet werden können, um F als Verursacher der Gefahr zu ermitteln.

517 Das *OVG Hamburg* hat in einem vergleichbaren Fall den Grundsatz aufgestellt, dass die Polizei keine Ermittlungen nach dem Verbleib des Verantwortlichen anstellen müsse, wenn ihr Erfolg zweifelhaft sei und zu nicht absehbaren Verzögerungen führe. Das gelte auch, wenn eine Nachricht hinterlegt sei. Insbesondere in Fällen, in denen die hinterlegte Nachricht auf eine Vielzahl von Situationen verbotswidrigen Parkens passe, könne die Polizei die Erfolgsaussichten und den zeitlichen Aufwand einer Benachrichtigung des Fahrers nicht einschätzen. Anders sei es nur, wenn sich aus den Umständen ergebe, dass der Fahrer sich im unmittelbaren Nahbereich des Abstellortes befinde. Dann könne die Polizei selbst beurteilen, wann mit einer Gefahrbeseitigung durch den Verantwortlichen zu rechnen ist und entsprechend agieren.[56]

518 Auf dieser Grundlage scheidet in **Fall 60** die Benachrichtigung des F als milderes Mittel aus. Die Behauptung „Bin gleich zurück" ist zu allgemein, um einen konkreten örtlichen oder zeitlichen Bezug herstellen zu können, weil daraus nicht absehbar ist, wann F den PKW abgestellt hat und wo er sich nun tatsächlich aufhält.

519 Freilich ist es keineswegs zwingend, den vollständigen Verzicht auf eine naheliegende, kostengünstige und wenig Zeit in Anspruch nehmende Informationsmöglichkeit als Voraussetzung für eine sachgerechte Mittelauswahl in dieser Weise zu prämieren. Jedenfalls ist es gut vertretbar, die telefonische Benachrichtigung als grundsätzlich milderes geeignetes Mittel anzusehen[57] und der Abschleppmaßnahme, die ohne Versuch einer Kontaktaufnahme angeordnet wurde, die Erforderlichkeit dann abzusprechen, wenn der Nachweis erbracht ist, dass dieser Versuch zum Erfolg geführt hätte.

d) Angemessenheit

520 → **Eine Maßnahme ist angemessen, wenn sich die aus ihr ergebenden Beeinträchtigungen nicht außer Verhältnis zu dem bezweckten Erfolg stehen.**

521 Die Prüfung der Angemessenheit besteht aus einer Gewichtung des beeinträchtigten und des geschützten Rechtsguts. Feste Maßstäbe hierfür gibt es nicht. Ein Großteil dieser Ab-

55 **Bay:** Art. 5 II 2 PAG; **Berl:** § 12 II 2 ASOG; **Bbg:** § 4 II 2 PolG; **Brem:** § 4 II 2 PolG; **Hbg:** § 4 IV 1 SOG; **Hess:** § 5 II 2 HSOG; **MV:** § 14 II 1 SOG; **Nds:** § 5 II 2 NPOG; **NW:** § 3 II 2 PolG; § 21 S. 2 OBG; **RP:** § 3 II 2 POG; **Saar:** § 3 II 2 SPolG; **LSA:** § 6 II 2 SOG; **Thür:** § 5 II 2 PAG; § 7 II OBG.

56 *OVG Hamburg*, NJW 2005, 2247 (2248 f.).

57 So führt etwa das *BVerwG*, NJW 2014, 2888 (2889) bei Erörterung der Erforderlichkeit einer Abschleppmaßnahme den erfolglos gebliebenen Versuch der Kontaktaufnahme als milderes Mittel an.

wägung wird bereits auf Tatbestandsebene und durch die vorherigen Prüfungsschritte auf der Rechtsfolgenseite geleistet. So dient die **Angemessenheitsprüfung als „Plausibilitätskontrolle"** für das bis hierher gefundene Ergebnis, die jedenfalls in der Klausur nur ausnahmsweise zur Rechtswidrigkeit einer Maßnahme führen sollte.

Problematisch ist diese Prüfung vor allem dann, wenn das Gewicht der abzuwägenden **522**
Rechtsgüter schwer zu ermitteln ist. Das betrifft im Besonderen die Vorfeldmaßnahmen, bei denen es nicht auf eine konkrete Gefahr ankommt. Wenn etwa die Personenkontrollen in **Fall 56** der vorbeugenden Bekämpfung der Kriminalität dienen, ist weder die Eignung noch die Erforderlichkeit in Zweifel zu ziehen. Bei der Angemessenheit aber ist das geschützte Rechtsgut im Einzelfall kaum zu gewichten.[58] Das mag bei einer bloßen Befragung oder Identitätskontrolle nicht zu sehr ins Gewicht fallen, weil sie nicht sehr eingriffsintensiv sind. Problematisch wird es bei teilweise zulässigen Folgemaßnahmen, wie der Durchsuchung von Sachen, dem Festhalten, der erkennungsdienstlichen Behandlung, die sich z.T. **alleine deshalb** anschließen können, weil die Identität einer Person anders nicht feststellbar ist.

II. Exkurs: Anspruch auf behördliches Tätigwerden

Fall 61: M lebt als alleinerziehende Mutter von zwei kleinen Kindern in angespannten finanzi- **523**
ellen Verhältnissen. Wegen erheblicher Mietrückstände wurde ihr die Wohnung gekündigt. Der Vermieter V hat ein zivilgerichtliches Räumungsurteil erstritten. M und den Kindern droht die Obdachlosigkeit, da sie auf dem freien Wohnungsmarkt mangels eigenen Einkommens ohnehin keine Möglichkeit hat, eine neue Bleibe zu finden. In ihrer Not wendet sich M an die Ordnungsbehörde. Diese verweist sie darauf, dass sie die Kinder in ein Heim geben könne und selbst versuchen sollte, bei Freunden unterzukommen. **(Rn. 529, 532, 534)**

Bei der Überprüfung einer **vorgenommenen Maßnahme** steht immer die Frage im Vor- **524**
dergrund, ob die Gefahrenabwehrbehörden die gesetzlichen und verfassungsmäßigen Grenzen von Eingriffsbefugnissen eingehalten haben. Bei behördlicher Untätigkeit stellt sich die umgekehrte Frage, ob sie von ihren Handlungsmöglichkeiten hätte Gebrauch machen müssen. Dies hat zunächst eine **rein objektivrechtliche Seite**, nämlich die Verpflichtung zur Wahrnehmung der übertragenen Aufgaben. Sie ist **rein zielorientiert** und sagt nichts darüber aus, mit welchen Mitteln sie erfüllt wird. Insbesondere ist es zu weitgehend, immer dann, wenn der Tatbestand einer Befugnisnorm erfüllt ist, **dem Grunde nach** von einer **Pflicht zum Eingriff** auszugehen, die nur nach Maßgabe des Verhältnismäßigkeitsgrundsatzes limitiert wird.[59]

1. Gefahrenabwehrrecht als Schutzrecht

Ergiebiger ist die Frage, ob der **objektiven Verpflichtung der Verwaltung** auch eine **525**
subjektive Berechtigung der Bürger entspricht. Da die gefahrenabwehrrechtlichen Aufgaben- und Befugnisnormen rein objektivrechtlich formuliert sind, ist durch Auslegung zu ermitteln, ob sie zugleich subjektive Rechte gewähren. Der Maßstab hierfür ist die sog. **Schutznormtheorie**.

58 Vgl. auch *Schenke*, Rn. 412.
59 In diesem Sinne *Knemeyer*, Rn. 129 f.

→ Eine Norm gewährt ein **subjektiv-öffentliches Recht**, wenn sie nicht nur öffentlichen Interessen, sondern zumindest **auch Individualinteressen** zu dienen bestimmt ist.

526 Der (auch) individualschützende Charakter des Gefahrenabwehrrechts ist dem Grunde nach außer Streit. Es dient dem Schutz der öffentlichen Sicherheit und Ordnung, deren Teilrechtgüter nicht nur Allgemeininteressen repräsentieren, sondern auch und gerade Interessen Privater. Das gilt nicht nur für die subjektiven Rechte und Rechtsgüter (Rn. 60 ff.), sondern auch für die Rechtsordnung, soweit diese ihrerseits Individualinteressen schützt.

2. Das subjektive Recht auf fehlerfreie Ermessensentscheidung

527 Konsequenz des Schutznormcharakters ist, dass immer dann, wenn es um Individualinteressen geht, **deren Träger** aus dem Gefahrenabwehrrecht eigene subjektive Rechte ableiten können. Diese Rechte gehen aber nicht weiter als die Pflichten, die sich aus den jeweiligen Vorschriften für die Behörden ergeben. Ganz allgemein verpflichten diese Normen aber nur dazu, ermessensfehlerfrei darüber zu entscheiden, **ob** und ggf. **wie** einer Gefahrenlage begegnet werden soll.

a) Entschließungsermessen

528 Demzufolge besteht zunächst ein subjektives Recht auf **fehlerfreie Ausübung des Entschließungsermessens.** Es bezieht sich nicht auf eine bestimmte Maßnahme, sondern nur darauf, ob ein behördliches Tätigwerden angezeigt ist. In diesem Rahmen ist auch etwa zu berücksichtigen, welche Kapazitäten zur Verfügung stehen, wie die vorhandenen Mittel adäquat eingesetzt werden sollen etc. Es entspricht der Besonderheit der Ermessensausübung, dass sie **grundsätzlich ergebnisoffen** ist. So kann der Anspruch auf fehlerfreie Ermessenausübung auch dann erfüllt sein, wenn die Behörde es letztlich ablehnt, tätig zu werden.

529 Voraussetzung ist allerdings, dass kein Ermessensfehler unterlaufen ist. In **Fall 61** liegt mit der drohenden Obdachlosigkeit der M und ihrer Kinder eine konkrete Gefahr für deren Rechtsgüter (insbesondere Leben, Gesundheit, Eigentum) vor, deren Schutz auch der Ordnungsbehörde obliegt. Man mag womöglich noch davon ausgehen, dass die Ordnungsbehörde überhaupt eine Ermessensentscheidung getroffen hat (kein Ermessensausfall). Bei den Ermessenserwägungen ist es an sich nicht zu beanstanden, dass M als Verhaltensverantwortliche in erster Linie auf diejenigen Möglichkeiten der Gefahrenabwehr verwiesen wird, die ihr ohne behördliche Hilfe zur Verfügung stehen. Nicht vertretbar ist es allerdings, ohne Prüfung von Alternativen eine Trennung der M von ihren Kindern zu verlangen. Das ist mit dem staatlichen Schutzauftrag für die Familie (Art. 6 I GG) nicht zu vereinbaren, solange nicht Gefährdungen des Kindeswohls von M hervorgerufen werden oder die Kinder bei weiterem Verbleib bei ihr zu verwahrlosen drohen (Art. 6 III GG). Das Entschließungsermessen wurde also fehlerhaft ausgeübt.

b) Auswahlermessen

530 Das **Entschließungsermessen** kann im **Einzelfall auf Null** reduziert sein, wenn eine **nicht nur geringfügige Gefahr** für ein **nicht unbedeutendes Individualrechtsgut** vorliegt, die nur mit behördlicher Unterstützung abgewehrt werden kann. Die Bestimmung, wann eine Gefahr diese **„Schädlichkeitsgrenze"** übersteigt, ist schwierig. Sie ist abhängig von der Wertigkeit des Rechtsguts und dem Ausmaß der Gefahr, die ihm droht. Das

ist sehr situationsabhängig und kaum in eine aussagekräftige oder gar subsumtionsfähige abstrakte Formel zu bringen.

Doch selbst wenn ein Fall vorliegt, in dem die behördliche Untätigkeit ermessensfehlerhaft ist, ist damit über die Art der behördlichen Tätigkeit noch nicht entschieden. Auch die Mittel der Gefahrenabwehr sind nach pflichtgemäßem Ermessen auszuwählen. Deshalb besteht auch bei einem **Anspruch auf behördliches Tätigwerden** nur ein subjektiv-öffentliches Recht auf fehlerfreie Mittelauswahl. **531**

In **Fall 61** sind elementare Rechtsgüter der M und ihrer Kinder konkret bedroht. Da sie aus eigener Kraft nicht in der Lage ist, die Gefahr abzuwehren, ist das Entschließungsermessen der Ordnungsbehörde auf Null reduziert. M besitzt einen Anspruch darauf, **dass** die Behörde tätig wird. Es kommen aber grundsätzlich unterschiedliche Mittel in Betracht. M könnte eine finanzielle Hilfe erhalten, um vorerst in ein Hotel zu ziehen. Wenn in der Gemeinde eine Obdachlosenunterkunft existiert, könnte sie dort unterkommen etc. Die Wahl der Mittel obliegt der Behörde, so dass M nur einen Anspruch darauf hat, dass das Auswahlermessen fehlerfrei ausgeübt wird. **532**

3. Anspruch auf ein bestimmtes Tätigwerden

Auch das Auswahlermessen kann auf Null reduziert sein, wenn bei einer Pflicht zum Tätigwerden die Gefahr **nur durch ein bestimmtes Mittel** effektiv abgewehrt werden kann. Eine derartige Verengung des Ermessens kommt **insbesondere, aber nicht nur dann** in Betracht, wenn eine Person oder eine Sache eine **fortwirkende Gefahrenquelle** darstellen. Dann kann die Gefahr in aller Regel nur durch Maßnahmen gegen die Person oder den Sachherrn, also durch eine **Eingriffsmaßnahme** abgewehrt werden. Voraussetzung ist freilich, dass diese Maßnahme **rechtmäßigerweise** getroffen werden kann, also eine Rechtsgrundlage existiert, die Behörde zuständig ist und unter den tatbestandlichen Voraussetzungen die Inanspruchnahme der jeweiligen Person nicht unverhältnismäßig ist. **533**

Ein solcher **Anspruch auf behördliches Eingreifen** kann auch in **Fall 61** ausnahmsweise bestehen, wenn die **einzige Möglichkeit**, die Obdachlosigkeit kurzfristig abzuwenden, darin besteht, M in ihre bisherige Wohnung einzuweisen. Das ist rechtmäßigerweise nur möglich, wenn V unter den Voraussetzungen des polizeilichen Notstandes in Anspruch genommen werden darf (vgl. **Fall 31** [Rn. 170] sowie Rn. 240 ff.). **534**

III. Adressatenauswahl bei der Gefahrenabwehr

Nicht nur die Mittelauswahl, sondern auch die Auswahl der Adressaten muss nach pflichtgemäßem Ermessen vorgenommen werden. An dieser Stelle geht es nur um die **Rechtmäßigkeit einer Gefahrenabwehrmaßnahme**, nicht um die Kostentragung. Dabei stellt sich das Auswahlproblem zumeist (aber nicht nur, Rn. 541) dann, wenn die **Inanspruchnahme mehrerer möglich und rechtlich zulässig** ist. Deshalb besteht eine „Adressatenkonkurrenz" **nicht zwischen einem Verantwortlichen und einem Nichtverantwortlichen**, da Letzterer nur subsidiär in Anspruch genommen werden darf (Rn. 241). **535**

Sind mehrere Personen (verhaltens- und/oder zustands-)verantwortlich oder können aufgrund besonderer Adressatenbestimmungen mehrere Personen herangezogen werden, so **536** ist weiter erforderlich, dass eine Maßnahme unter Wahrung des Verhältnismäßigkeitsgrundsatzes **gegen jeden von ihnen** hätte getroffen werden können. Deshalb kann diese Frage erst angesprochen werden, wenn **alle anderen Rechtmäßigkeitsfragen** der Inanspruchnahme bereits geklärt sind.

537 Daraus ergibt sich bereits, dass die Adressatenauswahl auch als **Frage des allgemeinen Gleichheitssatzes (Art. 3 I GG)** verstanden werden kann. Eine Ungleichbehandlung muss durch ein **sachliches Differenzierungskriterium** gerechtfertigt werden, das im Rahmen der Ermessensausübung zu berücksichtigen ist.

538 Das **primär maßgebliche Auswahlkriterium** bei Gefahrenabwehrmaßnahmen ist dasjenige der **Effektivität**. Die Maßnahme ist gegen denjenigen zu richten, der die Gefahr am schnellsten und am wirksamsten beseitigen kann.[60] Dies ist der **das Auswahlermessen leitende Aspekt**. Liegt er der Auswahl nicht zugrunde, liegt ein Ermessensfehlgebrauch vor.

539 Erst wenn sich unter Effektivitätsgesichtspunkten keine Präferenz für einen von mehreren Adressaten ergibt, ist Raum für weitere Differenzierungen, die vor allem aus dem **Grundsatz der Verhältnismäßigkeit** resultieren. Es soll vorrangig derjenige herangezogen werden, dem die Inanspruchnahme am ehesten zuzumuten ist. Ob sich daraus eine (gegenüber dem Effektivitätsgedanken in jedem Fall nachrangige) Regel des Inhalts ergibt, dass der Verhaltens- vor dem Zustandsverantwortlichen heranzuziehen ist, ist zweifelhaft. Solche scheinbaren Grundsätze verleiten eher dazu, die Umstände des Einzelfalls aus dem Blick zu verlieren.

540 Auch in **Fall 56** (Rn. 459) stellt sich die Frage der Adressatenauswahl. Da bei der **Schleierfahndung jedermann** befragt bzw. kontrolliert werden kann, ohne dass nach dem Gesetzeswortlaut Hinweise auf eine besondere Verbindung zu dem Zweck der Maßnahme vorliegen müssen, ist die Bestimmung von zulässigen Differenzierungskriterien prekär. Sie können sich letztlich nur wiederum aus den **polizeilichen Lageerkenntnissen** ergeben, die überhaupt erst zu dieser Maßnahme motivieren. Das hat aber zur Folge, dass sie kaum rechtlich überprüft werden können. Wenn aus Sicht der Polizei Erkenntnisse für die vorbeugende Bekämpfung bestimmter Arten von Kriminalität vor allem von Personen anderer Nationalität zu erwarten sind, beschränkt sich die Überprüfung auf diese Personen, ohne dass eine nach Art. 3 III GG untersagte Diskriminierung vorliegt. Insoweit ist die Beschränkung der Überprüfung auf Fahrzeuge mit ausländischen Kennzeichen an sich sachlich begründet. Hingegen ist der Umstand, dass Personen „fremdländisch" aussehen, für sich gesehen kein zulässiger Anknüpfungspunkt. Das genetische bedingte Erscheinungsbild eines Menschen lässt keine Rückschlüsse auf bestimmte Formen der Kriminalität zu. Es handelt sich um diskriminierendes und deshalb unzulässiges sog. „ethnic" oder „racial profiling".[61]

541 Dies machte auch die Identitätsfeststellung des M in **Fall 26** (Rn. 127) rechtswidrig (vgl. aber Rn. 139). Im Unterschied zu **Fall 56** stellte sich hier nicht die Frage der Auswahl unter mehreren möglichen Adressaten. Ein weiterer Unterschied bestand darin, dass die Kontrolle **nicht alleine** wegen des äußeren Erscheinungsbildes (der Hautfarbe) des M erfolgte. Vielmehr war dies nur ein mitausschlaggebender Anhaltspunkt neben anderen, insbesondere dem Verhalten des M und der hohen Kriminalitätsbelastung des Kontrollor-

60 *Schenke*, Rn. 357.

61 Vgl. auch **SH:** § 181 II LVwG.

tes. Dabei gingen die Beamten davon aus, dass die dort zu verzeichnenden Eigentums- und Betäubungsmitteldelikte überwiegend von männlichen Tätern dunkler Hautfarbe begangen würden. Das *OVG Münster*[62] schloss zwar nicht grundsätzlich aus, dass Charakteristika, die Gegenstand von Diskriminierungsverboten des Art. 3 III GG sind, als *ein* Motiv in einem „Motivbündel" rechtfertigungsfähig sind, sofern es um den Schutz kollidierender Rechtsgüter von Verfassungsrang wie Leib, Leben oder Eigentum geht. Dazu bedurfte es aber polizeilicher Lagebilder, die auf den Ort oder die Situation bezogen eine erhöhte Delinquenz bestimmter Zielgruppen darlegt. Solche Informationen waren in **Fall 26** aber nicht vorhanden. Die Feststellung der Identität des M war ermessensfehlerhaft und damit rechtswidrig.

§ 8 Gefahrenabwehrverordnungen

Fall 62: In der Stadt S wird durch eine Sperrgebietsverordnung die Prostitution in bestimmten innerstädtischen Gebieten mit Wohn- und Geschäftshäusern sowie Schulen verboten. Da sich Mitglieder der Drogenszene zur Geldbeschaffung auch in den gesperrten Gebieten prostituieren („Drogenstrich"), kommt es seit einiger Zeit vermehrt zu Belästigungen von Frauen und Mädchen, die von potentiellen Freiern in eindeutiger Weise angesprochen werden. Die Stadt S erlässt deshalb eine Verordnung, die für den örtlich präzise definierten Sperrbezirk folgende Regelung vorsieht: „... § 4 Im Sperrbezirk ist es untersagt, zu Prostituierten Kontakt aufzunehmen, um sexuelle Handlungen gegen Entgelt zu vereinbaren." Dagegen richtet sich der Normenkontrollantrag des A. Er bringt vor, er sei mit einigen Prostituierten gut befreundet und fürchte nun, dass gegen ihn als vermeintlichen Freier mit polizeilichen Mitteln vorgegangen werde.[1] **(Rn. 545, 553, 558)** 542

Fall 63: Die Gemeinde G hat eine Verordnung erlassen, in der das Füttern von Tauben auf öffentlichen Straßen und Plätzen sowie in öffentlichen Anlagen untersagt wird. Damit soll zum Schutz der Gesundheit und zur Vermeidung von Beschädigungen der Bausubstanz von Gebäuden durch Taubenkot die Taubenpopulation eingedämmt werden. Gegen Tierfreundin T, die wiederholt beim Füttern von Tauben in einer Grünanlage der Gemeinde G angetroffen wird, wird eine Verfügung erlassen, in der ihr diese Handlungen unter Androhung eines Zwangsgeldes in Höhe von 500 Euro für die Zukunft untersagt werden. T rügt, das Verbot sei nicht mit dem Tierschutzgebot des Grundgesetzes vereinbar.[2] **(Rn. 546, 553, 561, 563)**

Verordnungen sind Regelungen des Außenrechts, die Ge- oder Verbote für eine unbestimmte Vielzahl von Fällen an eine unbestimmte Anzahl von Personen richten.[3] Dieser **abstrakt-generelle Charakter** unterscheidet sie von Verwaltungsakten, die konkret-individuelle oder, als Allgemeinverfügungen, auch konkret-generelle Regelungen enthalten. Von **Satzungen** unterscheiden sie sich nicht nach der Art der Regelung, sondern nach dessen Gegenstand: Satzungen sind jedenfalls typischerweise als **Regelungsinstrument in weisungsfreien Selbstverwaltungsangelegenheiten** Ausdruck einer dezentralen Verwaltungsorganisation. Verordnungen hingegen beruhen auf gesetzlicher **Dele-** 543

62 *OVG Münster*, NVwZ 2018, 1497 (1500 f.).

1 *VGH Mannheim*, DÖV 2001, 213.
2 *VGH Mannheim*, NVwZ-RR 2006, 398.
3 Vgl. auch **BW:** § 17 I PolG; **Bbg:** § 24 S. 1 OBG; **Brem:** § 109 PolG; **Hess:** § 71 HSOG; **NW:** § 25 S. 1 OBG; **RP:** § 69 I POG; **Saar:** § 59 II SPolG; **Sachs:** § 32 I PBG; **SH:** § 53 LVwG; **Thür:** § 27 I OBG.

gation von Rechtssetzungsbefugnissen für die **weisungsgebundene Erfüllung von (übertragenen) Aufgaben** der dekonzentriert organisierten Verwaltung.[4]

A. Rechtsgrundlagen

544 Für den Verordnungserlass ist stets eine gesetzliche Ermächtigung erforderlich (Rn. 264). Sie kann in besonderen Gefahrenabwehrgesetzen enthalten sein und dient dann deren speziellen Verwaltungszwecken. Im Übrigen sind in den meisten[5] allgemeinen Gefahrenabwehrgesetzen Rechtsgrundlagen für Gefahrenabwehrverordnungen enthalten. Dabei handelt es sich entweder um besondere Ermächtigungen für Regelungen bestimmter Gefahrenlagen[6] oder um die Verordnungsgeneralklausel.[7] Insofern werden bei Verordnungen ähnliche Abgrenzungsfragen aufgeworfen wie bei Einzelfallmaßnahmen (Rn. 297 ff.).

545 In **Fall 62** wurde die Sperrgebietsverordnung auf der Grundlage des § 297 EGStGB erlassen. Diese Verordnungsermächtigung „zum Schutz der Jugend oder des öffentlichen Anstandes" erfasst aber nur Gefahren, die von Personen ausgehen, welche die Prostitution ausüben. Damit ist keine abschließende Regelung hinsichtlich aller Gefahren verbunden, die mit der Prostitution einhergehen können. Ergänzende Regelungen auf der Grundlage der allgemeinen Gefahrenabwehrgesetze sind deshalb nicht ausgeschlossen. Rechtsgrundlage für das Verbot der Kontaktaufnahme in **Fall 62** ist deshalb die Verordnungsgeneralklausel.

546 In **Fall 63** wurde das Verbot gegen T auf der Grundlage der Befugnisgeneralklausel verhängt. Die für die materielle Rechtmäßigkeit erforderliche konkrete Gefahr für die öffentliche Sicherheit oder Ordnung könnte in dem zu erwartenden Verstoß gegen die gemeindliche Verordnung liegen, der wegen des bisherigen Verhaltens der T auch in Zukunft hinreichend wahrscheinlich ist. Das setzt voraus, dass diese Verordnung rechtmäßig ist. Fraglich kann sein, ob eine Rechtsgrundlage für eine gemeindliche Verordnung existiert. Denn der Schutz vor Gesundheitsgefahren könnte durch die Verordnungsermächtigung des § 17 IV, V IfSG besonders geregelt sein. Allerdings regelt das IfSG nur den Schutz des Menschen vor übertragbaren Krankheiten. Es ist deshalb keine abschließende Regelung für den Schutz der Gesundheit, insbesondere vor anderen als übertragbaren Krankheiten. Hinzu kommt, dass das in der Verordnung geregelte Taubenfütterungsverbot auch dem Eigentumsschutz dient, der als solcher vom IfSG nicht erfasst ist. Deshalb kann die Gemeinde insoweit ergänzende Regelungen auf der Grundlage des allgemeinen Gefahrenabwehrrechts[8] erlassen.[9]

---

4 Zur Einordnung der kommunalen Gefahrenabwehraufgabe vgl. oben Rn. 30 mit Fn. 34 f.; in **Bay** ist jedenfalls der Verordnungserlass eine Angelegenheit des übertragenen Wirkungkreises, Art. 42 I 2 LStVG.

5 Ausnahme: Die „reinen" Vollzugspolizeigesetze in **Bay** (PAG, POG), **Bbg** (PolG), **NW** (PolG, POG), **Sachs** (PVDG) und **Thür** (PAG, POG) enthalten im Wesentlichen Verordnungsermächtigungen für Kosten-, Zuständigkeits- oder Organisationsregelungen.

6 **Bay:** Art. 16 ff. LStVG; **Bbg:** § 25a IV OBG; **Hess:** § 71a HSOG; **Saar:** § 59a SPolG; **Sachs:** § 33 PBG; **LSA:** § 94a SOG; **Thür:** §§ 27a, 39 ff. OBG.

7 **BW:** § 17 I PolG; **Berl:** § 55 ASOG; **Bbg:** §§ 25, 26 OBG; **Brem:** § 110 PolG; **Hbg:** § 1 I SOG; **Hess:** §§ 72–74 HSOG; **MV:** § 17 SOG; **Nds:** § 55 NPOG; **NW:** §§ 26, 27 OBG; **RP:** § 69 POG; **Saar:** § 59 I SPolG; **Sachs:** § 32 I PBG; **LSA:** § 94 I SOG; **SH:** § 175 I LVwG; **Thür:** § 27 I OBG; in **Bay** existieren nur Spezialermächtigungen.

8 **Bay:** Art. 16 LStVG; **Thür:** § 44 OBG; im Übrigen die Verordnungsgeneralklausel.

9 *VGH Mannheim*, NVwZ-RR 2006, 398 (399).

B. Formelle Rechtmäßigkeit

I. Zuständigkeit

Gefahrenabwehrverordnungen können nur von Ordnungsbehörden, nicht von der Vollzugspolizei erlassen werden. Sachlich zuständig sind in der Regel[10] die Ministerien und die Ordnungsbehörden jeder Stufe. Das Verhältnis der Behörden untereinander ist vereinzelt in der Weise bestimmt, dass die höhere Behörde nur zuständig ist, wenn eine einheitliche Regelung für ihr Gebiet oder Teile davon geboten ist.[11] Bei **kommunalen Verordnungen** liegt die **Organzuständigkeit** in manchen Ländern generell bei der Verwaltungsspitze,[12] in anderen nur bei Dringlichkeit oder kurzfristiger Geltung, während sonst die Vertretungskörperschaften zuständig sind.[13] **547**

II. Verfahren

Das Verfahren der Verordnungsgebung ist nur teilweise in den allgemeinen Gefahrenabwehrgesetzen geregelt. Soweit in den Kommunen die Vertretungskörperschaften zuständig sind, müssen die kommunalrechtlichen Verfahrensbestimmungen für die Beschlussfassung eingehalten werden. Verordnungen der kommunalen Verwaltungsspitze bedürfen z.T. der Zustimmung der Vertretungen.[14] Des Weiteren müssen in einigen Ländern Verordnungen entweder vor ihrem Erlass einer höheren Ordnungsbehörde, dem zuständigen Ministerium oder dem Landtag vorgelegt und ggf. genehmigt,[15] im Übrigen nach Erlass dort angezeigt werden.[16] **548**

III. Form

Relativ detaillierte Vorschriften bestehen über die einzuhaltenden Förmlichkeiten. Geregelt ist vielfach, welche Angaben (etwa: Bezeichnung, Rechtsgrundlage, örtlicher oder zeitlicher Geltungsbereich) in der Verordnung enthalten sein müssen oder sollen.[17] Im Übrigen sind Verordnungen auszufertigen und bekannt zu machen.[18] **549**

---

10 In **Berl:** § 55 ASOG und **Hbg:** § 1 I SOG jeweils der Senat.

11 **Bay:** Art. 44 LStVG (nur Soll-Vorschrift); **Bbg:** §§ 25 II, 26 II OBG; **MV:** § 17 IV SOG; **NW:** §§ 26 II, 27 II, III OBG; **SH:** § 165 V LVwG; **Thür:** § 28 I OBG.

12 **BW:** § 21 S. 2 PolG; **Brem:** §§ 111 II, 128 II PolG; **MV:** § 17 II, III SOG; **RP:** § 69 III 1, 2 POG; **Saar:** §§ 59 I, 76 II, III SPolG; **SH:** § 55 I, II LVwG; **Thür:** § 27 II OBG.

13 **Bay:** Art. 42 I, II LStVG; **Bbg:** § 26 III OBG; **Hbg:** § 1 I SOG; **Hess:** §§ 73 S. 2, 74 S. 2 HSOG; **Nds:** § 55 II 1, 2 NPOG; **NW:** § 27 IV 1 OBG; **Sachs:** § 35 I PBG; **LSA:** § 94 II SOG.

14 **BW:** § 23 PolG; **Brem:** § 111 II PolG; **RP:** § 69 III 1, 2 POG; **SH:** § 55 III LVwG.

15 **MV:** § 20 III SOG; **RP:** § 70 POG; **Saar:** § 64 SPolG; **Sachs:** § 38 I PBG; **LSA:** § 101 I SOG; **SH:** § 55 IV LVwG; **Thür:** § 33 OBG.

16 **BW:** § 24 I PolG; **Brem:** § 111 I PolG; **NW:** § 26 III OBG; **Sachs:** § 38 II PBG.

17 **BW:** § 20 PolG; **Bay:** Art. 45 II LStVG; **Berl:** § 58 S. 1 ASOG; **Bbg:** §§ 29, 31 I 1 OBG; **Brem:** §§ 114, 116 PolG; **Hess:** §§ 78, 79 S. 1 HSOG; **MV:** §§ 21, 22 S. 1 SOG; **Nds:** §§ 58, 61 S. 1 NPOG; **NW:** §§ 30, 32 I 1 OBG; **RP:** § 72 I, II 1 POG; **Saar:** § 62 I, II 1 SPolG; **Sachs:** § 37 PBG; **LSA:** §§ 97, 100 S. 1 SOG; **SH:** § 56 LVwG; **Thür:** § 32 OBG.

18 **Bay:** Art. 51 ff. LStVG; **Bbg:** § 32 OBG; **MV:** § 23 SOG; **Nds:** § 55 II 1 NPOG; **NW:** § 33 I OBG; **Saar:** § 65 SPolG; **Sachs:** § 35 I 2, II 2 PBG; **LSA:** § 99 II SOG; **SH:** § 60 LVwG; **Thür:** § 35 OBG.

C. Materielle Rechtmäßigkeit

I. Tatbestand

550 Ermächtigungen zu Gefahrenabwehrverordnungen sind vielfach ebenso wie Einzelbefugnisnormen **final** formuliert und lassen abstrakt-generelle Regelungen **zur Abwehr** von Gefahren für die öffentliche Sicherheit oder Ordnung bzw. **zum Schutz** bestimmter Rechtsgüter zu. In diesen Fällen kann, wie oben (Rn. 455) erläutert, die Vorschrift in eine konditionale Form „umformuliert" werden.

1. Abstrakte Gefahr

551 Die Besonderheit von Verordnungsermächtigungen besteht darin, dass keine konkrete, sondern allenfalls eine **abstrakte Gefahr** für die jeweils geschützten Rechtsgüter vorliegen muss, also eine Sachlage, bei der erfahrungsgemäß und typischerweise mit hinreichender Wahrscheinlichkeit der Eintritt eines Schadens zu erwarten ist (Rn. 106 f.). Diese generalisierende Betrachtungsweise gewährt insofern dem Verordnungsgeber einen gewissen Einschätzungsspielraum, als nicht erforderlich ist, dass in jedem von der Verordnung erfassten Fall die Gefahr auch tatsächlich konkret eintritt. Dieser Spielraum wird aber dann überschritten, wenn auch für den Normalfall des geregelten Sachverhalts eine ausreichende Schadensprognose nicht erstellt werden kann.

552 Das *BVerwG* hat deshalb eine Verordnung, nach welcher das Züchten und das Halten von Hunden bestimmter Rassen verboten bzw. beschränkt wurde, als nicht mit der Verordnungsgeneralklausel vereinbar angesehen. Seiner Ansicht nach lässt sich aus der Zugehörigkeit zu einer bestimmten Rasse nicht ableiten, dass von den einzelnen Hunden eine Gefahr ausgehe.[19] Ein bloßer **Gefahrverdacht** füllt demnach, wie auch bei Einzelbefugnissen, den Gefahrenbegriff nicht aus (Rn. 138). Nach der hier verwendeten Terminologie liegt eher eine **Gefahrdisposition** (Rn. 146) vor, für die aber dasselbe gilt. Dementsprechend sind in einigen Ländern, soweit sie nicht spezielle Gesetze zur Hundehaltung erlassen haben, Verordnungsermächtigungen für Regelungen zum Umgang mit Hunden auch zur **Gefahrenvorsorge** vorhanden.[20] In **Fall 14** (Rn. 67) wurde ebenfalls darauf hingewiesen, dass die für die Gefahrenvorsorge notwendige Risikobewertung Sache des Gesetzgebers sei, der allein zur Schaffung spezieller Verordnungsbefugnisse befugt sei.[21]

553 In **Fall 62** hat der *VGH Mannheim* das Vorliegen einer abstrakten Gefahr für die öffentliche Sicherheit bejaht. Die Kontaktaufnahme mit dem Ziel, sexuelle Handlungen gegen Entgelt zu vereinbaren, stelle innerhalb des Sperrbezirks eine Gefahr für die sexuelle Selbstbestimmung und die Ehre unbeteiligter Passanten dar.[22] Dabei wurde allerdings nicht näher problematisiert, dass das Verbot seinem Wortlaut nach gar nicht eingreift, wenn Personen angesprochen werden, die **nicht** der Prostitution nachgehen. – Das Gefährdungspotential von Tauben für die Gesundheit und für das Eigentum sah das Gericht

19 BVerwGE 116, 347 (353 f.); das *BVerfG* (E 110, 141 [160-163]) bestätigt zwar diese Aussage, sieht aber angesichts des Gewichts der betroffenen Rechtsgüter Leben und Gesundheit die Anforderungen an die hinreichende Wahrscheinlichkeit des Schadens als gemindert an; dem zustimmend *Schoch*, Rn. 379.

20 **Bbg:** § 25a OBG; **Hess:** § 71a HSOG; **Saar:** § 59a SPolG.

21 *VGH Mannheim,* NVwZ-RR 2010, 55 (58).

22 *VGH Mannheim,* DÖV 2001, 213 (214).

 50S. √

in **Fall 63** insbesondere wegen der Größe der vorhandenen Population und der in Taubenkot nachgewiesenen Bakterien als belegt an.[23]

2. Pflichtigkeit

Die Adressaten der in Verordnungen enthaltenen Ge- oder Verbote sind prinzipiell nach den in den allgemeinen Adressatennormen formulierten Grundsätzen zu bestimmen.[24] Für die Verhaltensverantwortlichkeit kann das uneingeschränkt nur gelten, wenn man mit der h.M. der **Theorie der unmittelbaren Verursachung** (Rn. 178 ff.) folgt und auch nicht verbotenes Verhalten, das im Einzelfall die Gefahrenschwelle überschreitet, als „Verursachung" im Rechtssinne anerkennt. Hingegen passt die **Theorie der rechtswidrigen Verursachung** (Rn. 174 ff.) nicht für den Erlass von Rechtsverordnungen. Denn sie geht davon aus, dass es gerade die Funktion der **Gesetzgebung im materiellen Sinne** und damit auch der Verordnungsgebung ist, erlaubtes von verbotenem Verhalten zu unterscheiden. Für die Aufstellung von Verhaltensmaßstäben kann deshalb auch vom Boden dieser Theorie aus auf die Grundsätze der „unmittelbaren Verursachung" zurückgegriffen werden. **554**

II. Rechtsfolge

Auf der Rechtsfolgenseite verfügt der Verordnungsgeber über ein Normsetzungsermessen, das er im Rahmen des Verhältnismäßigkeitsgrundsatzes und anderen höherrangigen Rechts auszuüben hat. **555**

1. Ermessensfehler

Das Ermessen kann bei Gefahrenabwehrverordnungen grundsätzlich nach derselben Struktur überprüft werden wie bei Einzelfallentscheidungen (Rn. 492). Zwar eignet der Rechtssetzung stets ein Element der Rechtsgestaltung, das u.U. ein besonderes Gestaltungsermessen beinhaltet. Für Rechtsverordnungen ist dies aber insoweit limitiert, als nach Art. 80 I 2 (i.V.m. Art. 28 I 1) GG Inhalt, Zweck und Ausmaß der Ermächtigung in der Rechtsgrundlage bestimmt sein müssen. **556**

2. Verhältnismäßigkeit

Der Grundsatz der Verhältnismäßigkeit begrenzt auch das Ermessen des Verordnungsgebers. Gemessen am jeweils beeinträchtigten Grundrecht der Adressaten und am jeweiligen Schutzzweck müssen die getroffenen Regelungen geeignet, erforderlich und angemessen sein. **557**

In **Fall 62** kann man durchaus an der Eignung der Verordnungsregelung zweifeln, unbeteiligte Passant(inn)en vor ehrverletzenden Ansprachen zu schützen, weil sich das Verbot seinem Wortlaut nach nur auf Prostituierte bezieht. Der *VGH Mannheim* hat sich damit aber nicht auseinandergesetzt und die Eignung kurzerhand bejaht.[25] Dem Anlass des Ver- **558**

---

23 *VGH Mannheim*, NVwZ-RR 2006, 398 (399).
24 *Kingreen/Poscher*, POR, § 23 Rn. 18; *Schenke*, Rn. 686; *Gusy*, Rn. 408.
25 *VGH Mannheim*, DÖV 2001, 213 (214).

bots wurde damit durchaus entsprochen, weil die zu verhindernden Kontaktaufnahmen (wohl) in der Regel in der irrigen Annahme erfolgten, die angesprochenen Personen seien Prostituierte. Damit ist auch die Angemessenheitsprüfung vorentschieden: In der Abwägung zwischen dem geschützten Recht der persönlichen Ehre und der eingeschränkten allgemeinen Handlungsfreiheit gab das Gericht den erstgenannten den Vorrang. Der Normenkontrollantrag des A blieb damit erfolglos.

3. Vereinbarkeit mit sonstigem höherrangigem Recht

559 Gefahrenabwehrverordnungen dürfen auch mit sonstigen höherrangigen Regelungen nicht kollidieren.[26] Dabei sind ranghöher zum einen alle Rechtsverordnungen, die von höheren Ordnungsbehörden erlassen worden sind, im Übrigen alle Landes- und Bundesgesetze sowie die Verfassungen.

560 Zu beachten ist insbesondere der **Bestimmtheitsgrundsatz**, der z.T. auch in den Gefahrenabwehrgesetzen normiert ist.[27] Es muss sich aus der Verordnung selbst ergeben, welches Verhalten erlaubt und welches verboten ist.

561 Auch an sonstigem Verfassungsrecht sind Rechtsverordnungen zu messen. In **Fall 63** rügt T, das Taubenfütterungsverbot verstoße gegen die Staatszielbestimmung des Art. 20a GG. Dabei handelt es sich zwar nur um objektives Verfassungsrecht ohne individualschützende Wirkung. Doch ist die Einschränkung der allgemeinen Handlungsfreiheit nach Art. 2 I GG rechtmäßigerweise nur durch Gesetze (im materiellen Sinne) möglich, die insgesamt formell und materiell der verfassungsmäßigen Ordnung entsprechen. Art. 20a GG soll aber, wie auch der *VGH Mannheim* ausgeführt hat,[28] keinen absoluten Tierschutz bewirken, sondern nur ein „ethisches Mindestmaß" gewährleisten, das es gebietet, Tieren vermeidbare Leiden zu ersparen. Soweit dies eine Folge des Verbots ist, kann aber jedenfalls der Schutz von Gesundheit und Eigentum als verfassungsrechtliche Rechtfertigung herangezogen werden. Deshalb ist die gemeindliche Verordnung rechtmäßig. Der drohende Verstoß dagegen stellt eine konkrete Gefahr für die öffentliche Sicherheit dar, so dass bei fehlerfreier Ermessensausübung auch die gegen T gerichtete Verfügung keinen rechtlichen Bedenken unterliegt.

D. Die Überprüfung gefahrenabwehrrechtlicher Verordnungen

562 Die Überprüfung gefahrenabwehrrechtlicher Verordnungen folgt dem allgemeinen Schema der Kontrolle behördlicher Maßnahmen (Rn. 252). In prozessualer Einkleidung handelt es sich dabei um die Begründetheit eines Normenkontrollantrags nach § 47 VwGO. Ist die Normenkontrolle landesrechtlich nicht vorgesehen, erfolgt die Überprüfung im Rahmen der allgemeinen Feststellungsklage (Rn. 75 ff.).

---

26 Vgl. **BW:** § 19 PolG; **Bay:** Art. 45 I LStVG; **Bbg:** § 27 I OBG; **Hess:** § 75 I HSOG; **MV:** § 20 I SOG; **NW:** § 28 I OBG; **Sachs:** § 36 PBG; **LSA:** § 95 I SOG; **SH:** § 57 I LVwG; **Thür:** § 30 I OBG.

27 **Berl:** § 56 II 1 ASOG; **Bbg:** § 28 I 1 OBG; **Brem:** § 113 II PolG; **Hess:** § 76 I 1 HSOG; **MV:** § 18 I SOG; **Nds:** § 57 I NPOG; **NW:** § 29 I 1 OBG; **RP:** § 71 II POG; **Saar:** § 61 I SPolG; **LSA:** § 96 I SOG; **SH:** § 58 I LVwG; **Thür:** § 31 I 1 OBG.

28 *VGH Mannheim*, NVwZ-RR 2006, 398 (400).

Prüfung einer gefahrenabwehrrechtlichen Verordnung
A. Rechtsgrundlage
I. Spezialgesetzliche Verordnungsermächtigung oder
II. Spezielle Verordnungsermächtigung im allg. Gefahrenabwehrrecht oder
III. Verordnungsgeneralklausel
B. Formelle Rechtmäßigkeit
I. Zuständigkeit
II. Verfahren, insbes. kommunalrechtliche Beschlussverfahren
III. Form (notwendige Angaben, Ausfertigung, Bekanntgabe)
C. Materielle Rechtmäßigkeit
I. Tatbestand der Rechtsgrundlage
1. Abstrakte Gefahr für öffentliche Sicherheit oder Ordnung
2. Pflichtigkeit
II. Rechtsfolge
1. Ermessen
a) Ermessensfehler
b) Verhältnismäßigkeit
2. Vereinbarkeit mit höherrangigem Recht

Neben der prinzipalen gibt es auch die inzidente Prüfung, wenn eine Verordnung für die Rechtmäßigkeit einer Einzelfallmaßnahme Bedeutung besitzt, wie etwa in **Fall 63**. Dann muss die Verordnungsprüfung in die Kontrolle der Einzelmaßnahme eingefasst werden. Dabei kann die Rechtmäßigkeit der Verordnung entweder bereits bei der Rechtsgrundlage für die Einzelmaßnahme relevant werden, wenn nämlich in der Verordnung selbst eine Befugnisnorm zur Vollziehung der Verordnung enthalten ist. Anderenfalls ist der (drohende) Verstoß gegen die Verordnung eine Gefahr oder Störung der öffentlichen Sicherheit als Tatbestandsmerkmal der Befugnisnorm (Rn. 457). **563**

Inzidentprüfung einer gefahrenabwehrrechtlichen Verordnung
A. Rechtsgrundlage für Einzelfallmaßnahme
B. Formelle Rechtmäßigkeit
C. Materielle Rechtmäßigkeit
I. Tatbestand
1. Gefahr
a) Definition der öffentlichen Sicherheit oder Ordnung
b) Spezifizierung des konkret betroffenen Rechtsguts: hier: **Verordnung**, wenn sie rechtmäßig ist
(aa) Rechtsgrundlage für Verordnung
(bb) Formelle Rechtmäßigkeit
(1) Zuständigkeit
(2) Verfahren
(3) Form
(cc) Materielle Rechtmäßigkeit
(1) Tatbestand der Rechtsgrundlage
(2) Rechtsfolge
c) Definition: konkrete Gefahr
d) d) Diagnose und Prognose im konkreten Fall
2. Pflichtigkeit
II. Rechtsfolge
1. Mittelauswahl
2. Ggf. Adressatenauswahl

§ 9 Prozessuale Probleme des allgemeinen Gefahrenabwehrrechts

564 Vielfach sind gefahrenabwehrrechtliche Fallgestaltungen mit der Frage nach Erfolgsaussichten von Rechtsbehelfen verbunden. Hierfür gelten zwar grundsätzlich die allgemeinen prozessualen Regelungen.[1] Auf einige Besonderheiten ist aber kurz hinzuweisen, die im Rahmen der Sachentscheidungsvoraussetzungen an zwei Prüfungspunkten, der **Rechtswegeröffnung** und der **Statthaftigkeit** eines Rechtsbehelfs, relevant werden.

A. Rechtswegeröffnung

565 Grundsätzlich ist für Rechtsbehelfe im Zusammenhang mit Maßnahmen der Gefahrenabwehrbehörden der **Verwaltungsrechtsweg** nach § 40 I 1 VwGO eröffnet. Teilweise existieren aber **abdrängende Sonderzuweisungen** zur ordentlichen Gerichtsbarkeit.

I. Maßnahmen der Straf- oder Ordnungswidrigkeitenverfolgung

566 Auf die besondere Rechtswegzuweisung der §§ 62, 68 OWiG im Hinblick auf Maßnahmen im Rahmen der **Verfolgung von Ordnungswidrigkeiten**, insbesondere Bußgeldbescheide, wurde bereits hingewiesen (Rn. 9). Insoweit kann auch eine Verwaltungsbehörde **repressiv** tätig werden.

567 Im Übrigen sind bei Maßnahmen der Vollzugspolizei die Überlegung zur Abgrenzung zwischen **präventivem und repressivem Handeln** (Rn. 281 ff.) bereits im Rahmen der Rechtswegfrage anzusprechen. Denn Rechtsbehelfe gegen Maßnahmen der Strafverfolgung sind nach §§ 23 ff. EGGVG bzw. (analog) § 98 II 2 StPO[2] den ordentlichen Gerichten zugewiesen. Erschwert wird die Abgrenzung an dieser Stelle dadurch, dass es nach vorherrschender Ansicht **für die Bestimmung des Rechtswegs** nicht auf die einzelne Maßnahme, sondern auf den Schwerpunkt der polizeilichen Tätigkeit nach ihrem Gesamteindruck ankommen soll. Das danach zuständige Gericht überprüft dann die angegriffenen Einzelmaßnahmen gemäß § 17 II 1 GVG unter allen rechtlichen Gesichtspunkten.[3] Nach der Gegenansicht (Rn. 289 f.) ist hinsichtlich jeder Maßnahme die jeweilige Zweckrichtung gesondert zu ermitteln und Rechtsschutz im jeweils vorgesehenen Rechtsweg zu suchen.[4]

II. Richtervorbehalte

568 Abdrängende Sonderzuweisungen gibt es ferner stets gegen die richterliche Anordnung von Gefahrenabwehrmaßnahmen. Rechtsbehelfe hiergegen sind nach der jeweiligen Verfahrensordnung bei den ordentlichen Gerichten einzulegen. Nach manchen Landesgeset-

1 Dazu *Uerpmann-Wittzack*, Rn. 3 ff.
2 Dazu und zur strittigen Abgrenzung *Schoch*, Jura 2001, 628 (630 f.).
3 BVerwGE 47, 255 (265).
4 *Schenke/Schenke*, Rn. 432 ff.

zen gilt dies **bei Freiheitsentziehungen** auch für die **nachträgliche Kontrolle**, wenn eine vorherige richterliche Entscheidung **nicht ergangen ist**.[5]

B. Statthafter Rechtsbehelf

I. Rechtsnatur gefahrenabwehrrechtlicher Maßnahmen

Soweit die VwGO anwendbar ist, richtet sich der statthafte Rechtsbehelf im Rahmen des Klagebegehrens grundsätzlich nach der Rechtsnatur der angegriffenen bzw. einzuklagenden Maßnahme. Die Qualifizierung gefahrenabwehrrechtlicher Maßnahmen ist allerdings teilweise umstritten. **569**

Abgrenzungsprobleme gibt es insbesondere zwischen Real- und Verwaltungsakten. Zwar ist im Ausgangspunkt klar, dass ein Verwaltungsakt nur vorliegt, wenn eine Maßnahme die Voraussetzungen der verwaltungsverfahrensrechtlichen Definition erfüllt, unklar aber ist, wann dies der Fall ist. **570**

Nach der Grundstruktur von Akten der Gefahrenabwehr (Rn. 329) liegt es nahe, im Regelfall gefahrenabwehrrechtliche (Primär-)Maßnahmen als Regelungsakte zu verstehen, die vom jeweiligen Adressaten ausgeführt werden. Allerdings ist die Weite des Maßnahmenbegriffs nicht auf rechtsfolgenbegründende Anordnungen beschränkt, sondern kann auch auf eine lediglich tatsächliche Folge abzielen (Rn. 278). So wäre die in **Fall 39** (Rn. 259) geäußerte „Bitte", wenn sie Eingriffscharakter hätte (Rn. 273), dennoch kein Verwaltungsakt, da sie keine Regelung trifft. **571**

Umstritten ist die Qualifizierung von Maßnahmen regelmäßig dann, wenn es um behördliche Ausführungshandlungen geht, also bei der unmittelbaren Ausführung, im Rahmen von Standardmaßnahmen, soweit sie auf Ausführungsbefugnissen (Rn. 336, 344 ff.) beruhen sowie bei Ersatzvornahme bzw. unmittelbarem Zwang. Die rechtlichen Konstruktionen zur Begründung des Regelungscharakters von tatsächlichem Handeln sind teilweise gewagt, in jedem Fall aber unnötig. **572**

So kann weder aus dem (Willen zum) Rechtseingriff eine Regelung[6] noch aus faktischem Zwang eine rechtliche Pflicht („konkludente Duldungsverfügung"[7]) abgeleitet werden.[8] Dies trägt nur dazu bei, die Unterscheidung zwischen Real- und Regelungsakt zu verunklaren und ist auch unter Rechtsschutzgesichtpunkten nicht erforderlich. **573**

Davon zu unterscheiden ist im Übrigen die Position, welche Standardmaßnahmen als Verwaltungsakte qualifiziert (Rn. 350). Sie basiert auf der **Auslegung von Standardbefugnisnormen**, nicht auf der rechtlichen Bewertung eines tatsächlichen Geschehens. Wenn im Einzelfall keine Anordnung vorhanden ist, welche die Ausführungshandlung begleitet, liegt nach dieser Ansicht eine unmittelbare Ausführung oder sofortiger Vollzug der Standardmaßnahme, kein Verwaltungsakt vor.[9] **574**

Im Ergebnis stellen also die unmittelbare Ausführung sowie alle Arten der Ersatzvornahme und der Anwendung unmittelbaren Zwangs **Realakte** dar. Auch der isoliert betrachte- **575**

5 **Bay:** Art. 97 V PAG; **Berl:** § 31 II, III ASOG; **Nds:** § 19 II, III NPOG.
6 *Köhler*, BayVBl. 1999, 582 (583) zur unmittelbaren Ausführung.
7 *Knemeyer*, Rn. 364; BVerwGE 26, 161 (164) zu (Ersatzvornahme und) unmittelbarem Zwang.
8 Vgl. auch *Finger*, JuS 2005, 116 (117 f.); *Beckmann*, NVwZ 2011, 842 (843 f.).
9 *Schenke*, Rn. 129 f. mit Fn. 269.

ten Ausführungshandlung bei Standardmaßnahmen kann kein Regelungsinhalt beigemessen werden. Damit scheiden Rechtsbehelfe grundsätzlich[10] aus, die einen Verwaltungsakt voraussetzen.

II. Rechtsbehelf bei erledigten Verwaltungsakten

576 Nur soweit es sich um Verwaltungsakte handelt, ist in gewissem Umfang streitig, welche Klageart einschlägig ist, wenn sich der Verwaltungsakt erledigt hat. Da nach Erledigung die Aufhebung des Verwaltungsakts ausscheidet, kommt nur noch die Feststellung seiner Rechtswidrigkeit in Betracht. Tritt Erledigung erst nach erhobener Anfechtungsklage ein, ist die **Fortsetzungsfeststellungsklage nach § 113 I 4 VwGO** einschlägig. Sie setzt die Zulässigkeit der Anfechtungsklage voraus, also insbesondere Klagebefugnis (§ 42 II VwGO), die vorherige Durchführung eines Widerspruchsverfahrens[11] und die Wahrung der Klagefrist (§ 74 I VwGO).

577 Bei Erledigung des Verwaltungsakts **vor Klageerhebung** ist nach überwiegender Ansicht eine **Fortsetzungsfeststellungsklage analog § 113 I 4 VwGO** statthaft.[12] Doch lässt sich die **Zulässigkeit einer Analogie** angesichts des § 43 I VwGO durchaus in Zweifel ziehen, da die Rechtswidrigkeit des Verwaltungsakts und die Rechtsverletzung des Klägers ein feststellungsfähiges Rechtsverhältnis bilden.[13] Da bei Erledigung vor Bestandskraft weder ein Vorverfahren durchzuführen ist noch Klagefristen einzuhalten sind,[14] sind die Unterschiede zwischen beiden Auffassungen nicht allzu groß.[15]

10 Sonderregelungen lediglich in **Bay:** Art. 38 II VwZVG; **Berl:** § 8 BerlVwVfG i.V.m. § 18 II VwVG.

11 Soweit es nicht nach § 68 I 2 VwGO entbehrlich ist.

12 Insbesondere *Schenke*, Rn. 522; *ders.*, Verwaltungsprozessrecht, 13. Aufl. 2012, Rn. 323 ff.

13 *Wehr*, DVBl. 2001, 785 (787 f.); für allgemeine Feststellungsklage auch *Kingreen/Poscher*, POR, § 27 Rn. 47.

14 BVerwGE 109, 203 (207); vgl. auch BVerwGE 143, 74 (76) mit dem Verzicht auf die Bestimmung der statthaften Klageart.

15 Überblick bei *Uerpmann-Wittzack*, Rn. 266 ff.

3. Teil
Kostenersatz und Entschädigungsansprüche

Neben den Regelungen über Gefahrenabwehrmaßnahmen enthalten die Gefahrenabwehrgesetze mindestens Teilregelungen über die finanziellen Folgen der Gefahrenabwehr. Das **Kostenrecht** beschäftigt sich mit **Ansprüchen der Gefahrenabwehrbehörden** für Maßnahmen der Gefahrenabwehr. **Ansprüche gegen die Behörden** sind Gegenstand des **Entschädigungsrechts.** Ansprüche Privater untereinander sind in den Gefahrenabwehrgesetzen nicht oder nur in Ansätzen geregelt. 578

§ 10 Kostenersatz

Zu den erstattungsfähigen Kosten zählen **Gebühren und Auslagen**. Gebühren werden für die Vornahme von Amtshandlungen oder für die Inanspruchnahme von behördlichen Einrichtungen erhoben. Auslagen sind Fremdkosten, welche die Behörden im Zusammenhang mit einer Gefahrenabwehrmaßnahme Dritten erstatten mussten, wie etwa die Kosten für ein Abschleppunternehmen in **Fall 58** (Rn. 475). 579

Fall 64: Die Polizei wird benachrichtigt, weil die Alarmanlage eines Juweliergeschäfts losgegangen ist. Die Beamten am Einsatzort können keinerlei Einbruchsspuren feststellen. Der herbeigerufene Geschäftsinhaber G bestätigt, dass alles in Ordnung sei. Als er einen Kostenbescheid für den polizeilichen Einsatz erhält, ist er empört. Er zahle seine Steuern auch dafür, dass die Polizei für Sicherheit sorge. Deshalb könne er nicht noch einmal zur Kasse gebeten werden, zumal bei der technischen Überprüfung der Alarmanlage keinerlei Defekt festgestellt worden und er sich deshalb keines Fehlverhaltens bewusst sei. **(Rn. 584)**

A. Rechtsgrund

Die Begründung von Kostenpflichten für die Vornahme behördlicher Gefahrenabwehrmaßnahmen ist aus den gleichen Gründen besonders rechtfertigungsbedürftig wie die Auferlegung von Handlungspflichten (Rn. 158). Wie bei dieser geht es um Fragen der **gerechten Lastenverteilung**. Das Kostenrecht basiert im Wesentlichen auf zwei unterschiedlichen **Zurechnungsprinzipien**. 580

Das wichtigste und originär **gefahrenabwehrrechtliche Zurechnungsprinzip** ist das der **Pflichtigkeit**. Nimmt eine Behörde eine Maßnahme vor, dessen Ausführung an sich einem anderen oblegen hätte, können diesem die finanziellen Lasten der Maßnahme übertragen werden. Damit sind die wichtigsten, im Folgenden näher zu betrachtenden Kostentatbestände erfasst. 581

Das **zweite Zurechnungsprinzip ist kosten- oder gebührenrechtlicher Art**. Amtshandlungen sind für denjenigen gebührenpflichtig, dem sie individuell zurechenbar sind, insbesondere weil er sie **besonders veranlasst** hat oder aus ihnen einen **besonderen** 582

Vorteil zieht.[1] Allerdings stehen Veranlassung und Begünstigung als Rechtfertigungsgründe für Kostenpflichten in einem Spannungsverhältnis zu dem Umstand, dass die Gefahrenabwehr eine staatliche Aufgabe ist, die auch dann grundsätzlich im öffentlichen Interesse zu erfüllen ist, wenn sie dem Schutz privater Rechte dient (Rn. 54 ff.). Daraus resultiert **jenseits der Pflichtigkeit** als Zurechnungsgrund der **Grundsatz der Gebührenfreiheit**[2] gefahrenabwehrrechtlicher Maßnahmen. Dieser lässt jedoch Ausnahmen insbesondere dann zu, wenn ein privates Interesse an Amtshandlungen besteht. Manche Gesetze beschränken die Gebührenpflicht auf Fälle, in denen das private Interesse das öffentliche Interesse überwiegt. Verfassungsrechtlich geboten ist dies indes nicht.[3]

583 Solche Ausnahmetatbestände müssen spezialgesetzlich besonders geregelt sein. Ein Beispiel sind die zu **Fall 34** (Rn. 199) erörterten Kostenpflichten des Berechtigten bei Sicherstellung und Verwahrung, wie sie (nur) in manchen Ländern normiert sind (Rn. 208). Auf die weiteren landesrechtlichen Rechtsgrundlagen kann hier nur beispielhaft hingewiesen werden.[4]

584 In **Fall 64** wird G für die Kosten eines polizeilichen Einsatzes herangezogen, die er, vermittelt durch seine Alarmanlage, veranlasst hat. Eine Kostenpflicht auf der Grundlage der Zustandsverantwortlichkeit trifft ihn schon dem Grunde nach nicht, auch nicht als Anscheinsverantwortlicher. Die vermeintliche Gefahr ging nicht von der Alarmanlage aus. Die Kostenregelungen der Länder sehen gleichwohl eine Kostenerstattung für derartige Polizeieinsätze vor.[5] Entweder wird pauschal der Einsatz aufgrund missbräuchlicher Alarmierung gebührenpflichtig gemacht oder speziell der durch (technischen) Fehlalarm verursachte. Darin wird der Zurechnungsgrund deutlich: Der Betreiber unterhält die Alarmanlage im eigenen Interesse und trägt deshalb das (Kosten-)Risiko einer Fehlfunktion. Er bleibt hingegen von den Kosten freigestellt, wenn tatsächlich eine Gefahrenlage bestand, der Alarm also berechtigt war. Zuweilen wird die Beweislast hierfür dem Betreiber auferlegt.

585 Bei der Alarmierung der Polizei **durch Personen** ist weniger strikt zu verfahren, weil die Kostenpflicht für jede irrtümliche Benachrichtigung unbillig wäre. So werden in **Fall 23** (Rn. 115) weder die Nachbarn noch wird in **Fall 33** (Rn. 195) Passant P kostenpflichtig.

---

1 **BW:** § 2 III LGebG; **Bay:** Art. 2 I KG; **Berl:** § 2 I GebBeitrG; **Bbg:** § 12 I GebG; **Brem:** § 4 I GebBeitrG; **Hbg:** § 3 I GebG; **Hess:** § 11 I HVwKostG; **MV:** § 13 I VwKostG; **Nds:** § 5 I NVwKostG; **NW:** § 13 I GebG; **RP:** § 13 I LGebG; **Saar:** § 12 I GebG; **Sachs:** § 3 I SächsVwKG; **LSA:** § 5 I VwKostG; **SH:** § 13 I VwKostG; **Thür:** § 6 I ThürVwKostG.

2 Vgl. *Buchberger*, L/D L Rn. 95.

3 *BVerfG*, NVwZ 1999, 176 (177).

4 **BW:** §§ 2 III, 4 I LGebG i.V.m. GebVO IM; **Bay:** Art. 93 S. 1 PAG, Art. 2 I, 3 I Nr. 10 i.V.m. Art. 5 I KG, TarSt 2.II.5 KVz.; **Berl:** §§ 2 I, 6 I GebBeitrG i.V.m. PolBenGebO; **Bbg:** §§ 12 I, 3 GebG i.V.m. GebO-MIK TarSt. 8 und 9; **Brem:** §§ 4 I Nr. 1, 2, 3 I GebBeitrG i.V.m. InKostV; **Hbg:** §§ 3 I, 2 I GebG i.V.m. § 2 OMaßnGebO; **Hess:** §§ 11 I Nr. 1, 2 I HVwKostG i.V.m. VwKostO-MdIS; **MV:** § 114 I SOG, § 13 I Nr. 1 VwKostG i.V.m. IMKostVO; **Nds:** §§ 5 I, 3 I NVwKostG i.V.m. AllGO; **NW:** §§ 13 I Nr. 1, 2 II GebG i.V.m. AVerwGebO; **RP:** §§ 13 I Nr. 1, 2 II LGebG; **Saar:** § 90 I SPolG i.V.m. PolKV; **Sachs:** §§ 3, 11 I Nr. 5 SächsVwKG i.V.m. 10. SächsKVZ, Nr. 77 TarSt. 10.; **LSA:** §§ 5 I, 3 III VwKostG i.V.m. AllGO, Nr. 60; **SH:** §§ 13 I Nr. 1, 2 I VwKostG i.V.m. VerwGebVO, TarSt. 18; **Thür:** §§ 2 I Nr. 15, 21 ThürVwKostG.

5 **BW:** Nr. 15.9 GebVerz IM; **Bay:** Art. 3 I Nr. 10 lit. c) KG i.V.m. TarSt. 2.II.5/1 KVz; **Berl:** PolBenGebO, TarSt. 3 Gebührenverzeichnis; **Bbg:** GebOMIK, TarSt 9.3; **Brem:** InKostV, Nr. 120.23 Kostenverzeichnis Inneres; **Hbg:** § 2 II Nr. 2 OMaßnGebO i.V.m. Anlage 1, Nr. 20.5.2 **Hess:** VwKostO-MdIS i.V.m. VerwKostVerz. Nr. 53; **MV:** TarSt. 8.5 IMKostVO; **Nds:** AllGO, Kostentarif Nr. 108.1.3; **NW:** TarSt. 18.6 AVerwGebO; **RP:** Nr. 14.8.2 Bes.GebVerz; **Saar:** § 90 I SPolG i.V.m. § 2 Nr. 4a PolKV; **Sachs:** 10. SächsKVZ Nr. 77 TarSt. 6; **LSA:** AllGO Nr. 60, Tar.St. 5.5; **SH:** VO über Verwaltungsgebühren, TarSt. 18.6 Allgemeiner Gebührentarif; **Thür:** § 2 I Nr. 15 lit. b) ThürVwKostG.

Sofern solcher Fehlalarm überhaupt als Gebührentatbestand geregelt ist, ist er auf Fälle des Missbrauchs bzw. vorsätzlicher oder (grob) fahrlässiger Falschinformation beschränkt.

B. Rechtsgrundlagen

Gefahrenabwehrbehörden können Ersatz der Kosten, die ihnen bei Maßnahmen der Gefahrenabwehr entstehen, nur dann verlangen, **wenn und soweit** dies **gesetzlich besonders angeordnet** ist. Erforderlich ist eine Rechts-(Anspruchs-)Grundlage, die den Grund und den Umfang der Zahlungspflicht normiert. Die jeweils einschlägige Rechtsgrundlage ist abhängig von der kostenpflichtigen Maßnahme. **586**

I. Kostentatbestände

Auf dem **Zurechnungsgrund der Pflichtigkeit** basieren nach den Gefahrenabwehrgesetzen unterschiedliche Kostentatbestände. Im **Vollstreckungsrecht** gilt dies generell für die **Ersatzvornahme**,[6] zumeist auch für die Anwendung **unmittelbaren Zwangs**.[7] Damit strukturell vergleichbar ist die Kostenüberwälzung auf den Verantwortlichen für die **unmittelbare Ausführung einer Maßnahme**[8] („atypische Ersatzvornahme", Rn. 377). Für (sonstige) Primärmaßnahmen ist in der Regel eine Kostenerstattung bei der **Sicherstellung** bzw. der **Verwahrung** vorgesehen.[9] Schließlich kann der Verantwortliche in **587**

6 **BW:** § 63 I PolG, §§ 25, 31 I, IV LVwVG i.V.m. §§ 6, 8 LVwVGKO; **Bay:** Art. 72 I 2 PAG, § 1 Nr. 6 PolKV; Art. 32 S. 1, 41 VwZVG, Art. 5 I KG i.V.m. TarSt. 1.I.8/2 KVz.; **Berl:** § 8 BerlVwVfG, § 10 VwVG i.V.m. § 6 I GebBeitrG, PolBenGebO, TarSt. 8 Gebührenverzeichnis; **Bbg:** § 55 I PolG sowie §§ 32 I, 37 VwVGBbg i.V.m. § 13, 15 II KostO; **Brem:** § 100 I PolG i.V.m. §§ 15, 19 III BremVwVG, TarSt. 102 AllKostV; **Hbg:** §§ 13 II, 39 HmbVwVG i.V.m. §§ 1, 13 VKO; **Hess:** § 49 I 1 HSOG, § 2 I HVwKostG i.V.m. VwKostO-MdIS i.V.m. VerwKostVerz. Nr. 545; **MV:** §§ 89 I, 114 I SOG i.V.m. §§ 1 I Nr. 4, 3 I VwVKVO; **Nds:** §§ 66 I 2 NPOG, 3 I NVwKostG i.V.m. Kostentarif Nr. 26 AllGO; **NW:** § 52 I 2 PolG sowie § 59 I i.V.m. § 77 VwVG, § 20 VO VwVG; **RP:** § 76 I POG i.V.m. § 63 I LVwVG i.V.m. § 8 II LVwVGKostO; **Saar:** §§ 46 I 2, 90 SPolG i.V.m. § 1 Nr. 5 PolKV; **Sachs:** § 24 I SächsVwVG i.V.m. 10. SächsKVZ Nr. 1 TarSt. 8.7, **LSA:** §§ 55 I 1, 68a SOG, §§ 71, 74b VwVG i.V.m. § 9 VKostO; **SH:** §§ 238 I, 249 LVwG i.V.m. § 3 VVKVO; **Thür:** § 53 I PAG i.V.m. ThürPolVwKostO, Nr. 3.4 Verwaltungskostenverzeichnis; §§ 50 I, 56 VwZVG i.V.m. § 1 ThürVwZVGKostO.

7 **BW:** § 66 IV PolG, §§ 26, 31 I, IV LVwVG i.V.m. §§ 7, 8 LVwVGKO; **Bay:** Art. 75 III PAG, § 1 Nr. 8 PolKV; Art. 34, 41 VwZVG, Art. 5 I KG i.V.m. TarSt. 1.I.8/2 KVz.; **Berl:** § 8 BerlVwVfG i.V.m. § 10 VwVG; **Bbg:** §§ 34, 37 VwVGBbg i.V.m. §§ 11, 15 II KostO; **Hess:** §§ 52 I 3, 8 II HSOG, § 2 I HVwKostG i.V.m. VwKostO-MdIS i.V.m. VerwKostVerz. Nr. 545; **MV:** §§ 89 I SOG, 114 SOG i.V.m. §§ 1 I Nr. 6, 3 I VwVKVO; **Nds:** § 69 NPOG, § 3 I NVwKostG i.V.m. Kostentarif Nr. 26 AllGO; **RP:** §§ 76 I POG, § 65 I LVwVG i.V.m. §§ 8 IV LVwVGKostO; **Saar:** §§ 49 VII, 90 SPolG i.V.m. § 1 Nr. 7 PolKV; **Sachs:** § 39 I PVDG i.V.m. 10. SächsKVZ Nr. 77 TarSt. 8.7; **LSA:** §§ 58, 68a SOG, § 74b VwVG i.V.m. § 11 VKostO; **SH:** §§ 239 I, 249 LVwG i.V.m. § 6 VVKVO; **Thür:** § 56 III PAG i.V.m. ThürPolVwKostO, Nr. 3.6 Verwaltungskostenverzeichnis; §§ 51 II, 56 VwZVG i.V.m. § 1 ThürVwZVGKostO.

8 **BW:** § 8 II 1 PolG; **Bay:** Art. 9 II 1 PAG, § 1 Nr. 1 PolKV; **Berl:** § 15 II 1 ASOG i.V.m. § 6 I GebBeitrG, PolBenGebO, TarSt. 8 Gebührenverzeichnis; **Hbg:** § 7 III 1 SOG, §§ 13 II, 39 HmbVwVG i.V.m. §§ 1, 13 VKO; **Hess:** § 8 II 1 HSOG, § 2 I HVwKostG i.V.m. VwKostO-MdIS i.V.m. VerwKostVerz. Nr. 541; **MV:** §§ 70a S. 1, 114 SOG i.V.m. § 1 I Nr. 5 VwVKVO; **RP:** § 6 II 1 POG; **Sachs:** § 8 II PVDG; § 16 II PBG; **LSA:** § 9 II 1 SOG, § 3 III VwKostG i.V.m. AllGO Nr. 60 TarSt. 4; **Thür:** § 9 II 1 PAG i.V.m. ThürPolVwKostO, Nr. 3.1 Verwaltungskostenverzeichnis; § 12 II 1 OBG i.V.m. § 1 I Nr. 1 ThürOBKostV.

9 **BW:** § 5 I Nr. 1 LGebG i.V.m. GebVerz IM; §§ 32, 84 I Nr. 4 PolG i.V.m. § 3 I 3 DVO PolG; **Bay:** Art. 28 V PAG; **Berl:** § 41 III ASOG; **Bbg:** § 28 III PolG; **Brem:** § 24 III PolG; **Hbg:** § 14 III 3 SOG; **Hess:** § 43 III HSOG; **Nds:** § 29 III NPOG; **NW:** § 46 III PolG; **RP:** § 25 III POG; **Saar:** § 24 III SPolG; **Sachs:** § 34 III PVDG; § 28 III PBG; **LSA:** § 48 III 1 SOG; **SH:** §§ 210, 211, 227a, 249 II LVwG; **Thür:** § 30 III PAG.

Regress genommen werden, wenn wegen einer gefahrenabwehrrechtlichen Maßnahme einem Dritten eine Entschädigung zu leisten war.[10]

II. Verwaltungsakts-Befugnis

588 Die Kostenerstattungsansprüche können grundsätzlich durch Verwaltungsakt (Leistungsbescheid) geltend gemacht werden. Dies ist in manchen Kostenregelungen explizit vorgesehen. Im Übrigen ergibt sich die dem Handlungsform-Vorbehalt (Rn. 266) genügende einseitige Dispositionsbefugnis des Verwaltungsträgers implizit aus dem Wortlaut, wenn Kosten „erhoben“, nicht nur „gefordert“ werden können. Teilweise wird durch den Verweis auf die Beitreibung im Verwaltungsvollstreckungsverfahren der Erlass eines Verwaltungsakts vorausgesetzt. Ausgeschlossen ist die Verwaltungsakts-Befugnis aber nach zutreffender Ansicht in Fällen, in denen Streitigkeiten über die Ansprüche den ordentlichen Gerichten zugewiesen sind.[11]

589 Wird ein solcher Leistungsbescheid erlassen, kann er nach dem allgemeinen Prüfungsaufbau (Rn. 252) überprüft werden. Da hinsichtlich der formellen Rechtmäßigkeit keine Besonderheiten bestehen, kann sogleich auf die materielle Rechtmäßigkeit eingegangen werden.

C. Materielle Rechtmäßigkeit

I. Tatbestand

1. Rechtmäßigkeit der kostenpflichtigen Maßnahme

590 Voraussetzung für die Rechtmäßigkeit einer Kostenforderung ist die Rechtmäßigkeit der kostenpflichtigen Maßnahme. Dies ergibt sich z.T. aus den Verwaltungs-(Vollstreckungs-)Kostengesetzen, deren allgemeine Regelungen insoweit mindestens ihrem Rechtsgedanken nach herangezogen werden können. Vielfach wird auch nur der Evidenzappell formuliert, dass eine rechtswidrige Maßnahme nicht prämiert werden dürfe.

591 Soweit Kosten für Primärmaßnahmen wie die Sicherstellung zu erstatten sind oder für Maßnahmen, die ohne vorherigen Verwaltungsakt ergriffen wurden, wie bei der unmittelbaren Ausführung oder dem sofortigen Vollzug, ist das gesamte Handeln der Gefahrenabwehrbehörde Gegenstand der Überprüfung. Anders kann es sein, wenn eine **Vollstreckungsmaßnahme im gestreckten Verfahren** kostenpflichtig ist. Hier ist es wie gezeigt umstritten, ob **deren Rechtmäßigkeit** davon abhängt, dass der zu vollstreckende Verwaltungsakt rechtsfehlerfrei ergangen ist (Rn. 481). Bejaht man dies, ist im Rahmen des Kostentatbestands die Vollstreckungsmaßnahme und im Rahmen der Vollstreckungsvoraussetzungen die vollstreckte Maßnahme zu überprüfen.

10 **BW:** § 102 PolG; **Bay:** Art. 89 I PAG; **Berl:** § 64 I ASOG; **Bbg:** § 70 PolG (i.V.m.) § 41 II OBG; **Brem:** § 122 I PolG; **Hbg:** § 10 IV SOG; **Hess:** § 69 I HSOG; **MV:** § 75 III SOG; **Nds:** § 85 I NPOG; **NW:** § 67 PolG (i.V.m.) § 42 II OBG; **RP:** § 92 I POG; **Saar:** § 73 I SPolG; **Sachs:** § 51 I PVDG; § 45 I PBG; **LSA:** § 74 I SOG; **SH:** § 224 II LVwG; **Thür:** § 73 I PAG (i.V.m.) § 52 OBG.

11 So zum Regress **BW:** § 103 PolG; **MV:** § 77 SOG; **Sachs:** § 52 PVDG; § 46 PBG; vgl. *Schenke*, Rn. 770; *Würtenberger/Heckmann/Tanneberger*, § 9 Rn. 21.

 60 S. V

Verneint man dies hingegen, so ist zu erwägen, ob nicht bei der Heranziehung zu den Kosten die Rechtmäßigkeit des kostenpflichtig vollstreckten Verwaltungsakts zu überprüfen ist. Denn bei der Kostenerstattung geht es – anders als bei der Vollstreckungsmaßnahme – nicht mehr um eine effektive Gefahrenabwehr, sondern (nur) um die Frage der **gerechten Lastenverteilung**. So wurde früher z.T. auf der Kostenebene ein Rechtswidrigkeitszusammenhang zwischen dem vollstreckten Verwaltungsakt und der Kostenanforderung für die Vollstreckungsmaßnahme postuliert.[12] 592

Die Frage sollte sich nur bei Kosten für die Vollstreckung sofort vollziehbarer, aber noch anfechtbarer Grundverfügungen stellen, da der Adressat nach Eintritt der Bestandskraft die Rechtswidrigkeit nicht mehr geltend machen könne. Im Übrigen basierte diese Ansicht auf der (unzutreffenden) Annahme, mit der Vollstreckung habe sich der Verwaltungsakt erledigt und könne deshalb nicht mehr angefochten werden. Deshalb können gegen sie grundsätzlich dieselben Argumente ins Feld geführt werden, die schon gegen eine Berücksichtigung der Rechtmäßigkeit der Grundverfügung bei der Vollstreckungsmaßnahme sprechen (Rn. 483).[13] 593

2. Pflichtigkeit

Die hier behandelten Kostenerstattungstatbestände finden ihre Rechtfertigung im Zurechnungsgrund der Pflichtigkeit (Rn. 581). Kostenpflichtig sind Gefahrenabwehrmaßnahmen, die anstelle des Verantwortlichen und Vollstreckungsmaßnahmen, die anstelle des durch Verwaltungsakt Verpflichteten vorgenommen werden. Da die Kostenüberwälzung an die Rechtmäßigkeit der Maßnahme gebunden ist, wird an sich dem **Grundsatz gerechter Lastenverteilung** Genüge getan. 594

a) Anscheinsgefahr und Anscheinsverantwortlichkeit

Probleme ergeben sich, wenn man mit der vorherrschenden Ansicht auf der **Primärebene der Gefahrenabwehr** Anscheinsgefahr und Anscheinsverantwortlichkeit aus Effektivitätserwägungen ausreichen lässt. Gleichwohl handelt es sich bei den Konstellationen um Fehleinschätzungen der tatsächlichen Lage, wenn sie auch **ex situatione unvermeidlich** sind (Rn. 123 ff.). 595

Für die **Sekundärebene der finanziellen Lastenverteilung** wird deshalb vielfach ein Korrektiv gefordert. Da wegen des „subjektiven" Gefahrenbegriffs dasjenige der Rechtswidrigkeit ausscheidet, wird in Betracht gezogen, die Frage der **Kostenverantwortlichkeit objektiv** zu bestimmen. Stellt sich im Nachhinein heraus, dass entgegen der Einschätzung der Behörde tatsächlich keine Gefahr vorgelegen hat oder bei Vorliegen einer Gefahr die ursprünglich als verantwortlich angesehene Person doch keine Verantwortung für sie trägt, dann ist zwar die Primärmaßnahme als rechtmäßig anzusehen, eine Kostentragungspflicht aber besteht nicht. Anderes soll nur gelten, wenn der Betroffene in zurechenbarer Weise den Anschein der Gefahr oder seiner Verantwortlichkeit veranlasst hat.[14] 596

In einem **Fall 23** (Rn. 115) vergleichbaren Fall hat das *VG Berlin* dem Träger der Polizei, welcher dem Eigentümer der Wohnung Ersatz für die beschädigte Wohnungstüre geleis- 597

12 Darstellung der überkommenen Auffassung bei *Würtenberger/Heckmann/Tanneberger*, § 10 Rn. 52.
13 *Schenke*, Rn. 762; *Würtenberger/Heckmann/Tanneberger*, § 10 Rn. 53.
14 *Würtenberger/Heckmann/Tanneberger*, Rn. 915; *Schoch*, Rn. 407.

tet hat, einen Rückgriffsanspruch[15] gegen B zugesprochen. Anders als in **Fall 23** war kein Einbrecher in der Wohnung vermutet worden, sondern vielmehr B. Das erweckte bei Nachbarn, welche erfolglos an der Türe klingelten, die Besorgnis, B könne etwas zugestoßen sein. Das *VG Berlin* argumentierte, durch die Installation der Zeitschaltuhr habe B „absichtlich" den Eindruck erweckt, er sei in der Wohnung, und damit eine Situation möglich gemacht, in der Dritte, denen auf Klingeln nicht geöffnet wurde, einen Unfall vermuten konnten. Deshalb sei ihm der Anschein der Gefahr zuzurechnen.[16]

598 Das Judikat des *VG Berlin* hat mit den Rechtsgrundlagen, auf die sich das Gericht stützt, wenig gemein. Denn weder die Polizei noch das Gericht gingen jemals davon aus, dass B für die (vermeintliche) Gefahr verantwortlich sei. Die „Verantwortlichkeit" für den **Anschein der Gefahr** alleine reicht aber nicht aus (Rn. 197). In diesen Fällen kann die Kostenpflicht nicht mehr auf den (gefahrenabwehrrechtlichen) **Rechtsgrund der Pflichtigkeit** (Rn. 581) gestützt werden, sondern allenfalls auf den (gebührenrechtlichen) der **Veranlassung**. Dessen Voraussetzungen, insbesondere die missbräuchliche oder (grob) fahrlässige Alarmierung der Polizei (Rn. 585), waren aber bei B nicht erfüllt.

599 In **Fall 24** (Rn. 127) hingegen können E die Kosten der polizeilichen Maßnahme auferlegt werden. Als Sachherr des Koffers war er Anscheinsverantwortlicher. Ferner hat er, entgegen den auf Bahnhöfen verbreiteten Warnungen, sein Gepäck unbeaufsichtigt zurück gelassen. Deshalb ist ihm **zusätzlich** der Anschein der Gefahr zuzurechnen.

600 Einer Korrektur auf Kostenebene durch die Berücksichtigung der tatsächlichen Lage bedarf es folglich nur, wenn der Betroffene auf Primärebene **anscheinend eine Gefahr verursacht hat**. Die Korrektur unterbleibt, wenn er **zusätzlich den Anschein einer Gefahr zu vertreten hat**. Wer nur den Anschein einer Gefahr verursacht, kann lediglich als Veranlasser bei Vorliegen spezieller kostenrechtlicher Voraussetzungen herangezogen werden.

b) Gefahrverdacht

601 Eine vergleichbare Problematik ergibt sich in Fällen des Gefahrverdachts, insbesondere dann, wenn man entgegen der hier vertretenen Ansicht Gefahrerforschungsmaßnahmen auch auf der Grundlage der Generalklausel als zulässig ansieht (s. Rn. 135). Bestätigt sich der Verdacht nicht, können die Kosten nicht auf den „Verdachtsstörer" abgewälzt werden, jedenfalls wenn er die den Verdacht begründenden Umstände nicht zu vertreten hat. In § 24 I BBodSchG ist dies ausdrücklich in dieser Weise geregelt.

II. Rechtsfolge

602 Bei Vorliegen der tatbestandlichen Voraussetzungen ist zumeist die Kostenerhebung beim Pflichtigen vorgeschrieben, so dass für ein Entschließungsermessen kein Raum ist. Werden neben Auslagen auch Gebühren erhoben, ist in den Kostentatbeständen teilweise präzise bestimmt, in welcher Höhe Kosten gefordert werden können. Im Übrigen, wenn nur ein Gebührenrahmen festgelegt ist, ist nach Art und Umfang der behördlichen Tätigkeit zu differenzieren.

15 Normen o. Fn. 10.
16 *VG Berlin*, NJW 1991, 2854.

Ermessensspielräume gibt es bei einer Mehrzahl von Kostenschuldnern. Vielfach ist bestimmt, dass mehrere Verantwortliche als Gesamtschuldner haften. In diesen Fällen kann grundsätzlich einer der Schuldner zur vollen Kostenübernahme verpflichtet werden und nach den Grundsätzen über den Gesamtschuldnerausgleich bei den anderen Verantwortlichen Rückgriff nehmen. Ihm wird dann aber das Insolvenzrisiko dieser anderen Mitverantwortlichen aufgebürdet. Deshalb ist es fraglich, ob die Kostenpflicht auch ohne gesetzliche Anordnung als Gesamtschuld verstanden werden kann.[17] Für das Auswahlermessen kann dies deshalb eine Rolle spielen, weil die Gesamtschuld gläubigerfreundlich ist. Wenn auch der Staat den Schuldner nicht nach „Belieben“ auswählen kann, indizieren doch die Regelungen über die Gesamtschuld, dass es für die Ermessensausübung vorrangig um die Solvenz des Verantwortlichen, nicht um seinen Verursachungsbeitrag gehen kann. Im Übrigen spricht viel für die Annahme, dass bei mehreren Verursachern nur eine anteilige Kostenhaftung besteht.[18] 603

§ 11 Schadensausgleich

Fall 65: In **Fall 31** (Rn. 170) räumt M die beschlagnahmte Wohnung nach Ablauf der Einweisungsfrist, hinterlässt sie aber in stark beschädigtem Zustand. V begehrt nun von der Ordnungsbehörde Ersatz seines Mietausfalls für die Zeit der Beschlagnahme sowie eine Entschädigung für Renovierungskosten in Höhe von 30 000 Euro.[1] **(Rn. 612, 621)** 604

Fall 66: Der PKW des K war von unbekannten Dritten entwendet worden. Nachdem die Polizei auf das als gestohlen gemeldete Fahrzeug aufmerksam geworden war, versuchte sie zuletzt, die Täter durch eine Straßensperre mittels eines quer zur Fahrbahn gestellten Polizeidienstfahrzeugs anzuhalten und so das Fahrzeug sicherzustellen. Die Täter fuhren allerdings auf den Halt gebietenden Polizeibeamten zu, so dass sich dieser mit einem Sprung zur Seite in Sicherheit bringen musste, und umfuhren das quer gestellte Polizeifahrzeug. Dabei gab der Polizist Schüsse auf das Fahrzeug des K ab, um so das Fahrzeug zu stoppen. Dadurch wurde das Fahrzeug beschädigt. Es konnte, nachdem den Tätern trotz zweier Einschüsse im Fahrzeug die Flucht gelungen war, einige Zeit später an einem anderen Ort verlassen aufgefunden werden. K verlangt Ersatz in Höhe von 1000 Euro für die notwendige Reparatur und 500 Euro für die Anmietung eines Ersatzwagens. Die Polizeibehörde verweist darauf, dass K als Eigentümer Zustandsverantwortlicher gewesen sei.[2] **(Rn. 612, 630)**

A. Gefahrenabwehrrechtliche Ausgleichsansprüche und Staatshaftungsrecht

Gefahrenabwehrmaßnahmen sind vielfach nicht nur mit **Eingriffen in Rechte** verbunden, sondern können auch zu **Einbußen an Rechtsgütern** führen, zu Schäden materieller oder immaterieller Natur. Eingriffe in Rechte können gerechtfertigt sein und sind dann vom Betroffenen hinzunehmen. Anderenfalls ist die Eingriffsmaßnahme rechtswidrig. 605

17 Für Analogie zu §§ 421 ff. BGB *Schenke*, Rn. 360 f.; insgesamt zur Störermehrheit *Felix/Nitschke*, NordÖR 2004, 469 ff.
18 *Würtenberger/Heckmann/Tanneberger*, Rn. 513 ff. mit Fallgruppenbildung.

1 BGHZ 131, 163; *BGH*, NVwZ 2006, 963; *OLG Schleswig-Holstein*, SchlHA 2006, 358.
2 *OLG Dresden*, LKV 2003, 582; *OLG Koblenz*, NZV 1997, 180.

Sie kann vom Gericht aufgehoben werden; im Falle zwischenzeitlicher Erledigung wird ihre Rechtswidrigkeit festgestellt. Bei Einbußen an Rechtsgütern stellt sich die weitere Frage, ob bzw. wie der eingetretene Schaden zu ersetzen oder auszugleichen ist. Das ist im Allgemeinen **Regelungsgegenstand des Staatshaftungsrechts**. Dieses besteht aus einer Reihe nach Voraussetzungen und Rechtsfolgen unterschiedlicher Haftungsinstitute, die in sich kein geschlossenes oder gar besonders stimmiges System bilden.

606 Teilweise ist dieses richterrechtlich geprägte und – abgesehen von der Amtshaftung nach Art. 34 GG und § 839 BGB – vornehmlich kraft Gewohnheitsrechts geltende Recht der staatlichen Ersatzleistungen **im allgemeinen Gefahrenabwehrrecht besonders geregelt**. Dadurch ist der Rückgriff auf **diejenigen** allgemeinen Haftungsinstitute ausgeschlossen, deren positivrechtliche Ausprägung die Regelungen darstellen. Folgende allgemeine Überlegungen dienen der ersten Orientierung:

607 Das Schadenausgleichsrecht der allgemeinen Gefahrenabwehrgesetze setzt **tatbestandlich kein Verschulden** voraus. Deshalb bleibt daneben die **verschuldensabhängige Amtshaftung** anwendbar. Als **Rechtsfolge** ist nur **Entschädigung oder Schadensersatz in Geld** vorgesehen. Unberührt bleiben deshalb Ausgleichsansprüche, die weder auf Schadensersatz noch auf Entschädigung gerichtet sind, wie etwa der **öffentlichrechtliche Erstattungsanspruch**, oder Ansprüche auf Herstellung eines bestimmten tatsächlichen Zustands wie der **Folgenbeseitigungsanspruch**.

608 Hingegen lassen sich die Anspruchsgrundlagen im Wesentlichen auf den **Gedanken der Aufopferung** zurückführen. Sie schließen deshalb in ihrem Regelungsbereich den Rückgriff auf den **allgemeinen Aufopferungsanspruch** und seine speziellen Ausprägungen in Form des **enteignungsgleichen und des enteignenden Eingriffs** aus.

609 Mit dem Recht des Schadensausgleichs wird dem Gedanken der **gerechten Lastenverteilung** Rechnung getragen, der auch den Regelungen über die Verantwortlichkeit (Rn. 158) und die Kostenerstattung (Rn. 580) zugrunde liegt. Deshalb greift es immer dann ein, wenn ein Betroffener ein **Sonderopfer** erbracht hat. Das ist der Fall, wenn Schäden entweder aus **rechtswidrigen Gefahrenabwehrmaßnahmen** resultieren oder der Geschädigte **bei rechtmäßigen Maßnahmen nicht für die Gefahr verantwortlich** ist.

Überblick über die Entschädigungsregelungen der Gefahrenabwehrgesetze[3]

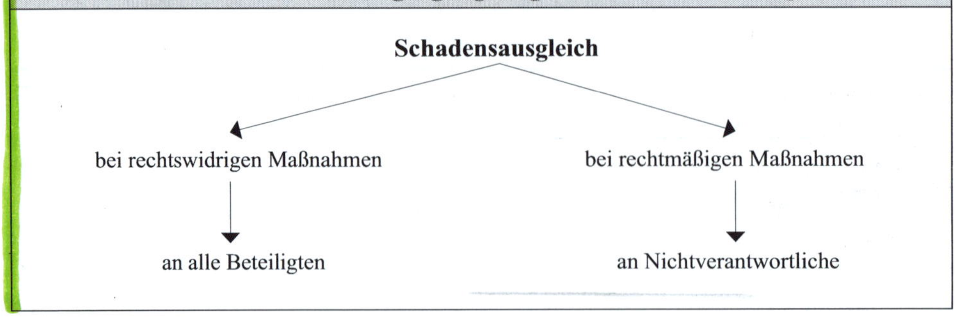

3 Weitere Differenzierung bei *Kingreen/Poscher*, POR, § 26 Rn. 4.

B. Anpruchsgrundlagen im allgemeinen Gefahrenabwehrrecht

I. Entschädigungsansprüche bei rechtmäßigen Maßnahmen

Schäden, die infolge rechtmäßiger Maßnahmen entstehen, sind grundsätzlich **nur dann** zu ersetzen, wenn der Geschädigte die Gefahr nicht zu verantworten hat. Dabei unterscheiden die Gefahrenabwehrgesetze (zumeist) danach, ob jemand als Nichtverantwortlicher in Anspruch genommen oder als Unbeteiligter einen Schaden erlitten hat. Teilweise wird auch dem freiwilligen Polizeihelfer ein Ausgleichsanspruch gewährt. **610**

1. Anspruch des Notstandspflichtigen

In allen Gefahrenabwehrgesetzen ist ein Entschädigungsanspruch desjenigen vorgesehen, der im polizeilichen Notstand als Nichtverantwortlicher in Anspruch genommen worden ist.[4] Wegen des Verweises auf die jeweiligen Adressatennorm[5] erstreckt sich der (unmittelbare) Anwendungsbereich dieser Regelungen nicht auf jeden Geschädigten, der nicht Verursacher oder Zustandsverantwortlicher ist. Vielmehr bedarf es einer „Inanspruchnahme" oder einer Maßnahme die „gegen" den Nichtverantwortlichen getroffen wurde. **611**

In **Fall 65 (Fall 31)** ist dies unproblematisch der Fall. Die Sicherstellungsverfügung war an V als Nichtverantwortlichen (Rn. 180) adressiert, er wurde gezielt in Anspruch genommen. Fraglich kann das aber hinsichtlich des K in **Fall 66** sein. Zunächst kann entgegen der Ansicht der Polizeibehörde festgestellt werden, dass K schon deshalb nicht Zustandsverantwortlicher ist, weil ihm der PKW entwendet worden war.[6] Die Schüsse, die auf das Fahrzeug abgegeben wurden, richteten sich gegen die unbekannten Fahrer. Ihnen gegenüber lag eine zielgerichtete Maßnahme vor, nämlich die Anwendung unmittelbaren Zwangs zur Durchsetzung des konkludent verfügten Anhaltegebots. Deshalb wäre es ebenso gut möglich, K als geschädigten Unbeteiligten anzusehen.[7] Andererseits war der Polizei bewusst, dass das Fahrzeug gestohlen war, dass deshalb andere Personen als die Fahrzeuginsassen durch die Schüsse auf den PKW geschädigt würden. Insofern können die Schüsse **zugleich** als zielgerichtete Inanspruchnahme eines Nichtverantwortlichen betrachtet werden.[8] **612**

---

4 **BW:** § 100 I 1 PolG; **Bay:** Art. 87 I PAG (i.V.m.) Art. 11 I LStVG; **Berl:** § 59 I Nr. 1 ASOG; **Bbg:** § 70 PolG (i.V.m.) § 38 I lit. a) OBG; **Brem:** § 117 I 1 PolG; **Hbg:** § 10 III 1 SOG; **Hess:** § 64 I 1 HSOG; **MV:** § 72 I SOG; **Nds:** § 80 I 1 NPOG; **NW:** § 67 PolG (i.V.m.) § 39 I lit. a) OBG; **RP:** § 87 I 1 POG; **Saar:** § 68 I 1 SPolG; **Sachs:** § 47 I Nr. 1 PVDG; § 41 I Nr. 1 PBG; **LSA:** § 69 I 1 SOG; **SH:** § 221 I LVwG; **Thür:** § 68 I 1 PAG (i.V.m.) § 52 OBG.

5 **BW:** § 9 I PolG; **Bay:** Art. 10 I PAG, Art. 9 III LStVG; **Berl:** § 16 I ASOG; **Bbg:** § 7 I PolG, § 18 I OBG; **Brem:** § 7 I PolG; **Hbg:** § 10 I SOG; **Hess:** § 9 I HSOG; **MV:** § 71 I SOG; **Nds:** § 8 I NPOG; **NW:** § 6 I PolG, § 19 I OBG; **RP:** § 7 I POG; **Saar:** § 6 I SPolG; **Sachs:** § 9 I PVDG; § 17 PBG; **LSA:** § 10 I SOG; **SH:** § 220 I LVwG; **Thür:** § 10 I PAG, § 13 I OBG.

6 Vgl. **Bay:** Art. 8 II 2 PAG; Art. 9 II 2, 2. HS. LStVG; **Berl:** § 14 III 2 ASOG; **Bbg:** § 6 II 2 PolG, § 17 II 2 OBG; **Brem:** § 6 II 2 PolG; **Hbg:** § 9 II SOG; **Hess:** § 7 II 2 HSOG; **MV:** § 70 II 2 SOG; **Nds:** § 7 II 2 NPOG; **NW:** § 5 II 2 PolG, § 18 II 2 OBG; **RP:** § 5 II 2 POG; **Saar:** § 5 II 2 SPolG; **Sachs:** § 7 II 2 PVDG; § 15 II 2 PBG; **LSA:** § 8 II 2 SOG; **SH:** § 219 II 2 Nr. 1 LVwG; **Thür:** § 8 II 2 PAG, § 11 II 2 OBG. In **BW** gilt dies ohne ausdrückliche Regelung, vgl. zur Begründung oben Rn. 202.

7 So *OLG Koblenz*, NZV 1997, 180.

8 So *OLG Dresden*, LKV 2003, 582 (583).

613 Nicht erforderlich ist es, dass die Adressatenvorschriften auf die konkret getroffene Primärmaßnahme anwendbar sind. Maßgeblich für die Entschädigung ist die **materielle** (Nicht-)**Verantwortlichkeit**, nicht die Heranziehung auf der Grundlage der Adressatennormen. Ob das der Fall ist, kann im Einzelfall durchaus fraglich sein. Beispielsweise betreten die Polizisten in **Fall 23** (Rn. 115) die Wohnung des B unter Anwendung unmittelbaren Zwangs im sofortigen Vollzug. Die Rechtsgrundlagen für das Betreten (und Durchsuchen) von Wohnungen[9] enthalten einerseits Tatbestände, die speziell bestimmen, **welche und damit wessen Wohnung** betreten und durchsucht werden darf. Sie setzen den tatsachengestützten Verdacht voraus, dass in einer bestimmten Wohnung Personen oder Sachen aufgefunden werden. Damit ist eine spezielle Adressatenregelung verbunden. Andererseits knüpfen andere Tatbestände nur an das Bestehen einer (qualifizierten) Gefahr an. Das Verhältnis der Wohnung bzw. ihres Inhabers zu dieser Gefahr bleibt dabei offen. Ob die Gefahr von der Wohnung selbst oder von einer Person in der Wohnung ausgeht und ob diese Person der Wohnungsinhaber ist, ob das Betreten und Durchsuchen dazu dient, eine außerhalb dieser Wohnung bestehende Gefahr abzuwehren, ist nicht tatbestandlich vorentschieden. Das spricht dafür, bei diesen Gefahrtatbeständen tatbestandsergänzend auf die allgemeinen Adressatenregelungen zurückzugreifen, was jedoch umstritten ist.[10] Folgt man dieser Ansicht, kommt es in **Fall 23** bereits **für die Primärebene und die Vollstreckung** darauf an, ob die besonderen Voraussetzungen für die Inanspruchnahme Nichtverantwortlicher vorliegen, anderenfalls aber nicht. Auf der Sekundärebene des Schadensausgleichs kann diese Streitfrage aber nicht wirklich ausschlaggebend sein. Hier ist vielmehr entscheidend, ob B tatsächlich nicht für die Gefahr verantwortlich war (Rn. 197, 597) und (dennoch) gezielt herangezogen wurde. Beides ist zu bejahen. Deshalb besitzt er dem Grunde nach einen Anspruch auf Ersatz des durch den Polizeieinsatz verursachten Schadens.

2. Anspruch bei Anscheinsgefahr und Gefahrverdacht

614 Die Überlegungen, die im Rahmen der Kostentragung hinsichtlich der gerechten Lastenverteilung in Fällen der Anscheinsgefahr und des Gefahrverdachts angestellt wurden (Rn. 595 ff.), sind auch für die Frage der Entschädigung einschlägig. Unter den Voraussetzungen, unter denen der Anscheins- oder Verdachtsverantwortliche von der Kostentragungspflicht befreit ist, wird er wie ein Nichtverantwortlicher behandelt und besitzt wie dieser einen Entschädigungsanspruch.

3. Anspruch des Unbeteiligten

615 Manche Gefahrenabwehrgesetze enthalten Entschädigungsregelungen für geschädigte Unbeteiligte, die nicht gezielt als Nichtverantwortliche herangezogen wurden.[11] Damit werden unbeabsichtigte Nebenfolgen rechtmäßiger Maßnahmen erfasst. Sind keine besonderen Entschädigungsregelungen vorhanden, können entweder wegen der Vergleich-

9 **BW:** § 36 PolG; **Bay:** Art. 23 PAG; **Berl:** § 36 ASOG; **Bbg:** § 23 PolG (i.V.m.) § 23 Nr. 1 lit. g) OBG; **Brem:** § 19 PolG; **Hbg:** § 16 SOG; **Hess:** § 38 HSOG; **MV:** § 59 SOG; **Nds:** § 24 NPOG; **NW:** § 41 PolG (i.V.m.) § 24 Nr. 12 OBG; **RP:** § 20 POG; **Saar:** § 19 SPolG; **Sachs:** § 29 PVDG; § 23 PBG; **LSA:** § 43 SOG; **SH:** § 208 LVwG; **Thür:** § 25 PAG; § 20 OBG.

10 Sofern sich überhaupt Äußerungen dazu finden. Tendenziell wie hier noch *Graulich*, L/D, 6. Aufl. 2018, E Rn. 624; a.A. *Kingreen/Poscher*, POR, § 17 Rn. 33.

11 **Bay:** Art. 87 II PAG (i.V.m.) Art. 11 I LStVG; **Berl:** § 59 I Nr. 2 ASOG; **MV:** § 73 SOG; **SH:** § 222 LVwG.

barkeit der Interessenslage die Vorschriften über die Entschädigung Nichtverantwortlicher analog herangezogen werden. Alternativ ist der **allgemeine Aufopferungsanspruch** bei Schäden für Leib und Leben bzw. der **Anspruch aus enteignendem Eingriff** bei Eigentumsverletzungen gegeben.[12]

4. Anspruch des Polizeihelfers

Teilweise ist auch derjenige anspruchsberechtigt, der freiwillig und mit Zustimmung der Gefahrenabwehrbehörden bei der Erfüllung der diesen obliegenden Aufgaben mitgewirkt und dabei einen Schaden erlitten hat.[13] Dabei handelt es sich um einen Ausnahmetatbestand insofern, als der Schaden den Behörden eigentlich nicht zurechenbar ist. Deshalb kommt ein **Ersatzanspruch ohne ausdrückliche Regelung** insofern nicht, auch nicht auf der Grundlage des Aufopferungsgedankens, in Betracht. **616**

5. Anspruch des Verantwortlichen

Der Verantwortliche hat grundsätzlich keinen Ersatzanspruch. Er hat die tatsächlichen und die finanziellen Lasten der Gefahrenabwehr zu tragen. Das schließt nicht aus, dass in Sondervorschriften Entschädigungsregelungen auch für Verursacher oder Zustandsverantwortliche bestehen.[14] **617**

II. Entschädigungsansprüche bei rechtswidrigen Maßnahmen

Ein Sonderopfer erbringt stets derjenige, der einen Schaden als Folge rechtswidriger staatlicher Maßnahmen erleidet. Das gilt für Verantwortliche und Nichtverantwortliche, Beteiligte und Unbeteiligte gleichermaßen. Auch soweit nicht **spezielle Anspruchsgrundlagen** bestehen,[15] ist die Existenz von Ausgleichsansprüchen anerkannt. Strittig ist, ob sie auf einer analogen Anwendung der **Anspruchsgrundlage für den Nichtverantwortlichen** beruhen oder ob auf die allgemeinen **staatshaftungsrechtlichen Anspruchsgrundlagen** zurückzugreifen ist. Eine hinreichende Vergleichbarkeit der Interessenlage als Voraussetzung für die Analogie mag man bezweifeln können. Dem rechtswidrig Geschädigten steht jedenfalls grundsätzlich die Möglichkeit offen, sich gegen die schädigende Maßnahme zur Wehr zu setzen. Andererseits erhält der Nichtverantwortliche nur eine **angemessene Entschädigung**, wohingegen bei rechtswidriger Schädigung grundsätzlich voller Schadensersatz zu leisten ist. Das spricht für den Aufopferungsanspruch bzw. den Anspruch aus enteignungsgleichem Eingriff.[16] **618**

---

12 *Kingreen/Poscher*, POR, § 26 Rn. 10.

13 **Berl:** § 59 III ASOG; **Brem:** § 117 II PolG; **Hbg:** § 10 V SOG; **Hess:** § 64 III HSOG; **Nds:** § 80 II NPOG; **RP:** § 87 II POG; **Saar:** § 68 II SPolG; **Sachs:** § 47 II PVDG; § 41 II PBG; **LSA:** § 69 III SOG; **SH:** § 221 I LVwG; **Thür:** § 68 II PAG (i.V.m.) § 52 OBG.

14 Vgl. § 56 IfSG; § 15 TierGesG.

15 **Berl:** § 59 II ASOG; **Bbg:** § 70 PolG (i.V.m.) § 38 I lit. b) OBG; **Brem:** § 117 I 2 PolG; **Hess:** § 64 I 2 HSOG; **Nds:** § 80 I 2 NPOG; **NW:** § 67 PolG (i.V.m.) § 39 I lit. b) OBG; **RP:** § 87 I 2 POG; **Saar:** § 68 I 2 SPolG; **Sachs:** § 47 I Nr. 2 PVDG; § 41 I Nr. 2 PBG; **LSA:** § 69 I 2 SOG; **Thür:** § 68 I 2 PAG (i.V.m.) § 52 OBG.

16 *Schenke*, Rn. 751; *Schoch*, Rn. 419; *Würtenberger/Heckmann/Tanneberger*, Rn. 859 f.

C. Ersatzfähiger Schaden und Umfang des Entschädigungsanspruchs

619 Der Schadensausgleich ist grundsätzlich auf Vermögensschäden beschränkt. Teilweise wird darüber hinaus auch immaterieller Schaden bei Freiheitsentzug oder Schäden an Leib und Leben ausgeglichen.[17]

I. Schadenszurechnung

620 Voraussetzung für Entschädigungsansprüche ist, dass der entstandene Schaden durch die Maßnahme verursacht worden ist und deshalb der Gefahrenabwehrbehörde zugerechnet werden kann. Dabei ist schon der Begriff der „Maßnahme" ein erster „Filter" für die Beurteilung der Zurechenbarkeit (Rn. 272, 277). Darüber hinaus ist der ersatzfähige Schaden (zumeist ausdrücklich) grundsätzlich auf **Vermögensnachteile** beschränkt, die in **unmittelbarem Zusammenhang mit der zu entschädigenden Maßnahme** stehen.[18] Das Merkmal der „Unmittelbarkeit" wird vom *BGH* als Kriterium für die **wertende Zurechnung** der Schadensfolge **nach Verantwortlichkeiten und Risikosphären** verstanden, die auch Ansprüche aus enteignendem und enteignungsgleichem Eingriff begrenzt.[19]

621 In **Fall 65** hat V für die Dauer der Beschlagnahme seiner Wohnung jedenfalls Anspruch auf Erstattung des gewöhnliche Nutzungsentgelts, das der üblichen Miete entspricht. Fraglich kann aber sein, ob auch die von M während der Zeit der Einweisung verursachten Schäden der Behörde zuzurechnen sind, also mit der Maßnahme unmittelbar zusammenhängen. Nach Ansicht des *BGH* hat sich mit der mutwilligen Beschädigung der Wohnung **ein Risiko verwirklicht**, das bereits in der zwangsweisen (Wieder-)Einweisung des M angelegt war. Denn das Verhältnis zwischen V und M sei typischerweise aufgrund der Vorgeschichte, von der Zahlungsunfähigkeit über die Kündigung bis zur Räumungsklage und den Vorbereitungen zu ihrer Vollstreckung, durch **„erhebliche Spannungen"** gekennzeichnet, mit denen sich situationsbedingt das Risiko eines unsachgemäßen Gebrauchs bis hin zu mutwilligen Beschädigungen der Wohnung verbinde.[20] Dieses Risiko zu tragen, sei Sache der Behörde, nicht des V.

622 In einem anderen Fall hat der *BGH* hingegen die Unmittelbarkeit eines solchen Schadens verneint, weil tatsächliche Umstände darauf hingedeutet haben, dass das Verhältnis zwischen V und M an sich „in Ordnung" war, so dass mit derartigen Schäden nicht gerechnet werden musste.[21]

---

17 **Bay:** Art. 87 VII PAG (i.V.m.) Art. 11 I LStVG; **Berl:** § 60 I, II ASOG; **Bbg:** § 70 PolG (i.V.m.) § 39 I OBG; **Brem:** § 118 I, II PolG; **Hess:** § 65 I, II HSOG; **MV:** § 74 I SOG; **Nds:** § 81 I, II NPOG; **NW:** § 67 PolG (i.V.m.) § 40 I OBG; **RP:** § 88 I, II POG; **Saar:** § 69 I, II SPolG; **Sachs:** § 48 I, II PVDG; § 42 I, II PBG; **LSA:** § 70 I, II SOG; **SH:** § 223 I LVwG; **Thür:** § 69 I, II PAG (i.V.m.) § 52 OBG.

18 **Berl:** § 60 I 2 ASOG; **Bbg:** § 70 PolG (i.V.m.) § 39 I 2 OBG; **Brem:** § 118 I 1 PolG; **Hess:** § 65 I 2 HSOG; **MV:** § 74 I 2 SOG; **Nds:** § 81 I 2 NPOG; **NW:** § 67 PolG (i.V.m.) § 40 I 2 OBG; **RP:** § 88 I POG; **Saar:** § 69 I 2 SPolG; **Sachs:** § 48 I 2 PVDG; § 42 I 2 PBG; **LSA:** § 70 I 2 SOG; **SH:** § 223 I 2 LVwG; **Thür:** § 69 I 2 PAG (i.V.m.) § 52 OBG.

19 BGHZ 100, 335 (338); 131, 163 (166).

20 BGHZ 131, 163 (168 f.).

21 *BGH*, NVwZ 2006, 963 (964) zu *OLG Schleswig-Holstein*, SchlHA 2006, 358.

II. Grenzen des Schadensausgleichs

Der dem Grunde nach bestehende Ausgleichsanspruch kann im Einzelfall aufgrund besonderer Umstände begrenzt sein oder gar gänzlich entfallen. **623**

1. Mitverschulden

Zu berücksichtigen ist in jedem Falle, ob und inwieweit Umstände, die der Geschädigte zu vertreten hat, zur Schadensentstehung beigetragen haben. Sofern dies nicht ohnehin besonders angeordnet ist,[22] ist jedenfalls § 254 BGB analog anzuwenden.[23] Bei Ansprüchen **wegen rechtswidriger Maßnahmen** ist wegen des **Vorrangs des Primärrechtsschutzes** u.a. zu berücksichtigen, ob der Geschädigte es unterlassen hat, durch Einlegung zumutbarer Rechtsbehelfe den Schadenseintritt zu verhindern. Bei rechtmäßigen Maßnahmen scheidet diese Minderungs- oder Ausschlussmöglichkeit naturgemäß aus. **624**

Ein Beispiel für die Begrenzung des Ausgleichsanspruchs bieten Fälle der Anscheinsgefahr. In **Fall 23** (Rn. 115) kann B nicht als Verantwortlicher betrachtet werden, weil er weder Anscheinsverantwortlicher war (Rn. 197, 598) noch tatsächlich eine Gefahr bestand. Er hat aber durch den Betrieb der Zeitschaltuhr maßgeblich dazu beigetragen, den Anschein einer Gefahr zu wecken. Er hätte womöglich damit rechnen können oder müssen, dass der falsche Eindruck eines Einbruchs erweckt würde und besorgte Nachbarn die Polizei alarmieren würden. Ob er deshalb die Obliegenheit hatte, sein Wohnumfeld über die getroffene Schutzmaßnahme zu informieren, ist sicherlich abhängig von den konkreten Umständen, etwa von Art und Maß des nachbarlichen Kontakts. Unzumutbar wäre es sicherlich, in einer anonymen Wohngegend Personen über Schutzmaßnahmen in Kenntnis zu setzen, bei denen nicht auszuschließen ist, dass sie deren Zweck vereiteln könnten. **625**

Das *OLG Köln* hat in einem insofern anders gelagerten Fall das Mitverschulden des B bejaht und dessen dem Grunde nach gegebenen Ausgleichsanspruch um 2/3 gekürzt.[24] **626**

2. Vorteilsausgleich

In durchaus unterschiedlicher Weise wird ein durch eine schadensauslösende Maßnahme erlangter Vorteil berücksichtigt. Der Vorteil kann etwa im **Schutz des Geschädigten** liegen. Dabei kommt es nach dem Wortlaut einiger Gefahrenabwehrgesetze darauf an, ob die Maßnahme zum Schutz des Geschädigten getroffen wurde,[25] nach anderen darauf, ob sie seinem Schutz gedient hat,[26] im Übrigen ist maßgeblich, ob der Geschädigte geschützt worden ist.[27] In allen Fällen lässt sich die Formulierung sowohl so verstehen, dass **627**

---

22 **BW:** § 100 I 3 PolG; **Bay:** Art. 87 VII 3 PAG (i.V.m.) Art. 11 I LStVG; **Berl:** § 60 V 2 ASOG; **Bbg:** § 70 PolG (i.V.m.) § 39 IV OBG; **Brem:** § 118 IV 2 PolG; **Hess:** § 65 V 2, 3 HSOG; **MV:** § 74 IV SOG; **Nds:** § 81 V 3 NPOG; **NW:** § 67 PolG (i.V.m.) § 40 IV OBG; **RP:** § 88 V 2 POG; **Saar:** § 69 V 2 SPolG; **Sachs:** § 48 V 2 PVDG; § 42 V 2 PBG; **LSA:** § 70 V 2 SOG; **SH:** § 223 IV LVwG; **Thür:** § 69 V 2 PAG (i.V.m.) § 52 OBG.

23 *Schenke*, Rn. 743, 751.

24 *OLG Köln*, DÖV 1996, 86 (87 f.).

25 **BW:** § 100 I 2 PolG; **Brem:** § 117 I 3 PolG; **Hbg:** § 10 III 2 SOG („geschützt werden sollte"); **Hess:** § 64 II HSOG.

26 **Bay:** Art. 87 IV PAG (i.V.m.) Art. 11 I LStVG; **Nds:** § 81 V 2 NPOG.

27 **Berl:** § 60 V 1 ASOG; **Bbg:** § 70 PolG (i.V.m.) § 38 II lit. b) OBG; **MV:** § 72 II Nr. 2 SOG; **Nds:** § 80 I 1 NPOG; **NW:** § 67 PolG (i.V.m.) § 39 II lit. b) OBG; **RP:** § 88 V 1 POG; **Saar:** § 69 V 1 SPolG; **Sachs:** § 48 V 1 PVDG; § 42 V 1 PBG; **LSA:** § 70 V 1 SOG; **SH:** § 221 II Nr. 2 LVwG; **Thür:** § 69 V 1 PAG (i.V.m.) § 52 OBG.

es auf den **Schutzzweck** ankommt, der **aus Sicht der Behörde** verfolgt wurde,[28] als auch so, dass ein **tatsächlicher Schutzerfolg** eingetreten sein muss.[29]

a) Schutzzweck oder Schutzerfolg

628 Der Unterschied wird wiederum, wenn auch nicht ausschließlich, in Fällen der Anscheinsgefahr relevant. Denn hier kann schon mangels Gefahr kein Schutzerfolg eintreten, dennoch aber ein Schutzzweck verfolgt werden. Und in anderen Fällen kann die Schutzmaßnahme fehlschlagen, so dass der Geschädigte neben dem Schaden aus der realisierten Gefahr noch den aus dem behördlichen Einsatz zu tragen hätte. Für die **Maßgeblichkeit des Schutzerfolgs** spricht nicht zuletzt, dass die Entscheidung über Entschädigungsleistungen dem Gedanken der **gerechten Lastenverteilung** verpflichtet ist. Das ist der maßgebliche Grund dafür, dass auch **ex situatione unvermeidliche Fehleinschätzungen** der Behörden auf der Sekundärebene durch besseres Wissen widerlegt werden können. Dann ist es nur konsequent, auch bei der Berücksichtigung von Vorteilen auf die **tatsächliche Sachlage** abzustellen.

b) Ausschluss oder Minderung des Schadensausgleichs

629 Teilweise gehört der Schutz(erfolg) zu den Umständen, die bei Bemessung der Entschädigung nur **zu berücksichtigen** sind. Nach dem Wortlaut einiger Gesetze[30] hingegen soll der Anspruch bei einem Schutz der Geschädigten ganz **entfallen**. Das erscheint aber nicht gerechtfertigt, wenn eine Maßnahme zugleich im öffentlichen Interesse getroffen worden ist. Vielmehr sind die entsprechenden Vorschriften so zu interpretieren, dass eine anteilige Lastentragung des Geschädigten und der Behörde nach dem Gewicht des jeweiligen Interesses möglich wird.

630 So hat das *OLG Dresden* in **Fall 66** berücksichtigt, dass die Maßnahme auch dem öffentlichen Interesse daran diente, die Täter an weiteren Straftaten zu hindern und sie der Strafverfolgung zuzuführen. Im Ergebnis wurde K die Hälfte seines Schadens als Entschädigung zugesprochen.[31]

3. Verjährung

631 Die **zeitliche Grenze** des Schadensausgleichs wird durch die Regelungen über die Verjährung gezogen. Die meisten Gefahrenabwehrgesetze bestimmen eine dreijährige (in MV und SH nur einjährige[32]) Verjährungsfrist ab Kenntnis von Schaden und Ausgleichspflichtigem,[33] teilweise ergibt sich diese aus einem Verweis auf § 195 BGB,[34] im Übrigen aus einer analogen Anwendung dieser Vorschrift.[35]

28 So *Rachor/Buchberger*, L/D L Rn. 65.
29 *Würtenberger/Heckmann/Tanneberger*, Rn. 851.
30 **Bay, Bbg, Brem, Hbg, Hess, MV, Nds, NW, SH**; Normen o. Fn. 25 bis 27.
31 *OLG Dresden*, LKV 2003, 582 (583).
32 **MV:** § 74 V SOG; **SH:** § 223 V LVwG.
33 **Berl:** § 62 ASOG; **Bbg:** § 70 PolG (i.V.m.) § 40 OBG; **Brem:** § 120 PolG; **Hess:** § 67 HSOG i.V.m. § 199 BGB; **Nds:** § 83 NPOG; **RP:** § 90 POG; **Saar:** § 71 SPolG; **LSA:** § 72 I SOG; **Thür:** § 71 PAG (i.V.m.) § 52 OBG.
34 **NW:** § 67 PolG (i.V.m.) § 41 OBG.
35 **BW, Bay, Hbg, Sachs.**

70 S. V

D. Anspruchsgegner und Rechtsweg

Der Ausgleichsanspruch richtet sich gegen den Träger der Behörden, die oder deren Beamte die entschädigungspflichtige Maßnahme getroffen haben.[36] Der Anspruch ist im Streitfall im ordentlichen Rechtsweg durchzusetzen.[37] Soweit dies nicht in den Gefahrenabwehrgesetzen selbst geregelt ist oder der allgemeine Aufopferungsanspruch bzw. Ansprüche aus enteignendem oder enteignungsgleichem Eingriff in Rede stehen, ergibt sich dies aus § 40 II 1 VwGO. **632**

36 **BW:** § 101 PolG; **Bay:** Art. 87 VI PAG (i.V.m.) Art. 11 I LStVG; **Berl:** § 63 ASOG; **Bbg:** § 70 PolG (i.V.m.) §§ 41, 44 OBG; **Brem:** § 121 PolG; **Hess:** § 68 HSOG; **MV:** § 75 SOG; **Nds:** § 84 1 NPOG; **NW:** § 67 PolG (i.V.m.) §§ 42, 45 OBG; **RP:** § 91 POG; **Saar:** § 72 SPolG; **Sachs:** § 50 PVDG; § 44 PBG; **LSA:** § 73 SOG; **SH:** § 224 LVwG; **Thür:** § 72 PAG (i.V.m.) § 52 OBG.

37 **BW:** § 103 PolG; **Bay:** Art. 90 I PAG (i.V.m.) Art. 11 I LStVG; **Berl:** § 65 ASOG; **Bbg:** § 70 PolG (i.V.m.) § 42 I OBG; **Brem:** § 123 PolG; **Hess:** § 70 HSOG; **MV:** § 77 SOG; **Nds:** § 86 NPOG; **NW:** § 67 PolG (i.V.m.) § 43 I OBG; **RP:** § 93 POG; **Saar:** § 74 SPolG; **Sachs:** § 52 PVDG; § 46 PBG; **LSA:** § 75 SOG; **SH:** § 226 LVwG; **Thür:** § 74 PAG (i.V.m.) § 52 OBG.

Sachverzeichnis

Die Angaben beziehen sich auf die Randnummern.